大有

七重奏

清朝统治直隶口外之艺术

陈肖寒 —— 著

社会科学文献出版社

SOCIAL SCIENCES ACADEMIC PRESS (CHINA)

蒙古乌兰巴托市郊火车站附近
2019 年 7 月 3 日摄于乌兰巴托火车站东

蒙古哈拉和林至乌兰巴托沿途牧群
其中明显山羊多过绵羊。
2019 年 7 月 6 日摄于额尔德尼桑特附近

蒙古乌兰巴托博格丹汗宫所存钟

据钟铭，该钟是在张家口打造的，被内地商人一路运到库伦。

2019 年 7 月 4 日摄于乌兰巴托博格丹汗宫

在蒙古哈拉和林额尔德尼召朝拜的当地人

2019 年 7 月 6 日摄于哈拉和林额尔德尼召

远眺蒙古哈拉和林市区
2019 年 7 月 5 日摄于哈拉和林鄂尔浑河畔蒙古帝国版图纪念碑脚下

美国圣安东尼奥的一场现代牲畜交易
欧美畜牧业与蒙古游牧业有着明显区别。
2016 年 2 月 10 日摄于圣安东尼奥 Freeman Coliseum

巴林左旗地理
2015 年 9 月 25 日摄于巴林左旗五当召附近

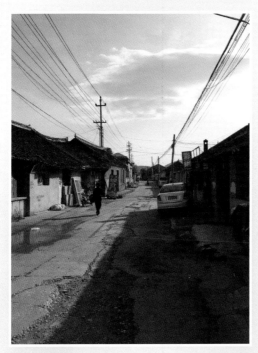

隆化县城老街
2015 年 9 月 23 日摄于隆化县

翁牛特右旗郡王府遗存
如今已成为民居，梁上可见残存彩绘，墙体明显比普通民房厚重。
2017 年 7 月 21 日摄于赤峰市松山区王府村

即将进入枯水期的伊逊河
2015 年 9 月 23 日摄于围场县

达里诺尔湖
清代出张家口民人的捕鱼之地。
2017 年 7 月 19 日摄于达里诺尔湖南岸

霍尔白利土司官寨遗址
位于今甘孜县生康乡。据其名称，其起源或与蒙古有关。
2022 年 8 月 12 日摄于甘孜县雅砻江南岸，白利寺对面

献给我的父母及妻子

目　录

图表目录

导论　重返历史现场

政治统治是一个古老的话题。自人类有了文明的形态，便有了政治学意义上的"统治"。人的根本属性是社会性——可以独立，但不能独居，其生存环境和生活资料是由外部决定的。由此，没有人可以脱离政治，也没有人可以逃避统治。

政治学学说和理论是根据被挑选出的案例而提炼的抽象思辨。受所处时代意识形态、生活经验的影响，今人会不自觉地以现代的标准回溯历史，线性地、一元地理解历史。事实上，历史上的统治方式是多种多样的；传统社会中的个人也拥有更丰富、多样的"地方知识"，并与地方情景中的生活相适应。[1]历史学者应进入所研究年代的环境、思想世界中去理解相关问题，说明当时的实际情况，剔除习以为常但实际上是后来或者外部附加的观念。

清朝的统治方式是一个宏大的政治学领域课题，而研究它的方式似应是历史学。清朝是中国历史上最后一个传统王朝，它继承了一些旧制度，也创造了一些新制度，其中若干经验对后来的政权有所启示和影响，也有若干经验不在今人的理解范围之内。"继往"的目的不是"开来"，而是使我们在扯掉无知的幕布后，仍有充足的信心面对当下。

本书研究的地区及相关定义

人们关注他们所生活时代的显著特征，以及历史在这一时代中如何构建出来。以我个人的感知，大约进入 21 世纪起，清史研究领域兴起了"边疆民族"问题讨论的热潮。这类研究的终极旨归，是试图回答"什么是中国"，而"族群"和统治方式是其中第一级的变量。

2012 年夏天，我开始以清代直隶口外多族群混居地区的政治治理为新的研究题目。这一区域相当于今日的河北省北部、辽宁省西部和内蒙古自治区东南部，其历史联系则可以向北、西、东三个方向辐射到整个东部和北部满洲、蒙古地区（甚至远至布里亚特）。这一地区的特点在于它是清代直省和藩部的交界，除了府、厅、州、县，还分布着蒙古盟旗、蒙古内属旗、牧厂、皇庄、行宫、围场等，生活着民人、八旗、内务府包衣、外藩蒙古等多个族群，是一个研究清代多族群混居地区政治治理的绝佳场域。揭示清朝在这一类地区的统治特点，是我当时设立的目标。

首先是一个政治概念，其次是一个地理投射，清代"直隶省"的范围处在不断变动中。[2] 直隶口外地区是随着康熙以来大量关内移民出口，清廷在张家口、独石口、古北口、喜峰口以北陆续设置归于直隶总督管辖的道、府、厅、州、县后，被重新定义的一个区域。它包括清代历史上：（1）直隶总督所辖的长城以北的各府、厅、州、县的地理范围；（2）热河都统、察哈尔都统和直隶总督共辖的长城以北昭乌达盟、卓索图盟和察哈尔左翼四旗及正黄半旗等蒙古各旗的驻牧地范围；（3）长城以北一切和直隶产生联系的各类"飞地"的地理范围，包括口外皇庄、汤河和木兰围场、口外行宫、口外牧厂、五条驿路等。换言之，我所称的"直隶口外地区"，是指到清末时期，直隶总督在长城以北权力所及的所有地方的地理投射集合。随着时间的推移，这一地区的边界在整个清代不断向外推移，最终包含了今日的河北省北部、辽宁省西部和内蒙古自治区东南部的广大地区，总面积约 20 万平方公里。[3]

清代文献中对这一地区的另两种称呼是"口北"和"口外"——前者专指由张家口厅、独石口厅和多伦诺尔厅组成的"口北三厅"地区，并包含察哈尔都统所辖的察哈尔左翼四旗并正黄半旗驻牧地和各牧厂牧地；后者可以单指直隶总督所辖长城以北除口北三厅外的直省政区、昭乌达盟和卓索图盟各蒙古扎萨克旗的牧地范围，以及该处各类"飞地"所占土地，也被称为"热河地区"。[4] 这样，"口北"和狭义上的"口外"共同组成了我所定义的"直隶口外地区"。在本书中，我用这一概念统指该区域；当特指狭义的"口外"时，或直接称以该词，或称以"热河地区"。这样的定义对我来说当然很重要，但对于读者，其实随便你爱用什么词来称呼它，比如发明一个中国版的 Zomia 概念。[5] 但我将试图说明，"直隶口外地区"不仅是物理空间，也是社会空间，还可以是一个象征性空间。（图 1）

直隶口外地区的地理类型大致分为南部山地和北部内蒙古高原两部分。前者从围场到张北一线的西北面，属于内蒙古高原的边缘地带，海拔多在 1200～1500 米，地面少受切割，起伏较小。由高原向东南至燕山山地，海拔高度降低而地面起伏增大。潮白河以东为丘陵地，滦河沿岸有不少狭小的河谷盆地，其中较大的为承德盆地。由此一区域再向南，则是燕山和太行山地带。燕山东段由潮白河河谷直到山海关，沿长城走向，海拔在 800~1000 米。贯穿此一地区的滦河水系发源于丰宁，流经沽源、多伦、隆化、滦平、承德，于乐亭注入渤海。全河绝大部分穿行于冀东北山地丘陵地区，河道弯曲而多险滩。其支流包括伊逊河、小滦河和武烈河等。北部的内蒙古高原海拔在 1000 米以上，地面平坦，降雨量少，气候干燥。地面大部分生长青草，但少有树木。流经该区域东部的河流为发源于克什克腾旗的西拉木伦河（即潢河），属辽河西源，在该区内流经翁牛特旗、林西、巴林右旗、阿鲁科尔沁旗，在翁牛特旗与奈曼旗交界处和老哈河汇合，注入西辽河。此外大部分河流为内流河，在低洼的地方汇成盐碱湖。[6]400mm 等降水量线、暖温带和寒温带分界线都从这一地区穿过，造成这一区域自南至北，由半湿润半干旱的大陆性季风气候向中温带半干旱大陆性季风气候过渡。直隶口外地区东南四季分明，光照充足；西北冬季寒冷漫长，春季干旱大风，夏季短促炎热，全区内昼夜温差较大。一旦寒潮来袭，牧厂就会被积雪封冻。直隶口外地区的气候环境不适合大规模农业作业，但恰好能满足牧草丰茂生长。清代该地区出产的粮食作物主要为黍子和小米。[7]农业区分布在张家口外的坝下地区、承德盆地和喀喇沁、土默特各旗内，畜牧业区集中在察哈尔八旗和昭乌达盟蒙古各旗游牧界内。赤峰的地理环境、民族构成和农牧业分布状况，似最能代表该地区的特色。[8]

总体上说，东部即口外地区更适合农业及移民；西部即口北地区更适合牧业，人口居住也由此更加分散。在太仆寺旗，年平均气温为 2.4℃，1 月的平均气温降到 -16.5℃。年平均降水量为 383.3mm，年平均降水日数为 99 天。年平均无霜期为

102 天，年平均日照时数 2876 小时。旱灾出现概率很高，春季沙尘暴危害严重。[9]而东部有代表性的建昌县，年平均气温比太仆寺旗高近 6℃，年平均降水量超过 550mm。年均日照时数虽几乎相同，但无霜期为每年 150～160 天。[10]自然环境将深刻影响各类政府的布局。

一定区域内的特定人群，依据其自然生理、政治创造和社会文化的不同，边界也是不同的，能被不止一种理论加以解释（或者都解释不了）。[11]清代的这一地区，聚居着包括满洲八旗人（含蒙古和汉军）、民人、内务府包衣旗人、内属察哈尔人和蒙古内扎萨克旗人五个族群。在世界历史上，经常被用来同清朝比较的帝国包括俄罗斯帝国、奥斯曼帝国、哈布斯堡王朝（有时还有罗马帝国）。[12]在政治制度的框架内，审视制度设置与特定人群身份之间的关系及其历时性变化，对理解清朝在多族群混居地区的统治艺术有重要意义。

我还要郑重地解释两个在日常写作和口语表达中已是司空见惯的词——"内蒙古"和"外蒙古"。

今天的学术论著经常可以看到"清代内蒙古的×××"一类的题目；在现代人绘制的明清地图中，假如不是非常权威的话，"内蒙古"作为地理概念这一信号也传达得非常明显。[13]事实上，明清时期是没有"内蒙古"这个地区的。"内蒙古"大致在民国以后成为地理区划，并且经历多次调整，到了 1947年，政治含义已经超过了地理上的说明。而在清代，所谓的"内蒙古"是指"内扎萨克蒙古"，"外蒙古"是指"外扎萨克蒙古"，即组成清代外藩蒙古、分居大漠南北的两个部分——说的是其中的人，以及承载这些人口的旗。"内扎萨克蒙古""外扎萨克蒙古"是用以界定族群身份的政治概念。

大自然的启示

对今天的学者来说，最幸运的地方在于可以进行一场"说走就走"的实地考察，去观察所研究地区的风土人情。直隶口外地区过去多为游牧族群所占据，而对游牧族群缺乏实地考察的描述，通常是浪漫主义式的——越生动，就越要抵御神话和抒情的诱惑。[14]由此，我于2015年9月和2017年7月先后花费9天和8天在张家口、太仆寺旗、正蓝旗、多伦、克什克腾旗、经棚、赤峰、朝阳、隆化、围场一带进行考察。又由于今天的多伦、喀喇沁旗一带几乎已看不到过去蒙古人在此生活的痕迹，我又产生了去蒙古国观察真正游牧社会的强烈愿望——尽管我丝毫不想否认"蒙古"和"游牧"在这二三百年里已经发生了巨大的变迁。2019年7月，我前往蒙古国进行了一场长达7天的重要考察。[15]即便我只是个匆匆过客，这三次考察也使我对原来关注的问题多了一些切身体验，刺激我思考了很多过去没有想过的新问题。这些考察素材最后都变成了一个意指体系中所指的能指。

我想重点描述的是最后一次在蒙古国的考察。我由北京乘K23次火车，经31.5个小时到达乌兰巴托（原来的库伦）。蒙古国东西方向没有铁路连通，因此从扎门乌德——中国二连浩特对接的蒙古边境城市——到乌兰巴托的铁路，就属于被称为"蒙古纵贯铁路"的一部分，其北边终点是苏赫巴托，并由该地进入俄罗斯，至伊尔库茨克汇入西伯利亚铁路。这条铁路的修建时间是20世纪40年代末50年代初，受当时技术水平和经济条件限制，仅在部分路段修建了复线，也没有完成电气化。在铁路沿线，还能看到老式的电话线敷设。由于技术的缺陷，在戈壁和山坡地带，列车依靠大量的 S 形转弯来缓慢前行。列车由内燃机车牵引，平均时速约 60km/h，然而列车却全程有空调，不消说是安装了额外的发电机组。正是这样一趟列车，让我有充裕的时间细致观察沿路的情况——这些观察本身就是这次考察的重要内容，而且是在一个多小时旅行时间的飞机上无法看到的。

　　我在乌兰巴托参观了一系列博物馆、寺庙，并在蒙古国立大学和奥云吉日嘎拉教授进行了一场掺杂英、日、中、蒙四国语言的座谈。我还乘车前往 13 世纪蒙古帝国的都城哈拉和林，看到了举世闻名的阙特勤碑和毗伽可汗碑。[16] 从我个人长远的计划来说，在蒙古的 6 天，只是完成了"前一半"考察，我还想走一次从乌兰巴托北上直到恰克图的"后一半"路程。对于定居社会，考察的对象往往是城市遗迹、建筑旧址、村落习俗——它们能直接反映过去的历史，然而游牧经济最大的特点是移动，在游牧社会中，更值得观察的是当地的自然地理环境、牧群规模、牧民生产生活方式，在此基础上才能理解他们的政治、经济、文化和社会组织。

　　近代以来，对蒙古，包括整个长城以北、西伯利亚地区的关注，以俄国人和日本人为主力。他们的研究以实地调查的方式进行，其使团和调查人员有详细记录所见所闻的职责。欧洲人的习惯做法是先发表游记，再发表论文。[17] 这些考察的政治含义是如此明显，以至于我觉得没有必要通过复述其内容而让其更明白点。自彼得大帝以来，俄国一直在向东扩张，他们在 17 世纪中叶到了黑龙江。日本满蒙研究的重要理论叫"本部论"，它把满洲、蒙古、新疆、西藏和中国长城以内的地区分割，其当代的代表人物冈田英弘的核心观点是清朝继承的是蒙古的统续（而非明朝）。这一观点也影响了后来的"新清史"学者。[18]

清朝有个学术团体叫"西北舆地学派"，他们的影响很大，但是错误也很大。最根本的原因在于他们没有去过自己所描述的地方，绝大部分知识抄自书上。他们研究西北史地，和当时俄国在西北方向对中国领土的蚕食有很大关系。到了清末，中国知识分子意识到对蒙古进行考察的重要性。[19]

理解非汉族群，尤其是北方游牧族群的最大障碍来自其自身文献的缺失。匈奴、鲜卑、柔然都没有文字，突厥时有了文字，但是阙特勤碑汉文和突厥文的意思完全不同，由此我们也知道依据汉文材料来理解对方的危险性。[20]蒙古虽有文字，但是它常年处于战争中，地理位移很大，部落结构的变动也很大。它没有成熟发达的史学系统和档案保存系统，这导致我们看到的描述游牧族群的材料，几乎全部来自其敌对方。

对"边疆"族群的研究，我以为很重要的前提是了解其人口结构。人是经济生活的基础，进而可由此去理解其生存、生活方式和政治制度。对于游牧社会来说，几万人、十几万人已经是非常大的群体。[21]

由此就带来一个我们在考察过程中不断思考的问题：游牧经济在一定的场域内，究竟能养活多少人；游牧经济到底能否在与其他经济形式不发生关系的情况下自给自足？

游牧社会的经济基础是牲畜。传统的"四项牲畜"是牛、马、驼、羊，如果把羊再细分为绵羊和山羊，就变成了"蒙古五畜"。马和骆驼在草地和高原上不仅作为财产存在，而且是主要的运输工具，尤其内亚所产的马，是不可多得的优秀作战伙伴。马是草原经济唯一能实现大量剩余生产的商品。它既可以出口（给中原王朝），也能用于战争。[22]在游牧社会内部，马也被用作通货，作为价值衡量标尺。[23]至于骆驼，每头骆驼的载重量可以接近 400 公斤。[24]羊不能用来运输，但是羊可以供给羊毛，制作衣服；夏天有羊乳，可以做奶酪和奶油，供冬季食用；冬天还有羊肉；羊粪可以做燃料。因此羊比其他牲畜更能建立基本经济准则。[25]好的牧厂倾向于牧放绵羊，而将差一些的牧厂留给山羊。据我们在蒙古国的观察，当地山羊的数量远远超过绵羊，[26]在清代的内扎萨克蒙古地区应也是如此。游牧之外，围猎（狩猎）经济也是一种补充，还有采集、挖盐、捕鱼等，但没有达到起决定性作用的地步。[27]

建立在这种基础之上的游牧经济，很大概率无法自给自足，主要有以下几个原因。

人的生存需要脂肪、蛋白质、碳水化合物和维生素，这是现代医学证明维持生存的必要条件。整体上来说，历史上的蒙古农业规模很小，虽然考虑到环境的变迁，可能有一段时期那里适于种植粮食作物和经济作物，或者由于人种的不同，其消化系统对于缺乏维生素和碳水的适应力更强，但人不可能在这种条件下始终保持高抵抗力而健康地生活。即使在今天的蒙古国，蔬菜也是奢侈品，餐馆里配备更多的是青椒、红椒和黄椒，偶有胡萝卜。饮茶是一种解决方法，但能解决到什么程度，并不好确定。

游牧经济的承载力很低，游牧族群的生育率也很低。[28]中国最适合人居住的地方应在江南；最不适合人居住的地方之一，便在长城沿线的正北和西北方向。真正的游牧生活极其艰苦。农业养活一个人要 15 亩地——如果只以"活着"为标准，在高产地区所需土地甚至更少。牧厂的极限承载力，即一片草地上可以牧放多少牲畜，以及游牧经济的最低生活成本，即需要多少牲畜才能养活一个人，因时间、地区、气候、生产关系的不同，差别很大。[29]牧厂承载力取决于一个极为复杂的生态系统组合。[30]游牧社会的最低生存条件，各类的计算数据也相差很大，这也取决于各地游牧民的饮食结构。如果取折中的算法，游牧业养活一个人差不多需要1000亩土地，因为只有这么大的面积，才有足够的草场，提供草给牲畜吃，[31]草场还必须靠近水源。[32]这就要求牧民总体上应分散居住，也是为什么传统游牧族群中无法发展出现代社会组织——像学校、医院等，以及选举这类现代化事业，基本的要求是集中居住。[33]总的来说，牧业的规模随时间的推移在不断缩小。[34]如今蒙古国总人口中只有一半左右生活在乌兰巴托以外的地区，也就是说，近几十年蒙古国人口增加和集聚是工业化的结果，而非游牧经济效率的改善。[35]

游牧经济对自然灾害的抵抗力非常脆弱。从张家口外到恰克图，自然环境非常恶劣。晚更新世以来风沙过程造成了这一地区草场的严重荒漠化，即使在理论上草长得最好的7月份也是如此。[36]这样的土地很难耕种，而且冬天气温将下降到-20℃以下，低温持续到第二年的5月前后。[37]反过来，虽然有人进行了反驳，但游牧业和畜牧业对自然生态环境的破坏（也就是过度放牧）也经常被提及。[38]开矿对牧业的影响也很大，尤其是矿业需要大量的水。有一点可以确定，如果没有外部世界及不同经济体系的补充，游牧族群无法独立生存。其生产并不以特定的利润为目标，在相当大的程度上是为了交换。[39]

当游牧经济无法实现自给自足时，第一反应是掠夺。草原上的抢劫在过去的蒙古社会中司空见惯，由此游牧经济极度缺乏安全感。[40]抢劫者可以同时是偷盗者、商人和走私者。另一种是打进关来掠夺人口、农产品。在冷兵器时代的平原地区，骑兵的行进速度、短时间移动距离、冲击力对步兵有着碾压性优势，并且他们不需要辎重部队。[41]

游牧族群强悍的战斗力和其最大的特点——快速移动相呼应。如果一个游牧民行进中有条件连续换马，压缩吃喝的时间，一天跑 160 公里并不是难事。[42]其迁徙的距离也有很大的不同。内扎萨克蒙古地区有时不到 150 公里，在外喀尔喀戈壁地区可以达到 600 公里。[43]更换草场、寻找水源、冬季避寒，都需要移动。但移动并不代表蒙古人从来不会"停下来"，蒙古人同样有定居生活，他们有农耕，尽管规模很小。[44]考古材料证明，蒙古人有自己的城市，在大部分城市附近也发现了灌溉农业的遗迹。这说明定居之于游牧社会，不是如我们原来设想的那样毫无意义。[45]

第二个方法是交换。传统时期游牧生活中有一个重大的矛盾，一方面他们试图以掠夺和袭击手段从中原地区获得必需品；另一方面又力求与农业社会建立正常的商品交换关系。[46]蒙古人需要用牲畜及其副产品来交换汉人的粮食、盐、茶叶，尤其是极度缺乏的铁器等生活必需品以及火器。[47]在交换的时候最好用马，因为对蒙古人来说如果不打仗，大量养马没有用。[48]哈拉和林的粮食主要来自华北。汉人还带进蒙古一样非常重要的东西——货币。中世纪的游牧族群只是将各国的货币当作装饰品。[49]从后来的历史发展我们知道，货币极大促进了商品经济的发展，货币关系也促使了阿勒巴图和蒙古贵族的破产。[50]游牧社会与农业社会建立的经济联系，鼓励了前者内部的分化。[51]虽然无法对发达或落后这样的概念做出精确定义，但在清代，整个长城以北地区经济一直处于平稳上升趋势，正是因为汉人、农业和商业的进入，以及随之而来上层建筑的设置，形成了地区性的经济城市，创造了流通性的财富。[52]

蒙古国行程的最后一天，我到了乌兰巴托市中心的格斯尔庙和甘丹寺。经过苏联时期的社会改革，黄教的遗存在今天的蒙古国已经大为减少。蒙古人本身似乎没有特定的宗教信仰，[53]满洲统治者自己也不信藏传佛教，但是它在蒙古扶植黄教，由此黄教成为一种进身之阶，寺庙缓解了人们生活的实际忧虑。[54]宗教虽被视作许多前现代环境中风险和危险的主要参数之一，有时是焦虑和绝望的源泉，有时也是日常生活种种痛苦的避难所。[55]相比极为艰辛的游牧生活，喇嘛们的生活非常舒适。寺庙和修道院不仅接受捐赠，而且喇嘛群体是受人尊敬、高人一等、掌握了知识话语权的特殊阶级。[56]另外，黄教会促进定居。[57]这种政策在后来产生了巨大的副作用，造成了20世纪初蒙古三大社会问题——毒品泛滥、性病流行和劳动力严重缺乏中的后两者。[58]蒙古人口减少（至少没有增加）在19世纪下半叶以降是一个严重问题，由此又引出了斯大林时期的乔巴山社会改革。今天在许多方面还能看到蒙古国受到苏联（俄罗斯）的强烈影响，但这已超出了本书的讨论范围。

带着三次考察的切身体验，我将进入正题——对清代直隶口外地区族群分布与政府设置的描述。

族群分布与政府设置

16~20世纪初的直隶口外地区，呈现的是一幅巴洛克式的纷繁图景——既混乱又复杂，但并不罕见。在21世纪，初到当地的旅行者已不可能想象出这里以前的景况。[59]我将简要介绍自元末至清末这一地区的区域史，这是读者读懂本书第一至第六章的基础。[60]需要特别说明的是，几百年来这一区域内各单元的地理位置和边界变动无常，甚至时有远距离的迁移发生，因此我只能说明特定时间点的重要变迁，而非事无巨细地总包总览。

我先开宗明义地摆出结论——假如它正确的话，它就很重要。概而言之，清代的直隶口外地区，共存在盟旗、内务府、太仆寺、礼部、州县、察哈尔部和热河都统七个政府，管理着外藩内扎萨克旗蒙古人、满洲八旗人（包括蒙古与汉军）、察哈尔八旗人、内务府包衣旗人和民人五个族群，以及州县地、旗地、围场、牧厂、皇庄、行宫、台站七个政治单元。行省制度下的道、府、厅、州、县，以管理与民人[61]相关的事务为主要职责。昭乌达和卓索图两盟内的蒙古扎萨克旗，主要处理本旗的旗务，隶属于理藩院和热河都统。八旗驻防归热河和察哈尔都统节制。内务府在这一地区设有分隶于上驷院和庆丰司的皇庄、行宫与牧厂，管理着大批内务府旗人和包衣。太仆寺和礼部的牧厂也位于该处。察哈尔部最初由京中蒙古都统兼辖，在察哈尔都统设立后改由后者直辖。木兰围场则由多个机关分理。每个政府有不同的权力范围，但其范围有交叉重合之处。[62]最晚到乾隆中期，这里的民人总人数已经接近其他族群的总人数。以人口规模论，嘉庆以后，这里已经是民人的天下。换言之，在清代的历史上，绝大多数时期这里是"多族群混居地区"。

洪武元年明军攻克大都后，蒙古势力退回草原，重新分裂为以氏族为基础的部落。[63]洪武年间，明军一度北进至上都（今锡林郭勒盟正蓝旗）。宣德之后，明朝对蒙古采取守势，构筑了"九边"的沿长城防御带,[64]长城以北遂为蒙古各部长期占据。蒙古各部大致分为以下几个集团：（1）卫拉特蒙古（即瓦剌、额鲁特蒙古，漠西蒙古）；（2）喀尔喀蒙古（漠北蒙古）；（3）科尔沁蒙古，原达延汗直属的右翼三万户鄂尔多斯、土默特、应绍卜，以及左翼三万户察哈尔、内喀尔喀、兀良哈三卫（漠南蒙古）。各部常年互有征伐，驻牧地不断迁移。宣德、正统年间，兀良哈三卫逐渐南下，占据潢河、老哈河一带，并活跃于整个漠南地区。嘉靖初年始，右翼蒙古进入今青海地区；察哈尔部逐渐迁移至今河北、辽宁、吉林、内蒙古的交界处驻牧。[65]（图2）

自努尔哈赤起，后金（爱新国）逐渐完成了对漠南蒙古的征服，并仿照满洲旗制，将蒙古各部编成性质不同的旗。位于后来直隶口外地区的蒙古旗分有察哈尔扎萨克旗、察哈尔八旗、昭乌达和卓索图两盟的扎萨克旗，以及八旗蒙古。

察哈尔部的重编　察哈尔本部的领袖为成吉思汗直系后裔，以蒙古大汗的正统地位自居。嘉靖之前，察哈尔本部的游牧地一说在宣府以外，一说在今呼伦贝尔、锡林郭勒盟和蒙古国东方省一带。嘉靖年间，其移动到今赤峰一带驻牧。天聪九年，后金征服察哈尔本部，将其部众一部分编为察哈尔扎萨克旗，驻牧地中心在今库伦旗周边地区，由投降的额哲亲领；[66]另一部分编为察哈尔八旗，[67]清军入关前驻于靠近原东土默特牧地处，清军入关后移到宣化、大同边外。

康熙十三年，察哈尔扎萨克旗鼓动其余蒙古各部起兵反清，清朝在镇压叛乱后,[68]将该旗建制撤销，并改编为新的察哈尔八旗，调至宣化、大同边外驻牧，其中左翼四旗位于后来的直隶口外地区；原察哈尔八旗被调往河南和榆林驻防。察哈尔八旗在政治上属于内属蒙古。随着清初宣、大边外开垦，八旗中靠南的各旗有向北移动的趋势。此外，察哈尔左翼四旗还有一支"分部"驻扎在今丰宁、隆化县境内。

清中期之后察哈尔左翼四旗和正黄半旗的具体驻牧地如下。"本部"正蓝旗——大体相当于今锡林郭勒盟正蓝旗的中北部；镶白旗——大致相当于今锡林郭勒盟正镶白旗的东北部分；正白旗——大体相当于今锡林郭勒盟正镶白旗西南部、太仆寺旗北部和河北省康保县的一小部分；镶黄旗——最初驻于今河北省张北县东南一带，乾隆年间因坝下开垦，移驻今康保县北，大体相当于今锡林郭勒盟镶黄旗全部，乌兰察布市化德县、卓资县和河北省康保、尚义二县的一部分；正黄旗——原驻今河北省张北县西南，同治年间移驻今察哈尔右翼后旗东南一带，大体相当于今乌兰察布市兴和县、察哈尔右翼前旗的大部分以及察哈尔右翼后旗的东部和商都县的一部分。[69]"分部"镶黄旗驻于丰宁县大阁，镶白旗驻于凤山，正蓝旗驻于隆化，正白旗驻于郭家屯。（图3、图4）

卓索图、昭乌达两盟内蒙古盟旗的重编　在热河地区，清朝采取将蒙古各部编为扎萨克旗的制度。其基本特点是在原蒙古部落的社会基础"鄂托克"（地缘）和"爱马克"（亲族）上，[70]重新按照满洲八旗的组织结构编立旗分、划分牧地、设立长官，再由若干旗组成半架空的政治组织——"盟"。盟旗长官对中央承担各种义务。蒙古盟旗分为内扎萨克旗、外扎萨克旗、青海扎萨克旗和新疆厄鲁特扎萨克旗数种，前者包含较早归附清廷的漠南蒙古各部，编立时间大多在天聪至崇德年间，至乾隆以后分为六盟二十四部四十九旗。盟旗蒙古属于外藩蒙古。口外地区的各扎萨克旗分布如下。

卓索图盟下的喀喇沁部和土默特部，编定于天聪九年至康熙年间。天聪九年二月，清廷将"喀喇沁"蒙古壮丁编为十一旗，其中八旗是八旗蒙古的主要组成部分，各附于满洲旗分下；[71]其余三旗，一旗为后来的喀喇沁右旗，两旗乃由喀喇沁部和东土默特部合编的土默特左、右两旗。此后，喀喇沁部又新置两旗，由此，该盟由喀喇沁三旗和土默特两旗组成。

明嘉靖以前，喀喇沁部驻牧于河套地区，约在嘉靖初年迁移到宣府镇外一带，后逐步东迁，并在一定程度上控制了驻牧喜峰口外的兀良哈三卫，吸收了大量兀良哈人进入其万户。喀喇沁万户在与察哈尔林丹汗的战争后，与后金结成同盟。喀喇沁分为台吉和塔布囊两部分势力，黄金家族台吉部分被编入八旗蒙古，塔布囊部分则编入扎萨克旗。[72]喀喇沁三旗和土默特左旗的蒙古领主和贵族均为成吉思汗功臣济玛拉后裔，属乌梁海氏，是黄金家族博尔济吉特氏以外的异姓贵族。两部原同属大分裂后的蒙古右翼。喀喇沁右旗扎萨克驻于锡伯河北岸，其牧地在木兰围场东，跨老哈河。[73]左旗设置年代可能在顺治五年，扎萨克驻今喀左县境内的南宫营子镇，牧地在承德府建昌县南境大凌河源。[74]中旗为康熙四十四年增置，由喀喇沁右旗所编佐领中析出，牧地在今宁城县与赤峰市元宝山区一带。[75]（图5）

土默特蒙古在清代分为两部分，一部分在归化城，称"归化城土默特"或"西土默特"，归入内属蒙古；另一部分称"东土默特"，是从蒙古中央六万户的右翼满官嗔-土默特中分离出来，与兀良哈部首领一起加入喀喇沁万户，同时该部包含一些原俺答汗的属部。由此，从根源上说东土默特虽然是土默特的一支，但到了天聪初年，已与喀喇沁有了很大的融合。其原驻地大致在今张家口外至丰宁县境内，后因与察哈尔林丹汗及明朝交兵，不断向东迁移至今兴隆、宽城一带。天聪年间，东土默特被清廷编为两旗，重新划分牧地，大约在清廷入关后，该两旗迁入今辽宁境内，并在约乾隆初年时，最终固定在清代中期以后文献中所载的地方。[76]

土默特两旗编于天聪九年，至崇德年间建制完备。左旗牧地在承德府朝阳县东北、锡勒图库伦喇嘛旗和养息牧牧厂之西，大体相当于今阜新县和库伦旗南境。[77]该旗中附有喀尔喀多罗贝勒之游牧佐领。[78]右旗的牧地在承德府朝阳县西南、九关台新台边门外，大体相当于今朝阳、北票一带。[79]

会盟制度建立后，喀喇沁三旗和土默特两旗会盟于卓索图（今朝阳市木头城子镇南昭苏沟）。[80]除扎萨克旗外，卓索图盟还领有"库伦喇嘛旗"。天聪八年，清廷于小库伦划出领地，从蒙古各部征发属民移至该处，由喀喇沁三旗和土默特左旗拨米供养；雍正七年确认了锡勒图库伦扎萨克达喇嘛的世袭制。[81]道光后期，库伦旗约有4000名喇嘛。[82]该部落驻地范围与今日库伦旗大体相当。（图6）

昭乌达盟包括敖汉、巴林、奈曼、翁牛特、克什克腾、阿鲁科尔沁、扎鲁特、喀尔喀左翼各旗。敖汉、奈曼和克什克腾部均属原广义上的左翼察哈尔大部落，阿鲁科尔沁部与科尔沁部同族，巴林和扎鲁特部则属内喀尔喀部落，喀尔喀左翼旗属外喀尔喀部落。[83]另外，与敖汉、奈曼、克什克腾三部同属广义察哈尔大部落的苏尼特、蒿齐特、乌珠穆沁等部，被编入锡林郭勒盟内；原同属科尔沁大部落的四子、茂明安等部，被编入了乌兰察布盟中。

敖汉部领主为元太祖十五世孙达延汗之长子图鲁博罗特后裔，博尔济吉特氏。天聪八年，后金划定敖汉部的驻牧地，崇德元年设立扎萨克。清中期以后，敖汉旗的驻牧地与今日敖汉旗地理大致相同。[84]光绪中叶，该旗南部析出一部分，但未置扎萨克。[85]宣统时，敖汉右翼以老哈河为界，将该河南面部分划出新增一旗。[86]

奈曼部领主与敖汉部为同一宗支。天聪元年，奈曼部与敖汉部一同归附后金，其牧地同样于天聪八年划定。清中期后的奈曼旗地当潢河、老哈河合流之南岸，与今日奈曼旗地理大体相当。

克什克腾部在明清时期归达延汗第六子鄂齐尔博罗特及其子孙管辖，原驻牧地本在大兴安岭迤北，后随林丹汗迁到辽河河套，归附后金时，牧地在潢河上游之北。清中期以后，该部牧地在围场北，当潢河之源。[87]

翁牛特部领主为博尔济吉特氏，但非元室嫡系。[88]该部原臣属于察哈尔，驻牧于岭北地区，后脱离林丹汗归附后金。天聪八年清廷划定蒙古各部牧地时，翁牛特部已包含在内；崇德元年，翁牛特部被编为两旗。清中期后，其左旗介潢河、老哈河之间，东至潢河接阿鲁科尔沁界，南至今葱格呢太山接敖汉界，西至今赤峰市松山区大光顶山接克什克腾界，北至潢河接巴林界，东南至老哈河、潢河接奈曼界，西南接右翼界，西北至今毛山东乡歪脖子山接克什克腾界。扎萨克驻今白庙子山以西，在乌丹城东北约二里处，俗称乌丹贝勒府。[89]右旗牧地在木兰围场东北老哈河南岸，扎萨克驻今赤峰市松山区大庙镇小庙子村，[90]后迁至今松山区王府村，并在赤峰县城二道街设行辕，俗称王爷局子。据现有资料看，翁牛特右旗界址曾经过较大的变动与迁移。[91]

　　阿鲁科尔沁部领主为成吉思汗之弟哈巴图哈萨尔的后裔。科尔沁部原游牧于黑龙江上游额尔古纳河和鄂嫩河一带，四子、茂明安、乌喇特等部落均为其分支。后其主体南迁游牧于嫩江，故又称"嫩科尔沁"，即清代政治意义上的科尔沁部。"阿鲁"为山北之意，以别于南部的科尔沁部。阿鲁科尔沁部最初应驻牧于大兴安岭迤北地区，天聪四年归附后金。崇德元年以前编为两旗，自崇德元年始并为一旗。[92]清中期阿鲁科尔沁旗的牧地明显较原游牧地南移了一些。

　　巴林部领主是达延汗第五子阿尔楚博罗特的后裔，博尔济吉特氏。该部是喀尔喀五部之一，原驻牧地南界在今库伦旗一带，北面越过潢河直到大兴安岭。天聪年间巴林部因避察哈尔林丹汗而归附后金，天聪八年时已划定牧地。顺治五年，清廷设立了两翼同界的巴林左、右两旗。清中期以后，其牧地缩小至潢河以北地界。直到1921年前后，巴林两旗才划界分区。[93]

　　扎鲁特部亦是喀尔喀五部之一，天聪初年归顺后金，八年时划定牧地。顺治五年，清廷将扎鲁特部分为左、右两旗，右旗内另附有茂明安的车根一部。[94]旧扎鲁特部的驻牧地大部分在东辽河之北，东南与海西为邻，东北与科尔沁交界，西南与翁吉剌特部相接。扎赉特旗西北境内今霍林郭勒市霍林河北一带，似为扎鲁特部落的板升所在地和游牧中心区。清中期后，扎鲁特两旗的牧界重心有向东南移动的趋势。崇德二年时，巴林和扎鲁特在史料中还被称作"喀尔喀"，[95]但自那以后，两部就渐渐被排除出去，最终与"喀尔喀"完全脱离关系。[96]（图7）

在口外地区，另一个具有喀尔喀属性的旗是内扎萨克喀尔喀左旗。喀尔喀中路土谢图汗下台吉本塔尔携众内附，被封扎萨克亲王，驻牧于张家口外，是为喀尔喀右旗；而康熙三年另一部分喀尔喀为求得政治自保和资源，脱离外喀尔喀归附清廷，驻于喜峰口外，即喀尔喀左旗。清中期后，该旗的驻牧地当养息牧河源。[97]

以上各部会盟于昭乌达（今赤峰市境内）。[98]（图 8）

重编蒙古各旗之特征 在这一地区，清代的蒙古各旗与北元时期同名称的部落的联系，往好了说是非常薄弱，往坏了说甚至几乎不存在。早在 17 世纪，不论是满洲还是蒙古，各旗的命名已基本与血缘无关，它们是被清朝统治者重新定义的政治体。原来的氏族被打散混编入不同的旗中，新编成的旗则包容了原与本旗不相干的其他部落人。一些在明末清初存在的蒙古部落，后来则消失在历史的进程中。[99]（图 9）

清朝对旗地的划分，并不表明其将相关土地的所有权让与各旗。各旗所接收的只是土地的使用权和一定程度的占有权（或合称为用益权）。[100]

内务府的牧厂 经过一系列战争的扫荡，清朝入关后，长城内外政局较为平稳，清廷开始在直隶口外地区布设各具功能的政治单元，其中较早设立的是牧厂。[101]驻防八旗在各地的牧厂专牧八旗战马，绿营兵也有专门的牧马场所。[102]军用牧政归兵部和太仆寺管理，皇室需用的"四项牲畜"由内务府的上驷院与庆丰司管理。相较明朝，清朝的牧政机构精简了许多。有清一代在直隶口外地区设立的牧厂有：属内务府上驷院管辖的商都达布逊诺尔牧厂，属内务府庆丰司管辖的三旗牛羊群牧厂（还有由上驷院和庆丰司共管的达里冈爱牧厂），属太仆寺管辖的口外左、右两翼牧厂，此外还有礼部牧厂和各王公的牧厂。

口外上驷院牧厂即商都达布逊诺尔牧厂，本分为商都、达布逊诺尔两处。商都牧厂又名御马厂，俗称大马群，设有马群和驼群，位于今内蒙古自治区正蓝旗黑城子示范区老黑城子遗址，[103]四至大约为今内蒙古正蓝旗南部、多伦县西南部、河北省沽源县北部及中部。达布逊诺尔牧厂位于今商都、张北、康宝、化德一带。康熙时，这两处牧厂被明确分开表述，但乾隆以后则基本不再区分，似乎达布逊诺尔牧厂被并入了商都牧厂中。商都达布逊诺尔牧厂大致设立于顺治年间。在清初，其牧群的牧放地点似乎不太固定，但是最晚到雍正十年，其地界应当已经固定在后来志书所载的区域。[104]

另一处牧厂设在达里冈爱，在今蒙古国的苏赫巴托尔省内。[105]虽不在直隶口外地区，但因其与内务府、太仆寺等直隶口外各牧厂联系紧密，故一并讨论。达里冈爱牧厂一分为二，马群和驼群属上驷院管辖，牛群和羊群属庆丰司管辖。达里冈爱牧厂似应于康熙九年设立，一开始只有马群，且数量不详；驼群则设于康熙三十九年。[106]（图10）

内务府庆丰司在直隶口外地区设有三旗牛羊群。其地理位置和设立年代在地方志中语焉不详，或者互相矛盾。庆丰司各牧厂在清代经历了多次地理迁移，综合来看，各群的移动方向是逐渐北移，且后来的所在地点已与自身旗分名称不符。[107]康熙三十六年清帝巡幸塞北时，在今张家口外张北县一带巡阅庆丰司牧厂羊群，说明当时三旗牛羊群已成规模。[108]（图11）

太仆寺的牧厂　太仆寺口外两翼牧厂专牧马群。顺治时，清廷于口外设有大库、种马场，隶属兵部。种马厂应即骟马厂，[109]大库马厂规模不得而知。康熙九年时，两厂改属太仆寺，十二年正式改名太仆寺马厂。乾隆六年太仆寺分设两司后，口外两翼马厂主要归右司管理，但是到了嘉庆六年，又改为分拨于对应的两司管理。[110]康熙三十六年时，清帝在张家口外鄂博图地方巡阅太仆寺牧厂马匹，[111]说明至康熙中期，直隶口外的太仆寺牧厂已有一定规模。

太仆寺左翼牧厂的范围大致相当于今天的康保县东部、张北县北部、沽源县西部和太仆寺旗南部。[112]右翼牧厂最初在张家口西北今丰镇市饮马河一带，[113]大致相当于今凉城县东南部、丰镇市大部分和兴和县的南部。从行政区划上看，太仆寺右翼牧厂的地界已经超出了口北的范围。康熙与雍正年间，两翼牧厂的界址似尚不固定，故而在乾隆八年，清廷重新划定了两厂界线。[114]

乾隆三十一年后，太仆寺右翼牧厂逐渐放垦，由山西丰镇、宁远两厅征收租银，解交察哈尔都统衙门充饷。[115]乾隆三十六年时，两厅招民开垦的牧厂地亩已全部升科。[116]又过了三年，丰镇厅所属的升科地所征正、耗银，已达到了开垦时的计划数目。[117]

随着放垦的进行，太仆寺右翼牧厂不断东迁，面积越来越小，且嘉庆以后骟马群与骒马群分为两处。[118]晚清时期，开垦牧厂的行为已变得难以禁止。光绪二十二年前后，骟马群牧厂几乎被开垦殆尽，故而在三十二年，清廷将骟马群并入骒马群。这样至清末时，右翼牧厂被整体移动到上都河一带，[119]最后反而搬到了左翼牧厂的东部。（图12）

礼部的牧厂 清代直隶口外地区的礼部牧厂，似被一团迷雾所笼罩。清代的三部一统志均称清廷于直隶口外设有礼部牧厂，但对其地理位置的描述存在分歧。[120]有人依据外国传教士的记载推测出礼部牧厂的大致规模，[121]但也仅此而已，并没有其他类似的证据。康熙三十六年，清帝在亲征噶尔丹胜利回銮的途中，在张家口外一处叫作"薮积布拉克"的地方"阅礼部牧厂牛羊群"。[122]通过起居注中记载的清帝前后几日的驻跸地点，可以判定该处在察汗淖附近。礼部牧厂的设立时间、编制、职官设置和管理方式，在该部则例中也无记载。具体的原因，我还不清楚。

除内务府、太仆寺和礼部的牧厂外，口北地区还集中了大量的王公牧厂，总数在 20 处以上。

汤河和木兰围场　清朝在东北及直隶口外先后设立过东荒围场、蜚克图围场、伯都讷围场、省西围场、盛京围场、索岳尔济围场、木兰围场等七处较大的围场，此外有汤河围场、南苑围场等若干较小的围场。汤河和木兰两处位于口外地区。前者在今古北口外丰宁县汤河乡一带，是清帝早期使用过的一个围场。其置废时间、规模、管理体制，在清代官书中没有记载，但有证据表明其存在过。清朝编立察哈尔八旗时，以左翼四旗之"分部"驻于丰宁县境内，"本专为看守围场而设"，[123]这里的围场即包括汤河围场。顺治二年清廷将从龙入关之"关东陈人"编入察哈尔镶黄旗后，又将其从京中派至古北口外上黄旗一带开垦荒地；顺治八年，又从京中派出镶白旗察哈尔蒙古至古北口外驿马图、白虎沟一带开垦地亩。[124]这两处地方都属于察哈尔左翼四旗"分部"中镶黄旗和镶白旗的驻地。有一份形成过程不是很清楚的档册，能说明该四旗是如何被派至古北口外的。

　　　　盛京随同察哈尔贝子吐拉吉业勒登进京，即入京旗当
（差）……（原件残缺约5字——引者注）间因水土不
服，一半在京当差，一半出古北口游牧，而户口册籍应□
差使，仍由京旗挑管。乾隆十八年围场添兵时，京城本旗
将本佐下在口外游牧闲散补入兵数，一例挑差，始将户口
移出在案。

　　　　高祖伍布什，因在京水土不服，于顺治年间出古北口
至驲马图川卓索博哩伍库尔奇等处游牧……[125]

　　察哈尔左翼四旗的"分部"于顺治年间由京中陆续派出，因
此汤河围场设立的时间似为顺治初年。乾隆年间汤河围场的总
面积可能有2500平方公里。[126]康熙以后随着木兰围场的建立和
完善，清帝不再至汤河行围，自乾隆十八年始，这里被移民逐
渐开垦。[127]

　　木兰围场在清代各围场中的地位最重要。康熙二十年前后
清帝北巡汤河时，已有了设置木兰围场的想法，而其正式设立
应在康熙二十二年。[128]康熙至乾隆年间是木兰围场的创制和发
展时期，其界址或有变动。乾隆朝木兰围场全盛时，周长
1300余里，[129]其地界基本相当于今日围场县境和隆化县境的东
北部。[130]木兰围场因其地理面积广阔和政治地位重要，始终接
受着州县、盟旗、内务府等多重政府的管辖。

　　道光以后，清朝停止了木兰秋狝活动。咸丰以降，迫于日
益恶化和加剧的财政状况和人口压力，清廷采取围场放垦和口
外移民的政策。这一过程大致分为两期，第一期始自同治二
年，至光绪初年止；第二期始自光绪二十七年，至光绪末年
止。[131]新开垦的地方被逐渐设立厅、县。清末时期，围场究竟

应由热河都统还是直隶总督管辖，一度引发不小的争论。内务府和理藩院的退出，说明作为旧时皇家围猎禁地的木兰围场的政治场域性质不复存在。（图13）

内务府口外行宫　清帝至木兰行围或至东北祭祖的沿途，建设了行宫以供休憩。在京畿和热河地区，有清一代共修建了数十处行宫，分为东、西、北、口外四路，设汤山、盘山、黄新庄、热河四位行宫总管管理，隶内务府职官序列。其中口外行宫又以规模最大的热河行宫为界，分南、北两路，南路自长城始，北路至围场进哨处止。行宫的名称和修建时间可见表1。

康熙四十一年至四十三年是口外行宫兴建的高潮时期。清廷于康熙四十二年置热河行宫总管一人，又于乾隆二十一年增设副总管一人，作为口外行宫的直接管理人员。自乾隆年间始，一些康熙时期修建的行宫被逐渐废弃；嘉庆至道光年间，随着清帝行围规模缩小及巡幸最终停止，各行宫失去了存在的价值，被大量裁撤。[132]光绪年间，虽无彻底废弃口外行宫的举动，但政府不断将避暑山庄各处的收藏送往京城。[133]光绪三十年，口外行宫归于热河都统直辖。（图14）

内务府口外皇庄和宫仓　属于皇室私有财产的庄田，在历史上许多朝代都存在过。[134]皇庄与官庄原有明晰的区别，由内务府管辖者称皇庄，由户部管辖的各部、寺田地称官庄。[135]乾隆二十一年时，皇庄之称均被改为官庄，[136]从此，前者不见于官方严格纂修的资料之中。但皇庄由内务府管辖、为皇室服务的性质并未改变。

清代皇庄从地域上划分，可分为畿辅皇庄、口外皇庄和关外皇庄。畿辅皇庄遍布于直隶长城以南，关外皇庄分布于锦州、盛京、打牲乌拉等处，口外皇庄指古北口外热河一带所设之老圈庄。从类型上分，又有纳粮庄、纳银庄、果园、豆秸庄、棉靛庄、盐庄等。康熙十六年起，内务府庄园分由各司管理。每庄设庄头一人、庄丁若干。庄人有从盛京随来者（老圈庄、陈庄），有清初带地投充或由兵丁拨充屯田者（投充庄、新庄），大部分是汉人，实即包衣。前者由内务府会计司管领管理，但户籍不在该处，不属于八旗的正式编制；后者则既不属于佐领，也不属于管领，身份介于民人和旗人之间，由三旗银两庄头处管理。庄头和庄丁在多数情况下可世袭当差，由内务府每三年统计一次丁口。[137]

清代皇庄设置有一个过程。清廷入关后，在京畿直隶一带广行圈地，安设皇庄，但是以长城为界，将口外列为封禁之区，不许满人于此安庄。到了康熙八年，清帝批准将口内退出圈地之八旗兵丁，取口外空闲地亩耕种。[138]内务府的皇庄也随即在口外设立。大规模的圈地和安庄是该地区贫穷的原因之一。[139]畿辅和口外一带皇庄最初共有约 630 所，占地近 1.3 万顷，[140]到了乾隆年间，该数据的峰值达到了 1341 所和 2.8 万余顷，即使在嘉庆以后，皇庄所占土地理论上也有近 2 万顷。[141]

口外皇庄全部为纳粮庄，分为四等，坐落于承德府所属之丰宁、滦平、平泉等州县境内，且最晚在雍正时期，均晋列一等庄。康熙年间，口外皇庄数量仅有几十个，乾隆以后基本稳定在 131~135 个。口外还有少量向各王府交差的庄头，俗称"少府庄头"和"王爷庄头"。[142]这类庄地具体数量不详，但应不会太多。

与行宫和皇庄相联系的是宫仓制度。清代地方州县中的粮仓主要有常平仓、义仓和社仓三类，此外政府在一些地区针对特定的社会群体或用途，建有一些特殊的仓廒。[143]在热河地区，一方面乾隆以前未大规模设立州县，故无固定的常平仓制度；另一方面自康熙起，清帝频繁巡幸热河，并建设行宫和设立驻防，需要在该地区设置仓储。由此，清朝发展了一种独特的宫仓制度，既可在巡幸时满足皇室之需，又可于平日满足驻防官兵的需求，还可在遇到自然灾害时发挥平籴平粜的作用。[144]

清代口外地区的宫仓多建于行宫附近，主要修建于康熙和雍正年间。乾隆六年时，至少已有热河、喀喇河屯、化育沟、唐三营、波罗河屯、中关、雅图沟、二沟、张三营等9处，[145]其中有7处知道明确的建立时间。热河仓容量最大，可贮粮6万石；相较之下，喀喇河屯仓的容量只有热河仓的约1/10。[146]在雍正末年至乾隆初年口外各州县相继建立后，宫仓的规模和作用逐渐减小。自乾隆中期起，雅图沟、唐三营、中关、波罗河屯、二沟、化育沟等仓被先后交付地方使用。

按照清朝政治的特征，清廷会在内务府和户部各自的财产间尽量找到一个平衡。宫仓设立初期，名义上内务府官员有检查之权，但主要仍由户部管理，为此一度造成管理效率的低下。雍正四年后，清廷加大了内务府官员的权力，基本确立了由内务府和地方官员、当地驻军共同管理的体制。（图15）

州县制和移民 州县（行省）是随着口内民人的大量出口而被引入这一地区的最后一种政府形式，但其发展最为迅速。明代已有不少人通过各种非官方渠道，或进入东北，或进入口外，其中一部分人转变为所谓"蒙古籍"。[147]直隶口外地区的民人主要来自直隶、山西和山东。康熙四十一年时清帝表示，仅从山东登州、莱州、青州到热河地区垦地的民人即有数万人。[148]出口的民人主要从事农耕和商贸，居无定所，行动路线带有较强的盲目性，直到找到土地和雇主为止。[149]那时的旅途充满危险，遭遇灾难或死亡的可能性极大。口内和口外的人擦身而过，也许一天几次，也许几天才一次，发生所谓的"礼貌性的不经意"。[150]起初，理藩院向这一地区的扎萨克旗内派出官员，以管理民人和蒙古交涉事宜，后来又在一些地方设立了司员。但是随着涌入该地的民人越来越多，最直接有效的管理方法是设立州县。（图16）

最早采用州县制的地方是口北。张家口、独石口外的坝下一带，是夹在内地与察哈尔八旗地界中间、较适于农耕的一片土地。早在康熙时期，即有内地民人在此耕作，春去秋回，呈"雁行"活动方式。雍正初年，清朝设立张家口理事同知，赋予其征收察哈尔右翼四旗地粮、审理口外民人案件及蒙民交涉细事之权。雍正末年，清廷又正式设立独石口和多伦诺尔理事同知。口北三厅隶于口北道。乾隆初年后，张家口和独石口同知开始共管察哈尔左翼四旗并正黄半旗地粮征收，并与多伦诺尔同知重新划分了有关察哈尔左翼四旗、锡林郭勒盟盟旗旗民命盗案件的审理权限。民人进入坝上，造成张北地区的深度汉化，一些早先的移民又继续北进。[151]光绪七年，口北三厅升为抚民厅，厅民也拥有了科试的权利。三厅与察哈尔旗、各牧厂地界有明确的划分。（图17）

再看热河地区。该处清初的汉人移民多分布于古北口至热河、八沟一带，喀喇沁三旗、土默特两旗是最早由蒙古人自己招垦的地区。雍正元年，清廷先于热河地区设理事同知一员，隶霸昌道。随着热河迤东八沟、塔子沟地区移民增加，雍正七年时又添设八沟通判一员。[152]雍正十一年，清廷在热河一带设立了承德直隶州，但是于乾隆八年将该州改为喀喇河屯理事通判。在此时段内，清廷又设立了八沟同知，并将原八沟通判改为四旗通判。乾隆五年，设立热河兵备道，口外文武俱归其节制，与此同时新添塔子沟理事通判。[153]乾隆三十九年，三座塔和乌兰哈达理事通判相继设立。四十三年，清廷升热河同知为承德府，不辖附郭县，各厅俱改为州、县。至此，口外地区的直省行政区为一府（承德府）一州（平泉州，八沟厅改）五县（滦平县，喀喇河屯厅改；丰宁县，四旗厅改；建昌县，塔子沟厅改；朝阳县，三座塔厅改；赤峰县，乌兰哈达厅改）。嘉庆十五年，清廷设立热河都统一员，此后随着道光八年的改革，口外地区的大部分事务先后归该都统管辖。

在清代的政治语言中，承德府、滦平县和丰宁县虽位于地理上的长城以北，但因不与蒙古盟旗交错，在某种意义上仍被定义为"内地"。而平泉、建昌、赤峰和朝阳等州县，因坐落于各旗中，所辖之地理论上为蒙古各扎萨克旗占有和使用。晚清时期从这三县中析出的其他县，也面临同样的问题。光绪初年，由于围场开垦，清廷需要设立一个新的行政机关以完成人口调查和税收工作，围场粮捕同知便于此时应运而生。光绪三十一年，直隶总督奏请将围场厅改归直隶，隶口北道，但因当地情形特殊，一些政务仍按照热河章程办理。[154]后来围场厅虽重归热河，但其抚民厅的性质没有改变。光绪二十九年，热河都统提议将朝阳县升为朝阳府，并新添阜新、建平、隆化三县；清末时，口外地区再次增置开鲁县和林西县，并将赤峰县升为直隶州，下辖此两县和新析出的绥东一县。这样在清朝末年，口外地区共设有二府（承德府、朝阳府）、一直隶州（赤峰州）、十一厅州县（平泉州、滦平县、丰宁县、隆化县、建

平县、阜新县、建昌县、绥东县、开鲁县、林西县、围场厅）。（图18）

第三种路径

对清代直隶口外地区政治治理的研究，过去常以两种路径展开，这两种路径都有其长处，但也有缺陷。如果不指出其中的问题，本书也就没有写作的意义。

一种有广泛影响的理论是"二元模式"论。其核心观点是，在漠南蒙古地区，存在着旗、县并立的二元体制，其中旗隶属于盟，盟隶属于理藩院；府、厅、州、县则属于行省系统。[155]

"二元模式"论启发了研究者充分注意内扎萨克和察哈尔八旗驻牧地区与行省制度（州县制度）的不同。在这种框架下，两条平行的延伸线是关注理藩院—盟旗制（或察哈尔八旗旗制）和行省制。盟旗制度的基本框架被构建出来，以从各方面加深人们对蒙古扎萨克旗和察哈尔八旗的熟悉程度；相关研究考证了各旗和盟的形成时间以及清朝对其制度化管理的过程，厘定了一系列重要的史实。关于清代卓索图、昭乌达盟地区的区域社会史研究也随之出现。[156]与此相对应的则是大量关于州县制的经典知识，这些知识通常被认为是清代地方治理的"正常情况"。[157]"二元"的两面结合，便是此类研究的成果集中爆发区——移民和近代化问题。[158]

我认为"二元模式"论无法自圆其说，并且将这一地区以简单的二元结构来描述，很久以来只是一种不假思索的态度而已。它既然明确把"漠南蒙古"作为一个地理概念使用，就不能仅仅讨论旗—盟—理藩院与行省制度的关系，从而对其他同样重要的政府和族群视而不见。[159] "二元模式"论没有正面回答的一个问题是,"漠南蒙古"仅存在两种治理体制,还是存在多种治理体制,而"二元模式"只是其中的两种。但即使是后者,这类研究也从不讨论、更不仔细观察"二元"之外还有什么。但不管答案如何,从这类研究中得到的信息,最好的位置是作为更大学术体系的检视点。此外,"二元模式"论明显弱化了族群,它其实是将州县制设定成一种潜在的"常态"和标准来进行对比。

另一种视角的研究成果,自20世纪初被持"本部论"的日本学者系统发表,并在20世纪下半叶为"新清史"(假如真有这么一个学派的话)所接续。在这一话语脉络中,清朝成为一个"帝国";日本学界由此逐渐形成"清代史"和"清朝史"的划分,后者强调利用满文史料,在内亚的框架下研究清史。从满洲史和蒙古史角度分别出发的各项研究,大多关注同一族群内部的历史发展脉络,而较少涉及关联性的问题。[160]而在满蒙的联系方面,人们尤其注目于清朝统治者意识形态权力来源中的非汉化部分,强调满洲制度和文化对蒙古因素的吸收,进而引发了对身份认同的争论。[161]塑造族群认同的动力还有自然地理的因素,不同的自然地理环境造成了东北平原、蒙古高原、西南地区各自不同的聚落生活方式。[162]

族群和身份认同理论扩展了历史研究的视角,但是对这一取向的过度执着,容易使研究者忘记,"认同"本身不等于历史事实,它和世界上最近一百多年一系列的现实问题相连。[163]用一些过去研究者没有注意到的非汉文材料指出具体的事例当然有益,但下结论时不宜走得太远。须知全面不等于充分,看似精致的背后也可能是了无生气。在清代,中国传统或者说儒家学说、礼制的影响，要远远超过"内亚因素"。

还有一类元素被忽略了，这就是直隶口外地区除了州县和盟旗外的其他政府以及相关飞地。这些政府和飞地不是孤立存在的，它们可以反映相关的税收分配制度、生产力和生产关系、特殊的政治军事意义等。[164]在这一类研究中，目前仍包含着乱成一团的史实。我以为，如果不从一个很高的层面，描写直隶口外地区多重政府管辖多个族群的全貌，只叙述某个或某几个方面而忽视相互的联系，就会只见树木不见森林，如同描述出肝脏的机理及其与肠胃的关系，并不足以说明整个人体运行的情况。这样的成果虽有肥瘦的区别，但较难产生实质的推进。

由此，我也有必要解释一下本书书名的含义。

在古典音乐中，七重奏（Septet）是七位演奏家运用七件形制不同，但在构成音乐织体上同等重要的乐器，来完成一个在体裁上属于室内乐的作品。七重奏不是作曲家经常采用的体裁，除了贝多芬为自己打开维也纳商业市场的降 E 大调七重奏（Op. 20）外，人们能随时想起的七重奏大概只有胡梅尔、布鲁赫、勋伯格、斯特拉文斯基、施尼特凯寥寥数人的作品。

七重奏的配器不固定，但并不妨碍其有机地结合。贝多芬为自己的 Op. 20 的配器是：小提琴、中提琴、大提琴、低音提琴、单簧管、巴松管和圆号——没有第二小提琴；施尼特凯 1982 年作品的配器则是小提琴、中提琴、大提琴、长笛、两支单簧管、管风琴——没有铜管乐器。在巴洛克和古典主义前期，一首"重奏"作品的"主旋律"往往由一到两个声部承担，其他声部起到分解和弦或通奏低音的作用。如果我们看到这些乐曲的总谱，可能对以下事实感到惊讶：有的声部在一个乐章中从头到尾都在"枯燥无聊"地重复那四到五个音符。

　　我将本书的书名题为"七重奏",正是因为直隶口外地区的七个政府在当地的不可分割性——对"七重奏"的理解,应基于其整体性价值之上。它们共同构成了一首完整的室内乐,也共同构成了清朝在该地区统治的模式。从第一章开始,我将依照直隶口外地区各政府设立的先后顺序,说明以下主要问题:蒙古盟旗的总体特点;内务府在直隶口外地区的权力范围;太仆寺和礼部设于该处的牧厂;直隶总督、察哈尔都统、热河都统在该地区的权力划分。

　　最后,容我再说明一下本书名词的使用问题。我想区分两个词——"术语"和"概念"。我是这么来定义的:在描述具体历史事件时,尽量使用历史上的名词,我称之为"术语",如"比丁""边缺历俸""强劫"等,但在进行解释和评论时,倾向于使用当代的名词,我称之为"概念",如"司法解释""犯罪团伙""边际递减"。后者有时确实会引起多余的联想,不过一个词,只有在进入具体的政治话语权行为时才能生效,况且彼得·伯克就是这样做的。有他的珠玉在前,总体上我认为是没有问题的。[165]

第一章　盟旗和理藩院

——东方利维坦

在中国历史的绝大部分时段内，尽管无比重要，但郡县制并不是唯一的政府形式。[1]盟旗是清朝于直隶口外地区建立的第一个重要政府。盟旗和察哈尔八旗蒙古的部分事务，主要是由理藩院及其前身蒙古衙门直接管理的。[2]

崇德至顺治年间是理藩院的创设阶段。顺治十六年，清廷一度将理藩院归礼部所属，但是前者在康熙朝再次获得了独立地位，内部权责划分亦逐渐明确。到乾隆二十九年时，理藩院设有六个清吏司，并将该组织结构大致延续到清末；其中的三个清吏司——旗籍、王会、理刑与内扎萨克蒙古和察哈尔蒙古关系较大，喇嘛事务则归典属司管理。[3]光绪三十二年，理藩院改名理藩部。

北元大分裂后的蒙古各部，在清代大部分被重新整编为内属蒙古和外藩蒙古两大部分。前者主要指察哈尔总管旗蒙古、归化城土默特蒙古等，[4]极偶尔的情况下，也加上驻防八旗蒙古，后者则主要分为内、外扎萨克旗两部。旗是全新创造的政治产物，旗名称与部众的氏族血缘基本失去了对应关系。理藩院的管理对象主要是扎萨克旗和"喇嘛旗"蒙古。察哈尔总管旗蒙古在政治上虽属于内属蒙古，但在康熙年间也举行会盟，由清廷派官员前往审案和比丁。由此，察哈尔八旗也一度被称为"外藩游牧察哈尔"，[5]接受理藩院的司法管辖。（表2）本章所称的"蒙古"和"外藩蒙古"，主要指直隶口外地区的扎萨克旗和"喇嘛旗"蒙古；当涉及法律问题时，也包括察哈尔八旗蒙古。

第一节　我来，我见，我征服

控制土地和人口

控制土地和人口是传统国家统治中最重要的内容。扎萨克旗建立的标准，一般有编设牛录、划分牧地、任命旗主等内容。编旗没有采取简单的人口或土地的平均主义。清朝通过这些举措，从根本上消解了蒙古各类旗对抗中央的可能性。

人身自由程度是检验政治统治力度强弱的重要指标。约在天聪以后，蒙古逐渐变成自己旗界内的"囚徒"。清朝规定，各旗只能在本旗牧地内活动，不能越入他旗或州县地界。在天命中期至天聪三年以前，清廷应当已划定蒙古各部的游牧范围。[6]旗和旗之间还设有哨所，也就是"卡伦"。[7]禁止越界包括禁止本旗人进入他旗、禁止他旗人进入本旗，甚至禁止 A 旗人享有对 B 旗牧地的通过权。理藩院不仅处罚越界当事人，还会连带处罚其对口上司。[8]若有情况特殊而需移往相近旗的，须在一定的期限内报告理藩院，由后者决定是否批准。[9]至于蒙古人随意进入内地，则更不被允许。[10]即使是看似有正当理由的越界缉贼捕盗，同样受到约束。[11]这说明清朝对蒙古的控制更加看重程序正义。

勘界活动虽不一定由中央派遣的流官执行，但终审权掌握在中央尤其是理藩院手中。[12]清中期热河都统设立后，理藩院的官员仍然直接参与旗界的勘定。[13]在理论上，热河都统衙门和理藩院应存有各旗的地图和界址档案。[14]

清朝对盟旗划界和勘界的基础，是拥有对旗的绝对权威和对旗地的绝对所有权。在一般情况下，清廷强调尽量不要触及旗地的边界，[15]但只要有必要，就可以随时改变旗地和其相邻土地的用途。[16]理藩院通过对旗地的严格控制，将蒙古部落在地理上相对固定化。到了这时，游牧部落原先大规模的、远距离的移牧成了极为罕见的现象，通常是以个别家族组成的小团体——独立牧户（阿寅勒），在本旗内一块不大的地面上"游牧"。由此也必然造成游牧业和游牧规模的萎缩。[17]

旗的人口统计以"比丁"的方式进行。蒙古部落中年龄在 18~60 岁的男性壮丁，除残废，入府、入庙当差，从事杂役工作的家丁和家奴不在比丁之列外，理论上均应编入丁册。比丁的结果是各旗编设军队的重要依据。比丁每三年进行一次，由旗官员直接执行，并受理藩院的监督，所造丁册送理藩院存档。[18]实际上，壮丁入伍的比例并不绝对。[19]隐瞒壮丁的旗王公贵族要被罚俸；如因统计失误而错载丁数，旗内高级官员要被罚牲，低级官员应受鞭刑。[20]但是在现代国家建立之前，因技术和行政成本的障碍，中央对于扎萨克旗下的人口并不能掌握确切的数据，前者对这种障碍也是清楚的。清帝和理藩院总是宣称，比丁的数字有可能不可靠，隐丁的行为也得不到有效惩罚。[21]理藩院对于出首隐丁，似只保留一年的追诉期。[22]

清中期以降，受自然灾害、战乱、商品经济发展等因素影响，扎萨克旗中开始出现大量越旗游牧和逃丁的情况。嘉庆至道光年间，越旗的活动可能已经相对普遍，不得越旗的制度也被逐渐破坏。[23]最有名的案件发生在同治六年至七年，土默特、喀喇沁、阿鲁科尔沁、库伦等旗有大量旗丁越入哲里木盟中的郭尔罗斯公旗地方种地，各旗官员不但不担忧失丁，反而盼这些逃丁就此出旗销档。经过理藩院的多次警告，这些旗丁才被逐渐移出。领回逃丁的官员不但没有受到惩处，反而被大力表彰。[24]随着限制人口流动的法令无法得到实际遵守，比丁制也有崩溃的趋势。虽然各旗比丁的行为没有停止，但其数据越来越流于形式。到清末时，很可能只要办理一定的手续，旗丁就能合理移动到另一个旗内居住生活；而与此同时，比丁却仍以人身关系而非地理属境作为统计原则。[25]正是在这种背景下，光绪末年一位官员建议将毫无意义的属人模式编丁，改为按照属地方式就近分管，[26]由此已可看出旗从政治族群向现代地理意义上行政区划过渡的趋势。

清中期以后理藩院对盟旗土地与人口控制的减弱，表面上似乎暗示着清朝对口外地区蒙古统治的危机，但其实中央几乎不为此感到焦虑。很清楚的是，只要控制了依据纵向等级制和人身依附关系选拔出来的蒙古各旗中的旗长官和贵族，盟旗的统治结构就不会解体。

制度性结构

职官的设置和铨选　盟旗的官僚体制仿照满洲八旗而设，但是与八旗制度亦有区别。旗内的职官自上而下依次为扎萨克、协理台吉、管旗章京、管旗副章京、参领、佐领、骁骑校、领催、笔帖式、族长和十家长。他们的行政序列普遍较八旗官员低两级。[27]（图19）从仪仗、座次等文化权力中，也可看出这种等级之分；外藩蒙古贵族婚嫁筵宴聘礼的官方制度，也与八旗有所不同。[28]

几个旗合在一起进行会盟，就组成了"盟"。"盟"不是一级行政机构，只是架设在各旗之上的较松散的联结体。每盟设盟长一人。雍正六年后，又添设副盟长一人。晚清以后，盟内还出现"协理盟务"一缺（或称帮办盟务），其职能与副盟长相同，由清帝特简。[29]盟长不能理政时，由副盟长代理。[30]在清代中前期，盟长负责召集和主持会盟，一些棘手的案件也由盟长于会盟时调解和审断。虽然不知道最终的效果，但这种方式至少创造了沟通的渠道。理藩院传达的政令，往往先送达盟长，再由盟长向下依级传递。盟长在皇帝、理藩院和各旗之间，起着沟通上下的联结作用。

扎萨克的全称是"掌印扎萨克"，乃一旗之主，秩二品。凡本旗政令讼狱，皆由其管理，一般是终身世袭制。[31]道光年间，各盟又设备兵扎萨克一员。[32]协理台吉又称"协理扎萨克"（蒙语音译"图萨拉齐"），负责协助本旗扎萨克办理旗务，每旗设 1~4 人不等。[33]其不是扎萨克的属官，是台吉和塔布囊专缺。[34]协理台吉任期无限制，晚清时一般每隔约三年，由扎萨克向理藩院递交一次本旗协理台吉的简历。[35]如扎萨克有事离旗或因病请假，由协理署印。[36]清中期以后，各旗扎萨克多有驻京者，故协理的地位和作用越发重要。

管旗章京和副章京，相当于满洲八旗制下的都统与副都统，分秩三品与四品。前者佐理本旗事务，后者无专责。除喀尔喀左旗和喀喇沁中旗外，其余各旗均设有此二缺。[37]自管旗章京以下，都是扎萨克的属官；自副章京以上，则可称堂官。旗衙内的堂官们实行轮流坐班制，编班人员名单张榜公布，有详细的值班记录。[38]

在管旗章京和副章京之下，还有参领（扎兰、甲喇）、佐领（苏木、箭）、骁骑校、领催等。笔帖式作为旗内书记及翻译官没有定员，可随时增减，近似于差而非实缺。旗的各级官员各有私属民和随丁，称为"阿勒巴图"，他们是旗内承担赋役的重要人群。

管旗章京以上之缺（除扎萨克外）由理藩院铨选。盟长、副盟长和帮办盟务出缺后，理藩院将副盟长、帮办盟务和盟内管旗之汗、王、贝勒、贝子、公与不管旗之王、公等，除未成年者外全部开列，注明年岁，进呈请旨简放一员，并请旨是否将列名之王、公咨取来京带领引见。[39]其中副盟长和帮办盟务的铨选则例，应是道光朝以后才制定的。晚清以前，热河都统不干涉盟旗的选官，但是光绪二十八年热河都统推荐卓索图盟盟长人选时，清帝也没有多说什么。[40]似乎到了清末，热河都统也可以提出盟长的候选人。

扎萨克是世袭制，依照宗族谱系，由清帝和理藩院颁布命令，准予"承袭"。备兵扎萨克由清廷拣派，缺出时，理藩院将盟长、副盟长、帮办盟务和该盟内管旗之扎萨克王、贝勒、贝子、公、台吉、塔布囊等，除驻京并未成年者外均缮单进呈，请旨简放一员。[41]雍正之后，清廷逐渐建立起一套"预保诸子"的制度。内外扎萨克各王、贝勒、贝子、公、头等台吉之子，凡年满十五岁、人品聪敏、已经出痘者，均造册送理藩院。[42]名为"教养"，实有监视之意。乾隆十七年后，扎萨克台吉之子也照例保送到院注册。扎萨克的承袭看似简单，但往往因档案和宗谱不符，经年办理不结。在这种情况下，理藩院的权力就显现出来。[43]提名的扎萨克经清帝引见，方能正式承袭。[44]

协理台吉、塔布囊缺出，由扎萨克会同盟长，于散秩王以下、台吉以上人中拟定正陪，送理藩院引见补放。[45]对于不能胜任的协理台吉，扎萨克和盟长有稽查并向理藩院参劾的义务。[46]清代中期以前，协理台吉的选举似常有任人唯亲之嫌，因此道光十年清廷规定，协理台吉缺出，应由王公大臣等会同盟长保举送部引见；如盟长徇私舞弊，即将其与各旗王公大臣一并治罪。[47]扎萨克旗下的官员选任，并无回避制度。[48]

管旗章京及以下职位由本旗扎萨克在旗内选任。一般来说，各旗每隔三年要向理藩院汇报一份本旗管旗章京以下、笔帖式以上的官吏名单，而且当清廷认为必要时，可随时否定扎萨克指定的人选。[49]乾隆二十七年有了明确规定，所有旗内扎萨克补放之员缺，均须报明理藩院审定，年终由院汇奏一次。[50]

这样一来，扎萨克旗内各级官员的选任，都受到理藩院或直接或间接的控制。无论级别高低，扎萨克旗内的官员都成了中央的属官。各级官员实际上是作为理藩院的政令执行官，在旗内发挥作用。对于人身依附特点鲜明的扎萨克旗权力结构来说，控制了头人，就等于控制了全部属民。理论上说，旗官员对其属民的控制强度，必定超过州县官员对辖区内民人的控制强度——因为一个旗的人数远远少于一个县的人数。

在旗主和王公贵族的私人府第中，官员的设置多由旗官员、王公自理，理藩院一般不予过问。一般情况下，旗府内官制结构分为三级。一为白通达（或称拜生达），总管府内一切事务，每旗府设一人，平民或有爵职者皆可担任。一为哈番（即侍卫官），为白通达下级官吏，每旗府内设 2~4 人。一为包衣达（或称包衣大），负责处理府内的一般杂务。[51]旗府内最底层的阶层是包衣和旗下家奴。包衣虽绝大多数情况下不能补授旗内官缺，但可以得赏虚衔翎顶，有时还可升为箭丁；家奴则基本没有入箭的希望，子孙为其主之世奴。[52]（图20）

爵位的除授与袭替　在崇德元年的朝会中，清廷将蒙古贵族的称号（如济农等）更定为满洲爵号。[53]扎萨克旗中的蒙古王公大臣，自上而下封有亲王、郡王、贝勒、贝子、镇国公、辅国公等爵位，即"五等爵"。封爵之事掌于理藩院，各旗内有清廷分配的固定名额，是否世袭，亦由清廷决定。[54]（图21、表3）

蒙古各部落中贵族有黄金家族血统者，称"台吉"；为黄金家族女婿一系者称"塔布囊"。台吉和塔布囊被置于辅国公下，分为四等，即"不入等"爵位。自亲王以至公的子弟，天生就享有台吉和塔布囊的爵位。[55]台吉和塔布囊众子中，只有一人能继袭爵位。清朝倾向于将闲散台吉（包括塔布囊）和管箭台吉区分开，后者被看作官员，而前者似位于官员与平民之间。[56]台吉和塔布囊数量没有定员。[57]

承袭台吉、塔布囊的职衔，须报理藩院批准。清初历次承袭爵位时，理藩院照例奏请减等，清帝则加恩令原品承袭，成为惯例。自乾隆四十六年起，清廷将原赏给头等、二等之台吉职衔，俱令世袭罔替；到了五十三年又规定，以后初降建有军功，给予头等、二等、三等之台吉、塔布囊，也都世袭罔替。[58]

箭丁有功，也可晋封爵秩，如子爵、男爵、轻车都尉、骑都尉、云骑尉、恩骑尉等，这些人和台吉、塔布囊有明显差别。这类爵位多以军功而得，如无特殊规定，不能世袭。[59]

爵位的分封和旗下官缺设置没有直接联系。有爵无职之人称为"闲散"，既无所谓出身，亦不补缺。[60]反过来，旗官员亦有无爵之人，但各旗扎萨克一般在清初时都被封以五等爵中的一种，且多世袭罔替。凡不属"世袭罔替"的，同满、汉爵制一样，在子孙每次袭封时例由理藩院呈请降等承袭，由清帝定拟，吏部操作。[61]

与选官相同，自清中期起，乾隆十七年后，一套袭爵预保制度被逐渐发明出来，旨在减少旗官员袭爵时的纠纷。这一规定经不断发展完善，于嘉庆年间被正式纂入理藩院则例。该制度规定，扎萨克、汗、贝勒、贝子、公等预保一子，报理藩院以备袭爵，由院奏闻，可先给予应得职衔；如有预保之子日后不能袭爵，准于支子内另行预保。扎萨克、台吉准其将承袭之子，照王公例预保一子，报理藩院奏闻，给予加衔，以备将来袭职。[62]同治三年以后，理藩院又进一步改进了无嗣之人承袭爵职的规定。[63]任何公开表示不满此项规定的蒙古王公贵族，都会受到中央的严厉惩罚。[64]由此，在蒙古王公贵族的袭爵问题上，一切权力归于理藩院和清帝。

爵位的承袭因文谱不符而办理拖延的现象不少；庚子以后，因一些档案毁于战火，爵位承袭亦有办理错误之时。[65]虽然有制度的规定，但承袭职爵仍有大量可活动的空间。在旗的财政支出中，有一大部分开销是作为袭职、袭爵的"运动费"而存在；理藩院官员借干预袭职袭爵以谋取私利也是事实。[66]这些现象都反过来说明，获得更高级的官职和爵位，即得到理藩院的认可，是绝大多数蒙古王公贵族的向往。

由此，相比于选官，盟旗爵位除授和袭替的权力，被理藩院更加牢固地掌握在手中。授有爵位的人数多于旗内的中高级官员人数，表明理藩院的权力实际上更深入旗的政治结构的中下层。通过选官和袭爵，理藩院将能对中央和地方政局产生影响的几乎全部"部落豪强"，纳入其控制之中。

在此之外，满蒙联姻制度也在清中前期发挥过重要作用。清代的满蒙联姻，主要是清皇室将公主、格格嫁与外藩蒙古王公子弟台吉，在这一过程中，也相应制定了如备指额驸、陪嫁等制度。[67]满蒙联姻更加保证了蒙古各部对清朝的忠诚。

会盟、年班和围班

统治权力必须被展示出来，而仪式始终是政治生活的重要组成部分。[68]清朝（尤其是理藩院）为蒙古盟旗创造了多种政治仪式，这些仪式本于传统的儒家学说。通过这些仪式，国家的权力就如生物体内的毛细血管，渗入蒙古各部落的政治生活和观念中。

第一种仪式是会盟。会盟制度并不是与编旗同时出现的，会盟的地点和时间在清初都不固定。[69]随着中央集权官僚体制的发展，会盟的重要性逐渐降低，故而到康熙四十九年时，清廷将会盟年限改为五年一盟。[70]在康熙年间，察哈尔八旗也举行会盟，正是在这个意义上，察哈尔八旗也被称为"外藩游牧察哈尔"。[71]

会盟时，中央派出大臣主持和监督盟会。崇德至康熙初年，会盟大臣均由理藩院的参政、员外郎等担任。康熙十七年后，会盟大臣从领侍卫内大臣暨理藩院堂官等人中，由理藩院开列职名，请旨简用；随往官员除理藩院司官、笔帖式外，再选刑部司官一人、笔帖式一人。[72]这项制度一直实行到康熙五十四年，该年以后，清廷停止了派遣会盟大臣。[73]乾隆三年至六年，清廷还派遣大臣参加各部落的"六会防秋"。[74]乾隆七年后改为每隔两三年，由理藩院请旨派官员前往。[75]乾隆十六年，六会防秋的会盟也被彻底废止。

盟会上处理的政务主要有四项。一为检查各旗军事力量。二为遇有征战时，讨论各旗贵族、官员的战功和违反军纪的情况，如有旗出兵不足或临阵逃脱，则由旗官员与理藩院官员讨论后提出弹劾，清帝裁决，理藩院官员以集体负责制公布结果。[76]三为检查壮丁的编审情况。四为审理各旗词讼案件。康熙初年后，清帝发布的有关会盟的谕旨，开始重点讨论治理盗贼和修订法律问题。盟会上审理的案件类型多种多样，在早期的会盟中，有关有爵贵族的案件和死刑案件，必须（通过会盟大臣和理藩院）上奏由清帝定夺，其他案件则在盟长和会盟大臣的主持下自行裁决。[77]

雍正之后，直隶口外地区的多重政府制完全建立，国家权力机器大大精密化和制度化，临时性的会盟更多只是维持形式。光绪三十二年昭乌达盟的会盟体现出明显的机动性。[78]而造成这种与清初相似现象的原因则截然相反，后者是由于会盟制度的欠缺，前者则是因为其他政治制度的完善。

第二种仪式是年班和朝贡。年班是将蒙古各部混编为不同的觐见班次，一般于每年十二月中旬前后进京朝贺。内扎萨克蒙古编为三班（雍正前为两班），外扎萨克编成四班，喇嘛编为六班，每年各一班来京。如扎萨克有事，则遣该旗台吉一人来朝。[79]清廷对进京参加年班的蒙古王公贵族有人数的限制，按日按人发给路费，并常有额外的赏赐，分由理藩院和户、工部办理。[80]各部年班要按照理藩院规定的路线行走，借故缺席年班是严重的政治事故。此外，各旗还须在固定的时间派员至京城，听候中央政府传达政令。这一活动理论上每年进行四次，听事内容和传达的例行指令多为军备要求。[81]扎萨克旗王公大臣年班入京，一般没有严格的离京期限。[82]一些呈单在特定人员衔名上标有"驻京"字样，即世代居京；还有些标为"在京"字样，为常住京师。[83]到清末时，在京的蒙古王公大臣人数甚至已足以成立"同乡联合会"。[84]

年班来京的蒙古王公贵族给中央政府带来大量的"贡品"，但盟旗的"上贡"并不局限于是。崇德五年以前，盟旗官员和贵族有至少在万寿节和元旦两次进贡筵宴的义务。顺治以后，进贡的则例屡有更定，总的来看，贡品以牲畜和其副产品为主，象征意义更大。其价值会被折算成货币，再由清廷回赠给价值相等的各类蒙古所需的实物。[85]

第三种仪式是围班。其班次同样是混编的。在清代，未得过天花的蒙古人不能进入内地，更不必提进京。[86]由此，在夏季天气酷热时，未出痘的蒙古王公即前往木兰围场随围。内扎萨克蒙古各部王公分为三班；外扎萨克初分为四班，后改为六班；其余蒙古亦分班次，轮流咨调。出痘之后，随围之人改为年班入京朝觐。[87]围班的参加者不仅是蒙古王公贵族，各部落也要按规定派兵参加木兰秋狝。[88]

清朝对内扎萨克旗蒙古规定的各种仪式，针对的是旗中的中高层官员和贵族，这些人介于旗内实职官和有爵贵族之间。这种制度设计导致的后果，是在扎萨克旗内形成一种金字塔形的权力架构，双向的流动存在于金字塔的顶端和底端，正是在这个流动过程中，谁有权参与政治仪式和政治活动才被确定下来。（图 22）

派遣流官

官僚制由中心向周边地区逐渐扩展，是传统国家权力发展的一般过程。崇德至康熙末年，清朝主要依靠参加会盟的特派大臣和教养大臣了解旗内情况，处理旗下政务。各旗的重要事务，由旗、盟自行完结后，上报理藩院备案，或承理藩院之命，交由邻近地方官办理。[89]理藩院流官的派出，是受内地民人大量出口的刺激。康熙五十八年时，理藩院已在喀喇沁三旗的要求下向该处派遣章京，受理蒙古、民人交涉事件。雍正十年时，清廷在喀喇沁三旗下八沟与土默特两旗下九关台地方各设同知一人。同时将理藩院所派三名章京改为一名，其余两名章京一驻八沟，与八沟同知会审蒙古、民人交涉事件；一驻九关台，与九关台同知会审蒙古、民人交涉事件，均为一年一换。乾隆二年，又将原设的喀喇沁三旗理藩院章京撤回，并相继于塔子沟等处添设理事同知、通判，与各旗官员管理蒙民事件。[90]经过前期的试探，乾隆以后，理藩院重新在口外地区设立四名司员，并先后掌有司法和税收两种权力，称为“热河四税理事司员”。其基本情况如下。

乌兰哈达司员设于乾隆十三年，初时管理喀喇沁左、右两旗，翁牛特两旗，巴林两旗，阿鲁科尔沁旗蒙古案件和蒙民交涉事务，三年一换，每年于所管之地遍巡一次。乾隆十五年，克什克腾旗下居住之民亦被交其兼管，每年一并巡查报理藩院。[91]二十一年，乌兰哈达司员兼司当地税务。[92]

三座塔司员设于乾隆十三年，初时管理土默特两旗、敖汉旗、喀喇沁中旗、奈曼旗、喀尔喀左翼旗、库伦旗地方蒙古案件和蒙民交涉事务，同时清廷将原管土默特两旗的九关台同知裁撤。[93]自二十一年起，该司员有收税之权。二十三年时，三座塔司官将分管的喀喇沁中旗蒙民交涉事务交还八沟同知，由此，该司员对口外地区盟旗的管辖范围限制在六旗。嘉庆十五年热河都统设立，敖汉旗事务归于新设塔子沟司员管理。[94]

八沟司员设于乾隆十七年，其前身是康熙末年所设的理藩院章京。初仅负责抽收该地税务，乾隆二十三年时，清廷将原属乌兰哈达、三座塔司员兼管的喀喇沁三旗蒙民交涉事务改归八沟司员管理。[95]八沟司员下属有塔子沟笔帖式一员，嘉庆十五年热河都统设立后，改设塔子沟司员，此后八沟司员仅管八沟、小子沟、龙须门税务及喀喇沁中、右二旗事务。[96]原定一年一换，后改为三年一届。[97]与乌兰哈达和三座塔司员不同，八沟司员先有收税之权，后才被赋予司法权。

因塔子沟一带民人聚集甚多，乾隆十八年，清廷拣选笔帖式一员，作为八沟司员的属官前往该处驻扎，协助八沟司员办理税收，初定一年一换，而后者对其有巡察监督的责任。[98]嘉庆十五年热河都统设立后，清廷裁塔子沟笔帖式，另设司员一员，管理该处税务和敖汉旗、喀喇沁中旗事务。

四税司员系满洲、蒙古差，由理藩院拣放，向理藩院述职。[99]地方官与盟旗一般不直接接触，四税司员作为理藩院的钦差部员，是旗和地方沟通的桥梁。司员的地位似略高于地方官与旗员。[100]四税司员设立的初衷，是为了解决口外地区行政成本和行政效率的背反矛盾。口外的面积过于辽阔，发生案件时，如果依照内地满汉旗民案的审理程序，由直隶司道审转，则该处的税区绝无此人力与财力。由此，清廷将该处蒙民案件由四税司员参与审明后，即径报刑部和理藩院完结。此后随着该地州县制的推广，清朝对会审制度和招解程序又一再加以改革。

嘉庆十五年清朝设立热河都统，口外旗民交涉事件统归其管辖。自此，四税司员改为蒙古理事官，作为都统属员。遇有应报理藩院之事，先呈报热河都统，再由都统核定报院。各处司员改为两年一换，税务仍由各理事官照旧例征收起解，呈报理藩院。[101]在四税司员因特殊情况出缺时，热河都统似可暂委人员署理，但正式的人选依然要由理藩院决定。[102]

理藩院向盟旗内派遣流官的起因和经过证明，中央对于扎萨克旗内部的一般性政务没什么兴趣。除非旗内发生命盗重案，否则只有当民人与旗属民发生关系、产生联系时，理藩院官员才会主动介入。这一特征再次说明，理藩院对扎萨克旗的管控重点，不在于对旗属民直接的人身控制——这一任务由旗官员来完成，而是通过界定族群之间的边界来说明并限制旗属民的活动场域。

第二节　掌握法律话语权

清代的法律体系是一个庞大而复杂的系统。直隶口外地区的立法和司法采用了如下原则：在适用法律上，依据族群的不同，采用不同的法律；在审判权上，依据族群的不同，由不同的司法机关进行审判；在特殊的政治或地理单元中，制定超越族群界限的专门法。这些原则通过理藩院作为中介转换成实践。在清代，民人和旗人主要适用"刑律"，而对法律意义上的"外藩蒙古"，则主要用"蒙古律"进行审判。

制定"蒙古律"

理藩院是清朝对蒙古立法的重要机构，这一过程随清朝征服蒙古各部落同步而行。天聪二年，后金对外藩蒙古发出了可能是最早一条有具体内容的法令。[103]在康熙之前，对蒙古的立法或通过清帝的谕旨申明，或由会盟大臣和教养大臣传达，或在朝会时由清帝直接宣布。崇德八年，清廷编辑《蒙古律书》，并陆续颁发给外藩蒙古各部，由此开始形成了系统的立法。[104]

立法和最高解释权　"蒙古律""蒙古例"等是与法律意义上外藩蒙古有关法典的合集统称，包括以下几部分。（1）《蒙古律书》。其只记载与外藩蒙古事务直接相关的条例，属于法律文书的性质。[105]《蒙古律书》在修订的过程中，不断增加"例"，由此就形成了蒙古法律体系中律、例并存的特点。（2）《理藩院则例》。该则例在《蒙古律例》的基础上编纂扩充，于嘉庆二十年完成汉文本，二十二年完成满文、蒙古文本，[106]直至清末又共出现过三个修订本（道光朝一部，光绪朝两部）。《理藩院则例》收录与理藩院所管事务相关的全部规定，是一部部门则例。尽管如此，因其中的刑例部分是当时施行的蒙古刑事法规，故而司法机关依然会将《理藩院则例》与《蒙古律例》并用；也正因如此，嘉庆以后《蒙古律例》即不再修订。[107]由此，"蒙古律"实际上是历版《蒙古律例》和《理藩院则例》的总和。无论是哪一部文献，其制定和修订者都是理藩院，换言之，蒙古律的立法和法典最终解释权，都掌握在理藩院手中。[108]

传统与创新　随着蒙古律的不断修订，其逐渐发展为一套杂糅了传统蒙古风俗习惯、清廷对满洲旗人折中立法以及"刑律"特点的法律体系。蒙古律与传统蒙古风俗习惯的联系显而易见，宣誓制度和神判法都可以在从前的《蒙古—卫拉特法典》《喀尔喀七旗法典》《喀尔喀法规》中找到痕迹。[109]又如，在北元时期的著名法典中，涉及人命案的量刑，都慎重使用死刑，而以罚牲为主。[110]清朝对蒙古的立法虽然恢复了死刑，但又广泛保留了罚牲刑。理藩院掌握着量刑和牲畜分配的权力。[111]

如同清代满洲、蒙古正身旗人享有笞杖折鞭、折枷免遣的权利一样，清朝对蒙古亦有相应的规定。鞭刑在蒙古传统法律中早已存在，但笞杖折鞭显然是借鉴了旗人换刑的例子，只不过对外藩蒙古人行使换刑的条件更为苛刻。[112]

蒙古律对刑律的借鉴例子更多。例如蒙古传统法律中没有刺字的制度，但是在清朝的蒙古律中则明确载有这项规定。[113]留养和收赎也是传统蒙古法律中没有的，但是理藩院对这两种制度都做了全面规定。[114]再如发遣军流，最晚到乾隆年间，比照刑律量刑的发遣条例已被引入蒙古律。[115]在发遣案中，大部分犯人被判发交内地驿站充当苦差，但是具体发交何处，有时则比照刑律路程远近决定。[116]一些在初次立法时没有得到明确解释的蒙古律条文，也被清廷适用刑律加以修正。[117]在行政法中，蒙古律对刑律的借鉴也可见端倪。清中期以后，各扎萨克旗维持本旗治安、捉拿逃犯，都定有州县化的限期制度。[118]当遇到一旗力量无法对付的大伙贼匪时，盟长有权调动盟旗军队前往剿捕。如旗官员抓获大型犯罪团伙，还能得到赏给顶戴、爵秩的奖励。[119]

有些后发的案件类型在蒙古律中没有明文规定，清廷采取的对策是一方面完善蒙古律的纂修（可能参照刑律），另一方面则在其中植入一款"万能条文"——凡是"蒙古律"中没有与该案件对应专条的，司法者应当引用刑律审理。[120]这一原则不仅适用于命盗案件的审判，在行政法的范畴内，理藩院也可以咨取吏、兵、刑三部则例比照引用。[121]这意味着如果司法官员认为必要，可以直接引用《大清律例》来审判外藩蒙古。从清代刑部的司法档案中看，援用这一条款的案件不在少数。

蒙古律和刑律的区分，并不意味着两者截然对立、全无联系。许多蒙古律中的条文实际上被完整地抄进了刑律中，[122]但这些条文在法理上仍属蒙古律。换言之，就有关法律意义上外藩蒙古的部分而言，蒙古律对于刑律是大于和包含的关系。当司法官员宣称他要采用蒙古律未载的相关刑律做出审判时，就意味着《大清律例》中有关蒙古的部分，同样没有记载相应的内容。（图23）

由此可见，蒙古律的立法始终在向靠拢刑律的方向发展。[123]但是蒙古律虽然融入了大量刑律的内容，却未被完全同化。直到光绪末年，理藩院还不建议将所有有关外藩蒙古的案件都改照刑律审理。[124]对外藩蒙古来说，虽然蒙古律处于优先适用的地位，但是蒙古律本身的刑律化，以及理藩院用刑律作为对蒙古律的补充，表明外藩蒙古实际上难逃任何清朝认为其有违法律的处罚。与其说蒙古优先适用蒙古律是清朝给予的一种特权，不如说他们其实受到了蒙古律和刑律的双重管辖。这应当从加重主义的角度来理解——外藩蒙古适用蒙古律反而是套在他们身上的一个枷锁。在立法高度"常规化"的过程中，清朝对蒙古的法律控制实际上更加严格了。

最能体现蒙古律与刑律关系的一类案件是发生在直隶口外地区的强劫案。蒙古律中关于强劫案的立法，其原则是要参考刑律的量刑并与之大致持平。[125]这一原则反映出，所谓的蒙古律与刑律虽然仍属相同性质，但蒙古律本身就处在被刑律不断重新定义之中。

掌有外藩蒙古的部分司法权

审判的层级 在现代法治国家中，"审"和"判"是合一的，每一级司法机构有审必有判。但是清代的审、判是分离的。[126]如果一个案件初审结果是死刑，那么刑部就要和都察院、大理寺两个机构共同对全案进行复核，以刑部的意见为主，称为"三法司会审"。[127]此外，吏、兵等部可以通过部院则例对相应官员进行行政上的处分。

有关外藩蒙古的死刑案件，因为涉及"蒙古律"的问题，理藩院必须一同参加复审。康熙元年即有规定，外藩蒙古拟定的死罪人犯，由扎萨克审明报理藩院，后者会同三法司定拟具奏。[128]在康熙中前期，有关外藩蒙古的命案审理有可能是以理藩院为主导的。[129]在清朝确定用刑律作为蒙古律的补充后，三法司和理藩院会审时的一般分工是：引用蒙古律的案件，由理藩院复核；引用刑律的案件，由大理寺复核。[130]但是当理藩院与刑部的意见发生冲突时，应遵循刑部的意见。[131]会审的地点也是刑部的衙署。[132]换言之，在立法程序中，理藩院居于主导地位并拥有最终解释权；但在司法程序中，这一位置由刑部占据。

以我在清代档案中所见的超过 50 起理藩院应当参与三法司会审的案件来看，[133]审判大多数依程序而行，但是也有个别案件理藩院原因不明地缺席了会审。[134]这几起案件都集中在清代中后期刑部主掌大权之时，似乎存在刑部并未将案件咨达理藩院，而是独自召集三法司会审的可能性。

在扎萨克旗内，清廷尤其强调细故词讼的上诉要依级而行，不得越诉。这一规定至少包含三种含义：第一，旗主不要将尚未结案的诉讼报告给理藩院;[135]第二,外藩蒙古的词讼应争取在旗内解决,而不由原告直接在理藩院上控;[136]第三,旗官员向中央政府的上诉应诉至理藩院而不是别的部门。[137]清代历部蒙古律中,都有关于违反越诉规定的处罚措施。[138]且即便越诉至理藩院,如果不是人命重案,理藩院仍会将案件交与旗扎萨克或盟长办理。

属人主义和属地主义 对蒙古、民人交涉案件的审理,要区分适用蒙古律还是刑律,由此就产生了法理上"属人主义"和"属地主义"的区别。"属人主义"即按照族群身份来决定适用法律,"属地主义"则是按照事发地点来决定适用法律。[139]清朝对外藩蒙古和旗(此处专指八旗旗人)民交涉案件的适用法律,因在两种主义间有过摇摆,产生了至少四个变量:地理上的内地和口外,族群上的外藩蒙古和旗人民人。虽然没有相应的规定,但在实际审判中有时还要再区分受害者和加害者的族群身份。这些因素叠加在一起,不仅给当代研究者造成困惑,甚至一些清朝司法者自己都搞不清楚应该如何处理。

天聪年间清朝入关前,满洲同蒙古部落的司法关系曾短暂地适用"属地主义"。[140]清朝入关后定,边内之人在边外犯罪,依照刑律审判;边外人在边内犯罪,依照蒙古律审判,这是对"属人主义"的最早规定。[141]乾隆二十六年以后,司法适用律的解释修改为,外藩蒙古与民人交涉之案,如前者在内地犯事,照刑律审判;如后者在蒙古地方犯事,即照蒙古律审理。[142]由此,涉及蒙民交涉案件的司法原则又从"属人主义"转为了"属地主义"。需要说明的有两点:第一,"属地主义"针对的是口外地区蒙古和旗民交涉案而言,理论上不涉及民人内部和外藩蒙古内部的案件；第二，随着口外地区州县制的推广，"边内"和"边外"、"内地"和"蒙古地界"被重新定义，变成了分指府、厅、州、县辖境和外藩蒙古各旗辖境。这些解释有时候看上去很有弹性，因此请好好读读道光二十四年和二十六年的两件档案：

> 热河州县管辖地方均系内地。直隶司。查民人蒙古犯事，向以地界为断。热河各州县与蒙古交界处所，应以何处为蒙古，何处为内地，必须分划明晰……此案万青等在丰宁县所属小河子地方抢夺事主王正义牧厂内马匹骡头。前据热河都统将万青等依蒙古抢夺牲畜十匹以上例问拟斩绞监候……等因咨部。复经本部以丰宁县系属内地界址，不得谓蒙古旗界……等因去后，兹据该都统咨称，吏部则例与理藩院则例均载明承德府所属州县系蒙古藩封……并查阅版图界址，古北口以外均系外藩蒙古，统归扎萨克所辖，并无另有内地界址。将万青等仍照原拟依蒙古例问拟斩绞监候等因咨部……当经行查理藩院去后，现据复称，热河所属各府州县管辖地方均系内地，遇有命盗案件，俱照内地办理。如扎萨克所辖地方犯事，均照外藩蒙古办理等语……[143]
>
> 热河州县管辖地方均系内地。直隶司。前据热河都统咨称丰宁县贼犯万青等在县属小河子地方纠抢事主王正义马骡一案……本部复查热河承德府所属各州县应否作内地界址，抑或作蒙古地方……相应咨催该都统，希即查照本部前咨，划清界址，明定章程，毋庸再行延宕。道光二十六年说帖。[144]

上述解释反映出司法者对蒙古律和刑律适用范围的迷茫。我的观点是，这种分歧并非官员们没有好好领会朝廷的旨意，而是清朝有意为之。它的目的是告诫所有属民注意自己的身份边界，不要妄想"钻空子"。在这种权力密网中，没有人能通过狡辩自己的族群身份，而逃脱多重政府的管辖。（表4、表5）

从表4中可以看出，当案件发生在内地时，法律的适用情况非常清晰。事实上，因清代的盟旗和察哈尔旗都划有比较严格的界线，各旗箭丁越过长城进入口内，且犯有重案的例子少之又少。与此相反，康熙以后民人大量出口，口外案件的审理程序明显更为复杂。在表5中，当边外发生蒙民交涉案件，且加害方为外藩蒙古时，从"属地主义"的逻辑推理，应适用蒙古律；但有时清廷的司法官员会强调受害方的身份是民人，转而以"属人主义"适用刑律结案。

我在清代档案中统计出超过120起发生在外藩蒙古之间、外藩蒙古与旗民人之间的案件（绝大多数是命案），除5起案件因档案不齐、适用法律不详外，没有照程序审理的案件仅有1起。在照律审理的案件中，应当使用蒙古律审判，但因蒙古律未载有相关条文而转引刑律的案件（即图23中B-A4部分）有44起，占案件总数的近40%，这充分说明了刑律在直隶口外地区的推广程度。但在按律审理的案件中，也有司法官较为踌躇而拿不定主意，以及强行附会律文的情况。[145]

强劫案中对两种原则的弱化　在强劫案中，清朝司法官基本放弃了对"属人主义"和"属地主义"原则的坚持。理藩院对于强劫案的立法，融入了大量刑律的内容，除了规定将人犯枭首示众和发交内地驿站充当苦差，[146]还有一条嘉庆二十三年制定的重要规定：

> 蒙古、民人伙同抢劫，从重科断。蒙古地方抢劫案件，如俱系蒙古人，专用蒙古例；俱系民人，专用刑律。如蒙古与民人伙同抢劫，核其罪名，蒙古例重于刑律者，蒙古与民人俱照蒙古例问拟；刑律重于蒙古例者，蒙古与民人俱照刑例问拟。[147]

清初的蒙古律对于劫案的量刑即采取从重主义原则。[148]由此可见，当强劫案中嫌疑犯包含蒙古和民人两个族群时，清廷是按照从重的原则，同时参考蒙古律和刑律进行审判。[149]

与此同时，大股贼匪持械强劫和一般寻常盗劫案件也被逐渐区分开来。光绪朝的《理藩院则例》即载有嘉庆朝则例中所不载的从重处分内容。[150]这些新增条文，主要是为了区分在审案中被日益混淆的抢夺和强劫两种性质，[151]而这一区分依然是以刑律中人数多少、有无器械等条件为标准；所失财物的经济折算，也是从刑律中有关白昼抢夺的法律条文中借鉴而来的。[152]到了道光三年，理藩院正式在蒙古律中写入了关于抢夺治罪的明文。在这类案件中，可以看出清廷对"属地主义"原则的弱化。到道光二十九年时，热河都统说服了中央，以后承德府所属州县遇到抢夺之案，如事主中既有外藩蒙古，又有民人，则核其损失，选择量刑更重的法律审断。[153]这一条款被篡入大清律例。[154]

虽然法律规定只有蒙古和民人合伙强劫时，才考虑蒙古律和刑律的轻重衡量，但在实际的案件审理中，时有司法者将比较量刑推广到所有案件中的例子。[155]假如这一习惯被固定下来，则很有可能在此后发生的类似案件中，司法者不再刻意分别涉案者的族群身份。值得注意的是，当嫌犯触犯多项罪名时，所谓的从重原则并不是指具体的量刑，而是罪名的轻重，由此导致依据从重原则做出的处分，反而可能使疑犯得到较轻的处罚。[156]

以上对理藩院法律职能的描述，说明了其立法权是依据族群身份，针对法律意义上的外藩蒙古而行。但是所谓的蒙古律在清代已经大大"常规化"。理藩院与刑部在立法和司法权上形成了一种类似近代西方分权的关系。刑律的引入外加蒙古律的常规化，已将这一区域内的蒙古完全内化于中央集权的国家之中；量刑加重主义和对"内地""边外"的重新诠释，都证明外藩蒙古在法律上没有获得特权。理藩院对蒙古的司法管控，主要集中在命盗一类的重案上，而对词讼细故兴趣不大。对民人来说，案件另一方是不是外藩蒙古，决定了对其适用何种法律审判以及理藩院官员是否参加会审。这两点无时无刻不在提醒着出口民人，他们是在和一群与自己身份不同的人打交道。

牲畜：最重要的财产

牲畜是游牧族群生存的根本。清廷对蒙古部落私牲的丢失和被抢十分重视。清帝曾在巡幸途中指出，蒙古之所以贫穷，就是因为该地时有盗贼，影响了牧民放牧的积极性。[157]顺治至康熙年间的清帝敕谕，都要求将偷盗蒙古牲畜者有条件地执行绞刑。[158]康熙三十八年，一位蒙古盗马人被拟以正法后，清帝表示以后类似的案件，应将罪犯杀无赦。[159]对于偷盗、抢劫蒙古牲畜的案件，一开始即以死刑拟律，已经说明了问题的严重程度。雍正元年时，因虑及这一量刑确有过重之虞，故改为绞监候。[160]雍正五年时清廷正式规定，凡盗四项牲畜数不多、情节轻者，拟绞监候，籍没畜产给付事主。人犯妻子暂留本旗，俟本犯减等，解邻近盟长给效力台吉为奴。对于三人及以上的偷盗牲畜案，改为只将主谋者一人论绞，其余照为从之例发附近旗下为奴。[161]在乾隆朝制定对偷盗牧厂牲畜蒙古治罪专条之前，牧厂官兵犯罪的审理也按此法条进行。[162]康熙四年至五年，理藩院还相继制定了对偷盗人犯上司的处分条例。[163]

康熙四十年前后，清廷一度对口外地区牲畜盗案的减少表示乐观，并认为发生的类似案件仅是沿途民人所干，由此清帝令理藩院移文蒙古各部，凡有偷马汉人，即拿解理藩院治罪。[164]民人案件本应由刑部审理，或至少由刑部与理藩院会审，故这一谕旨说明了偷盗蒙古牲畜案件的特殊性。同样，由于清初立法的不完备，察哈尔蒙古偷盗马匹案件应依照蒙古律还是刑律审理，司法官们的观点也不一致。[165]虽然一般的命盗案件自乾隆二十六年起才采用"属地主义"原则，但这一原则在偷盗牲畜案上的应用却提前了 14 年。蒙古偷窃四项牲畜之从犯也不再发遣邻近盟长给台吉为奴，而是改按喀尔喀之例鞭一百，罚三九牲畜给予事主，人犯仍留本旗。[166]

在乾隆十二年至二十四年的内阁题本中，我找到 30 余件审判察哈尔八旗游牧界内偷窃牲畜者的案例。[167]这些案件全都按照蒙古律中相关规定处理，只是在适用于察哈尔这一族群时，产生了各种各样的换刑方式。初审死刑之案都经过三法司和理藩院的复审。这些案子基本体现了当时法律的所有原则。[168]尤其值得注意的是，关于牲畜的追出与给予，是作为旗下公产存在，并不是十家长的私产。这一时期，神判法[169]虽仍被使用，但是乾隆二十四年的最后一起案件说明，有时司法者可不依照宣誓的办法结案。此后依据宣誓定拟的案件极大减少。

乾隆二十四年时，理藩院和刑部对蒙古偷窃牲畜的量刑拟律，做出了较大改革。在传统蒙古律中，立法官考虑更多的是案犯的人数和次数，但是这一次的改革掺入了刑律中更看重的计赃拟罪原则，此后所有的相关法律革新，对这一基石性原则都没有改动。[170]这份上谕改变了人犯的发遣地点，其精髓在于将刑律中计赃拟罪的原则与蒙古律、刑律间属人、属地主义的关系辩证地统一起来，并基本延续到清末。刑部和理藩院改议发遣的出发点，是考虑到将嫌疑人发遣内地，可从根源上杜绝这类罪行再次发生。[171]关于十家长连坐的立法也被取消。

乾隆二十四年立法将发生在蒙古界内且蒙古人为案犯的轻微偷窃牲畜案，不分首从定拟。[172]这一法令通过后，又被加以小的修补。[173]从有关偷窃牲畜案的立法当中，可以看到不仅"常规化"发生在"蒙古律"中，也发生在民人的身上——这类案件是按照蒙古律量刑后，再针对民人进行换刑。另外，所谓民人照蒙古律偷窃罪名审理，是指民人在蒙古地界行窃蒙古牲畜而言，如果偷窃的是民人牲畜，仍照刑律办理。[174]乾隆五十年还规定，凡是蒙古偷窃四项牲畜罪应发遣的案犯，如事发在蒙古各扎萨克所属地方，虽遇恩诏也不准援减；只有案发在内地时，才可准其援减。[175]这是蒙古律中唯一不许援赦的一条。[176]

乾隆五十年的新律，较二十四年的量刑有所减轻，在二十四年律中应拟绞的人犯，此时则不再处以死刑。道光四年的律例，则比乾隆五十年的律例更轻。而到了光绪时期，量刑进一步减轻。[177]晚清的法学家注意到，蒙古律例中关于偷窃牲畜的量刑，大约到光绪时已几乎和刑律的量刑相同。[178]与此相应的是蒙古律中关于偷窃财物的量刑，上、下限均大幅扩张。这与大量内地民人进入口外地区，带来立法、司法向常规化趋势发展的结论是一致的。[179]

关于蒙古偷窃牲畜数次行窃，是否应从一科断的问题，在乾隆五十四年以前是照刑律以一主为重，从一科断的；自该年起改为计赃拟罪，有条件地合并计算；嘉庆五年以后，又将合并计赃之条停止，仍改回从一科断。[180]尽管嘉庆时期的会典事例中仍载有察哈尔蒙古偷盗民间马匹照刑律论罪的条例，但在实际的审判中，这一规定早已被抛弃。[181]蒙古多人合伙偷盗牲畜的案件，即使首犯未获，对从犯的审理也不必等待犯、证齐全后再进行，理论上不用监候待质。[182]

对于抢夺、强劫牲畜的人犯，清廷在拿获后一般依照蒙古律中官员、平人强劫条例定拟，不再制定专条。[183]如果偷窃牲畜和强劫银钱两案并发，则照量刑更重的强劫之律审理。[184]若是在同一案中，同时有偷盗和强劫的性质，也从重拟断。[185]到咸丰十年，因为就地正法权力的下放，一旦察哈尔都统拿获白昼持械强劫的贼匪，即行就地处决。[186]换言之，如果涉及强劫的性质，即不再区分所劫之财物是否为牲畜了。

第三节　盟旗的经济规模

收入的部分

从新征服的地区和族群中取得税收（以什一税和包税制

为主），是世界历史上著名帝国里常见的现象。然而无论中原王朝对周边族群的政治管控程度如何，都倾向于在经济问题上给予其较大的自由度。

来自旗土地的收入 在清代，各扎萨克旗中有关经济问题的法令，主要由理藩院制定。蒙古各部落牧地相对固化后，随着民人的出口耕作，靠近长城一带的各旗首先农业化。在保护畜牧业的前提下，清朝并不反对这一趋势，甚至要求盟旗蒙古也进行农业耕作。[187]扎萨克旗最初的土地收入，来自旗内箭丁（阿勒巴图）的缴粮。[188]康熙以后，从最靠南的喀喇沁、土默特数旗开始，逐渐形成民人佃（或典、租）种蒙地，盟旗坐收成租的生产经营方式。

民人带来的先进农业技术利于各扎萨克旗在单位面积土地上获得更高的收成；此外蒙古还可通过佃、典土地的方式获得即时的经济收益，故而他们往往主动招徕民人耕垦。虽然中央一度发布相关禁令，但似乎效果不佳。[189]越是经济状况不好的蒙古人，实际上越欢迎民人典、佃其土地。每隔一段时间的严厉禁止后，清廷也会睁一只眼闭一只眼。[190]清代这里民佃的人均耕地数常常超过50亩，甚至达到100亩。[191]这种人地关系说明，其经营应是粗放式的，而非精耕细作。

依照民人和扎萨克旗在地权上的关系，盟旗地亩被划分为各种类型；蒙汉双方在交易时签订契约，这类契约也被划分为多种类型。[192]（表6、表7、表8）其中"永佃"关系中的佃户，往往有权将其利益全部转让给他人，更像是内地的"一田二主制"。而所谓的"典"发展到清代，实际上已近似于"活卖"。[193]从佃、典地的程序，中介人和契约文本来看，此类交易与内地的处理程序没什么区别。

理藩院针对民佃旗地做出了种种规定。卓索图盟的喀喇沁三旗、土默特两旗和昭乌达盟的敖汉旗，是民人佃种蒙地最多的旗。理藩院对这六旗的土地管理章程，被完整地纂入理藩院则例中。[194]这些规定的主要特点是逐渐放开对旗地垦种的限制，致力于使典出之地，地主仍有"回赎"权，即将"死契"变为"活契"，将"典"变为"活卖"，并为私典旗地之人留下出路。有关敖汉旗的部分则记载了开垦准入制度。[195]开垦者须持有完善的印票，而发给和稽查印票的权力掌握在理藩院司员和地方官手中。民人如有私垦、越垦和欠交租课的情况，则由理藩院司员和地方官进行处罚，并由嘉庆十五年后新设的热河都统和理藩院查核。此外还严禁转典和包揽转租土地。

民人在扎萨克旗内获得合法的居留权后，理藩院的工作转向了制定具体的禁止私垦章程。在嘉庆至光绪年间，理藩院共制定了三部相关法律。虽然理藩院的立法根源是民人进入旗地，但其立法对象却只限于盟旗的蒙古官员、贵族和平人，而无针对民人的立法权。[196]嘉庆二十二年时清廷重申，昭乌达、卓索图两盟内租种蒙古地亩的民人，应在热河都统衙门和理藩院分别留有人、地清册。[197]这一规则确实被执行过，[198]但应当没过多久就成了具文。清末一位官员报告说，地方衙门没有佃民的任何档案，[199]理藩院也没有就此发声。

在民人与盟旗订立的契约中，"民人按时交租"是非常重要的一个原则。[200]地租有以实物结算者，亦有以货币结算者。地价和租价由双方按照市场价格和习惯商定，没有统一的标准。[201]蒙地虽禁止买卖，但蒙古人可以从民人处用押地的办法借钱。[202]久而久之，佃民少交租价、多交佃价成为常态，实质是变相出卖了土地的占有权。[203]如果所收租税已经事先议明归入扎萨克旗公仓，则理论上须由理藩院司员监督承征。[204]如果民人欠租，理藩院和各旗扎萨克可先尝试追讨，[205]但没有动用私刑的权力。[206]

随着农业规模的扩大，理藩院制定了详细的税收规定。康熙五十年喀喇沁右旗向理藩院报告了该旗仓近十余年的收谷数目，其核心内容是按丁征粮；但是到了乾隆三十七年，这一统计方式已被理藩院新制定的"额存谷"制所取代。[207]这一时期，原由本旗下阿勒巴图承担的农业税，实际大部分被转嫁到民人头上。清中期以后，纳租的标准进而变为计亩纳粮，租赋向货币化转变，[208]各旗公仓储粮日益减少。[209]民人往往用各种方法逃避交租，这引发了不少刑事案件，也激起了扎萨克旗内蒙古人的抱怨；[210]但是民人抗租和蒙古人逼租的现象实际上同时存在。[211]在租、典蒙地过程中产生的各种矛盾，加剧了扎萨克旗内部的贫富分化。[212]

"蒙古不许增租夺佃"是一条同样重要的规定，违反这一条例会受到法律的审判。[213]丈量土地往往是增租的先导，故对于蒙古人的丈地，佃民总是极力反对。[214]道光年间的布里讷什控案，对于佃民按时交租和蒙古不得增租夺佃，有完美的诠释——蒙古地主因擅自增租，被处以罚牲刑；民人所欠之租，由政府勒令限年交清。[215]

除了从土地上收取农业税外，扎萨克旗的收入还包括各种摊派。例如旗仓的维护费用是由旗向各箭派取。[216]一般性的差钱和各种徭役杂差的折色，也由阿勒巴图负担。[217]随着摊派逐渐变成勒索，受害者甚至包括了旗内的佃民和商民。[218]旗下的摊派往往是为应付清朝皇室的活动，这时摊派则变成义务。[219]摊派和勒索极易引发属下人的激烈反抗，侵蚀和盗卖仓粮，又成为弥补亏空的办法。勒派的增加促使旗丁逃旗，但在总的摊派额度并未减少的情况下，留在旗内的人实际上要更加负重前行，[220]由此造成了恶性循环。无论是民人向扎萨克旗所交的地租，还是盟旗向箭丁和民人摊派的本色与折色，都留在旗内，并不上交给中央或地方官。

在 18 世纪的大部分亚洲地区——包括奥斯曼和莫卧儿帝国，土地制度采取了各种形式的"农民所有制"，这在保障绝大多数地主土地所有权的同时，还保证了大多数农民对土地的使用权。在付出一定的代价后，多数地主和土地使用者可以将所有权和使用权传给后人。伴随着这种安全感出现的则是农业在各方面的进步。"永佃权"、"一田二主制"和"蒙古不许增租夺佃"的规定都反映了这些特点。但是另一方面，口外地区盟旗中的土地仍被视为一种静态资源，其价值并没有被劳动力充分释放出来；小农经济倾向于自给自足，而不是以利润和增长为动机。在这种情况下，货币的充足供应也就不是必需的。[221]

有关旗的财政补贴　盟旗的另一种收入来自户部财政补贴。这种收入分为三类，第一类是四税司员征收的"热河四税"。八沟、塔子沟、三座塔、乌兰哈达四处及各分局每年的额征税银在 2.2 万~2.3 万两，此外还可能产生 1100 两左右的盈余银。[222]其中的约 11%（额定 2100 两）被作为饭食银解交理藩院，另有大约 5500 两被分给喀喇沁三旗、翁牛特右旗和土默特右旗。[223]到光绪末年，因为四税收入的增加，土默特右旗和翁牛特右旗获得了翻番的收益。在扣除理藩院饭食银、公费、应拨扎萨克旗税银和本处修理衙署的费用后，[224]余剩税银由四税司员解交户部银库，由理藩院奏销，户部复核。[225]

热河四税的征收不分族群，其税则参照热河落地税税则制定。[226]热河四税实行银钱并征制度，但是八沟和塔子沟两处收入的大项——斗税，则以制钱为征收对象，在向中央核算时再换算成银两。四税司员不仅抽收本处的商货落地税，乾隆中期以后又增加了抽收通过税的责任。[227]

自道光年起，各旗开始向中央预借四税分成，是否批准则由清帝决定，理藩院予以执行。一般的原则是每次赏借十年税银，并按同样的年限在俸禄中分年扣还。如果在后次借银时前次借项还未还清，则先扣除欠项，[228]这样旗的债务就层层累加起来。[229]

第二类收入来自户部根据理藩院则例向各旗官员和贵族发放的俸禄。外藩蒙古自亲王以至四等台吉均有俸禄，其余世职人员亦有少量俸银。清朝每年花费的蒙古部落俸银总数可能在13万~15万两。此外，清廷在蒙古的戚族同样享有丰厚的俸禄。[230]依照道光年间卓索图、昭乌达两盟公以上的人数估计，各旗每年仅五等爵以上的俸银收入即约2.2万两，如加上台吉、塔布囊和其他世职人员、戚族的俸禄，以及理藩院的赏赐折银，应可达到约3万两。俸禄属于私人收入，收入者有绝对的支配权。与四税一样，清中期以后，各旗官员、贵族也开始大量预支俸银。[231]所借得的俸银，也在官俸内分年坐扣。

第三类财政补贴来自收取山分和矿税分成。狭义上的山分仅指土地租价。[232]扎萨克旗从矿务收益中提成，始自咸丰四年议定的矿务章程。根据该章程，所有"蒙古地界"内矿税收入，应提出10%，由商人交旗作为阿勒巴图当差公用。[233]清末各旗界内所开之矿，较普遍地采用了这种分成法，只是针对各矿和各旗的具体规定，随着时间、地点变化有所不同。

盟旗之间的财富通常是不流动的，只在一种情况下有例外，即当某处发生灾荒时，旗应首先动用本旗资源进行赈灾，然后由各旗互赈。最高级别的赈济来自盟长会同扎萨克报告理藩院，请旨拨银赈恤。而当这种做法成为必要时，收留难民也就成了各旗不可推卸的责任。[234]

清末的一份材料记载了当时喀喇沁右旗的财政状况。该旗的年收入在 1.9 万两上下，[235]其中包含了并非每旗都有的热河矿税山分银和四税协济银约 5000 两。仅依据一旗的数据，无法确定整个口外地区两盟十七旗的总体收入情况。但考虑到喀喇沁右旗是口外最富裕的旗之一，[236]整个口外地区的外藩蒙古盟旗，在清末从本旗获得的收入每年或在 10 万两左右；加上户部和理藩院发放的俸禄和四税分成银，以及晚清以来极不稳定的热河矿税分成和其他收入，可能也不会超过 20 万两。这个估计非常模糊，但可大致反映盟旗的经济规模。

支出的部分

宗教事务和王府贵族的活动费是旗财政的最大开销。清末旗、府中大量设置特设官，官俸由旗自筹。宗教事务的花销主要集中在念经上。[237]与这两类支出相比，王府贵族的活动费用有很大的伸缩余地，主要项目是贵族从北京娶亲，各旗官员和贵族袭爵、袭职请托，驻京王公大臣们租赁府第、购置生活用品，甚至在通商口岸游历购物。[238]光绪末年喀喇沁右旗旗府的财政支出统计显示，王和福晋进出北京的路费和开销占到了当年府财政支出的一半。还有一些花销以"报效"的形式出现，[239]这些都是隐性的开支。

同样以喀喇沁右旗为例，该旗清末某一年中的开销如下：

旗仓和府仓的岁出合计 52204 吊（折为银 1.16 万两），[240] 与收入相比，绝对数字上尚有盈余，但这些支出并不包括赏钱、仪费、招待费、新政（如办学堂）开销等杂费，尤其不包括蒙古王公在京的活动费。因此旗的实际开支远远高于收入。为了维持旗的财政，除了俸禄外，总体上中央应当每年还有一笔钱，用来补贴口外地区盟旗。这笔钱的绝大部分进了喀喇沁三旗、土默特两旗、翁牛特两旗、敖汉旗和奈曼旗的腰包。这还不包括灾荒年份理藩院额外拨出钱粮对各旗的赈济。此外，各旗还有向商业机构借取高利贷的情况。[241]

由此可以看出，理藩院在口外地区的经济权力，与其法律权力地位是相似的——只充当规则的制定者，而不是裁判。它规定民人在盟旗内的活动范围，但只有权对旗官员进行行政处分而无权审判民人；[242] 它派出官员在当地收税并规定税额及分配制度，但税收的绝大部分要么留在旗内，要么归于户部银库；它讨论宏观的经济调控，但对于具体交易行为并不限制。总体而言，理藩院对盟旗的经济和财政问题较少理睬，真正注目的是控制政治和意识形态权力。（图 24）

第四节　与盟旗、理藩院相关的巡围和喇嘛

木兰围场事务

在清代的口外地区，整体来看，围场同时接受着该地所有政府的管理。乾隆十四年，清廷将围场归于理藩院管辖，围场总管成为理藩院属官。[243] 但是围场隶于理藩院的时间应不会太长，因为至晚在乾隆中后期，围场总管已是热河副都统的属

官。在嘉庆朝的《理藩院则例》中，已经完全见不到有关围场的记载。

清朝对木兰围场管理的总特征是军事化，其中重要的制度是驻哨和巡围。所谓驻哨，即位于围场东、北、西部，和围场接址的盟旗和察哈尔八旗，有驻守围场边界的职责。最晚在康熙末年，翁牛特右旗和克什克腾旗也派出章京驻扎围场边界，但这一制度并没有严格执行，常有开小差的事情发生。[244]也正是由于当时有盟旗加入对围场的驻守，乾隆四年的上谕才会命令将围场内的盗案交与围场官员报理藩院、刑部完结。[245]乾隆十六年，围场东、北两面设立了扎萨克蒙古卡座，喀喇沁右旗也加入了负责驻哨的部队之中。[246]

所谓巡围，即有关的扎萨克旗应在规定时间内，进入围场的规定地段巡查治安。乾隆末年时，喀喇沁右旗曾向翁牛特右旗发出有关巡围的咨文，说明当时这两旗均负有相关责任。[247]嘉庆时期盟旗巡围权力急剧增长。中央赋予喀喇沁右旗扎萨克具折、捕犯和弹劾围场官员三项权力，并增加其巡围次数。[248]嘉庆二十一年时，喀喇沁右旗郡王指出了十二点行围应注意的事宜，据说得到了清帝的称赞；后来其会同热河都统更改的围场立法量刑奏折，也被直接批准。[249]道光八年清廷命令喀喇沁右、中两旗每年轮流巡查木兰围场，[250]二十四年改为巴林右旗和喀喇沁右旗每年轮流巡围。[251]扎萨克在拣派旗员巡围时，如遇携带器械、背负锅米之犯，即拿送地方官究办。[252]清末时单程的查围大概历时5天，但此时围场已有很大一部分被开垦，晚清以前的查围显然要花费更多时间。[253]如果发现扎萨克旗或察哈尔八旗人进入围场盗砍木植、偷打牲畜，相应的旗官员会受到理藩院的罚俸处分。[254]

理藩院和扎萨克旗虽然有查围和驻哨的责任，但没有司法权，拿获的嫌疑人要交地方官或直接递送中央审判。理藩院对于木兰围场的权力，是通过盟旗来执行的。

在编喇嘛和大型寺庙

宗教常被用来当作依附或反对一种权力结构的手段。清朝在蒙古各地广泛建立寺庙，推崇藏传佛教。多伦诺尔、五台山、承德、盛京等处，形成了多个蒙古黄教中心。康熙四十六年，章嘉呼图克图成为内扎萨克蒙古地区藏传佛教的宗教首领。乾隆年间，清朝为笼络蒙古王公和班禅、达赖，在热河避暑山庄周围建立普陀宗乘、须弥福寿等寺庙，据估算仅建筑费用便达近 500 万两白银。[255]

理藩院向喇嘛颁发度牒，但是能获得度牒的喇嘛只是极少数（乾隆年间的规定是每旗 40 份度牒）。获得度牒，只说明其在理藩院有编制。清代蒙古寺庙内部喇嘛等级严密，等级间有严格的隶属关系。[256]热河避暑山庄及周围各寺庙的喇嘛由中央派驻，理藩院颁给度牒，户部拨给钱粮，但高级喇嘛较少，也不参与全国性的宗教事务管理。道光时各寺庙喇嘛共有约 1000 个缺。[257]热河庙中的达喇嘛及为首诵经之喇嘛，由理藩院将各处喇嘛开单具奏，清帝朱笔圈出补放。[258]各寺庙增设的喇嘛和新建寺庙派设的喇嘛，均由理藩院具折奏准。嘉庆以后，与口外行宫裁撤同时，喇嘛名额也被陆续裁减。[259]

热河喇嘛还有从全国各处寺庙中经理藩院奏请划拨而来的，差竣则返本处。多伦诺尔寺庙的喇嘛常有向热河各寺庙的单向流动。[260]在各寺庙中，只有普陀宗乘庙的喇嘛食粮米而不发饷银，其中的部分喇嘛粮米由京师扎萨克喇嘛印务处办理。

各处轮换行走的喇嘛，粮米也应由各旗分别派给。但盟旗往往不愿承担这项支出，以至于许多喇嘛宁愿回旗，剩余者才报理藩院记名，改颁度牒。[261]

这样一来，理藩院对蒙古喇嘛的管理，仅以针对极少部分人的行政管辖为主，如登记档案、举行仪式。喇嘛的首要身份在于其族属，其次才是宗教。（图 25）

余 论

清朝对盟旗的管控不可谓不严，但是给旗内"上层人物"的待遇也不可谓不厚。蒙古各部的臣服在于这两面的结合之中。对人的实际生存来说，安全是最重要的，尤其是游牧社会，其上层建筑、社会和政治结构不是为了反映社会组织的生产要求，[262]而是由政治、军事、安全决定。后蒙元时代，蒙古各部或为争夺政治地位，或为争夺经济资源，连年征战；然而清朝对蒙古的整编，如同作为本章第一节标题的恺撒名言那样，恰好保证了各部的安全。势力强的部落被分化瓦解，势力弱的部落也有了立足之地，争端由"带头大哥"——清朝皇帝裁决。被编入内扎萨克盟旗的蒙古各部，整个清代基本没有发生过内部的攻伐，利益纠纷有了一个合理的裁判者。[263]这套政府就像是维护社会稳定的"利维坦"，结束了"一切人对一切人的战争"。在此基础上，清朝一方面对盟旗的高级官员予以监视和管理，另一方面又用俸禄、爵位、仪式等手段优待他们，一旦过上了优厚富足的生活，[264]王公和高官没有理由再反对清朝的统治，因为在其他任何情况下，他们都不能生活得比现在更好。其族群的战斗性被消解了。[265]"借地养民"政策促进了盟旗整体的经济发展——或许有蒙古牧民不高兴，但蒙古王公们很高兴。这一套统治方式，不是"卡里斯玛"或"弥赛亚"式的精神秩序归属，而是建立在经验的物质社会基础上。对大多数人来说，他们并不关心清朝皇帝是谁的化身，也不关心他们的头人在和谁共享权力，而是属于伏尔泰《老实人》里的主人公那样——"话虽讲得妙，可是种我们的地更重要"。

第二章　内务府在口外

——打开潘多拉魔盒

有君主活动的场所，就有为宫禁事务运转而设立的机构和人员。古代的皇室（王室）权力与国家权力往往纠缠不清，但近代以来，一般呈现分离的趋势。[1]

清朝总管皇室事务的是内务府。其成员由内务府三旗（镶黄、正黄、正白）的包衣、旗鼓、朝鲜、回子佐领，内管领的包衣人及太监组成。内务府在清朝入关前已有雏形，最晚至崇德元年已设立正式机构。康熙以后，内务府成了唯一的全职宫廷服务机关。乾隆以降，内务府的下属部门基本固定为"内务府堂"和"七司三院"。[2]在直隶口外地区的多重政府中，内务府是一个管辖事务较多的政府。这一事实造成了该地区独特的财富流通景象。

第一节　风吹草低见牛羊

上驷院牧厂

清代内务府上驷院所属牧厂包括京城十八马厩、盛京大凌河牧厂、商都达布逊诺尔牧厂和达里冈爱牧厂（马驼群）。

　　商都达布逊诺尔牧厂的设立经历了一个漫长的过程。据有限的材料推测，该牧厂设于顺治年间，最晚到康熙中后期已经完全发展起来。[3]达里冈爱牧厂设于康熙九年，一开始只有马群，康熙三十年后，驼群也建立起来。[4]清中期之后，商都牧厂中有骒马、骟马130~160群，骟驼10余群；达里冈爱有骒马60~70群、骒驼40余群、骟马10群左右。马数在6万~10万匹，驼数在1万头左右。[5]

　　牧厂官制　在上驷院牧厂中，管牧官兵自上而下依次为总管、翼领、委署翼领、牧长、牧副和牧丁，武职则有护军校和护军。委署翼领来自察哈尔八旗，其余官员则从本处任命。达里冈爱马驼群曾设有值年侍卫一员，乾隆四十二年后改为每隔数年请旨派侍卫前往查看。[6]

　　上驷院牧厂和察哈尔八旗的中高级官员，理论上可以相互流动。康熙年间，商都牧厂设掌关防总管一员，于内务府官及上驷院侍卫司官内拣选，由上驷院引见补授。牧群总管直接控制牧长、牧副、牧丁和蒙古笔帖式的升除，对于翼领和笔帖式的选用亦可提出建议。[7]康熙后期，达里冈爱小总管的选用，也由商都总管在该处翼领内拣选，保送上驷院后，带领引见补授。[8]乾隆年间，达里冈爱的委署翼领由商都总管处验看补放，将所放人员职名呈报上驷院注册。[9]乾隆五十八年后，商都和达里冈爱牧厂总管，可补察哈尔八旗参领之缺。[10]商都总管和翼长缺出时，则将本牧厂和察哈尔应升官员一起拣选补放。[11]

　　在乾隆中期之前，蒙古笔帖式是从牧丁中选出的，属于临时委任性质，故常被称为"委署笔帖式"和"效力笔帖式"。乾隆三十一年委署笔帖式裁撤，清廷从京中上驷院主事、笔帖式内各拣选一人派往，以五年为一届，[12]蒙古笔帖式由此变成京中派出的"值年笔帖式"和"值年主事"。因后者对应的升缺为内务府员外郎，而所遗之缺由前者升补，[13]故一旦上驷院笔帖式被派往口外牧厂值年，将很可能在该处持续工作10年。嘉庆以后，值年主事的升途再次被收紧，一位上驷院笔帖式如被派往商都值年，要升到内务府员外郎至少需20年，这还不包括有可能被察哈尔都统奏请留任。[14]想要跳过漫长的等待期，只有通过捐纳得到"尽先补用"的保证。[15]

上驷院牧厂中的牧丁，最初有很大一部分来自察哈尔八旗，但是一旦旗丁被调入牧厂，就脱离了察哈尔八旗的比丁序列。各群所设牧丁数目不等，康熙年间的档案显示每群中应有牧长1人、牧副1~2人、牧丁9~12人。[16]

乾隆二十七年察哈尔都统设立后，上驷院牧群归该都统兼辖。察哈尔都统有权奏请将牧厂总管撤职或勒令休致，[17]总管拣补牧群官员，也应先由察哈尔都统考核后，再向上逐级呈递。（图26）

总体来说，牧群官兵生计当比较困难。[18]上驷院牧厂总管如系八旗人员，则俸禄由本旗办理；如系内务府人员，则由内务府办理。商都牧厂俸饷每年春秋二季、达里冈爱牧厂俸饷每年春季由该处总管造册，呈送上驷院右司，移咨户部领取。[19]官兵俸饷或赴户部请领，或由口北道库支放，根据历年库中存银数，常随时调整。[20]咸丰四年时，商都牧群官兵春夏二季俸饷共需银13171两，由此推算一年共需银26342两；达里冈爱驼马群牧厂官兵当年俸饷银为18500余两。[21]

检查规则　口外牧厂定期接受中央的查群和均齐，即政府在固定的年份中向牧厂派出官员，按照孳生则例检查各群牲畜数量，调整群数，并将牲畜在各群内重新分配，目的是保证每群的牲畜数处于最优范围内并大致相等，再由此确定官员的赏罚。[22]商都和达里冈爱的骟马、骒马群每三年查群一次，达里冈爱的骒驼群每六年查群一次，马、驼在相应的年限中应达到一定的孳生数，同时允许一定的倒毙。依据额外多孳生或倒毙的牲畜数，上驷院将牧长、牧副和牧丁分别赏罚（各有三等），再在翼领、副总管和总管所管群中分别核算达标与不达标的群数进行赏罚（也有三等）。[23]此外，还要将查群的数据与上次比较，如孳生繁荣，即将牧群人员遇有应升者按次补用，反之则停其升补。[24]道光年间修订内务府则例时，规则略有改动——查验商都和达里冈爱骒马群、达里冈爱骒驼群的规则没有改变，但是对骟马群倒毙的定责被具体化了。[25]

除由上驷院派出官员查群和均齐外，察哈尔八旗须每年派出查厂侍卫一人，至上驷院牧群中查验牲畜数量，但不必均齐。因为每年往返换班，不能尽查，乾隆三十一年口外牧厂出现了亏马大案，[26]由此，清廷将值年查看马厂侍卫裁汰，改为每年于察哈尔都统、副都统内轮派一人前往查看。[27]

庆丰司牧厂

清朝入关时，牧养牛羊事宜属内务府掌仪司管理；康熙二十三年，庆丰司设立。[28]庆丰司在口北设有三旗牛羊群，又在达里冈爱设有羊群，但是后者仅作为前者的一个分支而存在。[29]因每旗各分牛群和羊群，所谓的三旗牛羊群实际上是六处牧厂。三旗牛羊群设立的确切时间不详，但是到康熙中后期应已完全形成规模。[30]康熙三十九年时，清廷从三旗羊群中拨羊于达里冈爱地方，分为30群。由此，达里冈爱羊群应即设立于该时。[31]

牧厂官制　三旗牛羊群自上而下设有总管、副总管、协领（＝上驷院牧厂中的翼长）、委署协领、十群长（＝牧长）、领催（＝牧副）、牧丁以及笔帖式等，武职则有骁骑校、护军校、护军等。达里冈爱羊群中只有翼长（与协领同级）以下官员。[32]不论牛群、羊群，每群牧丁6~8人。但是各群牧丁是否实际足额，仍值得怀疑。[33]

三旗牛羊群总管与马驼群总管本为一人。康熙四十一年时，清廷将马驼群和牛羊群分开管理，各设副总管一人。四十七年时，牛羊群再增设副总管一人。六十一年定，三旗牛羊群总管于内务府属员外郎内拣选；副总管由各部院保送司官及府属官内拣选；协领于上三旗蒙古都统所属护军校、骁骑校及该总管保送之委署协领、十群长内拣选，均引见补授；笔帖式由该总管于牧丁内选补。副总管三年更代，笔帖式三年任满至京补用。乾隆九年后，副总管停止在各部院出过税差官员内拣选，由总管于该处蒙古官内拣选送京引见补授。达里冈爱羊群翼领，由张家口总管以该处保送之委署翼领、十群长等引见补授。[34]乾隆二十七年察哈尔都统设立后兼辖口外牧群，故三旗牛羊群官员的拣选须由察哈尔都统考核通过。因庆丰司牧厂中牲畜群数较多，故开列的引见补放人数也较商都牧厂为多。[35]大量列名和赴京引见，导致了行政成本增加和选官效率降低。[36]由此，清廷命令记名的牛羊群补放协领、护军校拟陪之人，停止至京引见。[37]

乾隆五十三年后，三旗牛羊群总管一度被裁撤，镶黄、正黄二旗牛羊群，正白旗牛羊群分别被派察哈尔八旗总管一员兼管；达里冈爱羊群则由该处驼马群总管兼管。依照乾隆三十一年上驷院的定例，庆丰司主事一员、笔帖式一员被拣选出来，前往张家口外办理相关事务。[38]但是到了嘉庆四年，清廷又重新设立牛羊群总管一人，[39]但不再由京中补放，改为在副总管中拣补（如无人即向下顺延至协领一级试署）。[40]

与上驷院相同，由于认为值年主事、笔帖式的升迁速度过快，嘉庆九年时清廷将值年主事改为委署主事，五年期满后回京，遇有内务府衙门主事缺出，一体拣选升用；其值年笔帖式五年期满，回京引见后回任牧群委署主事，再满五年，回京以主事拣选升用。[41]（图27）

检查规则　三旗牛羊群、达里冈爱羊群的查群和均齐规则，在康熙至乾隆年间有数次修订，但总体上与上驷院牧厂并无二致，都是在指定的年限中规定牲畜孳生和倒毙的额数，由京中衙门派出官员检查，然后根据任务是否完成，对牧群官丁进行赏罚。[42]乾隆二十六年，清廷将孳生和倒毙牲畜的计算方法改为按成计算，并将各官员的在任时间精确到月份。[43]乾隆之后，牛羊群均齐的总原则是在减少群数的同时，尽量扩大每群的规模。至道光时各群数目和牲畜数大致为：镶黄旗牛约有14群，正黄旗牛约有13群，正白旗牛约有13群，每群牛290～300头；镶黄旗羊40群，正黄旗羊50群，正白旗羊50群，每群羊1070只左右。[44]同一时期，达里冈爱羊群额定在80群，每群规模则大致一样。[45]（表9）

据我观察到的乾隆二十六年至咸丰元年三旗牛羊群和达里冈爱羊群均齐时内务府对牧群官丁的赏罚记录，能盈余孳生的牧群少，欠孳生的牧群多；能得赏的官员少，被议罚的官员多，且议以头等罚的官员尤其多。[46]嘉庆中期以后，报告者不再报告具体的孳生数目。肉体刑止于委署协领和委署翼领，对更高级别的官员，以行政和经济处罚为主。受处分官员可以用加级抵销罚俸。牧群的高级官员在均齐议罚时，要扣满年限（按月计算），但是低级官丁则不享有这种权利。

人员编制、财政分配和政治管控 在清代早期，牧群总管、副总管等没有养廉银和办公经费，仅靠俸禄实际上难以维持开支。[47]最晚从雍正年间起，清廷开始拨给牛羊群正、副总管公费和养廉银，但是牧群官员依然入不敷出。[48]三旗牛羊群牧厂中官丁的生活，与上驷院牧厂中的一样是十分辛苦的。

三旗牛羊群牧丁既有来自察哈尔八旗蒙古的，亦有部分来自内务府管领，与前者食饷不同，后者主要靠拨给口粮度日。[49]张家口外还有开垦地，专门拨给三旗牛羊群牧丁耕种，并征细米折色，专备蒙古春耕时借出籽粮。[50]由京城补放的三旗牛羊群和达里冈爱牧厂官员、笔帖式所食俸饷，均于该佐领下自行领取；其他官牧人员所需俸饷，每年二月由总管呈明移咨户部，由该处官员赴部领取。[51]清代中期之后，三旗牛羊群的俸饷由户部拨至口北道库，各牧群派人自库取回。自副总管至牧丁，每年应支俸饷银约为3.5万两。[52]由上驷院和庆丰司牧厂的群数和人员编制看，该两处分别应有超过3500名和接近3000名牧政管理人员，其俸饷只够维持最基本的生存。然而从牧厂的规模看，又存在着严重的、不符合经济学优化配置理论的人浮于事现象。[53]这种现象看似矛盾，实际是有意为之，它的首要目标是以最低的成本供养最多的人口，在保证社会安定的同时使国家牧政正常运行。

庆丰司口外牧厂的办公经费来自生息银。其形成于乾隆二十七年至二十九年，本银是三旗牛羊群总管借领的俸银，由当地商人生息，后改为由两淮盐政每年解息银9000两至直隶布政司，转交口北道库存贮。[54]这项生息银原本用于支持三旗牛羊群和达里冈爱羊群各项活动，但实际上商都、太仆寺牧厂各官养廉亦从中拨出。[55]除俸饷和生息银外，牧厂官丁没有其他收入。[56]到乾隆四十七年，口北道库中贮有的牛羊群生息银被动用设立官马官驼，以备差务骑乘。[57]但是自嘉庆十九年起，两淮盐政息银不能按期解到，牧群各项出纳开始变得极为混乱。[58]

嘉庆十九年以后，两淮应解息银的平均拖欠时间约为两年。[59]负责管理两淮盐政的两江总督未尝不想甩掉这一包袱，而直隶一方当然不会轻易同意，甚至解银官员挪用公款时，所亏的息银依然要由起解方重新补足。[60]咸丰二年起，两淮息银彻底停解。[61]由此，牛羊群官员就要别筹生计。一种办法是大幅缩减行政成本，[62]另一种办法是开源，收取规费的行为变得明目张胆。[63]同时，牛羊群界内的碱池也被当地官员陆续开发，牧群办公经费一度由碱税项下动拨。[64]同治末年起，碱池开始减产，故又将察哈尔茶马厘捐项下所抽之税动拨添补，甚至把牛羊群地亩典卖给民人。[65]这样的生存环境简直可以用东挪西凑来形容。（表 10）

日常的职责

向木兰解送巡幸需用牲畜　内务府牧厂的功能首先是提供皇室需用的牲畜。木兰秋狝时随同行围官兵所领之马，部分从京中各圈官马中发给，部分于清帝进哨之前，在博洛河屯处补给。[66]乾隆二十三年之前，商都牧群每届行围须拨马 1000 匹，遣官兵护送至今隆化县石片子村处，以备更换京中骑出疲瘦马匹，另选拨骟驼送至该处备用；自二十三年起，改为在八旗出青官马内支出马匹，并于骒驼群内选驼，交喀喇沁左旗牧养挈生。[67]八旗出青官马在口外牧厂中牧放，并由商都等处牧厂派兵护送至热河一带，因此从这一角度说，商都牧厂依然有供应巡幸需马的责任——依据乾隆二十九年的规定，这一比例约为58%。[68]

乾隆三十八年起，由京城随来之前锋、护军等停止留驻热河，均行进哨，故仅有八旗出青马已不敷用，上驷院牧厂开始重新使用本牧群中马匹来应付木兰秋狝。[69]自第二年起，达里冈爱牧厂亦历年向石片子解送备差马数十匹至2000余匹不等。[70]所解马数递年增加，反映出木兰秋狝规模的扩大。除解送牧青马和本厂马外，上驷院牧厂还派出官兵至热河收领各项驼只，带至周边水草丰盛处牧放后，在清帝进哨之前送回热河备用。[71]清帝至盛京谒陵和巡幸江南，有时也调用口外牧厂中的牲畜备差。[72]

口外牧厂解马至石片子的惯例延续至嘉庆八年。自该年起，向例赴石片子散放之牧厂马匹，改为调京放给官兵乘骑进哨，以至于九月内到京察哈尔官兵收回归牧，多有残废之畜。由此在嘉庆二十二年，有官员请求恢复旧制。虽然这一请求符合经济理性，[73]但嘉庆帝没有向现实妥协。[74]除骑用马驼外，上驷院牧厂还向木兰围场提供少量的儿骒马，以为生产副产品之需。[75]

庆丰司所属的三旗牛羊群，要预备清帝巡幸进哨时食用、赏赐、祭祀所需的牛羊羔。根据实际情况，历年所送牛羊数目和品种不一。[76]清帝由木兰回到热河时所用余剩牛羊，除留下回京沿途需用之数外，其余拨回牧群牧放。[77]有时热河需用牛羊虽由京城中带出放给，但也会从口外牛羊群中补给京城所用之项。[78]乾隆二十六年，因发生了向木兰送羊途中押送人员将羊只私卖的情况，该年内务府奏准了地方官和内务府官员连坐的新办法。[79]总体而言，在供应巡幸需用牲畜问题上，庆丰司牧厂的任务相对轻松一些。

解送京城食用、祭祀所需牲畜及副产品　庆丰司牧厂最主要的任务是供应京城中食用、祭祀所需牛羊以及各类副产品。康熙三十一年规定，京城外三圈、乳饼圈和丰台六羊圈之牛羊每年均于张家口外取用，不堪畜养者则送交张家口外牧放。[80]雍正元年的材料表明，三旗牛羊群每年向京城至少运送牛300头、羊1200只；此后到乾隆二十五年，一路飙升到羊8000只。[81]光绪年间，京城每年从口外庆丰司牧厂中调取的羊只已超过2.5万只。[82]在清帝巡幸热河的年份中，约1/3的羊被直接送至木兰围场备用，另外2/3仍调京应用。

牛羊群副产品主要指羊毛和牛羊皮张。顺治初年，内务府武备院每年差库官一人，率人至张家口剪选羊毛，运送至京。[83]顺治四年始，所剪羊毛交张家口监督会同牧群官员拣选运送。[84]乾隆初年，三旗牛羊群总管每年所交羊毛在4万~5万斤。三十二年后，因每年例交武备院羊毛拣选运输成本过巨，故一度改为折羊。[85]内务府额定的采买羊毛数，到晚清时也远远不敷京中之用。宣统三年在额解羊毛之外，武备院另要增解的数量几乎增加一倍。[86]羊毛以外，牧群还要向工部制造库解交大马皮，向武备院解交牛羊皮，向广储司交纳变价银。康熙后期至雍正初年，解交皮张由地方官和京中衙门共同办理，此后则改由张家口监督会同牧群总管拣选后通过驿站运送。[87]京城中各院、库所贮皮张充足时，清廷会随时命令停解。[88]雍正五年以后，口外牧群除送交牛羊皮张外，余剩牛皮变价交广储司，余剩羊皮赏给看守牧群之穷苦蒙古。[89]但是自乾隆五十五年起，后项政策被停止执行，改为照达里冈爱之例，将羊皮换买羊只归群游牧。[90]不能按时交纳羊毛皮张的牛羊群总管会被内务府议处。[91]牛羊群总管每年还须交乳油、乳酒和大乳饼等物，均由庆丰司验收。[92]

供应军需战马 清代的战马虽然主要来自太仆寺牧厂和全国各地的八旗、绿营马厂，但内务府牧厂同样须时刻准备为军事活动供马。清中期，兵部于口外牧厂中调马时，应由商都牧厂中调出六成，太仆寺两翼马厂中调出四成。[93]清准战争后，大批察哈尔官兵被迁至新疆开发军屯，与此同时调拨大量口外牧厂牲畜随同前往。[94]咸丰年间，随着一系列战争的爆发，口外牧厂迎来供给军马的高潮时期，由察哈尔各牧群中选马解送京师和军前的指令屡见不鲜；各省在各地采买的军需牲畜，有时会交口外牧厂临时牧养。[95]清廷从扎萨克旗中所买（或调、或捐）的马匹，也往往收入口外牧厂中牧放。[96]昭乌达、哲里木两盟因地理位置更靠近盛京大凌河、养息牧牧厂，故其所捐牲畜，有时就近先解至该处牧养，再拨解至张家口外牧厂中，三者间常有调剂牲畜之事。[97]光绪中期以后，养息牧牧厂逐渐放垦，故即使是哲里木盟捐纳之马，也常被议令直接交口外牧群中牧放。庆丰司所属牧群，有时还承担向军营输送牛羊的责任。[98]（图28）

除供应军马，各牧厂还承担一些同军事活动相连的职责。其中一项是在雍正年间木兰围猎停止时，由察哈尔八旗和各处官兵在此继续行围；[99]另一项是雍正年间，清廷会使用口外上驷院牧厂中的马驹来训练八旗新兵。[100]（表11）

如果简单总结内务府口外牧厂的管理特点，可以说，在族群身份上，只有一部分牧厂官员和牧丁具有"原初""内务府人"的身份。本质上，这里的牧厂最初是由大批"蒙古人"负责日常的工作。内务府官员主要负责牧厂的档案登记、牲畜检查、制定和执行赏罚政策，并与张家口监督和地方官沟通工作。在察哈尔都统设立后，上驷院和庆丰司日益变为一个档案保管室、人力资源部和物流部门的合体。上驷院和庆丰司牧厂承担了几乎所有清代皇室的牧政职责以及部分国家军事职责，比较而言其收入却很少，剩余价值流向中央，本地劳动者逐渐陷入贫困。

口外王公牧厂

清廷赏给各王公大臣大量私人牧地，遍布全国。从性质上说，这类土地的所有权在中央，但既不属于内务府，也不属于户部和直省。实际上，此类牧厂不承担赋税和差务，政府极少直接干涉其内部事务；绝大多数王公因常驻北京，往往多年不至牧厂，故牧厂的界址变动，时人自己都常搞不清楚，史料中也几乎看不到其动态的变化过程。[101]

事实上，王公牧厂究竟应由哪个部门来进行直接管辖，在清代一直是不明确的。早在雍正九年，王公们恐怕已不太了解各自口外牧厂的情况，似乎也不愿投入成本维持其正常运营。[102]乾隆二十一年时，直隶总督针对内地王公牧厂多被旗民侵种的情况直言道，不如将已经报垦的牧地升科纳粮。[103]清末一位外国旅行者在察哈尔八旗一带游历时，发现有的王公牧厂形同虚设，但也有牧厂能始终保持较大的规模。不过很多牧厂都处于托管的状态，当地的牧民靠做假账和偷卖牲畜发财。[104]据估算，口外王公牧厂的牧放率不超过20%。[105]对于几乎闲置且在财政上属于负债的口外王公牧厂来说，将其交回朝廷变为官牧，似乎是一个好的选择。[106]但有的"报效"进行得并不顺利，因为地方官压根就没有相关档案，反映出政府对这类土地管理的松懈。[107]

虽然清廷的上谕明确严禁私垦，但到了咸丰四年，这项命令实际上已基本废止。[108]乾隆中期至嘉庆年间是口外王公牧厂开垦的第一个高潮。[109]嘉庆时开垦的口外王公牧厂主要坐落在丰宁县。对清廷来说，私垦的害处在于国家拿不到税收，[110]故而王公牧厂的开垦须在朝廷的主导下进行，否则主管官员会被判以失职。[111]光绪前叶是口外王公牧厂开垦的第二个高潮，总计开垦的牧厂地超过9000顷。[112]光绪末年口外王公牧厂迎来了第三个开垦高潮，绝大多数的牧厂被放垦，虽名为"报效"，[113]实则在当时察哈尔八旗地亩放垦的大背景下，与强制无异。这一过程依然遇到了种种困难，有些牧厂很久以前就被私垦，已经没有档案可据，甚至到最后已经不知道是否为王公牧厂了。[114]

第二节　发展庄园经济

皇庄的分布、规模和基本职责

曾几何时，清廷在京畿一带广行圈地，但用尽一切办法阻止关内人移居口外。[115]到了康熙初年，畿辅的圈地运动已经给口内州县造成巨大负担，于是在康熙八年，取口外空闲地亩补给口内退出圈地之八旗兵丁耕种的政策得到批准，户部于第二年制定了具体规则。[116]由此内地旗人开始越出长城，内务府的皇庄也在口外相继设立。

皇庄有纳银者，有纳粮者，以所纳粮银多寡各分四等。口外所设皇庄全部为粮庄，初定每年交粮 100 斤石，折仓石 360 石。每庄给地 18 顷，初设壮丁 10 名，选一人为庄头。[117]康熙五十年时，可能因各庄无法完成交粮任务，口外头等庄的纳粮数被调低到 250 仓石/年，二等至四等庄的交粮数也随之下调。[118]到雍正年间，随着丈地活动的进行，口外粮庄的面积比康熙二十四年时增加一倍有余，[119]皇庄等级也全部重编为一等。各处皇庄最初每十年由内务府派人定级一次，在清中期以后，不论其他各地皇庄等级如何变化，口外皇庄始终基本维持着头等庄的地位。[120]

口外粮庄坐落于承德府属之丰宁、滦平、平泉等州县内，乾隆以后，庄数基本稳定在 131 ~ 136 个。庄丁数量，远远超过康熙时所定的 10 人/庄，且普遍多于银庄。[121]理论上内务府和实派庄头手中应保有相同的、最新编纂的编庄印册，不过在年代久远的情况下，他们显然不能保证不产生误会。[122]此外还有少量向各王府交差的"少府庄头""王爷庄头"。（图 29、图 30）

康熙四十二年，内务府在口外设立园地。康熙年间，口外园地相当于京城园地的分支，为后者分担开销。直到嘉庆年间，口外园地仍维持着六处的规模。园头不分等第，一律领地交银，供热河溥仁寺等寺庙香灯之用。[123]

除粮庄和园地外，内务府在口外还设有一些零散的人员和机构。鹰手负责在山岭中驯鹰以抓捕野味，供皇家食用，主要在滦平和丰宁县内。[124]另外还有狗手等，所获猎物进献于都虞司。[125]乾隆元年时，算上在口内居住的牲丁所开垦的地亩，[126]口外鹰手、狗手、鞍匠、杨木板壮丁等总共已开垦地亩 2200 余顷，因其均在内务府当差，户部不便令其纳粮，故将丈出余地注册后免其钱粮。[127]大约到乾隆中期，丰宁县境内的内务府鹰手已经彻底变成耕地的旗人。而随着时间推移，各类土地的占有和使用权也变得越来越不明晰。[128]

皇庄的征粮和比丁由内务府会计司负责。尽管康熙四十五年清廷设立热河总管，但一开始无论是比丁还是完粮，热河总管均不参与。口外壮丁由内务府委官编审，各庄每年征粮存贮于本庄庄房内，由庄头、园头赴京报告。[129]康熙五十年时，清廷议准于庄头内委放屯领催，由其催征钱粮，但具体的实施情况不明。[130]雍正元年，内务府专设总理大臣官员，负责口外报粮编庄。[131]在热河等处宫仓建好后，口外庄头将所交粮折米，由热河总管令值年官员分两次征收，运交热河宫仓；杂粮秫秸等项折银后，由交户部改为交广储司。[132]直到雍正十二年，热河总管才接管皇庄的比丁造册送府之事。[133]乾隆十四年时，各庄头所交杂粮折价银改为就近征入热河库内收存，支放本处千总、兵丁、太监俸饷钱粮。[134]园地中人和鹰手等人的比丁、考成、顶补等事，与皇庄事同一律。[135]

趋零的边际生产率

比丁和完粮　对皇庄中庄头、庄丁的户籍控制，由会计司通过比丁来进行。比丁三年一次，会计司派司官一员，将逃亡者注销，新增者补入，超过年岁者开除，查比完后仍交会计司存案。庄头缺出，即于其子弟内拣选呈替；如无可承替，就在壮丁内拣选呈补。乾隆至嘉庆年间，清廷出台了一系列关于顶补庄头的规定，以最大限度保证皇庄正常的征比运转。[136]雍正十年后，口外皇庄的比丁和庄头革补等事，均交热河总管派值年官员前往办理，并呈报会计司。[137]清廷对庄头与壮丁之间的关系、活动范围、科考程序等，均有一系列规定。[138]道光四年，各处庄头旗户均被编入地方保甲，并将总催、催长名目革除。[139]理论上庄丁和牲丁均不应被添派民差。[140]

在清代，对官员征收地丁和漕粮的考成，主要看其完成的比例，后来又加入了所谓的三年比较制度。对皇庄完纳钱粮的考成基本与此相同，当未完粮超过若干成后，就要相应地对庄头、领催、催长等人实行罚俸、降级和鞭责。对庄头的议处，较内务府派出的承催官要严厉得多。[141]

口外皇庄按例每年交粮，但根据清帝特谕，有时增减应交粮石，有时改为折银交纳。[142]遇到灾荒，皇庄同民田一样有蠲免之权，但报灾限制较民地为宽，勘察权则由地方官和内务府分享。[143]在实际执行中，有时并不遵照相关程序，内务府官员和地方官的权责划分不太清晰。[144]曾经报灾之地如呈请复垦，似乎不用经过户部的审查，直接由内务府核定即可。[145]

雍正年间，清廷设立热河驻防，肩负着开垦地亩的经济职能，这样就时有与皇庄的圈地发生冲突的情况。更重要的是，得到清廷的默许，官兵地亩常佃给民人租种，但皇庄之地则严禁民人佃种，理论上，两者应划清界限，以保证皇庄的排他性。[146]但自雍正年间始，旗民不交产的规则被逐渐打破。随着康熙以来出口民人的增加，实际上口外皇庄也陆续被民人佃种。[147]由此，清廷命令各庄头所种地亩一概不准退交，如有误差不能承当庄头者，即将其更换。这样实际是将皇庄数量大致固定下来，以后只可增加，不会减少。在佃种庄地外，还进一步出现了典地卖地的现象。如果佃户不能按时向庄头交租，由此造成庄头无法按时纳粮，直接的责任人仍然是庄头。[148]随着热河驻防的设立，口外粮庄所征粮米开始主要供给热河驻防、雍正年间临时存在的热河训练兵，以及口外寺庙中的喇嘛。[149]
乾隆中期口外府、厅、州、县相继设立后，不敷兵米改由地方
官采买。[150]嘉庆以前历年驻防兵米基本能够交足，拖欠之项不
太大。[151]清末的一位士人，曾描述了口外皇庄作业的生动
图景。[152]

人地关系极度紧张　随着庄内人丁孳生，剩余劳动力增
长，皇庄向周边开垦出大量余地。这些余地应否征税，如何征
税，由何处征税，开始成为争论的焦点。一般来说，政府不愿
放过增加财政收入的机会；而从庄头的角度讲，开垦出的余地
如能添设新庄，显然较拨给民人承种更划算。理论上，八旗土
地、皇庄、鹰手地等雇募民人耕种，所雇之人应在户部领票出
口；包衣、打牲人等如更换新人，也应由内务府行文户部给
票，但这一规定至晚在雍正后期已遭到破坏。[153]乾隆十五年前
后发生了一起案件，[154]生动解释了在一般土地纳税人倾向于匿
地不报的情况下，为何各庄争相报出余地，也反映了一个专制
国家中的皇室机构如何能几乎不受约束地攫取财富。清代皇庄
的地租虽不算高，[155]但是皇庄内人口快速繁殖以及皇庄法定数
量和面积没有扩大，就会造成完全不同的情况。到乾隆十五年
前后，旧有的圈地已经不能适应庄丁人口的剧增，在其他条件
不变的情况下，摆脱这种状况的唯一办法是安设新庄。安庄的
决定权在内务府手中，先报地者有可能获得安庄的奖励，反之
则可能被指控隐匿土地。庄人率先出首余地，很可能反被责
革；各庄垦出的余地，不但未获安设新庄，反而开始交租。此
举给国家增加了新的财政收入，但加剧了皇庄的贫困。乾隆十
九年清廷再次丈地时，便发现各庄向外扩张的动力明显
不足。[156]

重度经济剥削

皇庄承担的最主要职责是向内务府交纳米石、杂粮和折价银。我搜集到超过 80 份清代口外皇庄的纳税报告。[157]从历年皇庄征收钱粮的数据中，可总结出以下几个特点。（1）雍正七年后，口外粮庄俱定为一等，每庄纳粮 250 石。乾隆年间各庄报粮尚可基本维持在这一水平，但嘉庆以后，各庄报粮日渐减少，虽然一等庄的名义未变，但逐渐出现报粮自 225 石至 75 石的粮庄。各庄所欠钱粮陆续增加，说明了皇庄的运行受到严重挑战。[158]（2）庄头既是收税层面的最低层级，又是纳税层面的最高层级。对于庄头的处罚较征粮官员更为严厉。一个庄园作为一个整体，实行的是庄头"一人负责制"。（3）从总的形势看，嘉庆至道光年间，全国的庄头数骤减近一半，[159]但在热河地区，庄头额定的纳粮数虽被调低，却始终没有皇庄被裁并，说明皇庄在这里有着特殊地位。[160]

在清帝巡幸热河时，各庄还负责杂项的交收，如供献所需猪口（于杂粮折价银内抵除）、供给乳牛等。[161]康熙巡幸之初，清帝所用牧群，有时也由长城沿线的各皇庄自备草料负责喂养。[162]雍正年间，尽管清帝并不巡幸热河，但口外皇庄依旧有养马的职责。[163]乾隆以后，随着清廷喂养官群的各项制度相继完善，口外皇庄不再承担喂养牲畜之责，但喂养之银不可少交。[164]另外，口外庄头也要为清帝的巡幸准备车辆。[165]理论上政府应核计时日，公平地给付价格，但实际上庄头被巡幸活动扰累不堪。[166]这类摊派是一种不平等的市场交易。

在直隶口外地区的各个政府中，皇庄受到的内务府权力压制是较重的。如以 135 庄、每庄 100 余人的人口计算，整个口外皇庄中共有 1 万余名内务府包衣。他们不仅基本维持了自身的生存，还供养了大半支热河驻防军队和满足皇室不时的物质需求。与盟旗旗地不同，内务府对皇庄的控制不仅在于经济交换环节，还包括生产关系。在皇庄内部，包衣的生活比较贫困；所产出的经济效益，是通过内务府的超限度剥削换来的。考虑到这里较低的亩产以及政府较高的剥削率，尤其是皇庄不可能像经营式农场一样为了利润而排除多余劳动力，实际上皇庄的劳动集约化程度已经到了远超过边际报酬递减分界点的地步。

第三节　口外行宫——最重要的"飞地"

设官和置兵

口外行宫官制　康熙年间口外行宫陆续建成后，清廷于康熙四十二年置热河行宫总管一人。[167]其设立之初既无定额，亦无定品。康熙、雍正和乾隆初年的该官，均系以原衔管理。[168]乾隆十六年，清廷将热河行宫总管员缺作为内务府额外郎中。[169]后因口外行宫数量增加，又增设一位副总管。[170]正、副总管名义有别，实际权责相当。道光二十三年后，热河正、副总管从内务府及三院等处郎中、员外郎中特旨简放。[171]乾隆年间，清廷又在热河行宫内设立苑副、苑丞等官。[172]行宫官职均由内务府三旗包衣人担任。[173]口外各行宫还设有武职千总，到嘉庆年间，避暑山庄的各千总陆续改为苑副。[174]由此，口外行宫的管理体制形成了在避暑山庄及周围庙宇内，由正、副总管而苑副、苑丞的文员制度；在其他口外行宫中，则由正、副总管直接统率武职千总。[175]苑丞、苑副、千总等品级不高，但拣选严格，均须拟定正陪，由内务府带领引见。[176]自乾隆四十九年起，热河苑副和千总归入京察例内办理；当差俸满之千总，也可带领引见补内务府员缺。[177]（图31）

口外行宫中还设有太监。这些人不是行宫总管下属，也不由内务府包衣中派出，但各有相应职责。热河所设太监主要集中于避暑山庄内，[178]康熙年间至少在避暑山庄、博洛河屯和张三营三处设有太监。[179]据乾隆九年发放俸饷的材料推算，热河行宫太监约有100名。[180]

自乾隆年间始，一些康熙时修建的行宫被逐渐废弃。嘉庆至道光年间，随着清帝巡幸热河和木兰秋狝的规模逐渐缩小及最终停止，口外行宫被大规模裁撤。[181]行宫守卫兵除看守园庭外，无事可做，怠工者比比皆是。[182]光绪年间，虽无彻底废弃口外行宫的举动，但不断地将避暑山庄各处收藏陆续送往京城。[183]至光绪三十年，清廷裁热河行宫总管，行宫归热河都统直辖，行宫守卫兵也全部划入热河都统所属。[184]

军事防御体系 口外行宫初建时，分由内务府庄头、鹰手、包衣、千总兵丁等负责保卫，没有形成制度化的驻兵体制。[185]古北口总兵于每年秋季派出提标所属绿营兵，出口巡视行宫安全。[186]热河行宫总管设立后，口外各处逐渐添派内务府三旗包衣官兵，负责各行宫内围和外围的洒扫、修理、陈设等事，负有军事和行政的双重职能。[187]巴克什营以北八处行宫看守兵丁，虽系由古北口提督管辖，但各行宫房间仍由热河总管管理。[188]到乾隆四年，热河、喀喇河屯和化育沟三处行宫中班房的绿营守卫兵，已被全部撤回了古北口，变成由内务府包衣守卫园内，归行宫总管统辖；热河副都统率领八旗驻防防守园外堆拨。[189]随后不久，除巴克什营外，其以北的八处行宫均改归行宫总管统辖。[190]

口内行宫外围交由绿营兵巡逻，内围由内务府三旗兵丁看守；口外行宫中除热河和喀喇河屯外围由驻防八旗兵巡逻，其余各行宫内、外围均归内务府三旗包衣管理。[191]口内行宫防御的中心思想是将内围的内务府旗军置于外围的绿营兵之上；[192]而在口外避暑山庄和喀喇河屯行宫中，"内围"内务府官兵的工作多是负责洒扫杂务，巡逻和修理墙垣，真正的军事防御由环绕于山庄周围大大小小的堆拨承担。[193]这两处行宫之外的其余行宫，无论内外均由内务府三旗包衣负责看守。（图32）

乾隆中期以后，行宫守卫兵逐渐增加，所添之兵俱为内务府包衣，受总管管辖。[194]乾隆中期至道光年间，口外行宫内务府三旗兵有 900~1200 人。[195]

内务府三旗兵设有随缺地亩和月饷，不另给粮米。[196]其所领地亩坐落于承德府及丰宁、滦平两县中。但在乾隆五十六年时，清廷将官兵地亩陆续退交地方官招佃承租，将租银随俸饷支给。这一措施在嘉庆七年时又扩大到东、西、北路各处行宫。[197]由此，行宫官兵几乎完全仰赖佃户生存。[198]

总管的权力边界

康熙至乾隆初年，热河行宫总管不仅管理口外行宫，还管辖京城至古北口一带口内行宫。[199]在汤泉总管设立后，口内行宫的例行修理改由其办理；而口外行宫例修仍归热河总管。[200]此外，当时其他一些尚未建好的不属于口外南北两路的行宫，内围也被交与热河总管管理，外围则由绿营兵看守。[201]这些行宫的内围兵丁来自热河地区行宫中的内务府旗兵。[202]直到乾隆二十九年盘山总管设立后，热河总管才真正专辖口外行宫。

早期热河总管的权力较大，连地方官亦须仰视他们。[203] 其设立初期，权力并不完全囿于宫闱，至少在两个方面参与军事和民政。其一是管理热河地方训练兵。雍正年间，清廷于热河地方设立训练兵 1000 名，至十一年十二月，将他们隶属总管统辖。[204] 乾隆二年随着热河副都统设立及新增驻防兵丁，这批训练兵被全数调离。[205] 其二是管理和稽查热河当地税务。雍正年间，热河地方的商业落地税由地方官及户部派司官至热河共同征收，热河总管有监察并报告数目之责。[206]

例行任务　清点档册和陈设，是热河总管的第一项例行任务。总管进京年班陛见后返回热河，或新任总管至热河上任，须沿途查报南路各处行宫钱粮器物陈设是否与档册相符；至热河后，再选择时间启程查看北路行宫。[207] 此外，内务府每年派出司官两人，携带热河总管造送印册前往复查一次，形成双重保险。这一程序持续至道光二十四年，方改为每隔三年由内务府司员前往清查一次。[208] 如在巡察中发现问题，相应官员要接受内务府的处分。[209]

热河总管的第二项任务是负责热河各处行宫的工程建设和日常维修。在一些特殊情况下，对行宫周围附属庙宇的维护，由热河（副）都统与总管会奏，甚至热河（副）都统要为可能出现的维护不善直接负责。[210] 但是口外各行宫（包括避暑山庄园内）的工程，主要由热河总管办理。[211] 自光绪十九年起，清廷将直隶藩库中历年所存罚俸项下之银每年拨 4500 两，作为热河各处行宫岁修经费。[212]

治河和治水也需要一大笔钱。水患治理分为两种。一种是在园庭的周边地区修筑堤坝，开挖旱河，[213] 这类工作属于直省河工的组成部分，由直隶总督率领地方官进行，所需经费来自热河道库生息银或专项银两。[214]另一种是疏浚避暑山庄内河道，由热河总管督率内务府三旗官兵进行。[215]道光二十二年后，由于经费紧张，每年挑挖旱河被停止。[216]光绪二十二年起，每年从热河道库中拨出银500两，作为园内河道岁修的专款。[217]

行宫内的罪案处置 各行宫官兵对本处宫殿庙宇负有看守之责，其范围甚至远及周围划入禁区的山场、地亩，这些职责的履行需要地方官的配合。[218]行宫周边的封禁地亩，只有得到特旨，才可以有条件地开垦耕种；[219]或是在行宫裁撤多年之后，将旧基座附近地亩勘丈招佃。所垦地亩，亦处于热河总管、热河都统和地方官的严格监控之下。[220]

行宫内官兵有固定的防区，如果擅离职守，造成管理上的混乱，则内务府有权将该管官议处。[221]行宫内出现失窃、火灾等案件时，行宫总管一般会自请议处，由清帝谕交内务府议奏，不这么做的总管会被视为逃避责任。[222]对官员的议处似无固定的章程。有时极小的案件，也会招来较重的处罚，但有时相关人员又会以各种理由而免于处罚，或临时比例量刑。[223]追查逃犯的任务，往往由地方官、附近的八旗驻防和绿营兵共同承担。如看守行宫官兵将案犯拿获归案，则有很大概率将功赎罪。[224]行宫及周围寺庙发生窃案，总管有失察之咎，而热河副都统有缉盗之责，两人在破案过程中互相推诿也是时有发生的事。[225]

热河总管以下至内围普通兵丁，因均系内务府派出，故发生盗窃案后，应由内务府议处，此外各案嫌疑人则概交与地方官审判。但行宫案件毕竟与寻常窃案有所区别，有时清帝会直接做出指示，以昭重视。[226]据清律，凡盗窃内府财物者，不分首从，俱斩立决。嘉庆四年后，偷窃各省行宫乘舆、服物的案件量刑改轻，[227]但对官员的行政处分则有加重的趋势。[228]总而言之，清廷对行宫案件主管官兵的失察处分，常有例外之举。

行宫周围筑有高墙，设有堆拨兵丁，正常情况下旗民人等单独作案机会较少，行宫被窃常常是监守自盗，或里应外合。但监守自盗也只能由地方官和直隶总督、刑部依律审拟，内务府无权审判。[229]嘉庆十五年热河都统设立后，尤其是道光八年热河都统总司口外刑名之后，行宫案件交由热河都统会同承德府审理，即便看起来完全属于行宫内部事务的"细故"，热河总管和内务府也没有刑讯之权。[230]但是不排除少数案件不经地方官和刑部审判，而由内务府慎刑司问拟。[231]不能从这类案例中推断出内务府介入刑案审理的一般规律。

服务于军事开销的宫仓

直隶口外地区的宫仓多建于各行宫附近。乾隆六年时，口外的宫仓至少已有九处。[232]宫仓设立初期，名义上内务府官员有检查之权，但主要的管理仍归户部，由此造成了管理效率的低下。雍正四年之后，清廷加大了内务府官员的权力，基本确立了由户部和内务府、地方官和热河总管、驻防兵和绿营兵共同管理的策略，户部和内务府应当共同保有各仓存粮数的清册。[233]防守之责以地域划分。设有热河驻防的地方，由驻防八旗看守；无驻防兵之处，由千总兵丁看守。[234]仓廒破损需要修理时，也应由热河总管奏请内务府维修。[235]热河总管查勘行宫房屋陈设时，还要沿途检查宫仓的储粮情况。[236]自道光二十八年始，清廷将查仓之责交与热河都统。[237]但是热河总管并没有完全退出宫仓的管理，尤其在咸丰年间，其除有权改变例行盘查时间外，似还一度负责查报内外银库存银。[238]

粮食的来源和支出　宫仓粮食的来源，首先依靠口外各粮庄。雍正二年起，口外粮庄除自用之粮外，粗粮折米运交热河、喀喇河屯、化育沟等仓收贮。[239]按照规定，庄头要提供热河驻防和喇嘛每年需用兵米的2/3略强，不够的再由直隶司库拨银发交口外府、厅、州、县，就近采买入仓。[240]因热河宫仓规模较大，驻于热河的驻防兵较多，庄头交米的大头显然存于热河宫仓。此外，户部在口外买米未运入口内者，也存于口外各宫仓中。[241]有时各宫仓还会收贮蒙古扎萨克旗所交的米粮。[242]

宫仓的支出，在清前期主要是供支清帝巡幸所需粮食，以及作为蒙古各旗的储备粮，但在雍正初年热河驻防设立后，则基本用于发放兵米。[243]自道光三十年起，热河都统及理刑司员俸米也在热河宫仓内支领；热河总管、苑丞俸米从前由京仓支领，此后亦在热河仓内支出。[244]宫仓之米的另一个用途是卖给随营官兵。[245]此外，热河地区工程所需的工匠役食，有时也从宫仓中拨出。[246]宫仓贮米的最后一个用途是赈灾平粜。[247]乾隆中期以后，随着口外常平仓系统的建立，宫仓很少再负责赈济地方。庄头交米的减少使得宫仓拨发驻防官兵兵米已力不从心，更没有余米用来回应市场变化。[248]

与常平仓、社仓、义仓一样，宫仓贮粮也要经常出旧入新，以免积存陈粮日久霉变。常平仓等往往于春季借仓储旧粮予民，秋季收民人所交新粮返仓。宫仓储粮主要通过各仓庄头间的调拨运输、发放驻防兵米等方式来完成更新换代。输米的方向主要是由各仓向热河、喀喇河屯、化育沟三仓集中。早年建立的一些宫仓，逐渐失去了往日的作用。[249]

经过清代中期的精简，依旧发挥作用的宫仓只剩下热河和喀喇河屯两处,对这两处仓厫的管理也相对松弛。[250]到光绪时期,宫仓已被完全纳入行宫管理系统中。[251]光绪三十一年热河总管裁撤后,查仓和维修的职责也完全归属于热河都统。

在直隶口外地区的牧厂和皇庄中,内务府都是将养活一定数量的人作为最主要的任务;但是在口外行宫中恰恰相反,这是内务府投入大量管理人员并完全依靠拨款供养的一处"飞地",充分体现了其政治上的重要性。内务府对行宫的管理是行政管理。只要跨出行宫大门,包衣就不再享受特权;但在内务府的权力范围内,各项规章制度的实施又有很大的弹性,条例的解释权掌握在自己手中。

第四节 被装满的荷包

热河道库和芳园居银库——间接收益

清代的布政使和按察使之下,设分守道为前者属官,分巡道为后者属官。因布政使总司一省钱粮,分守道下设有道库,与布政使下的藩库对应。热河道虽为兵备道,却设有道库,承担着大量与皇室活动相联系的特殊经济职能,为热河地区的行宫建设、驻防军队、喇嘛供养等事务提供了大量周转资金。[252]

热河道库的特殊性 皇室存于热河的经费分为两处,其一为热河道库,其二为避暑山庄内的芳园居。热河道库经手的地丁钱粮和商业税收收入少,户部、内务府拨款入项多;地方留支公费项下少,用于皇室活动花费项上多。户部向热河道库拨款的现象主要发生在乾隆朝中前期,总计约 100 万两。[253]但这类活动易受舆论指摘，故乾隆四十一年后就停止了。此后来源于内务府相关机构——主要是广储司的拨款，次数和数额都超过了户部。广储司的拨款在乾隆末年尤为频繁。[254]嘉庆八年时清廷下谕，以后外省有应解广储司之款，数足 10 万两或 15 万两，即交热河道库 5 万两存贮。[255]随着嘉庆年间清帝巡幸规模的缩减，内务府所拨银数也逐渐减少。[256]道光以后，向热河道库注银的行为彻底停止。长芦盐商也一度向热河解送生息银，作为工程岁修费用。[257]虽然广储司不时有如此的举动，但清帝巡幸时又往往以本司所带银两不足（以示"节俭"）向道库"借银"。[258]名义上是"借"，是否归还就难说了。由此，热河道库又须临时性地应对广储司的予取予求。[259]即便是道库内的正常款项，也不免受到皇室活动的盘剥。

避暑山庄内的芳园居银库与户部和道库无关，它主要接受来自内务府广储司的拨银，由热河总管经管，俗称"内库"。其开支项目主要是避暑山庄和周围园庭、寺庙上的常规花销，但有时也用途不定。芳园居银库自乾隆四十八年起开始贮银。道光十八年起，因清帝已久不巡幸热河，故芳园居内库存银被全部留为热河园庭官兵俸饷之用，移至松鹤斋贮存，从此内库又指松鹤斋。[260]

此外，热河会计司库专司行宫园庭官员俸饷和兵丁兵饷的发放，每年收取御马口分庄头所交的杂粮折价银。自道光十九年始，热河都统每年盘查所存兵饷、生息银两以及总管衙门、会计司所存库银。

张家口关——直接收益

张家口作为内地和蒙古地区往来贸易的门户之一，有着重要地位。明代隆庆和议后，这里曾是牲畜和相关货物互市的重要场所。崇德年间满洲尚未入关时，清廷即派官往张家口经理互市，[261]也说明对此地商贸的重视。当时有八位著名商人在张家口一带从事专利贸易，成了康熙年间家族垄断的"皇商"。[262]

设立和选官　明清鼎革后，长城"内外一体"，不但边口的市场予以保留，清廷对民人由张家口出口进行商贸活动亦不予禁止，并发给许可证。[263]到清末时，张家口市圈内的商号已少有主动派人前往蒙古者，而多是蒙古人前来购买货物。[264]商人们以张家口为起止点，来往于张家口、库伦之间（再向北则抵达恰克图），形成了著名的"张库大道"。[265]

张家口贸易处由上、下两堡组成。下堡始建于宣德年间，位于大境门内约五里处，称为"旧堡"，俗称"堡子里"，是张家口钱庄和票号的集中区。在清代行政区的划分上，下堡属宣化府所辖，堡内岁征课银向宣化府缴纳。[266]口北三厅设立后，张家口理事同知驻于下堡。上堡位于大境门内侧，于明朝万历年间修筑，称为"买卖城"或"市圈"。大境门作为"内地"与"蒙古"的分界处和商贸往来出入之所，定有严格的管理制度，自察哈尔都统、副都统起，与张家口驻防两司三翼逐层管辖；而张家口监督衙门仅负责巡查税务，分工非常明确。[267]

张家口关属于户关，设立的具体年份不详，方志中列举最早一名张家口监督是在顺治三年。[268]监督是满差，在康熙四年以前，由六部司员中轮流派出，此后则只差户部官员。[269]至康熙八年时，清廷将一些税额较多的关口并遣满、汉税差，但包括张家口在内的九差，仍照旧例办理。[270]康熙二十一年，张家口、杀虎口两处停止专差户部官员，仍令各部院官掣签前往。[271]康熙三十年，张家口差内务府官作二分，汉官作二分，各部院衙门满洲、蒙古、汉军司官及笔帖式按八旗分作八分，每次由俸深官各咨取二人，抽签派出。[272]张家口监督之差以一年为期。康熙末年至雍正年间，大部分権关被陆续交与地方官管理，但是张家口关的管理模式未发生改变。[273]雍正初年以后，选官的范围体现出内务府官员的优先性。[274]到乾隆十二年，改由宗人府、六部各保一人，内务府保送两人，同八旗内府俸深官一并开列，由户部题请清帝拣用。[275]

收入构成　清中期以前，张家口关在定额征银外，还有大量的盈余银入账。清帝会在盈余银中抽出一部分直接赏给征税人员。故对个人来讲，张家口关差是一个肥差。[276]乾隆中期以后，随着税收制度的完备，口外近边各处的商贸亦被纳入收税范围。[277]因张家口市圈的繁荣，清廷常将内帑或闲置银两拨由该处发商生息，所得利银用于专项开支。但咸同以后，张家口市圈难以再承受交商生息的任务，沉重的负担造成许多经营者倒闭。[278]张家口关账面上的税收开始减少，尤其是清廷对盈余银的收入，也规定了较高的定额。当税关额征不足时，要由征收官员自己赔补。由此，张家口监督渐渐变为一个苦差。[279]张家口关的关期和监督任期并不一致，随着闰年的出现，关期和任期的重合度越来越低，奏销时很不方便。但直到光绪三十一年，中央才下定决心不再前后牵算。光绪三十二年，清廷又将坐粮厅、张家口、杀虎口三处税差，由户部司员中拣选熟悉税务者保送，定为三年一任，仍由部带领引见，请旨简放。[280]

张家口的税务收入以出口茶叶和入口牲畜、毛皮、布匹的交易征税为最大宗。茶叶除了蒙古人自己消化外，还运往俄国。[281]以牲畜、毛皮和布匹交易为例，张家口的市圈商号派人前往草原收取蒙古赊账时，并不以货币结纳，而往往将绵羊或牛、马、骆驼作为账款带回，再将这些牲畜在本地和北京、太原、山东、河南等处售卖，可赚到翻番的利润。[282]乾隆十七年正式规定，恰克图、库伦等地商贩贩卖四项牲畜，由张家口进关纳税。[283]乾隆二十七年后，无论牲畜交易发生在口内还是口外，都应交纳额定的税款。[284]进行贸易所领之部票，由各商号做担保。[285]

康熙十七年以后，口内的宣府税务，亦由张家口监督奉户部的指示征收。康熙三十二年裁撤各卫所设立宣化府后，原所征落地税及门税，归张家口监督一起征收。至雍正十二年，清廷将宣化府重征之税免除，[286]乾隆元年又进一步免除宣化府门税。此后口内除盐税仍归张家口照例征收外，其余货物均行免税。[287]

张家口关一度抽收木税，这是其兼负的工关职能。在清代早期，伐木活动只有内务府特许商才能进行，木税以本色的形式交纳。[288]乾隆九年以后，凡是民人领票、按例纳税者，都可运木进口售卖。[289]直到乾隆中期，张家口关才将本处兼抽木税的职责移交给多伦诺尔户关。

张家口关以通过税和坐商税为征收目标，并不关注贸易者的族群身份。档案中往往有查获走私的例子，涉及动用有关族群甚至国家间交往的法令。第一种情况是旗、民人等绕越关口，偷漏税务；[290]第二种情况是民人借外藩蒙古进贡免税之机，专借蒙古车辆拉运商货；第三种情况则涉及同俄国的国际走私贸易。按照规定，除大黄一类的必需品仍可照常售卖外，皮张等具有附加值的奢侈品都属于走私的范畴。[291]

清中期以后，崇文门税局在张家口设有"口岸"，派人分驻稽查，收入归于崇文门的统计中。[292]乾隆二十八年时，张家口关的征税处所共有边口、通桥、居庸关三处，以及东门、西门、南门、马市、水门、古北口六处派役巡查口岸。[293]我见到的最早一份张家口收税材料时间为顺治十三年。该材料说明，顺治十年前后张家口关的税收为平均每年6000余两，所征之银存于口北道库，用以采买牲畜。[294]对征税官员的考核，采取同前任比较的制度。但是这一制度的缺点是容易将银数越比越多，从而引起以少报多的弊端。因此到了嘉庆年间，清廷取消了比较制度，改为依据定额考核官员。张家口关的额税在清前期发生过多次变动，[295]与同为长城沿线的重要关口山海关和杀虎口相比，其数额实际上并不多，政治意义大于经济意义。[296]征税时实行的是银钱并用的双本位制，所征制钱用于巡查各口往返盘费及署内饭食等项。乾隆二十五年后，每年由察哈尔都统会同张家口监督、口北道将口外牧厂残废疲瘦口老牲畜变价，所得银两，交于张家口监督处，由该监督交入内务府广储司。[297]牲畜变价银并不计算入盈余银，是内务府广储司的一项单独收入。

内务府收取的盈余银　乾隆以后张家口关的税收统计，现在可以很轻松地找到相关材料。[298]雍正年间，张家口关的税收每年均能达到定额，[299]但尚未出现大量盈余。自乾隆五十四年起，张家口征收的正额银两，全部留为赛尔乌苏台站官兵俸饷之用，不再解部。[300]随着张家口市圈的发展和贸易扩大，税收数额开始增加。在市场经济秩序中，政府可以随时调整额征，以利于财政预算发挥最大的效益，但是包括张家口关在内的各关正额银数，在长时间内基本未予修订。这样就在正额银之外出现了大量的盈余银。

一开始，盈余银刨除张家口监督各项公费用度之外，并不交至户部，而是由监督上奏，清帝朱笔示下，或拨入内帑，或赏给税官。清廷并不积极提高正额的数目，很可能与此有关。雍正年间尚无"盈余"一词，官方只是称其为"正额外溢银"，数目每年不过数十两。张家口关税首次出现大规模盈余是在乾隆元年。[301]乾隆年间，历年征得的盈余银大致在2万两以上，除掉开销，实存的盈余银也有1.5万~2.5万两。[302]在乾隆至嘉庆早期，盈余银主要交内务府大臣收管；在赏给税差银两时，清帝也较慷慨，赏项占盈余银总额的5%~10%。[303]嘉庆帝亲政后，历年的盈余银基本被解至圆明园，赏给税差的银数也下降至不足盈余银的1%。[304]

乾隆五十年前后，因贸易规模的发展，张家口关的税收进入了高速增长时期，盈余银长期维持在4万两以上。由此在嘉庆二年，清廷将张家口关盈余银的定额提高为4万两出头。这样，所谓的盈余银，实际上具有了和"正项"相等的意义。[305]以此为名，内务府将张家口关账面上收入的2/3装进了荷包。此外，随着本关正银留用台站官兵俸饷，张家口关的税收虽仍由户部考核，但全年的收入已没有一分钱解交部库。同热河地区一样，张家口关的税收也一度作为本银赏借给长芦盐商，所得利银成为内务府的政治献金。实际上，内务府将户关的收入，以变相的名义收入内帑。[306]在整个嘉庆、道光年间，除最后数年外，张家口关所征盈余全部超过了定额。可能是察觉到道光末年税收的小幅萎缩，张家口监督希望在原有税则之外增加款目，同时严厉打击皮张、绒缎等的走私。[307]

档案可信吗？ 咸丰以降，档案中张家口关的盈余银收数迅速减少。其中有全国各地战争影响的因素，[308]更主要的还是洋货享有流通免税的权利。清廷也意识到，税收的减少并不单单是管理不严和官员道德下降造成的，也是各种因素综合作用的结果。[309]尽管如此，户部还是在咸丰六年制定了张家口关的新增收税项目，希望能起到一定的挽救作用。[310]通过一系列措施，盈余银数自咸丰中期起虽仍不足额，但亦可维持在接近 4 万两。不过咸丰十年中俄通商条约实施后，税收开始有较大幅度的下降。同治末年至清末，张家口关正额和盈余银的征收总数，尚不足嘉庆初年规定的盈余额征数。

清代张家口的地位、内地与蒙古地区"张库大道"的贸易规模是人所共知的，在这样的情况下，张家口税关的账面数字只有区区每年几万两，甚至连正额加盈余银约 6 万两的标准都达不到，是很奇怪的。走私可能是原因之一，[311]但更可能的原因是，账面上的记载是一个障眼法，张家口关的实际收入应当是个比档案记载大得多的数字，溢额部分去了哪儿呢？或许是内务府的银库吧。

余　论

内务府的服务对象是专制体制下的皇室，这就要求其享有制度规定之外的特权。内务府只在口外行宫中完全关注政治权力，而在热河银库和张家口关上更多关注的是经济权力，对口外牧厂和皇庄，则是政治与经济权力并重。口外皇庄既要养活大量内务府包衣，又要创造额外的利益。清朝将大批察哈尔人吸收进内务府牧厂中，通过上驷院和庆丰司进行管理，使其与察哈尔八旗分处于不同的政府之下，就地进一步拆分并削弱了作为整体的"察哈尔部"，并发挥这一族群在牧政上的优势，增益国家牧政管理。使用远超出能获得最大效益的人数来从事相关工作，并维持其基本生存资料，这是清朝在口外皇庄和牧厂中有意采取的策略。它们的组织形式都不允许失业，自身形成了市场闭环，因此其劳动集约化的程度远远超过了边际报酬，递减到边际产品趋近于零的地步。内务府对直隶口外地区的财富攫取，说明清朝对这一地区的首要关注点是稳定而非发展。清朝不以扩大财政规模和可持续增长为目的。直隶口外地区在整个清代都处于财政入不敷出的情况，这与内务府的作为脱不开关系。

第三章　太仆寺和礼部牧厂

——尚未解开的谜

　　骑兵是冷兵器时代发挥决定性作用的兵种之一，由于中国历史上重装步兵的缺位，骑兵在平原地区可谓无往不利，而马是骑兵最重要的装备。[1] "太仆"一官具有悠久的历史，太仆寺在唐代便存在，明代属兵部，到了清代依然是管理国家军马的主要部门。[2]清朝战马总计约20万匹，驻防八旗在驻防各地设有牧厂，牧放八旗战马；绿营兵也有自己的牧厂。[3]太仆寺所辖的牧厂包括直隶口北地区的左、右两翼牧厂和盛京的大凌河牧厂。

　　清季太仆寺设于顺治元年，至雍正三年建成本寺专属衙门，设太仆寺卿满、汉各一人，少卿满、汉各一人，员外郎八人。至乾隆六年时，分为左、右二司，左司管理巡幸及分拨牵领马驼等事，嘉庆六年以前，口外两翼马厂均齐、赏罚则归右司承办。[4]

第一节　太仆寺牧厂

　　规模和官制　太仆寺口外两翼牧厂的建立经过了一个逐渐增群的过程。两翼牧厂初建时可能仅有不到50个马群。晚清时期，两翼牧厂的额定马群数大致固定在 120 个，马匹数 3 万~4 万余匹。[5]相比内务府的口外牧厂，晚清以降太仆寺口外牧厂的亏马现象更加严重，最坏的情况下，实存马数刚刚超过额定的 1/4。[6]按照规定，左、右两翼群数相同，马数亦应大致相同，但乾隆末期以后，随着右翼牧厂牧地放垦，马群连年迁移，两翼牧厂的马数开始有差距扩大的趋势。(图 33)

太仆寺两翼牧厂的官制，在各类史料记载中非常混乱。综合来看，乾隆中期之后，两翼牧厂内自上而下设有总管、翼长、协领、护军、护军校、委署笔帖式、牧长、牧丁等缺。两翼总管分别驻于本翼适中之地；翼长驻于所管马群适中之地；协领驻于该旗适中之地；护军校和护军，以及乾隆中期被裁以前的两翼副总管、防御、骁骑校等人，各在本翼各旗内巡逻。[7]每群牧丁数为 8~12 人，[8]除少量例子外，一般于察哈尔八旗内按旗选补。[9]从太仆寺两翼牧厂的群数和平均每群牧民数估算，再考虑到人口的自然增长，整个牧厂中约有近 2000 名牧政管理人员。[10]与内务府牧厂一样，太仆寺牧厂中的人员配置也体现出边际效益递减的现象。

两翼牧厂总管，康熙年间由京城小京官中派出。[11]雍正元年后，两翼总管停用在京人员，改为在察哈尔佐领等官及世爵内拣选一人，在马厂翼领等官内拣选一人，拟定正陪，由太仆寺引见补授。[12]在察哈尔都统设立之前，察哈尔八旗由京中蒙古八旗都统兼管，故而每逢牧厂选官，是由蒙古八旗都统咨取职名的。[13]之所以要在察哈尔旗员中拣选总管等，可能是因为太仆寺牧厂中的牧长和牧丁最初大量出自察哈尔各旗。但是在察哈尔旗员与牧厂官员之间，太仆寺明显倾向于提拔后者。[14]由牧厂翼长补授总管，不必拘定于本旗，一旦翼长受到处分，则自动丧失保送引见的资格。[15]嘉庆四年时，清廷议准将补放总管先试用三年，如果合适，再奏补实授。十三年时又议定，凡是由本牧厂官员内补放之总管，停其试用；如由察哈尔官员补放者，仍戴原衔顶戴，先署理三年。[16]翼长缺出，由协领补授，但同样要拟定正陪，由太仆寺带领引见。[17]协领以下未见有带领引见的规定，说明可由总管在牧长、牧丁等人内自行拣选，报太仆寺批准即可。

乾隆三十一年时，清廷将口外牧厂所设委署笔帖式裁汰，由太仆寺派往笔帖式一人、主事一人承办牧厂事务，五年期满，以应升之缺升补。[18]与内务府牧厂选授笔帖式和主事不同的一点是，太仆寺所派值年主事、笔帖式期满后，由总管出具考语，咨送原衙门带领引见，不再留于本处。[19]从牧厂官员的视角看，这一点有人员更迭频繁之虞，故而光绪二十七年后，太仆寺牧厂值年主事、笔帖式选官之制，开始比照商都等处划一而行。[20]两翼牧厂中的察哈尔牧丁，理论上似还可通过升阶回到本旗中任职。[21]（图34）

太仆寺两翼牧厂官员和牧丁钱粮，在康熙四十五年至雍正元年间，为三年连闰一次总给。[22]此后改为每年春、秋二季，由太仆寺咨户部支领。乾隆二十九年后，两翼总管和翼长各给公费养廉银。[23]察哈尔都统设立后，发放俸饷之事由该都统全权办理。[24]咸丰四年时，太仆寺牧群官兵一年的俸饷银两在3.05万两上下。[25]遇到自然灾害时，清廷一般通过预借官兵俸饷，再分年扣还的办法来赈济牧民。两翼牧厂和商都达布逊诺尔牧厂合计有清廷发给的生息银5万两，由宣化府属当商按一分生息营运，至乾隆三十四年时已全部扣完本银，所得息银即用作各项办公经费。[26]

光绪三十二年官制改革后，太仆寺被裁，军马管理并入陆军部，两翼马厂改归陆军部所属，但乾隆二十七年后察哈尔都统兼辖牧厂的状况没有改变。光绪三十三年时，两翼牧群中被发现存在大量马匹亏短的现象，光是为弥补亏空，就预支了未来数年的 12 万两俸银。[27]陆军部认为察哈尔都统已没有兼辖两翼牧群的能力，请求由清廷特拣大员，专司两翼牧政。[28]陆军部的建议很快被清廷采纳，由此，察哈尔都统不再管理两翼牧厂事务，牧厂马匹的用项也被严格限定为供编练新军之用。[29]宣统二年时，陆军部又想将驻口之值年主事、笔帖式裁撤，但是相关的改革并不彻底，[30]其具体成效，因距离清亡时间太近，也难以评价。

检查规则　与内务府牧厂一样，清初兵部定有查勘其口外马群的规则。[31]在兵部大库和种马厂并入太仆寺后，每年春季太仆寺派遣满堂官一人，至口外将马驹验骟，秋季再往口外分拨骟过三岁马驹入群，三年均齐一次。届期，由太仆寺列名奏请钦点前往。另派员外郎一人，每年春季往口外稽查孳生倒毙数目，逐一烙印；秋季再往口外验视肥瘦，两季中均要训练马驹。[32]遇到均齐的年份，太仆寺卿将衙门所有满汉堂官职名缮写绿头签，一并呈进，由清帝亲拣一人前往。[33]根据兵部官员考察的具体情况，太仆寺堂官对本衙门人员进行考核。[34]在清代早期，太仆寺官员查马时似乎还附有相应的人事权力和责任。[35]直到乾隆四十八年，经察哈尔都统奏请，太仆寺停止每年派遣堂官查验之例，改为三年一次派员均齐。[36]在太仆寺官员出口查群和均齐时，两翼总管须留在牧厂之中以协同太仆寺官员工作。[37]从康熙四十一年清廷制定的考牧则例来看，太仆寺口外牧厂总体上与上驷院牧厂的查群和均齐规则相同。[38]在太仆寺牧厂中，对牧群官员的考核同样严厉，但也有将牧群官员破格提拔的特例。[39]

牧厂的职责　军需牧马和调马是太仆寺两翼牧厂的最主要职责。清廷对军马的牧放格外小心。康熙三十五年的一份谕旨，要求太仆寺口外牧厂官员尤其注意保护可骑用之无孕母马及四岁马驹。[40]但在现实中，因前近代国家皇室需用和国家财产区分并不严格，故由上驷院牧厂中调用军马的行为也不在少数。按清代中期时人可能有些问题的说法，兵部所调口外牧厂之马，有四成来自太仆寺两翼马厂。[41]但是由于上驷院牧厂的马群规模远小于太仆寺牧厂，故而后者依然要为军马的调拨做百分之百的准备。[42]

太仆寺口外牧厂供给军需牲畜，多发生于军兴时期。清中前期清廷需用牲畜时，一般采用官买的方式，但对于牧厂中军需牲畜，则经常用直接"调拨"的办法。[43]到晚清时期，牧厂向军营补充军马，主要以发价采买的方式进行，但不是由市场调节价格，而是用行政指令定价，并在进张家口关时给予免税的优惠。如果买马不及时，清廷依然会调拨官马补充军营。[44]尤其在遇到紧急军事行动需要迅速凑齐军马时，采买的原则即被置之脑后。[45]有时各牧厂之马虽不直接调入军营，但本质上依然是对军马的一种补充。[46]因有地理之便，口外牧厂向直隶驻防和绿营供马尤多。[47]咸丰年间正值太平天国战争和第二次鸦片战争爆发，该时段是口外牧厂供给军马的高潮时期。[48]短期内大量的调马造成马厂所存马数急剧下降，[49]间接导致了口外马厂暂停均齐。[50]对于调用军马膘分不足的现象，清廷则将责任简单地归于牧群官员管理不善。[51]

太仆寺虽在理论上和兵部联系更为密切，但因像木兰秋狝一类的活动本身即有练兵之意，故而两翼牧厂也须为皇室用马提供服务。巡幸用马的大宗虽调自上驷院牧厂，但因历年拨调，有不敷之虞，故在乾隆五十年时，改为将每年进哨官兵乘骑官马，除用直隶畜养官马外，不敷者在上驷院和太仆寺两翼牧厂中轮班调用。且因牧厂马匹日见缺额，用毕即照原数拨给赶回牧厂。出哨官兵有愿在热河交回马匹者，即照所调牧厂马数就近交还。[52]该年调用的就是太仆寺两翼之马。[53]乾隆四十八年至盛京谒陵官兵骑乘所需马匹，也于太仆寺牧厂内调给40%。[54]

　　按照清制，遇有战事，各盟旗有派军出征的义务。清代前期，凡急需军马时，中央会主动向盟旗买马，归于口外牧厂中牧放。清中期以后，中央对各旗的控制力加强，已少见动辄买马的情形，反而是各旗主动"捐马"的现象越来越多。即便是未被征调的旗，往往也会捐纳以表忠诚。盟旗捐输之马，即常交太仆寺牧厂牧放。但这时所谓的捐马，实已带有强制的性质。[55]光绪中期养息牧牧厂逐渐放垦后，哲里木盟捐马也常被解交商都、太仆寺牧厂牧放。[56]盟旗最后一次因军需"报捐"牲畜大约发生在光绪二十七年底。[57]各王公大臣进贡的牲畜，有时也被交于太仆寺两翼牧厂中牧放。[58]

　　太仆寺口外牧厂与京中各部院及东北牧厂有一定的关联。康熙年间兵部额设馆马，遇有倒毙，即于口外种马厂中拨补。[59]道光二十二年时，清廷令将察哈尔领放直隶牧青马全数调回京师，并于商都、太仆寺牧群内挑选马2000匹（其中从太仆寺两翼马厂中选马800匹），解至京中南苑牧放，但第二年又将八旗各营出青马及直隶各镇协营出青马全部裁撤，交回察哈尔牧群。[60]在东北，庆丰司的养息牧牧厂和上驷院的大凌河牧厂牲畜主要供东北地区皇室及驻防军队需用，它们与太仆寺口外两翼牧厂间也有互相调剂牲畜的现象。[61]

第二节 礼部牧厂

礼部牧厂的情况，目前依旧所知甚少。虽然有人依据外国传教士的记载，推测直隶口外的礼部牧厂有相当大的规模，[62]但其引用的原始资料很可能是不确切的。事实上，没有哪一种版本的记载说得上比另几种更准确——也许都是真实的，也许都不是，但巨大的差异令研究者无法做出合适的处理。唯一能确定的是，在康熙中期，礼部牧厂确实存在于张家口外一处叫作"薮积布拉克"的地方（今察汗淖附近）。[63]关于礼部牧厂的设立时间、编制、官制和管理方式，礼部的则例中毫无记载。[64]

对礼部牧厂的规模和职责，只能进行大致的推测。按康熙朝会典所载计算，在顺治至康熙初年，口外礼部牧厂分为两翼，共设牛 18 群，有牛 1800～2200 头；羊 16 群，有羊 1600～3900 只。每翼设翼长一名，每群设牧长一名、牧副一名。[65]如果这些数字真的准确，那礼部牧厂的规模就实在太小了。其均齐的原则，应与内务府和太仆寺牧厂基本一致。

礼部牧厂牛羊主要供应礼部牛羊馆祭祀和筵宴。[66]康熙十四年题准，礼部所用牛羊均在张家口外各群内取用，如不足，则交两翼税官采买，由户部给发银两。[67]但自乾隆元年始，由礼部札行两翼采买的陵寝祭祀所需乳牛，改从庆丰司三旗牛群中拣选；[68]同一年马兰峪等处陵寝所需祭祀羊只，由该处派员在张家口一带采买，也没见到任何从礼部牧厂中调取的证据。[69]礼部牧厂似乎被并入了庆丰司所属的三旗牛羊群中。嘉庆时编纂的礼部则例没有口外礼部牧厂的任何信息，我想要么是因为礼部牧厂面积实在太小，发挥的作用不大，重要性不高，要么是因为当时的礼部牧厂已不单独存在。礼部及东西两陵所需祭祀牲畜，或由三旗牧厂内拨给，或发价仍由当地税官采买。

余　论

无论是太仆寺牧厂还是礼部牧厂，在直隶口外都是一个较为"弱势"的政府，其牧厂的规模较内务府上驷院和庆丰司所属来说相对较小，在太仆寺右翼牧厂连续开垦、东迁的形势下，这一差距被进一步拉大。礼部的影响力似乎在乾隆以后就完全消失；太仆寺则在察哈尔都统设立后，逐渐向一个文书档案保管部门和人力资源部门的合体转变。更重要的是，在道光十一年察哈尔都统负责口外均齐，尤其是咸丰四年均齐彻底停止后，连太仆寺和礼部自己都不怎么清楚其口外牧厂的实际情况，北京的衙门只是靠被动接收察哈尔都统汇报的信息，对牧厂官员进行评价。[70] 如果不是清末察哈尔都统爆炸性的披露，根本没有人关心太仆寺口外两翼牧厂的亏额已经到了 3/4 的程度。礼部牧厂的持续存在，在清代庞大的文书体系中竟找不到任何证据，我推测，清廷自己就没有进行过广泛而彻底的普查。而历史进程已然行进到今天，想要回头了解更多的情况是不可能的了。某种意义上，此时矛盾比统一更有价值。

第四章　州县和直隶总督

——锻造"圆形监狱"

行省制或说州县制，是清代最重要的行政区划制度。在清末边疆建省前，它占据了约一半的国土面积，控制了绝大部分的人口。尽管"省"的概念不是我们讨论的重点，但是清代以来，"直隶省"的范围不断变化，"省"往下对应的是府、厅、州、县。讨论行省或州县，也就是探讨直隶总督在直隶口外地区的作用与地位。乾隆中期以后，这一地区民人的数量超过了其他族群人口数量的总和，州县的地位即使不是最重要的，其事务也必然是最烦琐的。由于在相应的时段内，直隶总督与其他职官、州县与其他政府的权力或有重合，或有分离，因此在本章中凡行文需要时，会在相应地方标出对应的年代，表示某项权力的存在时段。

第一节　州县制度的快速扩张

口北三厅

洪武年间，明朝在长城以北先后设立了大宁都司、全宁卫、兀良哈三卫、开平卫等都司卫所，并推行屯田制度。但宣德以后，旧开平卫、兴和城等宣府以北地带已俱由蒙古各部落驻牧往来。[1]清代康熙中期以前，宣府镇所设卫所一如其旧，也没有编户。[2]康熙三十二年，宣府镇改为宣化府，沿长城以内分布之卫所改为州县，[3]但宣化府的辖境没有越出长城边墙。

设置口北道　在行省制的职官序列中，自上而下依次是布政司—道—府、直隶州、直隶厅—散厅、散州和县。明代这一地区设有分巡口北道与分守口北道，前者驻扎赤城，后者驻扎宣府镇。[4]清朝先将分巡口北道的设置继承下来，归宣府巡抚和宣大山西总督节制。[5]在清初地方尚不安靖、顺治九年其被裁撤之前，分巡口北道几乎集兵权、行政权、司法权于一身。[6]分守口北道的地位在清初经历了几次较大的变化，最后随着宣府一带统治的稳固，变为一般意义上的专司钱谷、刑名之官。[7]但也因如此，宣化府一带武将无文官节制，故而当时的舆论一度有复设分巡口北道之议。[8]乾隆三十二年，清廷加给分守口北道兵备衔，并铸给关防。[9]

民人在清初被禁止进入口北地区。大约康熙初年以后，关内主要是直隶、山东、山西的民人不断向北迁移，由此造成张家口边外至大坝约数十里的土地被逐渐开垦，察哈尔八旗游牧地随之向北移动。[10]清代前期出口种地之民人，在政策松动，并找到一些"好办法"后——比如在当地组建家庭，逐渐变为定居居民。[11]这里小农经济不存在劳动力过剩的情况，可以实现充分的农业就业。[12]

张家口厅　口北三厅是对清代设于口北地区的张家口厅、多伦诺尔厅、独石口厅三个直隶厅的总称，[13]前者最先设立。张家口明代隶属万全右卫；康熙三十二年后者改万全县后，派县丞一人驻于张家口，管辖上、下两堡地面。由于有地方志所记载的雍正二年七月朝臣们关于张家口厅职能的讨论，该厅的设置时间历来被定为雍正二年。[14]但在雍正二年七月至三年正月间，一定因为某些原因，中央重新规划了张家口理事同知的职责。雍正三年以后，张家口同知又陆续获得了审理口内宣化府十一州县旗民交涉细事和与地方官会审旗民命盗案件之权。[15]雍正五年，张家口同知的详细职能终于被具体确定——征收察哈尔右翼四旗开垦升科地粮，审理出口民人之间、察哈尔八旗蒙古与民人之间、宣化府内旗人及旗民间词讼命盗案件。张家口同知驻于口内万全县地面，归口北道统属，但其最主要的权力范围是在口外。[16]因为要处理法律意义上属于外藩蒙古的察哈尔八旗司法案件，故中央将张家口理事同知定于理藩院司官内拣选补授。[17]

独石口厅和多伦诺尔厅 一般认为，继张家口厅后设立的是雍正十年的多伦诺尔厅。但如果详细分析有关这一问题的文件，[18]可以发现当时所谓的多伦诺尔厅官，只是暂以独石口驿站员外郎兼同知衔，率领官兵前往多伦诺尔地区捕盗。独石口管站员外郎为理藩院派出之官，本职是管理独石口路驿路，没有钱谷刑名之权。他既不常驻多伦，也未获得理事同知关防。雍正十二年，清廷设独石口理事同知一员。[19]其以独石口驿站员外郎为底缺，析出张家口同知经管的审理察哈尔左翼四旗蒙民命盗案件及口内延庆、怀来、龙门、赤城四州县旗民命盗案件的职能，并兼管多伦诺尔一带捕盗事宜，但不负责征收民人开垦的察哈尔地粮。[20]独石口同知驻于口内赤城县地面，也主要负责管理口外事务。因独石口理事同知和多伦诺尔捕盗事务均系兼职兼管，一人分饰三角，故而清廷令独石口同知仍留原处，管理察哈尔左翼四旗坝内即将开垦升科的地亩钱粮及蒙民命盗案件，独石口驿站员外郎则并管多伦诺尔同知，移驻到多伦诺尔地方，管理察哈尔左翼四旗"坝外游牧地方"，至此，多伦诺尔厅才正式设立。[21] 口北三厅无民籍，也无民地粮额，只负责管理出口民人及其衍生事宜（如蒙民交涉）。其管辖权的划分，依据的是民人所分别进入的不同的蒙古旗分。

在雍正末年至乾隆初年，口北三厅的权力范围变动很大。雍正十一年时，因察哈尔右翼四旗距张家口同知驻地过远，已有将该四旗改归山西地方官管理的提议。[22] 随着乾隆初年察哈尔左翼四旗地亩查丈完竣并计划升科，直隶和山西完成划界，[23] 有关察哈尔左翼四旗的征税权和司法权在三厅同知间被重新分配。乾隆七年时，清廷要求三厅之间也明确彼此的界线。[24]（表 12）

口北三厅职掌基本确定后，至光绪初年未再发生大的变化。三厅管理的主要是"人"而非地，正是由于察哈尔的钱谷、刑名等事多半已分归三厅管理，故而察哈尔人也在某种程度上被视作三厅属民。[25] 随着察哈尔八旗地亩的开垦以及张家口、多伦诺尔、经棚等地商贸的发展，光绪七年时清廷将三厅理事同知改为抚民同知，仍旧兼管蒙旗事务。[26] 抚民厅在管"人"的基础上，增加了管辖"地面"之权。[27]

承德府、朝阳府和赤峰州

约自康熙始，口内民人成规模地由古北口和喜峰口出口，前往口外地区或农耕，或商贸，或佣工，灾荒之年更是举家前往。清廷对此实行了一种有限开放的政策。[28] 清初的民人移民主要分布在古北口至热河、八沟沿途一带，喀喇沁三旗是最早由蒙古人自己招民开垦的地区。[29] 清初口外不设地方官，只在古北口设一位理事同知，管理当地旗人，直到康熙五十四年，才将那里的民人归并同知管理。[30]

承德府 雍正元年，清廷于热河设满洲理事同知一人，将东至喜峰口、西至小滦河十汛地方命盗等案归其审验，大计考成隶于霸昌道。[31]设立热河同知最初是为了审理口外民人之间及八旗、内务府旗人和民人的交涉案件。[32]热河理事同知没有调兵捕盗的权力，古北口总兵（旋改为直隶提督）可以直接命令汛兵捕盗解送古北口，并亲自巡阅口外营汛。[33]热河同知设立后，随着八沟一带移民增加，清廷于雍正七年在该处添设通判一员，与热河同知分管东河、西河。[34]新设的通判有两个职能：一是管理东河地区民人钱谷、刑名；二是与热河同知会审东、西两河旗民案件，这是八沟厅正式设立的标志。[35]热河同知和八沟通判还负责管理驻于古北口外看守汤河、木兰围场的察哈尔左翼四旗分部——前者管理四旗中的正白、镶黄二旗，后者管理正黄、正蓝二旗。[36]

雍正十一年，清廷在热河设立承德直隶州。从事后的角度看，该州更像是被用来"投石问路"的。承德州常被误会为由热河厅改置，[37]然而在雍正十年九月以前，清廷已决定于热河地区添设知州一员、八沟同知一员，[38]由八沟同知管理喀喇沁三旗中的流寓民人。[39]承德州设立后，热河实行旗民分治，知州管民事，热河同知管旗人事（此旗人指八旗和内务府旗人），八沟同知管理喀喇沁三旗下民人，并由此衍生出与理藩院章京会审扎萨克旗和民人案件之权。三者均隶霸昌道，呈"沿边布列"的态势，但互不统属。[40]因为这种调整令八沟通判的地位变得尴尬，所以在两三年后，清廷将八沟通判移驻古北口外的土城子，将热河同知原管的察哈尔正白、镶黄两旗划入其管辖范围，由此变成"四旗通判"，这标志着四旗厅的成立。其余剩管辖事项，则被八沟同知和承德州知州瓜分。[41]

热河地区移民的增加，要求有更多的经制官员。乾隆四年后，清廷在八沟迤东地方和古北口外分别添设通判和道员各一员。经过详细讨论，新设的通判定为塔子沟通判，管理喀喇沁左旗和中旗两旗命盗案并蒙古民人互控事件。新设的热河兵备道管辖热河同知、八沟同知、四旗通判、塔子沟通判、承德州一切事宜，稽查武弁都司、守备以下等官。一应解审案件，就近由热河道复核解司审转。[42]然而，乾隆初年口外新添设的同知和通判，均系兼管旗民交涉，这和承德州设立时所设想的旗民分治有较大的冲突。[43]首任热河道提出，应将承德州知州改为厅员，定为满缺，兼管旗民，与热河同知以滦河为界分疆治理。据此，中央将承德州知州改为理事通判，移驻喀喇河屯，热河同知移驻州署东北，旗民钱粮命盗词讼统由热河道审转。[44]这标志着喀喇河屯厅的出现。同时，清廷将热河道缺定为满缺。[45]乾隆三十九年，清廷又在三座塔和乌兰哈达各增设通判一人，该两通判同样"旗（扎萨克）民兼管"。[46]从清代对族群的政治和法律划分上看，塔子沟通判、三座塔通判和乌兰哈达通判属于借蒙古盟旗地（的占有权和使用权）而立厅，它们职权的划分与口北三厅一样，都是依据民人分别进入的旗来确定。一开始各厅之间很可能没有十分明确的边界。[47]

乾隆四十三年，热河厅改为承德府，喀喇河屯厅改为滦平县，八沟厅改为平泉州，四旗厅改为丰宁县，塔子沟厅改为建昌县，乌兰哈达厅改为赤峰县，三座塔厅改为朝阳县。承德府不设附郭县，由府自理钱谷、刑名。各州县以原理事同知、通判管知县、知州事，均归承德府管辖，隶热河道考核。[48]热河地区一府一州五县的政区设置，一直保持到光绪年间。

朝阳府和赤峰州 光绪初年起，口外地区再次经历了推广州县制的高潮。同治初年，木兰围场部分地区逐渐招民放垦，征收钱粮。到光绪二年，围场放垦地面添设一位粮捕同知，专管征收地粮及缉捕围场界内命盗案件。围场同知同样被赋予统辖旗民之权。[49]光绪三十一年，直隶总督说服中央将围场厅归口北道所属，自三十二年起，征收地粮改解藩库，围场厅也变为抚民厅。[50]但因口外情形特殊，宣统三年围场厅又被重新划归热河都统管辖。[51]围场放垦后，口内及承德、平泉等地民人加快了向北迁移的速度。尽管有的官员对在热河地区设立新的行政区不以为然，[52]但到光绪二十九年时，朝阳县还是升为朝阳府，并于朝阳府之东添设阜新县；于平泉州、建昌县中间增设建平县，这两县及原有的建昌县归新设知府管理。围场厅和丰宁县之间添设隆化县，归承德府管理。[53]阜新县和建平县知县兼理事通判事，说明其有兼管旗民交涉之权。[54]光绪末年，清廷又在放垦的阿鲁科尔沁，东、西扎鲁特三旗地面设开鲁县；于巴林两旗放垦地面设林西县；将赤峰县升为直隶州，兼管此二县。阜新县之库伦旗析出绥东县，仍归朝阳府统辖。[55]这些县的首要职责是督催垦荒、编查户口，实际上在清朝灭亡之前，基本没有繁荣起来。[56]（表13）

人、地关系

关于清末时期漠南蒙古地区筹划建省，已有了比较精细的讨论，[57]但还是有必要说明直省行政区设置转变的原则。

直隶口外地区筹设行省，起于光绪三十一年给事中左绍佐的上奏。他提出热河和绥远应列为行省，热河以承德府和口北三厅隶之，绥远以丰镇厅、宁远厅和察哈尔右翼四旗及新设诸厅、乌兰察布和伊克昭二盟隶之。左绍佐认为，如果州县与蒙古各旗互不统辖（尤其是在司法上），将影响"要塞"地区的稳定。[58]清廷收到了两份相对重要的议复。一份议复来自时任热河都统溥颋，他认为应将张家口厅移驻口外并升为府，于该厅原有辖境内分设县治。张家口内添设一道，专管口外府厅县，辖于直隶总督。[59]溥颋的建议无法消除左绍佐指出的弊端，也表明他反对建省。另一份议复来自政务处大臣奕劻，他反对在直隶口外地区设立行省，给出的理由则是经费不足。[60]它们共同导致中央驳回了左绍佐的呼吁。[61]

光绪三十三年四月，岑春煊提出将热河都统和察哈尔都统、绥远城将军均改为巡抚，以承德、朝阳二府合卓索图、昭乌达两盟各旗为热河省；以口北三厅，山西丰镇、宁远、兴和、陶林四厅，察哈尔八旗及附近牧厂并锡林郭勒一盟为开平省；以山西归绥道之归化、萨拉齐、托克托、和林格尔、清水河五厅，新设武川、五原、东胜三厅，合乌兰察布、伊克昭二盟及阿拉善旗，并陕、晋向理蒙务各边州县为绥远省，统称北三省。[62]这次清廷收到的真正有分量的议复来自实际处理该处政务的热河都统、察哈尔都统、绥远城将军。三份议复没能取得一致的意见，而且察哈尔都统在意的是从直隶、山西手中拿来口内两府的管辖权。[63]同时，科布多参赞大臣也反对在外扎萨克蒙古地区建省。既然总的态度是否决，即便此后再有人想将蒙古地区改为行省（包括后来调任热河都统的诚勋），清廷也未予理睬。[64]

设置行政区划有一般的原则，直省政区以管辖界内的民人

121

为首要任务，州县兼有理事同知、通判衔者，才在此基础上衍生出兼管旗人与旗民交涉事务之权，所以民人达到一定规模才会设治。[65]但是这一原则在清末直隶口外地区推广州县制和倡议建省的过程中被打破，当时的官员们首先想到的是尽可能"圈地"，然后再"殖民"；新设政区的重点变成了"占地"，"管人"被弱化了。[66]

谁来当官

多族群混居地区的选官，有两个问题需要重点关注：该处直省政区的官员应从内地调出还是就地轮值；该地区的官员任命对族群身份是否有特殊的要求。[67]

口北三厅　清廷议设张家口厅时，明确指出理事同知应由满人担任。[68]但这一规定没过多久就在实际中被打破。[69]最晚到雍正六年，张家口同知已被改为蒙古旗缺。[70]至乾隆五年，再次改为满洲、蒙古缺，在理藩院和各部员外郎、主事中拣选，且要求陆续添设的长城沿边同知均照此办理。[71]由此一来，独石口和多伦诺尔同知也被定为满洲、蒙古缺。口北三厅升为抚民厅后，同知应在直隶全省同知、通判、州县实缺、候补中升调请补，并改为满汉兼用。[72]口北道自清中期起多为满洲旗人担任，[73]然而在雍正和乾隆初年，任口北道者汉人（不计汉军）反而多于旗人。[74]自乾隆十六年起，原则上口北道专任满人。[75]

热河地区　热河同知设立时，定为拣选引见之满缺。[76]乾隆五年议定张家口同知选官章程时，同时规定了热河地区的铨选规则。随后设立的口外地方官，都由小京官中考授。转变发生在乾隆十四年，该年直隶总督请以喀喇河屯通判升补热河同知（因其前曾署理该缺），直隶总督本无举荐之权，清帝却以红笔批示赞同，[77] 这样热河地区的选官就开了后来由总督在外题补的先河。乾隆三十四年，清廷将当时的口外各官均改为在外调补之缺，于直隶省现任理事同知、通判及旗员同知、通判内拣选升调。清帝还额外声明，三年俸满后如有准其外升者，仍留本任三年，再行遇缺题补。[78] 据此，口外官员均应为直省同知、通判任上已经历俸之"熟手"。厅员历俸三年后，直隶总督有权出具考语将其留任。晚清以降热河大量留任地方官及都统衙门司员，或也肇始于此。

承德建府后，该知府于嘉庆九年定为请旨拣放之缺。[79] 各同知、通判虽为在外题调，但何处算"外"，并没有明文规定，而且在清代中前期，任意指派官员的例子有很多。[80] 嘉庆十五年时，清廷开启了关于热河选官制度的第二次大讨论，议定口外六州县理事同知、通判，应在抚民同知、通判中一体遴调，如不得人，准其在旗员州县中酌量题升。这其实是达成了两点重要共识：一是口外州县缺出，可于口内旗员中遴选升调，拓宽了官吏选拔的渠道；二是由于当时热河都统的设立，拣发差委人员被交给热河都统试用考察，热河道以下官员，遇有考察举弹事宜，应由直隶总督会同都统办理，这就使总督和都统共掌考核官员之权。[81] 这次改革也遗留了一个隐患，即直隶抚民同知、通判及地方州县旗员较少，且多系以理事同知、通判升调；而理事同知、通判皆为笔帖式出身，如果初任口外州县，很可能不熟悉当地政务。

大约20年后，主政直隶的蒋攸铦和那彦成不得不启动第三次改革。道光四年，蒋攸铦奏请承德府属六州县出缺后，先由直隶总督尽本省口内实缺旗员州县及理事同知、通判拣选升调，如不得人，再咨部拣选留任外省州县之旗员，请旨补放。

热河道和承德府二缺，也照此拣选内地旗员道府对调。如内地无人可调，即请旨简放。[82] 这一提议的要点，在于指出承德府属州县缺出时，应先尽口内官员调出，并于任期三年满后，不再外留。道光七年至八年热河地方政制改革中，直隶总督那彦成第一次提出口外州县应当满汉兼用。[83] 这一提案在一年后又被驳回，[84] 可是直省旗员州县较少的弊病依然得不到解决，最后仍只能将京察记名理事同知、通判补放。[85] 另外，热河都统也许有加强其自身权力的考量。[86]

第四次变化仍在道光年间，由时任热河都统诚格促成。原本承德府属一州五县共六缺之内，并不区别层级。但因为丰宁、滦平两县仅管民人及内务府庄头事务，事情较简，其余四州县与盟旗交错相处，诚格建议应将六州县分为两个级别：丰宁、滦平两县缺出，仍照原例以口内旗员调补；其余四州县缺出，即于滦平、丰宁两县内奏请调补，如不得人，再咨由内地拣员调补。[87] 这一章程成为道光至清末数十年间热河地区官员流动的原则。此外，边缺历俸三年期满，应撤回内地。[88] 但是由于形势的发展，同治以降奏留之事不绝如缕。[89]

第五次选官制度变化发生在同治四年、五年间。热河都统麒庆有意识地引导清廷认为，口外的地方官实际上已与内地州县没有本质区别，故应将自热河道以下正印各官除承德府知府外，均照内地官员，无论满汉及出身，一体补放。[90] 虽然当时引起了一些反弹，[91] 但该提议后来还是通过了。麒庆还建议将丰宁、滦平两缺定为一调一补，调缺由热河都统移咨直隶督臣，先尽内地现任理事同知、通判择人调补；补缺则于热河拣发州县内择人请补。[92] 由此一来，拣发州县与口内旗员不再混同一班，选官层级更为明确。这一新章实施至光绪元年，丰宁、滦平二县重新改为毋庸一调一补，先尽口外拣发及劳绩保留热河补用人员请补，其次再于内地现任理事同知、通判中拣调。平泉、建昌、赤峰、朝阳四州县缺出，先于滦平、丰宁两县内拣调，如无堪调之员，由都统会同直隶总督，于口外拣发及劳绩保留热河补用人员内曾经委署地方者，酌量题署。[93]将拣发及留热河补用人员的名次置于内地官员之前，显示了在晚清仕途壅塞的情形下，需要更多地考虑选用前者以缓解矛盾。（图35）

口外官员中最后改为满汉兼用的是承德府知府缺。该缺的改选受到光绪十七年热河"金丹道之乱"的影响。直隶总督李鸿章希望将热河道与承德府知府二缺都改为满汉兼用，不过前者似乎更像是为了提高谈判的筹码。[94]光绪十八年，承德府知府改为满汉兼用，而热河道则至清亡仍用旗员。[95]

推广科举制

口北三厅 科举直接关系官员的选拔。口北三厅的政区设置非常特殊，张家口、独石口两厅厅署建于口内万全县、赤城县地面，堡城中虽设有义学、书院，但归万全和赤城两县所管。[96]三厅没有民额，自然就没有学额，寄居民人仍隶原籍应考。

多伦诺尔厅于道光七年率先设立厅学，但未设科试学额。[97]光绪七年三厅升为抚民厅后，自第二年科考始，取进文童、武童。三厅比照热河滦平、建昌等县之例，各设廪生、增生，二年一贡。张家口厅考试事宜归万全县兼管，独石口、多伦诺尔两厅归赤城县兼管，府试归宣化府知府教授管理。已在三厅寄居20年者应当改归，不能再回原籍应考。[98]口北三厅因未设县，故未发展出独立的官学。

清代旗、民教育是分离的，旗人有独立的学校系统和录取名额。在三厅地区，察哈尔八旗无科试，只能通过武职"荫"的途径获得荫监生资格。[99]驻防旗人则参加科试。[100]光绪四年，张家口下堡建立书院，收驻防旗人及民人学生。[101]

热河地区　热河地区学额伴随着承德州之设而产生。乾隆三年，承德州设立义学，岁、科试额进文童，岁试额进武童，并将附近八沟、四旗厅所辖童生一体考录。此外还额设廪生、增生，并由此产生贡生。[102]承德州裁撤后，各生员归入密云县学，在通州考试，由此进入了长达35年的由顺天学政考试热河童生时期。[103]随着口外各厅先后设立，乾隆四十一年热河设学宫和文庙，每厅各设义学一处。于热河寄籍20年者，可以参加考试。[104]乾隆四十四年起，顺天乡试中每科也加取一位热河举人。[105]热河义学的章程也被确定下来。[106]承德府建立后，热河道学改为承德府学，各州县未再建州学、县学。[107]乾隆中后期以后，出现了多次增加学额和举额的情况。[108]清廷想到的解决因口外民人租种蒙古地亩而引起种种矛盾的办法之一，即对流寓之人的科试权加以限制。[109]承德府应试和取中童生的人数，基本符合全国正常的比例。

热河驻防八旗及园庭、围场官兵子弟和庄头子弟，也分配有考试名额。驻防八旗学校可能于乾隆九年正式设立。[110]承德府建立后，驻防八旗附入承德府中考试。自乾隆至光绪末年，热河驻防八旗一共设立了七处义学。[111]口外皇庄庄头子弟和看守行宫的园庭兵丁，一开始仍由本佐领呈报内务府汇总，咨送顺天府转院考试，且对其参考资格有严格限制。[112]嘉庆十三年后，这些人由热河总管就近汇送承德府考试。[113]旗人的科试录取比例约为20%，[114]在如此高的比例下，各类廪生、增生也必然相继增额。[115]

除参加科试外，驻防闲散子弟还能通过考选翻译增加出路。道光八年，清廷在热河驻防八旗中添设蒙古官学，考有闲散旗丁，尽先挑补马甲，其教习以委属骁骑校等缺尽先拨补。[116]在古北口外还有一个被称作"达拉图蒙古六村旗人"的参加科试的群体。他们的经历特殊而有趣，光绪以后，其由该管苑丞出具保结，附入热河内务府正黄旗汉军籍内，就近归承德府考试。[117]

第二节　形成大军区

绿营兵的构成

直隶口外地区东通东北，西连蒙古，是京师北边的重要屏障，没有人会忽视这里约 20 万平方公里土地面积上的军事防御问题。

清代绿营的特点是分散布防。[118]在直隶口外地区，因察哈尔都统设立之始就有名义上节制宣化、大同两镇之权，我将先介绍热河一带的绿营分布情况。

口外地区很早就驻有绿营兵，顺治元年定直隶兵制时，设有喜峰和建昌两路。康熙年间，古北口外开始大量设兵。[119]到雍正末年，热河地区的绿营兵大致分为三部：一为河屯营；一为东河汛，即八沟营；一为西河汛，即唐三营。三部兵力共约 800 名。乾隆二年河屯营升为协，设副将一员。承德府建立后，河屯协下辖左、右两营经过数次兵力配置变化，到乾隆末年时兵额约 630 人，此外尚有八沟营及唐三营驻兵。[120]（图 36）

兵源来自三藩包衣，高级官员定为满缺，是热河地区绿营兵的最大特点。"三藩之乱"后，原属三藩的兵丁或被整编入汉军八旗，或被归入内务府三旗包衣。[121]其中一部分人先被移入口外皇庄，又被编入河屯协（乾隆七年时这类人占当时额定1475名官兵的3/4）。[122]他们的升迁调补只在本营中进行。[123]这些官兵的特殊组成，使得口外绿营的管辖主要是由满员来完成。以满员补用绿营员缺，被清朝视为有效控制长城沿边地区的重要措施。[124]乾隆元年，河屯协副将标下千总、把总并分防部分地区的把总归八旗补用。[125]虽然后来清朝将沿边绿营高级将领的满员比例下调，但并未触及热河地区。[126]河屯协副将与热河道分别巡查地方，形成了该地区长期实行的"文武会巡之法"。[127]

在更靠北的地区，朝阳和赤峰此前虽设有捕盗兵，但未形成规模驻军。[128]嘉庆十六年时，建昌、赤峰、朝阳分别添设都司一员，总计添兵1000余名；平泉州原设之八沟营守备改为参将，有管辖此三营之权，连同三都司均定为满缺。[129]新设之各营军官，一律由内地升调。[130]经过几次调整，建昌、朝阳、赤峰新设绿营兵达到1150名。[131]这三营的兵源是当地民人。[132]除都司、守备定为满缺外，千总、把总等缺均不分满汉。到道光时，河屯协八沟营的选官规则也向不拘满汉的方向发展。[133]不过总体来说，虽然光绪十七年"金丹道之乱"后，直隶总督认为热河地方改制已势在必行，[134]但中央对于由汉人担任热河地区绿营军官，还多少心存顾虑。（图37）

嘉庆后期至道光年间，清廷试图在直隶境内实现普遍的裁兵。但是依据事后的奏报，这一计划应当是失败了。[135]相比之下，新设八沟营参将所辖三营，嘉庆十六年至二十年间兵额的增加，几乎与直隶全省增加的额数一样。[136]也就是说，直隶增加的绿营兵相当于全部增加在了建昌、赤峰、朝阳三营中。口外地区的军事地位明显上升了。

直隶总督和口外练军的关系（1865~1894）

晚清以降，口外地区常有规模性的军事动乱发生。从咸丰年间开始，连续爆发了数次较大规模的、依靠政府军一场场"皮洛士式胜利"才平定的蒙汉或各族群内冲突。[137]加上第二次鸦片战争失败及进剿太平军、捻军不力，清朝意识到军事改革的迫切性。直隶口外地区的练军就自然酝酿了。

热河地方计划创设练军始于同治四年。该年热河都统选派本地绿营兵和围场驻防，以备追剿捻军。[138]同年，又从驻防八旗中选出马队单独成军。[139]同治九年，热河都统建议从古北口新设练军中调拨一部分赴朝阳驻扎训练。但因为距离太远，换防不便，被当时的直隶总督曾国藩否决。经过商议，最终决定从河屯协和八沟营内拨出兵丁，省城练军局给饷，热河都统负责日常训练，遇有进剿之事，由直隶提督亲统古北练军前往会剿。[140]这样在口外地区就出现了不同于八旗驻防、围场驻防、绿营、盟旗兵之外的新型部队。光绪四年，热河都统将同治年间设立的马队改编为驻防练军，在平泉、建昌、朝阳、赤峰四州县及围场境内往来巡查。[141]光绪七年，原设围场驻防八旗中也抽出官兵，归入驻防练军。[142]新设驻防练军不再常驻于某一据点，而是大大增强了流动性。

然而在"金丹道之乱"中，驻防练军的表现依然不足以赢得高层的信任，直隶总督李鸿章建议将热河的军事防御任务交给口内的绿营练军，[143]似乎又走回了当年热河都统希望曾国藩走的老路。时任热河都统库克吉泰与李鸿章的意见有冲突，[144]由于不能承受后者所施加的压力，他最终妥协，清廷于河屯协和八沟营中抽调马队组成练军，由直隶提督负责训练，战时归热河都统节制。[145]

这次关于热河练军应如何增设的讨论，反映出直隶总督和热河都统间的权力张力。道光八年热河改制后，口外钱谷、刑名、考验军政大计一应事宜，已均归热河都统掌控。但在这个制度下，直隶总督其实还保留了三项权力：一是分享地方官的选官权；二是有关科试的权力；三是口外绿营和由绿营改设的练军，仍隶属直隶提督，热河都统只能在战时兼辖。清廷在扩大热河都统权力时，又于人事和军政两方面加以限制，使其不能成为独霸一方的潜在威胁。

第三节　直省税收压力的减轻

察哈尔八旗开垦地

顺治年间宣化、大同两镇的兴屯，为之后口北察哈尔旗地的开垦做了准备。[146]察哈尔八旗地的开垦，完全是民人在政府的主动招揽下进行的。从长城到大坝的垦熟收粮地，称为"坝下地亩"或"坝内地亩"。垦熟的坝下地亩，虽在征粮时仍称"察哈尔地粮"，但察哈尔八旗对这片土地已不再有使用权。与盟旗下民佃蒙地不同的是，察哈尔八旗开垦地的租佃关系，基本发生在出口民人之间。[147]

右翼的情况　口北三厅设立后，开垦和征粮事务被纳入地方官的统一管控中。察哈尔八旗地亩的丈量、开垦和征课，首先在右翼四旗中进行。丈地时，地方官或钦差大臣与察哈尔官员共同勘查；但在征课时，后者没有权力参与。到雍正三年，理藩院已经议定将右翼四旗的开垦入官地照边地例定为三等起科。[148]雍正十一年，清廷承认了右翼四旗开垦地内出口民人的合法居留权。[149]随后的左翼开垦，应当继承了这一规定。到雍正末年时，右翼四旗地亩的实数被确定为 1.1 万余顷，同时清廷要求将左翼四旗的丈地一并举行。[150]

察哈尔右翼四旗的开垦地亩，最初由张家口同知负责征课，一开始即以货币结算。所定科则远远低于内地民地标准。[151]到雍正五年时，所征地粮银实存于口北道库者近 2 万两，均解送户部。[152]对察哈尔旗地开垦的考成，是按照原丈地的额数分成考核；所征察哈尔地粮银，严格来说不属于狭义上的田赋。[153]在察哈尔旗地升科初期，所收地粮银只有少量用于本处军费和行政开支，直到雍正末年，察哈尔地粮银并没有特别明确的支出类项，每年都由清廷视各处财政的情况临时决定，但全部开销在军费上。

左翼的情况　因右翼四旗地亩距张家口同知驻地过远，管理不便，故自雍正五年起，已出现了由直隶、山西划界分管口北开垦察哈尔旗地的意见；[154]到十三年时，清廷正式将右翼四旗中的镶蓝、镶红、正红三旗并正黄半旗改归山西省管辖征粮。张家口同知所征之粮，就仅剩察哈尔正黄半旗。[155]察哈尔左翼四旗地亩的勘丈差不多在乾隆初年完成，[156]按照右翼四旗的征税标准，于乾隆三年起科，归张家口同知征收。乾隆四年起，张家口和独石口两厅共征左翼四旗并正黄半旗地粮银，前者每年约征银 5000 两，后者 1500 两上下。[157]察哈尔八旗地粮银原无所谓额征，属于尽征尽解。乾隆以后，如有民人在各旗内垦种空闲地亩，只要不妨碍各旗和官立牧厂游牧，似均不必退耕。[158]两厅同知驻于口内，驻地近边的农业税，由万全和赤城两县征收。[159]

察哈尔左翼四旗的纳课方式，一度有征收本色还是折色的争论。[160]一开始，因为有右翼四旗的参照，左翼四旗征收折色被认为顺理成章。[161]乾隆十一年，直隶总督认为左翼四旗征存粮银如用于买谷贮仓，会抬高粮价，因而决定将所征之银除极少存留本地外，其余批解布政司库以增加流通。[162]

察哈尔地粮的征收大致可分为三个阶段。第一个阶段自雍正二年至乾隆三年，此时只有张家口同知征收右翼四旗钱粮。第二个阶段自乾隆四年至十九年，这一时期察哈尔地粮在题报时分为三项，分别是张家口同知征收正黄半旗钱粮、左翼四旗钱粮和独石口同知征收左翼四旗钱粮，三项总计每年在6000余两。[163]因无额征，也就没有相关的考成。乾隆十六年起，位于四旗厅境内的汤河围场放垦升科，地粮由四旗厅大阁儿巡检征收，也汇入察哈尔左翼四旗地粮案内，但在道光八年口外钱谷、刑名一律归热河都统办理后，该处地粮改由热河都统题销。第三个阶段为乾隆十九年以后，从这一年起，上报中央的数字开始将三项收入合并计算，并加入了垦地数的统计。[164]道光以后的地亩数据几乎固化，又导致该处的农业税逐渐固定为一个大致的数额，[165]因此在同治以后的题销档案中，"额征"一词开始出现；而既然有了额征，那么按照完成的比例对地方官进行考核也就理所当然了。察哈尔左翼四旗并正黄半旗钱粮的收数在乾隆中期后基本维持在5000两/年以上，道光末年以降逐渐增加至8000余两/年；光绪年间又下降至乾隆中后期的水平。所征钱粮除很小一部分留用外，不论正耗均尽征尽解。[166]

八旗土地（1736~1828）

清廷入关后，在畿辅地区为旗人圈取了大量土地，到康熙初年，这一活动已经受到了广泛的非议。因而在康熙八年，旗人开始有组织地越出长城，在口外地方屯垦。[167]

对口外八旗地亩的勘丈是在雍正六年至十年丈量口外皇庄地亩完成后进行的。按照计划，口外的八旗地亩和民人地亩将同时编册纳赋。[168]在雍正十一年至乾隆元年的丈量口外旗地活动中，清廷以热河为界，将口外旗地分为"东河地亩"和"西河地亩"。到雍正十三年初，前者总计丈出地 10.6 万垧（合 60 余万亩），分三则纳粮。[169]后者的勘丈约在乾隆元年完成，总计丈地面积为 19.36 万余垧。此外还有其他类型的地亩，而一些不应向户部缴课的旗地则被一一剔除。[170]在最初的提议中，按照东河标准，西河丈出之地均以仓斗上粮，由热河同知、八沟通判各按汛地催征，霸昌道督催，咨会热河总管造册报部。八旗额地档册，由各旗查造齐全，户部咨交直隶总督，发给地方同知、通判。[171]后来因为按垧纳课，旗人负担过重，又改为折银交纳，上则地税额与察哈尔地粮持平，向下分别折亩减半，由经管催征之同知、通判按地编征，不用热河总管衙门经理。[172]热河地区八旗地的税率明显低于察哈尔旗地。[173]

经过雍正末年至乾隆初年的丈地后，清廷对口外旗地的政策变为尽量维持现状。[174]但勘丈的停止并不代表八旗地亩拓垦的停止。[175]同内务府皇庄一样，八旗地亩名义上以旗人及其家庭为生产单位，但实际往往由附近民人佃种。随着口外州县制的推广，土地边界的划分也经历了多次调整。[176]到乾隆中期时，承德府除建昌、赤峰、朝阳三县无额征八旗地亩外，府属及平

泉州，滦平、丰宁两县共额征旗地近 1.8 万顷，每年征银
1.32 万余两。[177]道光以后，登记的旗地地亩数骤减，额征银减
少到约原来的 1/3。[178]旗地地粮同民地地丁银，由地方官合并
造册，逐级向上呈报。

清代中期之后，旗民交产、民典旗地的现象逐渐普遍。为
了杜绝此类现象，清廷动用内帑将赎回的旗地发还本旗，令原
旗人业主耕种。但因旗地屡赎屡典，自乾隆后，又改为赎回旗
地仍令原农户佃种，而将征收的租银发给各旗，称为"旗
租"。按赎回旗地的不同来源，旗租分为八类，称为"八项旗
租"。[179]热河地区征收其中的六种（存退、庄头、另案、公产、
四次、奴典），征租旗地分布在承德府、平泉州、丰宁县和滦
平县境内。这六项旗租由地方官经征，地亩面积总计在 700~
800 顷，每年征银 1900~2400 两。[180]

清中期以降，京师旗人的人口压力增大，将京旗移屯的建
议不断出现，直隶口外地区成为这些建议者的目标地区之一。
甚至有人说，为保证旗人屯田的顺利实行，可将察哈尔牧厂移
往他处。[181]但口北一带因为各类地亩关系错综复杂，已经没有
大规模旗兵移驻屯垦的条件，故而这些建议得到的都是否定性
的回答。[182]

民地（1733~1828）

出口的民人被称为"流寓"，对应的是内地编户齐民制下
的"土著"。[183]顺治十五年，即有官员提议将口外一带交由民
人开垦。到康熙二十九年时，清帝发现口外被开垦的地亩数远
超过之前丈量的数据。[184]到口外谋生的民人大致可分为三类：
一是进入扎萨克旗中，以佃种蒙地为生；二是佃种内务府皇庄

地亩或八旗地亩；三是自耕农，其开垦的地亩被入官升科，向国家交纳正项钱粮。

承德府、平泉州和建昌县的农业环境优于他处。承德府和平泉州是口外粮食运输汇总之所，所产之米常作为接济口内和陵糈之用。[185]丰宁和滦平两县的土地质量没有明显劣势，[186]但上等地亩基本被内务府皇庄和旗人圈地瓜分。对口外民地的首次勘丈，是与对口外八旗地亩的丈量同时进行的。雍正十年，清廷计划对口外民地划等升科。[187]所征正耗银两，正银除留支本处俸工外起解直隶布政司库，耗银除所需解费并地方官养廉外，亦起解司库。[188]

直隶口外地区的民地集中在承德府、平泉州、丰宁县和滦平县。乾隆中期，升科的额征民地共 3400 余顷，额征正银约6600 两；到道光年间，因丰宁县大量香火民地的划入，额征银超过了 1.5 万两。[189]在将旗地的地银数纳入统计后，嘉道以后承德府并所属厅、州、县征粮旗民地亩约 2.1 万顷，额征地丁粮银 1.9 万余两。[190]朝阳县（原三座塔厅）则是唯一征收丁银的税区。

清代的田赋是一项非常稳定的收入，一旦确定一个定额，就不再做大的调整，政府没有在额征之外普遍清丈土地和增加田赋收入的动力。地方官的主要任务是完成额征。以土地面积制定级差税则，也并不能在农业技术发展和生产率提高时为政府带来新的收入。

民地的管理制度在各地基本相同。每年开垦的余地，经地方官勘丈后，分别等第和年限入官升科。遇有灾害则量予除粮。[191]秋收后，直隶总督报告各地收成，分门别类，各自计算分数。在承德州设立时期，口外民地钱粮的征收由承德州统核，汇入顺天府办理。[192]承德州撤销后至道光八年，旗民地粮由地方官征收，造册呈热河道，再呈移直隶布政司，最后由直隶总督题销。清代多数地区的正项钱粮，大部分会起解到布政司库，[193]但是直隶口外地方的地丁银存留道库比例却达到约60%，在全国范围内仅低于云南和四川。嘉庆起，各地地丁钱粮的缓征率逐渐上升，数额也逐渐增多，由此引发了严重的钱粮积欠问题。清廷在保证田赋征收效率的同时，也尝试通过各种方法，不使纳税人感到过大的压力。[194]口外地区民欠的现象，较内地似更严重。[195]（表14）

商业税

直隶口外地区的商业税收，主要来自长城边口的通过税，以及多伦诺尔、热河的通过税和落地税。由地方官直接管理的税务，以多伦诺尔和热河为主。

清中期以前，多伦诺尔是名不见经传的塞外之地。在多伦会盟后，该地渐渐发展为内扎萨克蒙古重要的宗教场所和口北的经济中心之一。[196]多伦诺尔以户关兼辖工关，经征税种主要有木税、四项牲畜税和落地杂税。

多伦木税　多伦一带伐木由来已久。清初这项活动基本由内务府招商，工部给票，商人承砍，在沿边各口纳税，将木植运京售卖后，按照议定的例价交内务府银两。乾隆元年起，内务府将多伦的山场交给工部，所交价银也归工部贮库。[197]乾隆二十五年时，有人意识到在多伦抽收木税是一项可观的收入，随即议定了相关税则。[198]但是如为内务府特旨特办之项，税关还是要免税放行。[199]随后的五年中，多伦木税由潘桃口和张家口监督负责征收，但因前者有滥征之举，[200]清廷即将木税归张家口监督和通永道管理，实际上由多伦诺尔同知稽查，并最终正式改归后者题销。[201]其正税以 6445 两为定额，此后经过数次修订，额度略有上升。[202]

多伦木税自改归同知起，少有能足额征完之时。水、旱两项木税中，前者占税收总数的 90% 以上。乾隆三十四年木税已开始有亏欠银两，至五十二年后，再未达到额征的 1/6，甚至在嘉庆中期以后，连 100 两都不到了。[203]不足的税银应由征收者补足，而绝大多数情况下凭官员一己之力是办不到的。[204]赔银并不交入户、工两部，而是交入内务府银库，户、工两部没有催赔的动力。光绪十五年后，直隶总督和户、工两部及内务府达成妥协，多伦同知每年向工部赔实银 1670 余两。[205]对多伦同知来说，其所赔银数较之前减少 3/4；对工部来说，赔银转交部库总比毫无收入要强。

多伦四项牲畜税　按照官方的说法，多伦诺尔征收四项牲畜税，是为了更有效地稽查牲畜来源，以遏止越来越多的口外偷盗案件。[206]随着该地商业的发展，清廷决定于乾隆十五年始，按照归化城则例，在多伦诺尔先试收牲畜税，再确定税额。[207]

四项牲畜税由多伦同知征收，按年解至户部。按照头两年的经验，自乾隆十八年起，以 1100 两作为定额。[208]四项牲畜税是一种向买主征收的税，往往依照当地习惯，以包税的方式完纳。清代多伦诺尔的牲畜市场非常繁荣，由此该项税收虽然数额不大，但基本能足额交纳。[209]

多伦诺尔落地税　多伦诺尔落地税的起源和确定税额的时间、过程，与四项牲畜税大致相同。最初提议抽收多伦落地税的人，可能同样是为了用税收杠杆调节蒙古与内地的货物流通；最初清廷将多伦税务交古北口监督兼管的想法，也说明当时多伦的商税并不是其关注的重点。乾隆十五年时，普遍的观点是不应在多伦抽收商税。[210]但是到了乾隆中期，人们脑中原来的印象被彻底颠覆。乾隆二十六年清廷设立多伦诺尔监督，与多伦同知共同试收落地税。[211]三十三年，虽然全国大部分常关的税务管理权被交与地方官，但是多伦监督和同知的双税收官制度还是保留到五年后。[212]

多伦落地税银钱并征，由卖主完纳。最初由多伦诺尔监督直接奏报数目；监督裁撤后，改由同知解部。户部以每年约16858两作为定额，盈余部分尽征尽解。[213]道光九年起，该项税收由同知按季造册，报明直隶布政司暨总督衙门，布政司详请核题报销。在咸丰以前的大多数年份中，多伦落地税均能按时足额完纳，且有数千两的盈余。即使偶尔不能足额，征收官员也能自行补足。[214]咸丰年间起，税收短额现象频繁发生。[215]还有一部分数额不是很大的税收似乎不载于官方档案，但得到了政府的默许。[216]

热河落地税 这类税收以"五行斗税"为最大宗。[217]五行斗税与热河四税、多伦落地税没有本质区别。

雍正初年热河已征收落地税。最初的估算是热河全境每年可以收银4000两以上。[218]在雍正八年、九年间，热河每年尚能多报10%的盈余银。雍正早期，热河税银由热河总管奏销，额征解交何处没有定制，部分余银交入内务府广储司。[219]雍正十一年底，中央专门从京中派出一名户部员外郎，作为热河税务监督，接受热河总管的稽查。[220]雍正九年以后，八沟税务交与新设八沟官员征收，不再计入热河税额之中。热河总管的滥征虽然让数据变得好看，但到了乾隆初年，清廷还是决定将热河落地税交与承德州知州征收，以每年5250两作为定额，盈余尽征尽解直隶布政司库。[221]承德州裁撤后，热河落地税改由热河同知经征。乾隆二十二年时重新确定了定额，五行斗税的征收完全制度化。[222]

乾隆十四年起，四旗和喀喇河屯等厅同样按照八沟的税则开征斗税。到乾隆中期，口外有承德一府征收五行斗税银，滦平、丰宁两县仅收斗税银，每年共向布政司库解银约 5700 两。[223]道光起，五行斗税开始大幅欠征，清末时下降到不到定额的 1/3。

热河当税　雍正年间热河已抽收当税。[224]各处当商由清廷发给经营执照，道光时期，整个承德府共发给超过 200 张当帖，按张征银。赤峰、建昌、平泉三处所征当税，归入热河四税中合并计算。热河当铺既有官立的，也有非官立的。官当的主要交易对象是热河官兵，同内务府有比较密切的联系。[225]热河当铺除固定开销外，还接受清廷拨银生息的任务。[226]到清末时，热河每年额征当税银 2250 两，由当商解交热河道库。[227]

无论多伦还是热河的税收，都不在乎交易对象的族群身份，而只依据流通物来决定税项和数额。（图 38）

第四节　"圆形监狱"来了

基于历史的因素和习惯，中国人在遇到矛盾时更希望接受调解而非进行诉讼；即使诉讼，往往也是为了获得更有利于己方的调解。清代，在针对最广大族群——民人的法律体系中，各司法机关受理的诉讼，分为"词讼"和"案件"两类。[228]我选取其中重要的"命盗案件"，来说明直隶口外多族群混居地区的立法和司法程序。

民人—八旗、内务府旗人（1723～1828）

立法和司法 刑部是针对民人和旗人的主要立法机关。虽然清廷入关时短暂地推行过满洲刑罚，但自顺治二年起，经过约100年的时间，最终修成了《大清律》，这部法律成为针对民人的最主要法律。[229]在"律"以外，还有大量的"例"，有时后者反而处于优先地位。[230]如果民人与其他族群发生冲突，也可能施用刑律以外的法律。中央部院有规定自身行为准则的部院则例，其中也会记载针对民人的具体条例；会典及其则例也收录相关的政策法规，但一般不在司法官员的参考之列。皇帝的谕旨，自然也具有法律意义。

国家化之前，部落的法律常等同于首领的谕令，强调贵族和奴仆的人身依附关系，并存在神判法。[231]随着六部建立和清朝入关，立法和司法走上了制度化的道路。但是清朝没有设立一个专门针对旗人的立法部门，也没有制定一部专门针对旗人的成文法典，而是将对民人和旗人的立法都融进了《大清律例》中，在分门别类的刑律之下，再列出针对旗人的特殊处理办法，即"同罪不同罚"。[232]虽然康熙年间理藩院有将八旗蒙古依据外藩蒙古律审判的倾向，但最终清帝还是更看重其八旗的身份。[233]

清初，直隶口外地区尚未设立地方官，当地缉捕盗贼和审理案件，没有固定的制度。[234]口外绿营官兵在缉捕罪犯时，可能采取突然袭击或便衣暗访的办法，缉到嫌疑人后直接将其解送刑部，后者再派出司官前往勘验。[235]拿贼还往往由清帝下达特旨遣人前往，类似今日某一时段内有代号的特别行动。[236]清帝行围木兰时，行在刑部负责审理沿途呈递状子中描述的命盗案和各类突发案件。[237]但是清帝每年驻跸热河不过数月，该处平时无人管辖，[238]因此直到雍正初年口外设立地方官后，公安和司法部门的活动才开始常态化。

尽管对民人和旗人的审判都使用《大清律例》，但是地方审判机关却有所不同。一般来说，知州和知县只是民人之间的仲裁者，理事同知或通判才有权处理关系其他族群的冲突。在直隶内地，旗人之间的细事诉讼在保定府理事同知、通判衙门中审理完结。虽有在雍正初年逐渐将此类案件归于州县的趋势，但旗人命盗重案仍由理事官审断，旗民间的命盗案件则由地方官将双方解送至保定会审结案。[239]但在直隶口外地区，因为直省政区一开始就是以厅（同知、通判）的形式出现，厅长官自然成了一级全权司法官员。

口北三厅的情况　张家口理事同知在设立时，首先获得了审理出口民人案件的权力，随后又获得了审理口内宣化府属十一州县旗民交涉细事和与地方官会审旗民命盗案件的权力。雍正十二年设立的独石口厅，析出了张家口理事同知会审口内延庆、怀来、龙门、赤城四州县旗民命盗案件的权力。[240]雍正年间，清廷还向整个直隶地区派出巡察御史，稽查旗下告退官员、在屯庄头、内监族戚等；对于地方上的命盗案件，也听其访查。[241]

乾隆三十三年定，口北三厅和热河道所辖应入秋审人犯，由口北道与热河道册结，移咨直隶按察司会核。[242]口外地方直省秋审停止解省，改由道府巡历时亲临所属，复勘造册结报。虽然在四十一年时短暂恢复旧制，但一年后又改为热河道所属七厅、口北道所属多伦诺尔厅，秋审人犯仍委不专管之道员前往复勘结报，张家口和独石口两厅则不在此列。[243]到了道光四年，不仅以上地方的秋审人犯不再解省，寻常遣、军、流罪案件也照此办理。两年后，在这一问题上张家口、独石口两厅也改归口北道就近审勘。[244]

口北三厅不领于府，当地的司法文书由口北道直接核转，呈送直隶按察司。口北道在当地成了必经的审级。[245]

热河地区的情况　热河地区的同知、通判是辖地政区的长官，而非不管地的府佐贰。热河同知设立后，遇有旗民命案，应会同各汛武职验明取供，咨呈古北口总兵解部审结。旗人和民人命案分别详解刑部、巡抚题结。武职缉拿盗案，应交厅录确供，再解部定拟具题。词讼细事由同知自行审断，四季汇报霸昌道转详巡抚。[246]雍正三年后，须解部完结之案内，应拟笞杖人犯及证人不必解部。[247]

承德州建立后，清廷尝试在口外地区推行旗民分治制度。承德州知州被指派专管民人案件，而热河同知和八沟通判共管旗人和旗民交涉案件，八沟同知履行其管辖喀喇沁三旗内民人事务的职责。旗民命盗案件的人犯，一改由古北口提督径解京中部院的方法，而是就地审验后，由霸昌道与直隶按察司核转。人犯递解的方向由京师改为直省，说明当地司法辖区的层级观念已初步形成。[248]乾隆五年热河道设立后，口外地方法律文书改送热河道核转。承德州裁撤后，所有的理事同知、通判，重新恢复兼管旗民各类案件的权力。[249]

乾隆四十三年口外各厅改为府、州、县后，各处均以原理事同知、通判管知府、知州、知县事，地方官保留了对旗、民人的司法权。各州县的案件首先汇总于府，府有复核州县上报刑事案件、复审州县解来人犯的义务。但是热河道的核转职能并未取消，这样在热河地区的州县和直隶按察司中间，便有了府和道两层核转机构。州县的建立，意味着一部分民人由"流寓"变为"土著"，递解"原籍"的现象逐渐减少。[250]

厅、州、县官的设立也意味着命案的勘验权发生转移。康熙年间由刑部差员赴口外勘验命案的方法，改由口外地方官就地进行。尽管由热河本地官员行使勘验权已经使案件处理效率有所提高，但不得不说，在口外广阔的地面上依然还常常依靠佐贰官来代行勘验。[251]地理因素在这里产生了很大的影响。据我搜集到的案例，凡是进入审理程序的案件，适用律和审判机关都是明确的。[252]

但因为地方官员不掌握旗档，尤其是内务府旗人的档案，县属旗人当差或充围兵后，会以当差人役有该管衙门管束为借口，不隶县籍，一旦有官司缠身，会给地方官的考核带来压力。这种现象在丰宁县比较突出。[253]

民人—内扎萨克旗蒙古、察哈尔蒙古（1723~1810）

本小节的"蒙古"仅指适用蒙古律的、法律意义上的"外藩蒙古"。我统计了140余起这一区域内蒙古和蒙民之间的命盗案件，以此来分析地方官在其中所起的作用。

清初，蒙古衙门负责接受外藩蒙古的各类上诉，然后将案件分门别类移送六部办理。[254]但随着蒙古立法和司法体系的逐渐完善，各部门在横向和纵向上产生分工。蒙古之间的"微末细故"，罪在鞭责罚九以下，扎萨克可自行审断。[255]也就是说，当量刑在一定范围内时，旗官员和地方官，甚至乡绅、土司的司法权力没有本质区别。本旗内不能审断的案件，则于会盟时由各旗并盟长公决。但如果是命盗重案，则必须会同流官审断，如同州县中须上报的"案件"一般。

察哈尔八旗内的两种会审　察哈尔八旗蒙古和民人的交涉案件，始终强制性地在厅衙门由同知与察哈尔各旗总管或理刑官会审。[256]乾隆以后，慢慢依据地理上的习惯，将靠近多伦诺尔同知衙门的察哈尔正蓝旗案件交该同知审理；而正白、镶白、镶黄和正黄半旗案件的司法权仍在张家口和独石口同知手中。[257]察哈尔犯事之人，分交三厅同知监禁。[258]乾隆二十九年时，清廷取消了察哈尔旗官员与地方官会验蒙民交涉命案的权力；四十五年时，又将在察哈尔、苏尼特旗等地遇有命案的，从张家口前往库伦、恰克图两处的商民，交察哈尔理刑司官管理。发生在察哈尔八旗蒙古之间的案件，乾隆七年以前似乎由察哈尔总管独自审理；自乾隆七年至十一年，改由总管与地方官会审；自十一年后，又恢复成七年以前的样子。乾隆二十六年之后，理刑司员再次加入会审团队。察哈尔八旗命盗案件很多并不通过道、司具题，而是由旗总管直接将案件呈报刑部，乾隆二十七年察哈尔都统设立后，改由都统咨部。[259]（表15）

在察哈尔八旗中，涉及与地方官会审的案件，另一方究竟为旗总管还是理藩院理事官，长期以来都是混乱的。[260]虽然两种会审制度并存，但清廷似没有强烈的愿望来解决这一矛盾。这是因为康熙年间察哈尔八旗重编后，旗总管已经变成流官，由旗总管还是旗下的理藩院理事官参与会审，代表的都是中央，纠结名分已经意义不大。

四税司员、地方官与内扎萨克旗的对应　扎萨克旗的情况相对复杂。在康熙末年至乾隆初年理藩院于口外派驻章京的一段时间内，蒙民交涉案件似乎采用由对方身份之人互审的办法，理藩院官员则充当润滑剂。[261]乾隆二年理藩院章京被撤回到乾隆十三年理事司员重新设立之前，该地区的蒙古民人交涉案，出现了由扎萨克旗官员和地方官会审的情况。但是中央对这一时期有关蒙古案件的处理，似乎不太满意，[262]乾隆十三年以后，清廷相继向口外派遣了四名理藩院理事司员，在地方官加入会审和招解程序后，按照内地审转具题的方式办理有关案件。[263]四税司员与地方官形成了共管扎萨克旗蒙民交涉案件的模式。乾隆三十九年之后，他们的驻地和管辖范围基本形成了一一对应的特点。

当旗内发生蒙古和蒙民之间命盗案件的时候，四税司员承担相当于州县官的现场勘验的责任；扎萨克旗应备办乌拉、车马，传齐相关人证，解送司员衙门。[264]但有时案件的会审方不一定按照制度中的规定来划分。[265]由地方官和司员会审的蒙古、民人命盗案件，初审之后地方官须逐级上报到直隶按察司，由直隶总督具题；与此同时，四税司员将案件报理藩院，这是两条完全不同的上申路径。（图39、表16）

地方官取代扎萨克旗员　由四税司员与地方官对应管理各扎萨克旗的制度，是从政治管控的角度出发，用流官控制蒙古旗分。地方官管理权的出发点是民人，本身不涉及对蒙古的管辖权。旗与地方官和理藩院司员的对应，是地理层面上的不断重组；而在司法程序上，仍要区分扎萨克旗、理藩院司员和地方官间的审理权限。在清代的热河地区，出现过扎萨克旗与地方官会审、扎萨克旗与四税司员会审、地方官与四税司员会审三种制度。人们对这三种制度的起止时间、是否同时并存，一直以来都有不同的理解。（表17）

扎萨克旗与地方官的会审制度在清代中期以前短暂地存在过，并可能占据主导地位。[266]会审时扎萨克不一定出席，他可以委派旗下的台吉、章京等人，但会审的形式一定存在。乾隆二十五年清廷明确规定蒙民案件应由地方官与理藩院司员会审，扎萨克旗被剥夺了相关权力。[267]

扎萨克旗与理藩院司员会审制度的前身，是康熙末年理藩院于口外地方设立章京，管理喀喇沁三旗内蒙古和蒙民交涉。乾隆二十五年直隶总督奏请，以后蒙古民人交涉之案，应将各扎萨克委员会审之例停止，结案后将审拟定罪知会扎萨克即可；蒙古命盗案件应仍照往例由地方官移旗提审，各厅将案内蒙古行文扎萨克等拘送审拟，各委员依限订期会审。[268]这就是说，理藩院司官在设立后即有审理蒙民交涉案之权，直到乾隆二十五年，此类案件都是由司员与扎萨克旗委员会审的。至于地方官移旗提审，这里的地方官到底指理事同知和通判，还是理藩院司员，语焉不详，[269]正是因为这种表述的含混，造成了理藩院的疑惑。[270]

乾隆二十五年蒙民交涉案改由地方官会同理事司员审断后，我所见的最早的例子出现在乾隆二十七年。[271]但最值得关注的是嘉庆、道光之后，一些按照乾隆二十五年之规定，本应由扎萨克旗与理事司员会审的发生在蒙古间的命盗案，也逐渐改由地方官与理事司员会审。[272]道光末年之后，蒙古间案件往往或由地方官会同司员审断，或直接提郡交热河都统衙门理刑官，极少再见到由旗参与的判例。换言之，在清中后期，地方官不但照旧会审蒙民交涉案，也参与蒙古间命盗案件的会审，扎萨克旗的会审权实际上被取消，[273]只是当上诉方为蒙古时，似仍一定程度上保留旗和司员商量的习惯。[274]在这种错综复杂的旗、县、司员权力划分及会审制度下，普通老百姓虽然知道应该去找谁打官司，但是显然不确定谁将是他们的审判者。[275]如果扎萨克旗蒙古对并无旗官员参加的、由地方官主持的审案结果不满意，可以去理藩院或都察院上控，[276]但是巨大的成本使有条件京控的人必定只是极少数。

由此，最晚在道光末年，三种会审已在事实上统一为地方官与理藩院司员的一种会审。在典制中，长期以来没有盟旗交出全部司法权的明文，但是光绪年间一位官员请求恢复蒙古间案件仍由盟自行提讯的旧例，[277]至少说明扎萨克旗曾经享有此权力。清廷将扎萨克旗本来很有限的司法权予以剥夺，是以旗官员并不熟悉逐渐"常规化"的清朝法律为说辞，[278]但其背景则是中央的力量已经深深渗入旗内。

总的来说，在直隶口外地区蒙古和蒙民之间的案件中，没有按照制度规定会审的，或者搞错应会审双方的，比例明显高于旗民间的案件。这些案件有的发生于某项制度刚刚产生变化时，[279]有的则就是寻常案件。比较奇怪的是，经过司法机构的层层复核，它们并没有被指出存在问题。会审制度是一种交叉沟通，但在权力运行轨迹中，理藩院—司员和直隶总督—地方官，依然是两条平行线，两条线之间没有直接的文书往来和命令传达。[280]

余　论

口外地区并不是行省—州县这一政府的权力发源地，它的所有权力都是从目标本身通过推演得出的。行省制向此区域的渗透，是伴随着直省政区的不断调整而进行的。从本质上说，州县的首要目标是管理进入直隶口外地区的民人（其次是八旗旗人），但是因为这一地区多重政府的存在，民人和旗人与其他族群、飞地发生交集，在这种情况下，州县的权力就渗入其他族群和飞地内。州县和直隶总督权力的流动方向，是民人和少量旗人移民的方向。正是在这一意义上，现代的地图测绘者将当时直隶总督权力所及的地理投射，都划入直隶省界内。对这里的民人来说，总督的权力如同罩住他们的"圆形监狱"一般，无论其移动到哪里，都不可能摆脱地方官的管控。

直隶总督在口外地区的权力有五种：司法权、税收权、军事权、选官权和考试权。从时间上说，司法权和税收权只存在于清代中前期，军事权、考试权和选官权则贯穿整个清代。从权力大小上说，司法权力最大，但须与他人分享，而且至少有一部分权力的边界是不清晰的；军事权和选官权不完全掌握在自己手中；而税收权和考试权是其他政府不能干涉的。从族群的角度看，在限定的时间段内，直隶总督对民人和旗人有全权，对其他族群人则有部分权力。（表 18）

第五章　察哈尔和它的长官

——从部落走向区划

位于直隶口外地区的察哈尔部，具有一般劳动者的特点。[1]在清代历史上超过一半的时间里，他们由察哈尔都统管辖。察哈尔都统的官方名称是"游牧八旗察哈尔都统"。这一表述有两层含义：第一，其衙门不是一个完全性的"军府"；第二，其下辖的人口不是纯粹的"兵"。[2]

察哈尔部是一个"反叛"过的、一度拥有较大势力的族群。统治者要瓦解、分化其势力，使其无法再和中央对抗。清朝把察哈尔部重新编旗，实际上使其变为"多元族群"；口北地区的内务府和太仆寺牧厂，也起到了分化察哈尔部的作用。总体来看，以牺牲效率为代价，将察哈尔部众散归不同的政府管理，是清朝前期保持对察哈尔部戒心的主要心理体现和统治方策。但是乾隆之后，中央的力量已经强大到完全不再担心察哈尔部可能出现的政治安定问题，由此，在当地设立一位长官，使察哈尔八旗处于统一的管制之下，就变成最好的方式。

乾隆二十六年十一月，清廷添设察哈尔都统一员、副都统二员。都统驻于张家口内，副都统分驻两翼。[3]察哈尔都统的基本权力如下。第一，张家口理事同知归都统管辖，遇有满洲、蒙古、民人交涉事件，应会同都统衙门左司官员审办，但是不得干涉钱谷、词讼等地方事务。只有在"附近张家口地方"发生特殊、紧急事件时，才能"兼辖"。第二，补放察哈尔八旗暨都统衙门官员时，各旗总管开列人员，由副都统出具考语，送至都统衙门拟定正陪，带领引见。挑补兵丁，由旗总管每半年造册一次，报都统、副都统备查。大计年份，由都统会同直隶总督办理。第三，每年每翼巡察一次，并训练官兵行围。第四，统辖张家口驻防满洲、蒙古官兵，并节制宣化、大同两镇绿营。第五，管理张家口外部分台站。[4]乾隆三十一年，察哈尔副都统两人中只留下了一位，移驻张家口。[5]乾隆二十七年九月，察哈尔都统以两翼刑名案件归都统衙门会办，请两翼、副都统衙门各设笔帖式一员。[6]有些通晓蒙文的笔帖式被拣为通事，随同办理察哈尔八旗和牧群、台站等事务。[7]

察哈尔都统衙门办公经费原由两淮息银和山西丰镇、宁远两厅征收的太仆寺开垦牧厂地租内按年拨解，但咸丰军兴后，两淮息银欠解乃至停解成为常态；山西的情况也不太好。[8]同治以后，清朝从征收的茶马厘捐中，按年拨款给都统衙门，[9]在一定程度上缓解了经费短缺的情况。

第一节　成为内属化平民

组织模式

康熙十四年后，清廷撤销了察哈尔扎萨克旗，重新编定口外游牧察哈尔八旗，分隶于京中对应旗分的蒙古都统，没有另设将军或都统。新编旗的官员都是流官，旗主不能世袭，旗也不具备任何意义上的"自治"特权。

察哈尔编设八旗时，每旗设总管一人、副总管一人。副总管以下，每旗各设参领、副参领、佐领、骁骑校、护军。雍正元年，每旗增设理事游牧员外郎二人。[10]康熙至乾隆年间，旗内官制不断变动，最大的变化发生在乾隆二十七年，副总管、捕盗官和捕盗兵都被裁汰。[11]总体来说，察哈尔八旗的编制大致和驻京八旗相同。在乾隆初年的一段时间内，左、右两翼察哈尔旗官员分由热河副都统和绥远城将军兼管考核。（图40）

察哈尔八旗下的佐领分为世管佐领、公中佐领和轮管佐领，前两者人数不足时，就编有半分佐领（管领）。世管佐领和轮管佐领可以改为公中佐领，反之则不行。康熙时，察哈尔八旗世管佐领中已经有了分拆出的公中佐领。[12]到光绪时，察哈尔八旗本部有 68 个佐领，兵丁 6000~8000 人。[13]

察哈尔八旗也有"上三旗"和"下五旗"之分。上三旗中设有下五旗没有的亲军校。[14]但察哈尔八旗没有驻防八旗的抬旗和出旗之例，身份固定，不能入民籍。[15]虽然察哈尔部曾经叛乱，但对于该部世职的承袭，清朝仍算较为开明。[16]不过其世职的封袭，绝大部分只限于"不入等"的爵位，一般也不掌握绝对权力。

在清朝早期，察哈尔八旗也短暂实行过会盟制度，会盟地在今张北县西北的海流图，[17]但不设盟长，由京中简命大臣前往。雍正元年之后，比丁事宜交由各旗总管自办，造册后送京中蒙古都统，仅于每三年查看军器时，从京中奏派大臣一员前往。[18]到了雍正三年，连挑取护军及查点军器也全部交与旗总管和副总管办理。[19]雍正七年后，清廷设置巡察游牧官一员，由部院司官或御史中点出一人，每年更替前往，接管了查点军器的任务。

当清前期察哈尔八旗与地方发生关系、旗官员又无权过问地方事务时，巡察游牧官在其中起到了联络作用。早期的巡察游牧官作用较大，可专折奏事。旗内的治安、行政、诉讼、检查、地亩开垦等事，他都可汇报并提出自己的观点；[20]甚至不属于旗务之事，巡察游牧官也有权提出建议。[21]乾隆十二年，清廷将巡察官员改为特遣制。[22]

流官

重视总管的选官　在康熙十四年察哈尔部重新编旗之前，高级官员的来源似为八旗蒙古固山额真等推荐旗下之人，经京中大臣公同议定奏准。[23]康熙十四年后，察哈尔总管员缺以副总管、佐领、轻车都尉、骑都尉、云骑尉各官选拟正陪题补；副总管员缺以骑都尉、云骑尉及本处护军校、骁骑校选拟正陪题补。[24]实际上，有许多总管来自参领的升授，此外侍卫也有成为总管、副总管候选人的资格。[25]当察哈尔总管缺出后，该旗的蒙古副都统有可能被授以暂时管辖该旗事务的权力。[26]雍正十年后，察哈尔总管和副总管于京城蒙古旗分官员内拣选补授，且还给予一定的物质奖励。[27]乾隆三年后，察哈尔总管出缺，由旗都统会同理藩院堂官，于本翼四旗侍卫、参领等应补人员及理藩院郎中、各部院蒙古郎中内不论旗分，按翼拣选四人，出具考语，由所属旗分都统带领引见，钦点补放。各旗总管由京城派往之巡察官就近考核。如蒙古八旗副都统缺出，可将察哈尔总管等按翼与应升人员较俸开列。[28]

清廷对作为一旗之主的察哈尔总管选任要求较严。第一，察哈尔总管出于钦定，即便在察哈尔都统设立后，该都统也无权直接派人管理旗群。[29]第二，察哈尔总管理论上需通晓蒙古语。晚清之前，中央会把不懂蒙语、滥竽充数的总管撤职，重新拣选。[30]但是蒙语的衰落速度较快，以至于道光后期的总管选官条例不得不进行变通；一直以来，有人指出口北地区蒙古间的词讼文书乃至听证，往往已使用汉语。[31]第三，各旗重要性有所差别，在靠近口北三厅的旗分中任职，对总管的汉语水平有较高要求；[32]到了光绪时期，镶黄旗和正白旗的地位，更因民地开垦和民人移入而进一步得到提升。[33]总的来说，镶黄旗和正黄旗地位最高，且前者有超越后者的趋势；正白旗在清中期以后地位亦逐渐上升。这三旗的总管任命，都对候选人的汉语水平提出了要求。第四，各旗总管可因地制宜、因人制宜地对调。[34]旗总管的任职讲究回避，理论上某旗之人不应任同旗总管，两位总管也不能互管原旗。[35]第五，如果出现违例选官的例子，责任人要分别议处，即使陈年旧案也不可放过。[36]清中期以前，察哈尔八旗总管无奏事权，一切事宜须由京城该旗转奏。雍正十二年时，镶黄旗蒙古副都统建议给予察哈尔八旗总管奏事权，[37]这可以看作20余年后察哈尔八旗与京中蒙古旗分彻底分离的前奏。

　　察哈尔八旗副总管应由总管于本处子爵、男爵、轻车都尉及参领内选一人，拟正送京；在京该旗于旗内轻车都尉、骑都尉、前锋、侍卫、护军、骁骑校、副参领、步军协尉内选一人，拟陪引见补授。[38]乾隆二十一年时，补授副总管停止拟陪。

　　察哈尔八旗护军校、骁骑校、前锋、护军和亲军缺出，均由八旗总管、副总管和参领挑取，由派往游牧处之官员验看。前往查验军器的大臣也有权就近选官。[39]佐领以下的官兵选拔，不限定在本佐领内。[40]若功劳较大，很低职位的人也有概率升到中层以上。[41]

游牧理事官的选拔 游牧理事官设立时，由内地人补授，后因本处旗人熟悉本地情形，故在京师与察哈尔旗下每旗各选授一人，任期三年。[42]但清廷似乎不信任由察哈尔八旗咨送之人，仍倾向于以内地人拣选补授。[43]乾隆二年时，清廷将由京城补放之员外郎，五年期满后总管出具考语，咨部注册；由六部出身之人，待六部蒙古员外郎缺出，无论保题升选，补用二缺后，即将年满游牧员外郎论俸调取一员补用；由理藩院等衙门出身之员，俟理藩院等衙门缺出亦如之。[44]另有公缺一员，由理藩院将八旗蒙古应考人员考取拟定正陪，引见补授。清中期后，游牧理事官五年期满，专以理藩院、太仆寺员外郎之缺调补。[45]到晚清时期，察哈尔八旗额设游牧理事官减为九员，每旗一缺，公中一缺。八旗缺出，咨取出缺旗分之主事、小京官、实缺笔帖式；公中缺出，咨取八旗之主事、小京官、实缺笔帖式到理藩院，考取满洲、蒙古翻译二人，拟定正陪，咨送吏部带领引见。[46]

独立的八旗

人事权力变更 察哈尔都统的设立，使察哈尔八旗脱离了京中蒙古八旗的兼辖，变成独立的八旗。察哈尔都统首先要承担一定的人事责任。乾隆三十三年以后，当察哈尔总管缺出时，即由察哈尔都统于该处副总管、世职内拣员保送；兵部则不论旗分，咨取各处应升之侍卫、章京等，交军机大臣、领侍卫内大臣会同拣选，与察哈尔都统保送人员一同带领引见补授。[47]五年后清廷再次强调，应给京城人和本地人在选授察哈尔总管问题上平等的机会。[48]

直接的管旗者为八个旗的总管。如何选拔总管，达到各方力量的平衡，尤其考验政治智慧。[49]最终的决定权仍在清帝手中，察哈尔都统只能依据相关的规定，列举符合条件的候选人，并没有特殊的推荐权。[50]挑取侍卫进京当差，则由察哈尔都统决定。[51]光绪十六年的一份材料特意强调，以后应选侍卫，在察哈尔世职勋旧官兵内拣选。[52]察哈尔都统还接受清帝密旨，执行秘密监察任务；[53]这是一柄双刃剑，清帝可借此考察都统的威信和其对属员的管理效果。[54]

沟通媒介　察哈尔都统设立后，取代了旧有的京中蒙古八旗都统、巡察游牧官和钦差大臣，成为沟通中央与察哈尔八旗的桥梁。清前期，左右两翼在清帝寿辰时应各派由清帝钦点之总管一人进宫，似有监视的意味。[55]清中期时，八旗总管、副总管、参领等三年任满，由该管官出具考语，送部引见。察哈尔都统设立后，每年年终奏请陛见，候旨遵行；总管三年至京一次，应进京时，由都统报部。[56]道光十二年，都统和总管的年班均被停止，三年到期后由都统奏请陛见。[57]当察哈尔八旗遇灾时，都统即组织力量报灾、勘灾、赈灾，或在本旗内互赈，或报中央请求支援；清帝也会派中央官员至察哈尔处视察民生。[58]

旗内的治安和司法　察哈尔各旗官员的本职之一是在本旗界内维持治安。在各旗群内，捕盗官兵划有固定的巡查地界。[59]察哈尔各旗设有监狱，负责临时看押疑犯，但没有独立的司法权。在清代早期，察哈尔旗内的案件主要依靠清帝谕旨特派的审案大臣和旗总管处理。[60]雍正七年后清廷从京中派出的巡察游牧官员，也处理一定数量的案件。[61]但雍正元年游牧理事官设立后，钦差审案的例子逐渐减少，前者开始发挥重要作用。乾隆七年之前，察哈尔八旗地方命盗等案，归于各旗总管审理，审结后呈报刑部；如有蒙古、民人交涉命盗案件，由总管会同当地同知、通判审拟。乾隆七年时清廷议定，察哈尔八旗命盗案件，如双方均系蒙古，亦须旗总管会同理事同知、通判审明定拟。[62]虽然自乾隆十二年起，旗内案件的审判程序又回到了乾隆七年以前的状态，[63]但二十五年颁布的司法解释指出，所谓的审理者"察哈尔旗官员"，指"各察哈尔旗下游牧处部院章京"，即游牧理事官。[64]也就是说，当察哈尔八旗内发生命盗案件时，游牧理事官应当行使审理权；当发生旗民交涉案件时，游牧理事官应当与理事同知会审。

察哈尔八旗内游牧理刑官的设置和人数，不一定在各旗中平均分配，[65]但重要的一点是全为满、蒙人。驻于察哈尔八旗中的理刑官，大体相当于仅有司法权的热河"四税司员"。乾隆以后，随着案件数量增加和理刑官人数的减少，其任务加重，地位也得到相应提高。读者可通过下面这段引文体会他们的办事流程和权限。

> 除酌留在印房并左右两司行走者，其余各员俱分派口外察哈尔各旗，驻扎游牧地方，办理蒙古命盗各案及蒙古民人交涉案件。该理刑官审明定拟之后，移咨各该旗总管核转，由奴才衙门（察哈尔都统衙门——引者注）复加详核，分别奏咨办理。查该理刑官等常有会同直隶、山西地方官会审之案，并有会勘地亩之事，一切会印会报之件无印可会，只列衔名……且附近察哈尔之蒙古各部落，每遇应行相验之案，皆系理刑官带领地方仵作前赴各旗部落相验，填写蒙古字尸格，由理刑官就近咨交该旗办理……[66]

清廷驳回增加理刑官的要求,[67]在事实上增加了理刑官的工作量。处理相应事务的官员纷纷表示理刑官的杰出工作,能帮助他们顺利破案和审案。[68]察哈尔都统将理刑官奏留和奏奖之案,史不绝书,有的理刑官因熟悉业务,连任十余年。[69]但与此相对的,则是理刑官的收入微薄,经济状况普遍不佳。[70]

察哈尔都统的设立并未给其带来新的司法权力。左司会审满洲、蒙古、民人交涉案件,只是旧有游牧理事官权力在新衙门中的延续。只是到了后来,察哈尔都统拥有了类似督抚大案具奏的权力。

第二节 又一个军区

察哈尔八旗兵

察哈尔都统直辖察哈尔八旗官兵,负责校阅和训练。清中期时,都统每年应出口至各旗查阅一次;道光十五年后改为隔年查阅,此外年份由旗总管经理。[71]

察哈尔八旗兵没有额定的数目,也没有几丁抽一之类的规定。康熙三十四年时,每旗大约只能提供精锐兵丁 200 名。[72]到乾隆以后,材料中普遍显示察哈尔八旗兵数在 7000 人以上。[73]察哈尔兵被调拨征战的次数多于编入盟旗系统的其他蒙古部落官兵,[74]调动察哈尔部队不必经理藩院和盟旗扎萨克两道程序,其优势在于可迅速集结,但没有直接证据证明察哈尔官兵比其他部队更精锐。咸丰军兴后,察哈尔兵被频繁征调,以致咸丰六年时其兵源有枯竭之虞,[75]这时口外牧厂中的精壮牧民就会成为察哈尔八旗人丁的有力补充。[76]

八旗驻防

清朝在长城沿线边口设立驻防，始于顺治年间。清廷平定三藩后，注意到准噶尔蒙古的威胁，因此在直隶西北沿长城一带添兵布防。康熙二十二年，张家口设立驻防总管，并在该处和独石口分设防御。[77]随后，张家口和独石口在康熙中叶同噶尔丹的战争中，完成了作为清军秣马厉兵休整区的后勤基地使命。[78]之后清朝的西北用兵，大多数选择张家口作为出边地点。雍正至乾隆年间，既为防备准噶尔蒙古，也为缓解京城驻防闲散人口压力，长城沿线的驻防兵不断增加。[79]自乾隆初始，直隶境内长城东段的古北口、喜峰口等处不再大规模增加兵力，热河驻防的设立，消解了该段长城"边防"的意义；但西段的张家口、独石口等处，本同样计划于长城以外设统兵大员和一定规模的驻防，却因为开平、兴和等城兴复失败而流产。

开平城位于张家口北，原为元上都旧城，明初在该处设立开平卫，后因供给不便，守卫不易，故内徙于独石口。兴和城原为元中都旧城。清廷于开平、兴和等处驻军的计划，源自乾隆初年一位内阁学士提出的由京城向长城沿线各边口拨派驻防兵丁，以缓解京城旗人人口压力的建议，围绕该提案的讨论持续了大约三年。[80]作为对该案的回应，乾隆五年中央设立独石口副都统，张家口和古北口两处驻防皆归独石口副都统兼辖。[81]但因为乾隆帝不仅令大臣们讨论沿边设兵的问题，还加入了对口北能否驻兵的询问，[82]在后续的讨论中，内参上的重点逐渐从"边口驻兵"变为"口北驻兵"。乾隆六年以后，"口北驻兵"方案最终流产，[83]独石口副都统也被裁撤。[84]乾隆七年至二十六年察哈尔都统设立之前，张家口和独石口一带的驻防体制未发生重大变革，但与此同时，长城边口上的逃兵数量与日俱增。[85]

察哈尔都统设立时，张家口驻防总管下辖额定驻防兵 816 名。[86]此后，山西右卫满蒙驻防官兵移驻张家口，并统辖张家口、独石口、千家店等处驻防，兵数超过了 1000 名。[87]驻防负责边墙和宣化府境内防御，察哈尔八旗兵负责长城以外的防御，长城南北统于都统一人。驻防选官由察哈尔都统开单保奏，日常训练也由其校验。[88]

绿营和练军

绿营兵一部分沿长城沿线驻扎，与八旗驻防同为"长城边防"的组成部分。[89]张家口与独石口原均设副将一员；龙门路顺治初年曾设参将，十三年改设都司。[90]总兵数超过 1000 名。

张家口、独石口等协、路隶属宣化镇标，负责镇守长城以内与把守关隘要路。与其他地方绿营更多地负责维持治安相比，宣化镇绿营的主要任务并非缉捕盗贼，[91]理论上也不能越出长城。[92]只有多伦诺尔协的绿营兵，才属于真正驻扎于口北地区的绿营部队。雍正九年时，已有军方人士提出在多伦诺尔设副将一员，[93]但该处设立经制绿营是在乾隆二十一年，当时设都司一人，隶属独石口协副将，与张家口协副将同属宣化镇总兵管辖。光绪之后，张家口协副将降为都司，多伦都司则升为副将。[94]不过，察哈尔都统对宣化镇的节制看起来更像"虚辖"，中央要求宣化镇的军务仍旧首先呈报总督和提督。[95]（图 41）

到了晚清，无论在察哈尔八旗还是驻防、绿营兵内，都出现了新式的练军。他们配备新式武器，单独成军。张家口、独石口原驻防八旗组成的部队，称"精锐营"[96]和"精壮营"，在光绪之初就已存在；多伦的绿营也增设练军；由察哈尔八旗改练之兵于庚子之后成立，称"察哈尔八旗练军"。

察哈尔都统有考核以上部队军政的权力。对察哈尔官员的军政考核，包括在对其的日常考核内。[97]军政考核的一个重要目的是选官，杰出者一旦获得记名，就有优先补缺的权利。[98]乾隆二十四年清廷规定，驻防旗员按照地之大小、官之多寡定额举荐卓异，察哈尔分配有五个名额。[99]道光十五年后，由都统每年赴各旗考验官兵和军政的规则，改为察哈尔八旗官员间隔调口，轮流考验。[100]但是道光二十七年后，又恢复了都统亲自出口的旧例，只是改为仅于当年由都统、副都统出口，将各旗兵丁调赴两翼齐集处所校阅，其余年份仍交总管办理。[101]如遇不职之员，都统即发起弹劾。[102]

第三节　一路向北

张家口路台站

清朝建立了五条由长城关口出发，分别向东、北、西三个方向延伸的台路，除杀虎口一路的起点位于山西境内，其余四路均经过直隶口外地区。[103]在有关地区发生战争时，钱粮、物资的转运都通过这几条台路完成，军队也基本按此路线行军。

五条台路由理藩院派遣司官直接管辖。但由于司官的级别较低，台站事务又很关键，理藩院官员必须寻求同在地大员合作。这样，察哈尔都统设立后，就担负起部分管理五路台站中路线最长、条件最艰苦、运转最繁忙，又恰好从其驻地出发的张家口台路的职责。

非直辖上级的考核管理 察哈尔都统应负责台站实际管理者理藩院司官、小京官的考核，但并非其直辖上级。张家口台路从张家口出发，经乌里雅苏台，终点是科布多，又称阿尔泰军台，总长近 3000 公里。狭义的阿尔泰军台，指察哈尔都统管辖下的，由张家口至哈达图的 44 台。[104]这一路于康熙三十二年前后建立，初设张家口台站总管一员。下属理藩院张家口管站部员一人、赛尔乌苏管站部员一人，属前者所管者，为察汗托罗盖台至图古里克台共 23 台；属后者所管者，为墨霍尔哈顺台至胡克深额尔坤台共 21 台。这些台站中，只有前 8 台在察哈尔八旗游牧地界内，自第 9 台起进入乌兰察布盟，并一路延伸至外喀尔喀。张家口台路的大站和腰站均设有章京、骁骑校、领催、披甲和站丁，额设马、羊、驼若干只，帐房若干架。大站的额设要略多于腰站。其中章京、骁骑校等并不是经制之员，由各司官自行委管。此外各站应设笔帖式一员。[105]雍正十二年议定，张家口管站员外郎三年一换，从理藩院司官内拣选。[106]乾隆三十一年前后，清廷将阿尔泰军台前 44 台事务移交察哈尔都统和副都统管理。张家口和赛尔乌苏管站司员缺出，由理藩院于本院员外郎、主事、笔帖式内拣选带领引见，派往管理；三年期满，由察哈尔都统考核。派往之员均不开底缺，差满仍回本任。[107]笔帖式也由都统出具考语，咨部带领引见。[108]都统可根据实际情况，将笔帖式奏请留差，[109]但管站部员未见留差之例。乾隆三十四年后，张家口台路应支钱粮亦归察哈尔都统办理。[110]自五十四年起，张家口户关征收的正额银全部留为赛尔乌苏台站官兵俸饷之用，并自道光二十七年起，改为在正项银中每年拨军台银二万两。[111]

检查台站的方法 理论上，察哈尔都统应每年检查所管本路台站。但实际上不可能将 44 台全部查遍，所谓的查台，只是在张家口和赛尔乌苏管站部员所属段内，各抽查 1~2 台。在张家口段内者，由都统亲查；在赛尔乌苏段内者，由赛尔乌苏部员检查。[112]乾隆中期至道光中期，察哈尔都统、副都统与管站部员每年各查阅一次；道光十五年改为由理藩院部员隔年查阅一次。虽然道光十九年规定都统查台和部员查台不得并为一年，但似乎无人理会这一条例。[113]察哈尔都统有时要承担额外的查台任务。[114]如台站递送公文错误，各级人员要受到处罚。[115]管站部员要保证台站所设牲畜足额、官兵钱粮按时发放、往来官员所持勘合和火牌合例。如果失察台站人员的犯罪，也要受到牵连。此外其还有承察哈尔都统之命，勘验并初审所管军台发生的刑事案件的责任。[116]

虽然阿尔泰军台官兵俸饷一直如常发放，但军台官兵的日子并不好过。军台遭灾时，清廷一般会拨银赈济，由察哈尔都统负责。[117]但赈银多以借贷的形式发给，再按年从俸饷中扣还。有时第二次发放赈银时，前一次的赈银还未扣完。[118]另一种情况则是在非遭灾年的日常借贷，动用的主要是口北道库存银，以发商生息的息银协济各台官兵，本银仍在俸饷内分年扣还。[119]察哈尔都统偶尔也动用其所收的特殊税收，或向银号借银以渡过难关。[120]

台站上的陋规 台站官兵的另一个负担是差徭过重。早期台站中人浮于事、尸位素餐是官员们致力纠正的现象，[121]但乾隆以后，情况逐渐反转。尤其在紧急军事动员时期，台站的人手和牲畜都会出现短缺。[122]过路的上级官员的需索，是不能被忽视的一类情况。[123]有的台站往来之人，为了达成贩带私货、需索驼马的目的，对台丁随意使用暴力。[124]管站部员往往和差员串通舞弊，前者借此受贿，后者借此贩货。[125]要求台站官兵稽查官员的作弊和违例行为，是一种无效的监察。光绪十七年的一起大案曾引发清廷对台站运输制度的改革，一些更加细致和严厉的规定被制定出来，[126]不过这些规定似乎被违背的情况多于被遵守的情况，台站中的勒索受贿现象反而更加严重。[127]官、商可以雇用台站车、驼、马的惯例直到光绪三十二年才被禁止。[128]杂役的增加，必然会影响台站传递公文的本职工作，丢失文档、传递延宕的现象似乎也有增多的趋势。[129]

无奈的动员 因台站官兵工作量的增加，军台遇有驼马不敷应用时，理论上可以使用商民驼马帮驿，损伤倒毙则按例价赔偿。[130]按照惯例，位于察哈尔八旗境内的台站，由察哈尔八旗官兵帮台；出察哈尔旗界之台站，则由乌兰察布盟及相应盟旗帮差。虽然同治十年的上谕将这一惯例强化执行，[131]但实际上无论是察哈尔八旗还是乌兰察布盟旗官兵，对台站的协助都不积极。察哈尔官兵既有本旗事务，又有帮差牧青马等任务，[132]没有更多的精力照顾台站。他们向相关官员声情并茂地抱怨了应差的负担。[133]

帮台活动本可以成为一个平台，以协调盟旗、察哈尔和州县的关系，但是盟旗协济台站解送货物，只是由理藩院官员同各旗"商酌"，并不是强制的命令。[134]盟旗理论上应差派官兵，并准备乌拉、驼只，大致承担 80% 的工作量。[135]清廷从未明确过台站和盟旗的具体对应义务，故盟旗帮差的兵丁、驼、马往往借故不到，或擅自散去。[136]清廷一般会将办差不力的扎萨克和协理台吉交理藩院议处；盟长虽有奉命督饬各旗办差的义务，但并不直接承担责任。[137]光绪十七年后，清廷要求在各旗帮台未到时，仍发给津贴，并从制度上规定各盟旗遵限拨送帮台驼马。但是台站的根本生计问题并没有解决，台站官兵逃避本职工作如同家常便饭。因为察哈尔都统与盟旗官员之间没有隶属关系，无权对后者下达命令，除了向中央报告外无能为力。理藩院也只能要求盟长与察哈尔都统所派委员自行协调，而无强制的办法。[138]

废员发遣坐台

废员即犯罪后奉清帝特旨，到军台效力的官员。废员遍布各处驿站、军台，[139]阿尔泰台路是接收废员的主要场所之一。[140]废员有指定安插的台站，不能在各台间随意移动。废员与台站官兵的任务相似，以保证驿递顺畅、照顾蒙古生计、服役劳动、交纳台费为主要职责。[141]但是到了晚清，军台废员办理台徭似已名存实亡，更不用说管理台务。其地位更类似于被遣戍的罪犯。[142]

军台废员的家属定期在户部缴纳罚款，称为"台费"。缴纳台费的规定经历了数次修订。废员坐台三年期满，经军台总管具奏，由兵部开明犯事缘由，清帝决定是否更换处所。[143]对废员的最终处置权掌握在清帝手中，即使缴足台费，也不一定能得到赦免。[144]乾隆五十四年后，军台废员三年期满、完缴台费者，由察哈尔都统具奏。如限满未交，则移咨旗籍查明财产；系故意延迟者，发乌鲁木齐充当苦差；系赤贫不能完缴者，再留台五年。[145]嘉庆十二年后规定，文职州县、武职都司以上，三年期满不能完缴台费者，如实系赤贫，由都统具奏请旨释回；文职县丞、武职守备以下，改拟杖徒完结。道光八年规定，坐台废员三年期满无力缴纳台费，曾任州县、都司以上者，均照乾隆五十四年旧例办理；县丞、守备以下坐台废员免罪之处则毋庸议。[146]军台废员即便成为残废，也不许收赎，仍由都统指派台所坐台，只看年满时能否完缴台费。[147]

清代中期之前，由理藩院管站部员直接管理废员。[148]察哈尔都统设立后，管站部员虽然仍是直接管理者，[149]但是都统应当负责修订台规和奏报相关情况。军台废员不能随意进口，清代中前期，一些人以买卖口粮、看病就医为由，时而进口居住，但因嘉庆末年以后，这类现象有失控的趋势，于是看管变得重新严格起来，由此形成了察哈尔都统的年终奏报制度。[150]如果废员由台逃脱，则由管站部员报告察哈尔都统立即上奏，开单咨邻境并各地缉拿，同时报兵部和刑部。[151]

第四节　口北牧政的挑战

流于形式的检查

察哈尔都统检查口外牧厂牲畜，并未写在最初设立察哈尔都统的上谕中。但最晚到乾隆二十八年十月，其已经开始讨论上驷院和太仆寺牧厂中的牲畜分配问题。乾隆三十一年，史料中也出现了察哈尔都统"所管马厂、牛羊群、军台一切事务"的字样。[152]因此，在察哈尔都统设立后的很短时间内，其应当就被赋予了管理直隶口外地区官立牧厂的职能。

察哈尔都统主要通过检查和均齐牲畜来管理口北地区牧政。从清初至都统设立，查群均齐活动由京中各衙门主持。察哈尔都统设立后至道光十一年，均齐工作依然由京中衙门派出之官员主要负责，但都统须随同钦差前往牧厂，此外每年要组织由各群官丁将四项牲畜赶赴一处的查群。[153]道光十一年后，都统每年亲自查群被取消，改由都统衙门派出官员至各群中照册点验，同时保留了京中衙门派遣钦差均齐的规则。[154]

按照道光十一年的改革方案，每隔三年或六年，上驷院、太仆寺、庆丰司等衙门仍须派人均齐牲畜，但因为京城官员每若干年一次远道而来，并不熟悉牧群情况，[155]实际上察哈尔都统才是就地的均齐大臣。[156]自咸丰四年起，每到均齐之年，察哈尔都统即奏报经费不足，暂缓均齐。[157]迄于清末，清廷未再举行均齐活动。不过京中衙门官员依然会依据察哈尔都统的咨报，每三年题报口外牧厂情况并考成。[158]

按照新则，察哈尔都统在均齐年份之外，还须派员每年轮查牧群一次。实际上所谓的"每年"，只是"于三年、六年均齐外，其空闲年份，每隔一年"。[159]这一年通常选择在均齐之后的一年。在咸丰初年牧群均齐停止后，察哈尔都统每隔三年的派员查群行动，变成了中央了解牧群基本情况的唯一途径。空闲年中的查群，一般会派遣张家口值年主事、委署主事、笔帖式2~4人前往，时间在七月至九月。[160]

依据察哈尔都统历年的奏报，道光以后，各牧厂的牧群数基本确定，牲畜数目也在一定的范围内波动，但是商都和太仆寺两翼牧厂中的大骟马（最适用的军马）越来越少，而各类马的总数基本保持恒定，这说明留于牧厂中越来越多的是骒马和骟马。另一方面，统计数字无法反映出牲畜的质量。同治元年清廷的谕旨就表示，各牧厂马政废弛，调赴军营马匹大多疲瘦。[161]

同治元年，因均齐无定，且军兴后马厂马匹被历年调拨，故从该年开始，察哈尔都统每年年终负责统查商都、太仆寺两翼牧厂中的合用军马。这项检查主要是为以后的军营调马提供依据。同治元年首次查验的奏报说，商都牧厂有勘调马 3195匹，太仆寺两翼有勘调马 1324 匹。[162]虽然历年的统计持续到清末，但是除了同治六年、光绪元年及三年，察哈尔都统没有再奏报可供调用的马匹的数目，只是将理论上合适的项目进行数字上的归并。光绪年间，这类奏报空洞和机械到了极点。[163]

职业压力和陈年旧账

分赔原则　清廷对牧群人员亏短牲畜的处罚，总的原则是只看结果，不问原因。[164]除制度中规定的革职、降级和鞭责外，还有扣俸和变卖官员家产以买补牲畜。[165]清廷会预支官兵的俸饷，用这笔钱来买补亏额，然后在更长的一段时间中摊还。[166]有的时候经过数次叠加，牧群官丁在未来的很长一段时间内都无法领到全饷。[167]扣饷的决策由中央衙门做出，牧厂官员不能私下摊扣。[168]如牧群人员在限期内不能赔补完全，还要接受枷号、鞭责等附加刑。只有在有关人员变卖所有家产仍凑不足数后，所欠之银才可能被豁免。[169]

在扣限赔银的过程中，牧群官丁实行的是一种"集体负责制"。即将应赔银两分为十成，依照级别，有欠项的牧群中每一级官员都认赔若干成。[170]在层累叠加的摊赔之下，牧群人员的经济压力越来越大。乾隆十八年时，按照摊赔的规则，最穷的牧丁每季只有 1.9 两的收入。[171]二十五年，一位官员请求在未欠马匹的马群官丁中也分赔欠项，但清廷及时制止了这种可能。[172]同样，只有在牧丁已经一无所有、罚无可罚的时候，清廷才会考虑免除责罚，并给予一定的补偿。[173]还有一种情况是牧群官兵为了利益私卖马匹，早在乾隆二年时，太仆寺右翼牧厂中就出现了这种现象。[174]

作弊手段和陋规 牧群中的牲畜亏额，往往积小成大。出现苗头时，官兵一般先采取腾挪补借的办法，以应付检查均齐，待情况好转后，再逐渐买补足额。清帝往往对此类情况持默许态度，也应当清楚牧群人员的经济状况。由此一来，这种方法就成了牧群官兵应付检查的"潜规则"。[175]因以一人之力，难以弥补所有亏欠，故这类事件往往由各群串通。在一些案件中，各群之间亏额数目大致相同，恐怕已互相打过招呼，彼此心照不宣。[176]还有的官员将所亏牲畜中一部分报为风雪伤缺，以图减轻责任；[177]有人则以少报多，将挪用至别项的牲畜报成倒毙。[178]历年大量蒙混过关、未被揭露的例子可能更多。[179]清代吏治对官吏的约束过于严苛，清廷对牧厂的孳生和查群则例也定制过严，在一定程度上导致牧厂的运行不能处于充满活力的良性循环中。

在赔补亏空外，牧群中的低级人员，还要承受来自上司各种名目的勒索，这并非什么秘而不宣的事。一位牛羊群总管连年送给察哈尔都统家人规费，这些银两难保不是向下属摊派而得。[180]嘉庆二十四年时，达里冈爱马驼群的牧民联名呈控该群翼领、委署翼领向各群牧长勒索驼马，并将借支买补官马的银两，以公用之名义短少发给。[181]还有的官员将群内的公有财产侵蚀归己。为了制止此类现象的发生，清廷不惜将牧群中的官拴马全部革除。[182]"陋规"同样是告发者少，默认者多，被披露出来的只是冰山一角。

牧群官员除看管群中牲畜外，还有点验起解运送牲畜的任务。尤其在军兴时，向军营解马更属十万火急。[183]相应的处分不载于则例之中，可能是一种临时性、附加性的处罚。因亏额、解送不力而遭受处分的官员，依程度不同，一般会被议以降顶、革顶、降级留任或直接降级乃至最终革职、永不叙用等。[184]政府当然不可能把所有官员都送上审判庭，故其使用较多的方法是革顶留任，一旦赔补足额，即由察哈尔都统或京中衙门奏请开复。[185]

捐纳 捐纳在清代尤其是道光之后，逐渐变成一种政治生态。[186]本书的第二章和第三章已经描写过，牧群官丁的升迁速度非常缓慢。为了前途考虑，他们往往在本就拮据的生存环境下，还用有限的财产去捐纳官职或任官资格。在口外牧厂中，捐纳现象似乎始于鸦片战争时期。当时各牧群的捐纳都是捐牲畜，议赏则是给予更高级别的翎顶，尚未涉及实际的任官资格。[187]该时期的捐纳还算节制。从太平天国战争和第二次鸦片战争时起，捐纳现象逐渐增多。捐纳者已不仅能享受到赏换顶戴的虚荣，更能得到缺出尽先补用和以应升之缺升用的实际好处。[188]所捐之项也向捐银的方向发展。

对牧群人捐纳的赏赐，由察哈尔都统拟定后专折奏报。[189]仅咸丰年间口外牧厂的捐纳，我已在档案中找到90多份记录。其中有几个特点。第一，咸丰时期的捐纳全部为捐银，直到同治中期，才重新出现捐马的现象。[190]第二，从拟赏的结果看，基本符合各官的升迁次序，[191]翼长、协领以上的任官资格，则不能通过捐纳而得，只能赏给翎顶。[192]第三，存在代捐的现象，代捐时只拟赏本人而非实际办理者。第四，由捐纳引起的仕途壅滞，在晚清是一种普遍现象，牧群中的官员也不能幸免。第五，咸丰八年至九年是捐纳的高潮时期，但从总体情况推测，牧群官兵的捐额总数不会太高。[193]

六个具体案件 对清代口外牧群中发生的几起亏群大案，有必要做简要的描述。这数起案件，可鲜明地反映出清朝管理牧群的特点。

嘉庆十六年上驷院牧厂亏群案。该年达里冈爱马群 74 群，倒毙马 9989 匹，除将马驹弥补外，实际亏马 2010 匹。按照嘉庆十四年太仆寺右翼牧厂借项买补马匹、扣缴俸饷归款之例，借领银 2 万两，买补马 2010 匹，补足每群 300 匹之定额，余银即散给倒毙牲畜之牧群人等，分限 10 年扣缴。其余倒毙马 7979 匹毋庸买补，即依照例价赔补，分限 10 年，由该处牧厂总管、翼领并 51 群之官兵一年应领俸饷银 7335 两内，每年坐扣马价银 4300 余两，另交口北道库银 2000 两。[194] 该案反映了扣饷买马及照价赔银的具体过程。

嘉庆十八年上驷院牧厂亏群案。该年达里冈爱右翼两骒马群、商都达布逊诺尔两处马群共亏缺马 4517 匹，过额倒毙马 198 匹。据牧群官员称，嘉庆十三年以后连遭风雪、瘟疫，又因嘉庆七年以后热河、京城等处官差陆续调用马匹，领回者多有残废倒毙，牧群人员已将私产弥补殆尽。[195] 在参考了从前亏群案的处理办法后，察哈尔都统决定将现在马群内有亏缺者重新编群，裁去相应官丁 180 余名，分于各群内食饷当差。俟有孳生后，再拨补至定额；将总管、翼长、护军校兼委属翼长均降顶，七品空衔委属翼长及牧长等均暂行革顶，所有专管群牧之牧长、护军、牧副、牧丁等一体鞭责，均予留任；嘉庆十三年以后历任失察文武各员，除已休致、病故、革职者外，均由吏、兵二部议处。[196] 清廷寄信申斥察哈尔都统并罚俸。各牧群所亏马匹，除愿主动赔补者外，均在牧厂钱粮中由部坐扣完结。[197] 该案反映了清廷议处亏群案时不问原因、只看结果的原则；也反映出牧群亏额积少成多、查群时偷换顶补的问题，以及在议处官员时主要使用革顶留任的手段。许多牧群官员将私产通融借补至官群内，几乎到了抵补殆尽的程度，说明了牧厂人员恶劣的生存状况。

嘉庆十八年太仆寺两翼亏群案。太仆寺两翼马厂自嘉庆八年至十七年三次均齐，较嘉庆八年以前马数亏缺 11288 匹。[198]且从太仆寺马厂解至军营之马，多有瘦小难骑者。清廷除令将瘦小马匹由察哈尔都统等人照数分赔，并再加罚其额外赔马外，[199]另全面调查两翼亏群的细节。据调查结果，所亏之马均在右翼牧厂。该处自嘉庆元年至十五年连遭灾害，畏罪不敢呈报。嘉庆十四年时赏借银 21318 两，动用其中 16395.5 两买补马 2981 匹，其余由官兵俸饷按年坐扣至嘉庆二十年。每年夏秋水草茂盛均齐之时，官兵便将私畜并入各群顶补备查，后因官兵私畜亦渐倒毙，才被查出。[200]经察哈尔都统议以由口北道库贮太仆寺右翼开垦地租银和庆丰司息银中借银买补马匹，自嘉庆二十一年起，除查无亏缺马匹之官丁外，其余官兵在每年应领俸饷银内坐扣银 3300 两，分 10 年扣完。嘉庆元年至七年亏缺之马，俟前项扣清后，再如数借出仿照办理。右翼牧厂骟马群重新编群，裁去牧厂官丁 200 余人，分于各群当差，俟孳生有余增添群牧时，再归入新群内当差。历任失察之察哈尔都统、副都统及均齐大臣，除已休致、病故、革职者外，由吏、兵二部参奏议处。[201]牧群总管、翼长等人或降顶，或革顶，仍令察哈尔都统分别鞭责，并准食原俸，均予留任。[202]该案与嘉庆十八年上驷院牧厂亏群案如出一辙，都是由小额亏空累积而成，且均是在牧群官兵私产抵补殆尽之后方才暴露。察哈尔牧群中调马疲瘦的现象，也绝不仅此一次。[203]一位官员从制度角度解释了马数亏短和马匹疲瘦的原因，[204]但是对于这些实际问题，清廷似无解决的打算，也没有做出任何改变。

道光十八年太仆寺右翼亏马案。太仆寺右翼牧厂自道光十六年冬至十七年春连遭大雪，正黄、镶红两旗官马倒毙亏额1891匹，因牧民将自己私产挪借顶补官群，当时巡察大臣未能查出。现援照道光八年之例，赏借银1.5万两，每匹作价5.5两如数采买，余银赏给被灾蒙古买立产畜，与右翼牧群官兵所欠之口北道库银，自道光二十五年起由两旗官兵俸饷内合并坐扣，以15年为限，每年扣银2285两余。在处分官员一事上，因为牵涉面太广，最后仅将镶红旗协领两人由另案革职，其余人或免议，或降顶，或革顶。牧长、牧副、牧丁分别鞭责，仍食原俸，将来再奏请开复。[205]该案的发生过程与处理结论与前引各案基本相同。值得注意的是，嘉庆以后是太仆寺右翼牧群屡次迁群的时期。以上两件太仆寺马厂亏群案都发生在右翼，可能和牧厂的不断迁移有关。

同治三年至四年商都牧群克扣兵饷案。商都牧群总管和翼长克扣官兵钱粮，经清廷调查，发现不仅牵连总管、翼长两人，还有一大批牧群官员被卷入。不但总管和翼长私用马驹价银，还有多人收受陋规。经审定，在地的涉案人员或革职发往军台效力，或交部议处。历任察哈尔都统于属员和家人收受规礼有失察之咎，均交部议处。涉案在京职官及书吏人等，交刑部提讯。[206]该案反映出牧群中存在着克扣钱粮的现象；而总管虽非察哈尔都统属官，但因都统对牧群有兼辖之责，故而牧群总管会想方设法同其建立私人联系，这时都统的家人就成了一个好的中介。此外，牧丁所控只是一案，后来却演化成应革顶、降留44人的大案，说明了陋规的普遍性。[207]

光绪十五年牛羊群陋规案。当年牛羊群中一位主事屡向牧群牧长勒索规费，并向钱店勒借银两，由牧群官兵兵饷作扣。清廷将该主事革职，永不叙用。[208]然而该案仅仅牵出了牧群中各类人员生态关系的一角。牛羊群副总管以下50余人，至察哈尔都统处联名呈控总管分饬勒派并克扣牧群兵饷。虽经察哈尔都统初审和直隶总督复审，以诬告结案，但真相仍扑朔迷离。最后，清廷将察哈尔都统、原告和被告各打五十大板息事宁人。[209]该案的争议之一是牛羊群总管任用私员。任用私员理论上不构成犯罪，但清代官场对姻戚同处为官非常敏感，所以才有种种回避条例。如果这一影射成立，那么可以推论，除在牧群中普遍存在的陋规外，牧群总管还可以通过结交察哈尔都统家人的方式，或获得在本群内升迁上的便利，或获得都统查群时的回护。

管理出青官马

清代的八旗和绿营官马，平时以拴养和圈养为主。但是圈养的方式不利于马力培育，干草草束的营养也不如天然牧草。因此，京师和直隶地区的官马，趁地理条件之便，每年春夏两季轮班至口外地区出青，秋冬则回圈牧养。[210]

康熙初年定，每年四月初一日将京师上驷院各厩马选500匹往张家口外放青，至九月十五日进口，由上驷院遣侍卫二人，分为两班办理。乾隆十四年后出青马有所减少，但增加了上驷院和太仆寺的驼只。[211]宣化镇绿营官马，亦就近至口外一带放青。[212]每群除派有绿营兵丁外，另募察哈尔八旗兵丁帮牧。[213]

检查规则　出青规模最大的是八旗官马。顺治初年定，八

173

旗及内务府三旗佐领下额设马驼，每年由兵部酌定留京并出厂各数，每翼简用副都统二人，于立夏后率领官兵陆续赶赴口外牧厂牧放，出厂官兵归副都统统辖。其进口日期，每年于八月、九月预先报部。乾隆初年以后，更放宽规定，由两翼副都统和察哈尔总管决定进口日期。[214]康熙至乾隆年间，关于出青与留养马匹数量的规定屡有变化，但总的趋势是牧青的规模越来越大，乾隆朝顶峰时达到 2 万匹的规模，出青马驼数超过了总数的一半。[215]

八旗马驼于出厂时，由出牧之副都统点验，按照参领和旗，分别与别单位进行比较。[216]马驼出牧时应造具毛齿清册，送部存案，回京时按册点验印烙。统辖副都统、兼管官、专管官以各自负责的马驼核算，疲瘦超过三成，就要罚俸降级，兵丁接受鞭责。疲瘦分数，均在副都统、兼管官、专管官名下详细分别，禁止通融摊算。[217]乾隆四十九年以后，出青马交由派出之两翼副都统、察哈尔总管、侍卫等查看。[218]雍正六年以前，正黄、正白、正红、镶白、镶红五旗马从独石口出入，镶蓝旗马从张家口出入，正蓝旗及镶黄旗马由古北口出入。[219]因独石口出入道路不便，该年以后左翼四旗改由古北口出入，右翼四旗由张家口出入。沿途所过顺天府、宣化府属九州县负责垫供草束，折银后向户部题销。[220]可能自乾隆十一年以后，[221]左翼四旗出青马重新改由独石口行走，由此形成定例。

出青效果和察哈尔都统的管理　八旗出青马至牧厂后，由两翼副都统管带放青。在实际牧放中，不可能所有马驼都达膘。[222]雍正十二年的八旗出青马中，膘好马占总数的 5.3%，倒毙和疲瘦马占总数的 11.7%；乾隆七年两者所占比例是 2.7% 和 8.2%；十三年倒毙和疲瘦马占了总数的 9.5%，其中正蓝旗的官员因为回京时未报本旗倒毙数量，其出厂副护军被参奏。[223]以此来看，出青马的倒毙和疲瘦率在 10% 上下，属于正常范围，但膘好马的比例过低，则引起了中央的不满。

清廷认为八旗马出青状况不佳，是由于京中派出官兵不谙牧放之法，故于乾隆十六年规定，八旗官马出青时，其中一半官兵由察哈尔总管派察哈尔人，另一半官兵才由京中各旗派出；牧厂参领也仍由京中派往。察哈尔左右两翼各派副总管、参领 2 员，每年再派遣散秩大臣 1 员、额鲁特侍卫 2～3 员协同管理。从京城至口外牧厂及回京途中，仍由京城派出之八旗官兵负责护送马驼。[224]到第二年时，清廷将京城所派八旗兵丁全部裁减。自此，除两翼副都统、乾清门侍卫仍由京中派出外，牧放八旗出青马的任务全部交由察哈尔八旗完成。[225]至乾隆二十八年，京城派出官员只剩副都统二人。出青马每 1000 匹编作三群，每群派察哈尔官 1 人、兵 20 名，预先至京领马出口，倒毙率限 10%。察哈尔都统总体上督察管理，两翼副都统则分年轮管。[226]乾隆中期以后，清廷停派太仆寺两翼牧厂总管。自嘉庆二十二年起，察哈尔总管、侍卫等改由都统自行遴选，不再由兵部奏派。[227]

乾隆十六年，因京城草豆价昂，清廷将八旗牧养官马拨 1000 匹交热河庄头喂养，另外 7000 匹交直隶各标营牧养。[228]后一部分官马仍实行出青制度，不再收归京城厩内。[229]直隶喂养的官马出青时，也遵循一半出厂、一半留养的制度，将出青马就近送张家口，待副都统等出口时顺路查收下厂。[230]但是直隶分喂之八旗官马，到乾隆中期，被逐渐分交于八旗前锋营、护军营、火器营等分圈拴养。[231]按照乾隆三十九年的定例，八旗官圈马 4800 匹全数出青，官拴马 2000 匹半数出青，其余分给各营马匹均不出青。[232]

察哈尔八旗官兵有本旗牲畜牧放，还有帮台差使，加给牧放八旗出青官马驼的职责后，任务更重，以至于负责牧青的察哈尔官兵每每有赔马情形。[233]所派察哈尔侍卫每年前往牧厂，只是做些查验水草的务虚工作，起不到原定的作用。[234]尤其是在清帝巡幸热河、八旗官兵领回出青官马时，常遇有口老之马。对此，乾隆四十九年清廷增加了相关议处规定。[235]

内务府三旗的马匹出青，属于另一套管理系统。内务府三旗护军营额设官马 475 匹，每年一半出青，一半留京备差。出青时由都虞司和护军营派人领往各牧厂。因都虞司世职官员等非护军营所属人员，对牧事并不熟悉，而护军营委署护军校乃虚衔，八旗圈马出青所派之副都统亦不能照顾周到，故自乾隆十五年起，停派每年出青之世职官、骁骑校、披甲等，改于护军营内拣选熟谙出青喂养马匹之员前往负责。[236]

察哈尔都统全权管理　乾隆五十九年，清廷取消八旗马匹的圈养制度，交各旗官员分拴。除骁骑营及各营新旧马匹存留二成外，其余八成全部出青交围。嘉庆年间，总计出青马有 9000 余匹。[237]因牧青马匹的管理实际上已俱由察哈尔官员负责，京城所派之两翼副都统已成闲员，故自嘉庆始，朝廷中出现了数次议裁两翼牧青副都统的呼声，道光十八年该建议终于获得批准。[238]察哈尔都统等拟定了主要内容为强化都统责任与权力的管理牧青马的新章程。[239]由此，察哈尔都统通过收马、验马、拣选官员等行为，成为八旗出青马的全面管理者。此外，他还有权另派官员稽查相关情况。[240]

道光二十二年因鸦片战争征调马匹，察哈尔领放的直隶牧青马共 3176 匹，全部被调至京城南苑。[241]在战争结束后，又重新将八旗各营官拴马 2000 匹内，除 1200 匹留京当差外，其余出青马 800 匹，外加直隶领养马 3176 匹全部裁撤，交察哈尔各牧厂永远牧放。[242]到咸丰元年时，所有牧青马分归于商都和太仆寺两翼牧厂中牧放。[243]自此八旗官马出青的历史彻底结束。

第五节　迈向行政区

协理锡林郭勒盟旗事务

察哈尔八旗牧地北接锡林郭勒盟，该盟中编有苏尼特、阿巴噶、阿巴哈纳尔、蒿齐特、乌珠穆沁共五部十扎萨克旗。察哈尔官员对盟旗的责任与权力出自清帝特授，最重要的职责是统筹赈灾。调配赈济通常先动用内帑，再动员州县的力量。[244]察哈尔八旗恰好处于内地州县与盟旗之间，用来运送物资的张家口和独石口台路也由此经过，故察哈尔八旗驻地成了中转之所。[245]当盟旗界内发生灾害时，察哈尔都统常受命首先前往各旗查明情况，为中央的下一步举措提供依据；[246]当赈银发至察哈尔都统处时，他要负责分发给各旗。[247]

除赈灾外，察哈尔都统还受命调解盟旗内部纠纷。乾隆五十一年时，清帝要求察哈尔都统趁查群之际，或亲至，或派副都统至乌喇特旗会同理藩院司员审案；[248]道光十三年时，清帝又令察哈尔都统带人前往查勘苏尼特右旗、喀尔喀右旗和四子部落旗三旗边界。[249]此时察哈尔都统与钦差大臣的性质是相同的。

参与民政

在乾隆二十六年、二十七年中央对察哈尔都统职能的规定中，不能干预地方事务是重要的一条。这条规定被大量官私文书所引用，作为察哈尔都统与地方官性质有别的重要依据。"不干民政"的含义是双向的，既指察哈尔官员不能干涉口北三厅和宣化府的钱谷、刑名、选官等政务，[250]反过来地方官也不应介入察哈尔八旗的比丁、选官、牧政。[251]

察哈尔八旗在旗群事务之外，本与地方有清晰的地理和权力划分，不到万不得已，[252]不能派旗兵参与邻近州县事务。最能反映这一特点的是光绪十七年时俄国商人在张家口抚民厅辖区内元宝山等处被抢，察哈尔都统向总理衙门请求于该处添设汛兵，被后者以该地非察哈尔所辖，不得妄议添兵为由驳回。[253]同样的例子还有光绪二十一年察哈尔都统试图直接派察哈尔八旗官兵保护元宝山处的俄国商人，被张家口抚民同知和直隶总督以该处为抚民厅地面为由，一口回绝。[254]

但是在个别情况下，察哈尔都统也向清廷发表他们对地方官的评价。嘉庆十七年时，万全县知县在紧急情况下奉直隶总督的命令，赴察哈尔八旗地面捕盗，受到察哈尔都统的褒奖和推荐；[255]随后在道光年间，多伦诺尔同知因为会审错误，被察哈尔都统参奏。[256]这两个例子都涉及察哈尔都统对地方官的评价。此外，察哈尔都统在设立之始，就每年负责报告其驻地张家口一带的雨雪天气。[257]报告雨雪是地方官的基本职责，张家口属万全县地面，出长城以北直至大坝的周边区域也属张家口理事同知的管辖范围。因此察哈尔都统在一开始，就具有一种参与地方事务的"潜质"。

卷入地方事务

晚清以后，尤其是随着"同光中兴"清朝的各种改革，察哈尔都统的职权逐渐扩大。其新增职能以经济职能为主。
（图 42）

盐碱附加税 盐是老百姓生活的必需品，因此是一项可以
盈利的事业。察哈尔都统负责管理察哈尔八旗盐碱附加税的事
务。清代盐政以统购统销、政府垄断票引、禁止私相买卖为基
本特征。清前期，直隶内地行销长芦盐。[258]但是一方面口外地
区和靠近长城一带的府、厅、州、县，距长芦盐场路程较远，
售卖成本过高；另一方面察哈尔八旗驻地和盟旗境内本身大量
产盐，故早在康熙元年时，已有人建议于口内行销蒙盐。[259]康
熙时，宣府一带的卫所已有自行煎锅者，也有食长芦纲盐
者。[260]清廷逐渐以当地流官为中介，在允许蒙盐行销的前提下，
一面抽厘，一面打击走私。到康熙三十二年，宣化府属州县均
裁去长芦引目，改食口外盐；后设之口北三厅、承德府属之
厅、州、县，亦均不食芦盐。[261]至此，蒙盐统治了直隶口外地
区的食盐市场。[262]

清代内扎萨克蒙古地区的盐池超过 200 个，有一些产量很
高。[263]早在康熙年间，察哈尔八旗一带即有挖碱活动。蒙盐用
小车装载贩运市集售卖，没有引目，亦没有相关章程，或在承
德府纳税，或在张家口监督衙门纳税。[264]盐碱既有汉人从察哈
尔牧地运来者，也有蒙古人从锡林郭勒盟旗运来者。清中期以
后，由政府授权的盐商有十家，主要从察哈尔正蓝旗和镶白旗
牧地上收购土碱，再进行加工。此外还有八家收购纯碱，三家
交易白盐。盐商的分栈设在张家口和多伦诺尔之间的白庙。[265]

清中期后，不少民人从事到口外挖碱贩盐的活动，最主要
的聚居地是察哈尔正白旗境内的科多多诺尔。最初的本色和折
色都交与内务府，到雍正末年，出于各种原因，清廷封禁了该

处的碱场。[266]乾隆时期，清廷对民人自行出口挖碱时开时禁，内务府也不再要求将挖碱收入归入内帑，而改由市场调节供需。[267]

随着口内民人对盐碱需求量的加大，清廷逐渐放开了对口外挖碱的限制。只要蒙古地区挖出盐碱，都可以携带进张家口交易。[268]口内民人所开店铺，赴张家口监督报明收买斤数纳税即可，政府的统购统销政策基本形成。[269]在这个制度下，政府控制食盐的销售链，但并不理会上游的生产链。[270]

得到特许权的十家盐商，逐渐形成了一种类似"卡特尔"的垄断模式，以为国家提供源源不断的经济利益，与当地流官在政治上对抗。道光十年前后，张家口监督以偷漏税为由，试图将十家盐商全部革退；但是十家盐商反而成功地将清廷的注意力转移到张家口监督短收关税的问题上，而盐商们冒名顶替、偷漏碱课、无照经营的事，则无人再查。[271]这一案件说明，自该时起，察哈尔都统已开始负责起协调盐商与张家口监督之间的关系。

咸丰之后，因三旗牛羊群办公一向仰赖的两淮息银欠解甚至停解，牛羊群官员遂将群内开碱售卖之银移作公费，这也成了察哈尔官员贪污谋利的渊薮。直到同治六年，清廷才知晓此事。[272]这项经费一开始没有明文收支规定，到光绪十一年时，户部令察哈尔都统将每年所收碱厘银数造册报部，留作正白旗牛羊群办公经费。[273]

庚子以后，清廷对盐碱的贩运和售卖加抽厘金。新的抽厘制度屡定屡更，其变化令人目不暇接，此外还针对纯碱和白盐两项单独加税。[274]光绪二十九年时，盐碱厘税的净收入达 1.9 万两，用于当地办理新政。[275]同时在张家口、赤城等地设立督销总局、分局，采用官督商办的模式，将各地旧设包课银和盐税一并裁革。[276]自光绪三十一年起，盐厘抽收改为包税制，承包商每年应认包盐厘 2.5 万两，后来陆续加至 3.5 万两。[277]此外，将宣化府属州县和口北三厅、承德府所属、山西大同府属口外七厅等地划为蒙盐行销之地，并创设公司认包蒙盐。旋即将公司停办，归督销局销售。[278]到宣统二年，又将蒙盐行销办法改为引岸，归长芦运司经管。[279]

从以上描述可见，张家口盐税的征收，实际由张家口监督、察哈尔都统和直隶总督合作完成。在早期，盐税归于内帑，随后被核算入张家口关税中；出口的民人由地方官管辖。从清中期起，察哈尔都统开始参与到盐政事务中，且其权力在清末逐渐增大，但三者中无论是谁都没有全权。

茶马厘捐和牲捐 同治以后，从张家口出口的茶商，由理藩院发给茶票，抽收厘金；由张家口和独石口进口的马匹也被抽收厘金。这项收入源自咸丰时清廷在张家口上、下两堡和口外朝阳村等处征办厘捐。[280]咸丰十年时，抽厘活动因办理不善，清廷令察哈尔都统重订新章。[281]新章制定后，半年内即入账2.1 万余两。[282]自同治朝起，茶马厘捐的收入总体持续走高，光绪年间大部分年份中的收入都稳定在 4 万余两。茶厘和马厘中，茶厘占到收入的 95% 以上。[283]

茶马厘捐的用途多种多样，以察哈尔地区的练军俸饷为最大开销。同治十二年起，牛羊群办公经费亦可由茶马厘捐中动拨一定数目。[284]同治十三年后，清廷又批准本项收入可作为察哈尔本处教练枪炮官兵经费。[285]在积存银两较多的情况下，清廷会不定期地令察哈尔都统将余银大头解送户部，[286]故而名义上应由户部发放的察哈尔八旗官兵俸饷，实际往往以所征茶马厘捐充之。[287]茶马厘捐存银还被不定期地提拨给台站帮台官兵作为津贴。[288]军台遭灾时买补牲畜的价银，亦可在茶马厘捐项下报销。[289]光绪十三年时，察哈尔都统左、右司印房人员每季津贴，也由茶马厘捐截剩项下提放，归入正案核销。[290]外藩蒙古和寺庙需银时，可从茶马厘捐中拨银协济。[291]（表19）

察哈尔抽收的茶马厘捐银，除上缴中央外，实际上是察哈尔都统的自留款。虽然厘捐的实际征收者是张家口监督，但所收款项除有特殊命令外，都用在察哈尔都统所管事项上，这是与盐厘收入最大的不同。征收茶马厘捐时，察哈尔都统还要与张家口监督共同查勘进出边口的马匹，以杜绝走私。[292]

牲捐开设于光绪二十六年，该项税收始于庚子事变时，察哈尔秋防紧要，一些捐生捐牛折银，随即停止。[293]随着察哈尔经费缺口增大，察哈尔都统重新提出试办牲捐。光绪三十年共收牲捐银 2.2 万余两，因税额太重，又将定额核减，不过此后又加征驴、骡、猪捐。[294]牲捐也被用于察哈尔都统所辖各项事务的开销。[295]张家口大境门还另设车驮捐局，一年收银 4500余两。[296]

新政和宪政 庚子以后，察哈尔都统广泛参与有关新政和宪政的讨论，而这些讨论绝大部分是超出察哈尔都统旧有职能的。光绪三十三年时，察哈尔都统奏报了该处的新政筹备情况，涉及财政、工商业、警务、教育等各个方面。[297]宣统二年时，察哈尔都统说该处设立了宪政筹备处，即将展开各类调查，还制定了有关财政预算的表格。[298]

察哈尔八旗地开垦 察哈尔都统参与最多的是光绪末年以降察哈尔旗地的开垦。口北一带自雍正年间开垦的坝内地，称为"旧地"；光绪年间始，在坝上放垦的旗地和王公牧厂地，称为"旧垦地";到了清末,察哈尔旗地进入全面放垦时期,所放地亩称为"新垦地"。[299]察哈尔旗地的开垦动议始自光绪中期,但是被甲午战争和庚子事变相继打断。[300]光绪二十七年底,山西巡抚再次请求将察哈尔旗地连同乌兰察布、伊克昭二盟盟旗地面开垦。[301]兵部左侍郎贻谷被任命为督办垦务大臣,他首先确定了暂缓盟旗垦务,先垦察哈尔右翼旗地,再垦左翼旗地的方针。察哈尔都统被命令与贻谷一同办理左翼四旗,一些根本的原则由他们联名制定。[302]

新设立的垦务总局是本次旗地开垦的指挥中心。该局由贻谷领衔,左、右两翼各设总办,人员由贻谷委派。[303]贻谷的行辕设于归化城,张家口及其余各处设立垦务分局。山西和直隶的经制军队,都被用作维持地方治安的力量。[304]口北三厅原有之押荒局,归并于左翼垦务局。[305]垦务以晚清以来流行的官督商办方式进行。西、东两路公司分设于包头和张家口,前者负责盟旗和驻防八旗牧厂垦务,后者负责察哈尔八旗垦务。公司的实际执掌者由清廷选派。[306]垦务局所到之处,公司随之而至,有争议的地方由垦务局结办,其余地方由垦务局丈明饬拨后,公司勘验承领,分起缴纳押荒,发佃放垦,按月将清册送垦务局核填部照,交公司存发。在这一体制下,"商"对于来自"官"的勒索盘剥无能为力,表面上往往以"报效"的形式表现出来,[307]实际上与近代的公司制度相距甚远。

旗地的放垦大致分为几个步骤,第一是清理旧垦。蒙古旗地多有转佃,契约和实际地亩往往对不上,委员要同各旗官员核实勘办。第二是招募新垦,严禁私垦,将旗地一概归官勘办。第三是给予各旗一定的补偿,作为交换,各旗所收私费被一概革除。第四是设立期限,私垦垦熟之地限期缴纳押荒银两，所有垦地照章三年升科。第五，清廷特别强调革除地商、户总名目。[308]一言以蔽之，所有垦务事宜，权力收归中央，民户和各旗不得干预。丈地由口北三厅的地方官、各旗总管与垦务局、垦务公司的办事人员合作完成，收税则由地方官和垦务公司人经手。

在此之前，察哈尔八旗的旗地不仅已被民人偷垦，且被各旗官兵陆续盗放。[309]经察哈尔都统提议，清廷将约 2000 顷土地分配给当地官兵作为随缺地，不在开垦之列，不许再私行变卖。[310]至光绪二十九年时，左翼四旗共丈过旧地 2900 余顷、新地 1.72 万余顷，共放生熟地 1.35 万余顷。但一开始收税的情况并不乐观。垦地者的主体是民人，清末的近边移民，采用招垦而非移垦的办法，优点是容易管理，但是成功率不稳定。[311]在计划应收的 40 余万两押荒银中，政府只收到了约 1/5。[312]光绪三十年以后情况陆续好转，所收的押荒银以 20%留存察哈尔都统处，20%拨归直隶，其余解交部库。[313]征课由三厅同知负责，直接上报垦务总局。到光绪三十二年时，察哈尔旗地垦务已经大体完成。[314]随后清廷将目光移向了开垦口外牧群地和台站附近土地，称为"推广垦务"。[315]这一阶段的垦务办理不太成功，据说垦务局行政成本一度超过预算的 3 倍。[316]到光绪三十四年初，察哈尔左翼四旗总计收入押荒银 56.9 万余两。[317]

清末口外土地的开垦，同最初宏大的计划相比，只完成了一小部分，但察哈尔左翼四旗至少在丈地方面已全部完成，张北一带民人领地和升科也已基本完成，主要影响是农业线在该地的持续北移和蒙古人向北迁徙。[318]晚清时期察哈尔八旗地亩的放垦和征课，性质同清中前期完全不同。以前的察哈尔地粮虽不属于正项钱粮，但无论征收项目、机构、程序还是对官员的考核，均与田赋非常接近。清末察哈尔垦务的征课，增加了押荒银、办公银、王公牧厂私租银等大量附加税，其中押荒银成为中央在短时间内迅速筹款的主要来源。政府不再主要依靠地方官清丈土地和征课，察哈尔各旗也可从办公银中得到补贴。但两者也具有一些共同的特点。地粮和押荒银的征收都不由察哈尔官员负责；所征地粮银钱，也不在察哈尔内部进行结算，而是由中央进行统一的收支管理。

余　论

从晚清以来的变革中，可以清楚地看到察哈尔都统已经不再是察哈尔八旗的代表，不再以以管理旗务、军队、牧厂、台路为本职工作的旗官员身份出现。这是察哈尔都统职能清代中后期始终如一的演变趋势。造成这一结果的原因可从清中前期去寻找。察哈尔部在经过清初的重新整编后，已经具有内属平民的性质，京城中的蒙古都统、理藩院、太仆寺、内务府等，都已对察哈尔进行了地理、人口和权力上的分割，一个完整的察哈尔"部落"从一开始就不存在。由此，察哈尔都统从设立之初就不是作为一个部落领袖出现。与驻防都统相比，他被附加了管理台站、牧政等职能；与部落头人相比，他又被附加了统辖驻防八旗、协理盟旗事务等职能。因此，察哈尔都统既非一个驻防政府，也非一个地方长官，而是介于两者之间，并随着清中期之后民人向口北地方的移动，越来越多地参与民政事务。全面促成这一转变的契机是庚子以后的新政和察哈尔旗地放垦。最终在清末时期，凡铁路、警务、宪政、选官、行政区划等问题，察哈尔都统无一不在中央的暗示下，提出各种能动主义式的呼吁。他接近完成由管"人"到管"地"的转变。变化的结果则体现在民国时期察哈尔特别区乃至察哈尔省的设立上，"察哈尔"从部落名称变为一个地理概念。（图43）

第六章　热河都统

——最后一块拼图

雍正元年，口外地区设立了热河驻防总管，[1]随后在乾隆二年被改为副都统，它们是嘉庆十五年设立的热河都统的前身。与察哈尔都统一样，热河都统设立的必要条件，是中央对口外地区政治控制力的绝对增强，从前分隶于各政府管辖的不同政治单元，具备了被置于一个统一的、强有力的政府下管控的条件。口外广阔的区域、日益增加的人口和复杂的多族群混居环境，也使清朝考虑有必要增派一名高级官员来统筹管理。

热河都统的性质有时被理解为"军府"，[2]严格来说，这一描述基本适用于驻防总管和副都统，但对热河都统不太合适。热河都统的职权主要来自对理藩院和直隶总督的分权。本章在描述热河都统的相关权力时，会以标注年份的方式来说明某项权力产生和终止的时间。

第一节　两次重要改制

嘉庆十五年

嘉庆十五年，原设的热河副都统改为都统，被赋予管辖当地驻防官兵及有关蒙古事件之权；由理藩院派出的塔子沟笔帖式改为司员，四税司员改作热河都统属官。[3]两个月后，详细的热河都统权力范围被划定出来。由四税司员参与审理的蒙古和蒙民（指法律意义上的外藩蒙古）交涉案件，改由热河都统咨达刑部，不再经直隶按察司申送直隶总督，简化了司法程序。蒙古立决人犯在此之前向不解审，报明理藩院奏复后即在犯事地方正法；以后须将人犯招解热河都统衙门审转，照留禁省监之例，交承德府监禁，奉有部复，由热河道会同河屯协副将督率承德府监视行刑。[4]旗人和旗民（指法律意义上的八旗和内务府旗人）交涉案件，由府、州、县验详后，招解都统衙门核办，应内结或会同直隶总督办理者，再分别奏咨。旗民和蒙古秋审事宜，由热河都统办理。热河道以下官员的考察举核，由热河都统与直隶总督会商办理。昭乌达、卓索图两盟扎萨克旗内禁止再私招民人开垦，热河都统负责查核。都统衙门理应存备民人佃种蒙古地亩档册。热河都统衙门添派刑部司官一员、理藩院司官一员、笔帖式二员，连同四税司员，遇京察之年，由热河都统出考，三年一任。热河都统应制定有关盟旗扎萨克的缉捕人犯期限处分。河屯协副将以下绿营员弁及热河道、承德府属州县捕盗各汛，归热河都统兼辖。[5]都统衙门大致延续副都统时期的军事化组织结构，接管热河副都统的一切职能。[6]嘉庆十八年，热河都统养廉银定为 1200 两/年。[7]

在嘉庆十五年的改革中，热河都统继承了副都统时期的军事权力，接收了直隶总督和理藩院有关蒙民、旗民以及蒙古和旗人之间交涉案件的司法权，和兼辖口外绿营，考核道、府、地方官，监督扎萨克承辑人犯的部分军事权和行政权。[8]自此，热河都统开始参与当地各方面事务的管理。

道光八年

　　道光年间，口外地区政制发生了以热河都统权力增大为主要特征的第二次大变化。而在此之前，张力显然已积累了一段时间。

　　道光七年时，考虑到旗民、蒙民及民人之间交涉案件，分由热河都统和直隶总督两条不同的司法途径办理，事权不一，故直隶总督请求将口外地方民人之间词讼案件，也交热河道审转详报热河都统，分别题奏核咨，不再与其会衔。八沟、河屯二协营并所属承缉蒙民及民人交涉命盗等犯，限满不获，由热河都统核参，不再移会直隶提督。各州县不再兼理事同知、通判事，由礼部改铸州县之印。地方州县经征租粮税课，均批解热河道库，由热河道详报都统题咨。热河宫仓和古北口等处驻防兵米，每年原由口外庄头详报布政司，由直隶总督奏明动支地粮银采买，此后改由承德府径详热河道转呈热河都统具奏采买。[9]直隶总督主动将口外钱谷和刑名两项权力交与热河都统，其实减轻了直隶省的财政负担和官员考核压力。[10]经过讨论，清廷确定了热河都统的新职能，并增加部分高级官员的养廉。都统衙门再加派一员刑部司官。[11]不过，口外地区的驿路、木兰桥道修理费和河工费，仍由直隶布政司库动支。（图44）

　　道光八年的改革，使热河都统接收了当时直隶总督在口外地区的几乎一切司法权和税收权。但需要指出的是，清廷没有向热河都统颁发王命旗牌，由此从理论上说，热河都统依然不是经制的、与督抚同等的省区最高司法审级，显示出特殊性。热河都统获得了考核、甄别、参奏口外地方官的权力，由他负责出具考语的官员包括热河与围场的驻防官兵、河屯协绿营官兵、昭乌达与卓索图两盟蒙古王公官员、都统衙门理刑司员与笔帖式、四税司员、承德府与府属地方官。[12]但是热河地区的选官权和军事权依然由直隶总督和热河都统分享，科试的权力也保留在直隶总督和学政手中。从以上意义来说，"直隶"的范围没有因热河改制而缩小。

第二节　统辖口外驻军

热河驻防

"被动"的驻防　康熙时期，清朝已经开始讨论在热河驻军的必要性。当时清帝以军粮应当预先筹备为由，指出应先派人开垦耕田，再派兵驻防。[13]雍正元年，一位大臣提出应于热河、喀喇河屯和化育沟添设驻防，考虑到补给的不便，定为驻兵 800 名，设驻防总管一名驻于热河，翼长二名分居其他两处。总管、翼长均由八旗各选一人，兵部奏请引见任用。热河兵丁的移驻，于第二年春正式进行。[14]热河驻防总管还负责稽查地方保甲。[15]

雍正初年，京城出现了闲散旗丁人口过剩的现象，供需关系的变化导致粮价上涨。当时已有官员试图说服皇帝用热河一带的农业收成平抑京城粮价。[16]雍正帝首先的反应是将京城闲散兵丁迁至热河等处开垦。他说，热河的驻防军实际是"派往热河等处开垦官兵"。这证明，热河驻防的经济功能位于军事功能之前。[17]即使到乾隆六年，一位直隶官员仍在动员皇帝向口外地区添派驻防，以屯田养兵。[18]

在清帝没有巡幸热河的年份里，有一支 1000 人左右的部队常驻热河，时人多称之为"训练兵"或"操演兵"。雍正十年，依据内务府总管的奏请，清廷在口外内务府皇庄、果园中挑选壮丁成军；其组织形式既不依驻防八旗，亦不依绿营制式，统一由京城派出之副都统一员和参领二员管辖。这支部队设立的目的似也是缓解口外庄园中的人口压力，符合此时期清朝一贯处理旗人生计的方针。[19]雍正十年五月，热河训练兵正式开练。[20]十一年底，由京城派往的副都统被撤回，热河训练兵改隶热河行宫总管管辖。[21]乾隆二年，这批官兵被全部调往归化城；作为补充，热河新增了1200名由京城八旗闲散中拨来的驻防兵。[22]由此，热河驻防八旗总人数达到2000名，并续垦由训练兵遗留下来的空闲土地。[23]

部队编制　热河驻防增兵后，改设统兵大员的讨论也被提上日程。乾隆二年，驻防总管改为满洲副都统，满洲、蒙古各旗共设协领六员，佐领、防御、骁骑校各20员。[24]喀喇河屯驻扎满洲协领一员，管辖四个满洲佐领；化育沟驻扎蒙古协领一员，管辖两个蒙古佐领；热河驻扎满洲协领三员，管辖12个满洲佐领，蒙古协领一员，管辖两个蒙古佐领。[25]驻防兵中，满洲镶黄、正黄、正白、镶白、正红、正蓝六旗及蒙古正黄、正红、镶红、镶蓝四旗驻于热河，有兵1400名；满洲镶红、镶蓝二旗驻于喀喇河屯，有兵400名；蒙古镶黄、正白、镶白、正蓝四旗驻扎于化育沟，只占总兵力的1/10。[26]热河副都统不仅管辖驻防八旗，还兼辖口外绿营官兵。[27]

热河副都统继承了驻防总管每年巡查铁沟一带、稽查盗贼的职责。[28]这项检查延续至道光九年，此后改由地方文武官弁负责。[29]乾隆三十二年，古北口驻防兵一度从密云副都统处改归热河副都统兼辖；[30]四十二年密云驻防设立后，又改回密云副都统管辖。[31]乾隆末年，热河驻防增设马甲 200 名，[32]由此在理论上达到了清代额设热河驻防兵数的顶峰，并将此规模大致维持至清末。[33]

嘉庆十五年热河都统设立后，全盘接管了副都统的权力。自嘉庆年间至清末，热河驻防军制少有变更，仅在若干年中对清帝要求的革新军事技术和提高训练水平，有象征性的回应。[34]随着清末军事改革的展开，驻防八旗被逐渐改编为练军和新军。[35]（图 45）

经济来源 热河驻防的经济来源分两部分，一为饷银，二为饷米。根据初设驻防时的规定，热河驻防每年支饷银 2.9 万余两、饷米 1.7 万余石。[36]乾隆元年时，热河官兵（应含训练兵在内）、喇嘛每年共需兵米 3.1 万余石，其中口外皇庄每年可供米 1.7 万余石，其余按本折各半放给。本色由司库给银在口外采买，折色按 1 两/石的兑换比率将银两发给官兵。[37]乾隆年间训练兵移设后又增添驻防，每年需米在 2.4 万石左右，除皇庄交米外，不够的 7000 石兵米由直隶布政司库拨银给地方官采买。[38]

在官本位传统社会中，商人是官僚盘剥的重点对象，因此清廷始终坚持商买兵米、支放本色。[39]清代的驻防兵米例由官办，[40]唯独在热河由商人采买。乾隆中期以前，热河地区宫仓多有存米，兵米不足时即动用宫仓存米抵补。自乾隆后期，庄头开始拖欠交粮，且热河米价上涨，嘉庆以后，此种现象更加严重。[41]为此在嘉庆十年，清廷将驻防折色兵米确定了一个比价，由直隶经费内拨银交热河道发商生息，按年支用。[42]定价的权力掌握在户部和兵部手中，直隶总督和热河都统无权过问。[43]热河各地买米时，通过商号采买交仓，实质上是政府按照制定的远低于市场价的价格收购商人应交的额定粮食。清廷认为出现亏损的原因在于官商道德低下，因此将整治重点放在吏治上。[44]直到光绪五年，热河都统提出应将驻防之米一律改放折色，宣告了清廷试图用行政手段改变市场秩序的失败。[45]自道光至宣统，热河粮价呈现不断上涨趋势。[46]但是折色新章中的定价只是按照同治时粮价的最低数制定，由此就在实际上导致所有条款都成了具文。兵米折色发放的规定连一年都没有实行下去，就改回了采买发放本色的旧制。[47]光绪十七年"金丹道之乱"后，关于热河驻防兵米支放折色还是本色的问题，在清朝内部又产生了几次讨论，并且旋定旋改。[48]

额鲁特人 八旗驻防外，热河地区尚有额鲁特驻防。乾隆二十四年，清廷以准噶尔达什达瓦部降人迁居热河，其壮丁703名被编成九个佐领，分拆均派于热河驻防镶黄、正黄、正白三旗下，设额鲁特总管一人管辖。[49]热河额鲁特驻防有自属牧地，乾隆中后期，额鲁特驻防人丁持续减少，大约在道光九年以后，其驻防牧厂便基本消失了。[50]准噶尔部彻底平定后，清廷计划在伊犁实行移兵屯田。乾隆二十八年，清廷计划将驻热河额鲁特兵500名、满洲蒙古兵1000名派往伊犁驻扎。[51]经讨论后，改为只移驻另记档案兵丁。[52]

热河驻防设立近100年后，也发生了人口过剩的情况，至道光元年，热河的八旗户口增至1.09万余名，导致额设钱粮不敷。[53]传统的办法是增设养育兵和实行军屯。然而养育兵不能无休止地添设下去，[54]由此寻找新的军屯之所就成了唯一办法。在热河周围几乎已无地可垦的情况下，将闲散移驻吉林双城堡屯田的建议，未经多少讨论就获得了批准。[55]

围场驻防

约在康熙二十二年，木兰围场正式设立。[56]但在康熙中期，围场并无常驻部队防守，每年随扈行围的官兵，是保卫皇帝人身安全和稽查围场治安的最主要力量。[57]

康熙四十五年，清廷设立四品围场总管一员、六品防御八人，负责稽查看守围场，[58]但应未设常驻军队。因木兰围场近蒙古各部牧区，故由理藩院下辖的扎萨克旗和察哈尔八旗分驻四周，称为"驻哨"。康熙末年时，围场驻哨兵的来源为盟旗中的翁牛特右旗、克什克腾旗，以及察哈尔八旗的左翼四旗分部。这六旗以两个扎萨克旗为一组，察哈尔四旗为一组，并在后者中选出正蓝旗章京作为头目。翁牛特右旗应至少派出披甲十人驻哨于乌兰哈达地方，但似乎没有义务常川驻扎，可来去自由。[59]此后六旗驻哨的体制没有变化，但在察哈尔旗中设置头目的规定则被取消。到雍正元年，又恢复了康熙五十六年以前的制度，在四旗中重新选出头目。[60]

设立和体制 乾隆十八年，围场共设八旗满洲、蒙古兵丁800名，遵循清初以来八旗的固定方位在围场四周布置。围场总管定为三品，由京师补授，且在不久后即被改作热河副都统所属。驻防兵分左右二翼，每翼设四品翼长一人，每旗设骁骑校一人。[61]围场的增兵过程不大清楚，但可以肯定的是，大约自康熙后期开始，清朝已经逐步向木兰围场添派经制军队。[62]此外，每旗的每座营房还统领若干卡伦，围场四周总计有卡伦58处，并在嘉庆年间增至80处。[63]热河副都统于每年春秋两季巡查围场，围场总管要派兵随同副都统进哨。[64]到乾隆五十七年，围场又添兵50名。[65]

到嘉庆帝巡幸热河时，木兰围场的生态环境已经远逊于乾隆时期。皇帝认为这是围场官兵管理不善所致，因此在整顿围场军事上下了很大功夫。嘉庆七年，清帝宣布添设围场副都统一员，并裁撤了围场总管，又将围场额定驻兵增加到 1000 名。[66]但是在这次改章中议及的增设防御、骁骑校，以及改变巡查章程等项，虽然当时被批准，但大约直到道光三年才得到落实。[67]除兵额增加外，武器装备的更新换代同增强围场防御力量也有关系。然而出于政治考虑，升级武器装备给巡查围场带来的效果，又被人为地降到了最低。[68]

光绪初年围场厅设立后，围场地区的防御体系发生了变化。围场厅及围场内部开始由驻防练军及绿营兵共管，打破了长期以来围场地区只设驻防八旗的模式。[69]绿营兵的活动范围限于围场同知所辖地面。光绪六年时，围场有驻防练军 100 名；至二十一年，又添练驻防步队 200 名，随即改为马队 100 名，与前设之兵合为围场驻防马队 200 名。[70]（图 46）

经济来源 大部分围场驻防兵拨有随缺地亩，设有饷银，但不给兵米，这与热河驻防不同。围场驻防也负担着开垦地亩的任务，而且在设立时的讨论中，就以拨给随缺地为第一选择。[71]围场兵丁地亩先于所驻地方附近入官地亩内拨给，不敷者再在纳粮官地内丈给，一旦划入围场，则原先所纳粮银全部豁除。[72]随缺地遇有自然灾害时，清廷会换地补给。[73]因其散处周围府、厅、州、县，实际上皆分由口外皇庄或招募民人代种，旗兵坐收成租。[74]乾隆二十年的报告暗示围场驻防随缺地不应雇佣民人代种，正说明这类现象的存在。[75]由此，围场驻防的生计就与租地佃户紧密联系在一起。[76]如果佃户不能按期交租，驻防官兵就要靠向热河道库借贷饷银维持生活。清廷贷给驻防兵饷银的次数，远远超过拨补随缺地亩的次数。察哈尔左翼四旗分部不属于围场驻防序列，理应不参与分配随缺地亩。但同治以降，围场驻防体系开始混乱，拨给察哈尔兵随缺地亩变为既成事实。[77]总体上看，围场开垦会造成水土流失、土地沙化，垦种效率不断下降。因收不上来租银，兵丁生计逐渐恶化。[78]围场官兵的人口也一直处于增长状态，[79]在人多地少的情况下，他们的经济状况很不乐观。

裁撤围场驻防　清末围场驻防的裁撤，是与新军设立和围场放垦同步展开的。在新军军制下，士兵不再终生服役，因此光绪三十一年中央提出可将围场全面放垦，以备将来京旗陆军退伍后前往屯垦。[80]围场驻军的裁撤始自光绪三十二年，首先裁撤的是驻于围场同知公所周围的绿营兵。[81]随后围场原设驻防1000人中，仅留下50余人。所裁驻防中年力精壮者，待将来热河续练新军常备军时挑选。随缺地仍令民人继续佃种，所裁旗兵继续食租。[82]

清末练军和新军

甲午战争的爆发使清廷认为热河受到了军事威胁，因此添设练军的建议被再次提出。[83]经过光绪二十一年至二十五年的几次改组，历年所置来源、统属不一的驻防练军，被以营为基本单位重新整编，确定额设兵员后分入各营，由热河都统统御。光绪二十四年首先完成了两营的整编，[84]至二十五年下半年，各练军先后整编为五营，由驻防闲散余丁中挑选的1100名步兵和炮兵组成两营，马队500名组成两营，围场马队200名组成一营，名为"强胜军"，以前、后、左、中、右命名。[85]

强胜五营建立不到三年，就因经费不足而开始议裁。至二十九年初，已经只剩不到 2/3 的人了。[86]驻防练军被大量裁撤后，热河地区的防御势必越来越依靠绿营练军。光绪二十五年热河都统从内地调拨马步练军四营，合原先驻军共八营，分拨平泉、建昌、赤峰、朝阳驻扎，随后将永平驻扎练军马队一营、古北口练军步队一营、楚军马队两营调往热河，统归热河都统节制。鉴于赤峰至朝阳一带是热河匪患最严重的地区，新添之兵以朝阳为防御重点分别驻扎。[87]至此，曾国藩时即反对的口内调拨练军进驻热河，已经全部实现。光绪二十九年，热河都统将驻防练军和绿营练军合并，改名热河练军。同时新添募卫队 100 名。[88]绿营练军与绿营兵一样，同为分散驻扎，划地而治，难以互相联络，极易回到过去绿营兵负责本汛地方治安的老路上去。[89]光绪三十四年，马玉崑所部各营撤防，只留两营分驻平泉、建昌。[90]强胜各营和热河练军则在随后被陆续改为新军。[91]

第三节　张力和向量——钱谷刑名

接管税收权（1828～1911）

接收地粮和税收征收权　热河都统正式介入地方财政事务始于道光八年。该次热河改制后，其从直隶总督手中接收了四项常规征税权：（1）承德府属、滦平、丰宁、平泉的田赋，朝阳的丁银，由热河道申送热河都统题销，每年报告各地收成，也改由热河都统执行；（2）承德府属、滦平、丰宁的六项旗租，遵循同样的处理程序；（3）大阁儿巡检经征的汤河地粮，由热河道申送热河都统题销；（4）承德府属、丰宁、滦平的五行斗税及当税，由热河道申送热河都统题销。与此同时，各地留于本处支用的俸工役食祭祀工料等银，原有不敷，即赴直隶布政司库请领，从此改为由热河道发给。换言之，自道光八年起，热河都统承担起原直隶布政使和直隶总督在口外地区的财政职能，热河地区逐渐形成一个单独的财政区。

热河四税的征收趋势 四税司员虽然在嘉庆十五年后被改作都统属官，但一开始对税务征收并无直接影响，四税仍由司员呈解户部和理藩院。[92]只是在四税司员因特殊原因出缺时，热河都统似可暂委都统衙门中的理刑司员署理，但正式的人员依然要由理藩院决定。[93]热河四税实行银钱并征的制度，但是八沟和塔子沟两处收入的大项——斗税是征收制钱的，向中央核算时再换算成银两。晚清以来鸦片作为合法进口商品在清朝流通，四税司员同样对鸦片抽税，并造具单独的清册。[94]

晚清以降，四税之中的乌兰哈达和三座塔两处尚能足额征收，甚至有倍增的趋势，反映出热河经济中心的逐渐北移；而八沟和塔子沟自嘉庆年间起，[95]开始出现不定期的亏额，且愈演愈烈。对四税征收中陋规的默许和讳疾忌医，导致八沟税银的短缺数额在咸丰以后急速增加。[96]同治七年至光绪二十一年，塔子沟的税课只有光绪五年征收足额。[97]税银缺额有几个方面的原因。一是陋规和银钱比价的变动。[98]四税司员的任期和关期并不重合，每任税差均照例接收前任移交代征之银，同时代征后任之银。道光中期始，塔子沟司员开始按照半银半钱的比例，向后任移交代征之项。接任的税差为避免钱价下跌造成的损失，同样如此办理，亏额就层层积累下来。[99]但是官方依然拒绝调整银钱比价。[100]二是晚清以来，热河地区贸易中心逐渐北移，赤峰和乌丹城、经棚等处逐渐发展，甚至在盟旗内部，也出现了不可遏止的向北部移民的趋势。[101]由此到光绪三十三年时，乌兰哈达和三座塔的税收较原额增长了一倍，[102]平泉州和建昌县一带商业则略显衰落。有人认为八沟和塔子沟税额的减少，是因为税率设置过低，故应尽可能增加税额和税种，[103]但经过热河都统的调查，四税增额的设想与实际不符。[104]此外，同治以后围场开垦和砍林伐木造成的水土流失，间接导致八沟和塔子沟地方产粮减少，外加天灾（事实上也是"人祸"[105]），依靠米粮斗税制钱为重要收入的这两处税收便锐减了。

尽管有以上的客观原因，但对征税官来说，亏额意味着要自己赔钱。[106]晚清以后，税官至少开始将八沟税差视为苦差，想方设法逃避。[107]到光绪中期，因为维持八沟、塔子沟两处额征已毫无意义，故自光绪二十年起，八沟税银按 60%征收报解，第二年塔子沟税收亦照此办理。[108]

接收热河四税征税权　转机出现在光绪末年。在光绪十七年"金丹道之乱"后，为弥补热河地区的财政亏空，热河都统和直隶总督都设想过将热河四税裁并州县管理。虽然四税在当时已经连年亏额，但聊胜于无；且一旦如此，税额的制定和征收方法就有转圜的余地——例如加收厘金。[109]光绪二十七年因受庚子之乱的影响，四税征银被留于热河道库抵拨军饷。[110]尽管只是一次临时行动，但这是热河四税首次留于当地。到二十九年，清廷以司员会审制度存在意见不合为由，将四税司员裁撤，税务由热河都统委员征收。此后州县经征落地商税，除例供户部和理藩院饭银外，即解至热河道库留用，如有盈余，每年再加解理藩院税银 2000 两。[111]由此，理藩院司员的改属和裁撤都是出于司法上的考虑，但均连带产生了财政上的影响——热河四税在性质上虽仍属国家税，却至少可不必上缴。

此外清廷还在热河地区增加税局和分卡。[112]虽然各处新设税局总体上都不太成功，[113]但在清末财政收入爆炸性增长的背景下，热河税收也在几年中迅猛增加。

清末盟旗开垦和财政规模扩大

晚清以降，热河地方的财政规模呈爆炸性扩张态势，主要增项来自围场放垦的收入、昭乌达盟旗开垦的收入、矿税银以及四税归并州县后的增税三类。本小节主要讨论后两类。

昭乌达盟旗开垦 昭乌达盟旗开垦地亩，其实与新设之建平、开鲁、林西等县所垦地一而二，二而一。这几县在设县时，均由热河都统奏请"劝令"敖汉、巴林、阿鲁科尔沁及东、西扎鲁特等旗"报效蒙荒"，只是所定课则与承德府等处民地不一，有略高者，亦有略低者。耗羡率为10%，耗银随同正课解交热河财政局，以一半充饷，一半给各旗作为补贴。有的地方再随正银征收30%的杂费。但因时间短促，至清末时除敖汉蒙九道湾子按则升科外，巴林与阿鲁科尔沁等几旗垦务都未走上正轨。当时清廷从各旗放垦中得到的收入，除押荒银外每年还不足2000两。[114]这项收入不属于狭义上的田赋，但也统称为"地粮"。

清末热河矿务 清代的矿产开发，分官办和商办两种。官办之矿由政府直接派人开采，所得之利收归国家；商办之矿由政府招商开采，按照事先议定的价格从中抽成，余利归商。依据地区和矿种的不同，定有不同的税则。在热河地区，政府开矿的历史可能早于旗、民人出口屯垦的历史，但其管理方式和报销程序尚不清楚。[115]清代前期，内务府在长城边口一带派有采矿人员，在奏准开矿后，将派出人员姓名人数咨行古北口总兵。[116]康熙五十一年时，清廷明确准许开采喀喇沁的几处铅矿，依据其地是否在扎萨克旗界内，决定由民人还是蒙古开采，户部及理藩院各派司官一人监视，每年纳铅交入户部宝钱局。此外，口外地方已有零星金矿被开发出来。[117]六十一年时，清廷又将喜峰口、雅图沟等产铅之处各委派内务府和部院司官一人，会同砍木人等开采。[118]虽然雍正帝继位之后，将口外各处开采之矿全部封禁，但乾隆初年复开。[119]此后的口外开矿，普遍采用招商的模式。按照规定，采煤之人不再依据惯例由工部给票，而是地方官选择当地殷实商民试采，窑成之日报明直隶布政司给予窑帖，每年向户部纳课。[120]因所开各矿或是作为货币供给京师，或是作为能源供给驻军，不向市场流通，故不再另行抽课。

乾隆二十六年起，清廷主动要求在口外开发矿利，更重要的是指出了矿产应进入流通市场。[121]地方官将产矿山场划定界址后，招募民人，出示连环甘结，申送热河道给予印票开采，并由道、厅衙门稽核。窑成即详请给予司帖，准其认充纳税。如果更换工人，须按季报明热河道并地方官。热河道每年轮查各地时，要亲至窑厂稽查。[122]外藩蒙古旗界内的煤窑也被相继纳入开采范围。但因蒙古人不熟悉相关技术，实际上绝大多数矿窑是雇用民人开采。民人依照习惯法给予蒙旗山分，各旗将开采信息报告地方官存案。[123]虽然在嘉庆年间，一度受"何必言利"的政治思维影响，清廷在全国范围内开展了禁矿活动，[124]但是经过道光朝前期的试探，政府还是逐渐放开了对采矿的限制。[125]道光年间，在缺少赤峰县数据的情况下，热河境内至少有86处矿窑进入正常开采期。[126]朝阳、赤峰、建昌、平泉的窑税，都汇入热河四税内征收。

道光以前口外开采的矿种，以与人民生活息息相关的煤、铅为最大宗，此后则呈现多元的发展趋势，金、银、铜矿的开采渐渐普遍。[127]咸丰以后，清廷在经济压力之下将各类矿种开采全部开放。如同 19 世纪美国西部的"淘金热"一般，在传说中的高利润的驱使下，商人们蜂拥而来。[128]

咸同年间所讨论的矿种，主要是可以产生大量附加值的金、银、铜等矿。热河都统衙门内设立了矿务局，派有总办和帮办矿务委员，由都统专折奏请衙门内的理刑司员兼任，专门管理各矿的勘查和开采。[129]热河道为督办，承德府知府为会办。但是在矿务局裁撤后，每新开一处矿厂，就由热河都统决定是否新设总办。到同治二年，热河都统奏请再在衙门中添设帮办一员。[130]光绪二十二年时，热河再次设立矿务总局，无论新旧各矿，统归总局管理。

晚清时期热河地区最先开采的是承德府属铅洞子沟铜矿。[131]咸丰四年议定升科章程，这是咸丰以降热河地区的第一份铜矿课章。铜课率定为本色 10%，耗羡 5%，余铜作价 8.5 两/百斤，由政府采购。厂费由耗羡项下作价发给，不足时再动用正课。[132]咸丰三年底，热河都统又奏报了根据四个月前遍山线银矿升科章程而改订的银矿征课制度。[133]随后在咸丰四年，锡蜡片银矿议定升科。按照 35% 正课、3.5% 耗银、1.5% 运费的规则办理，其余六成归商工本。热河矿税由商人直接赴局或都统衙门交纳。光绪初年政府一度将银矿税率提高，但是只持续了一年，就改回旧章。[134]光绪二十三年和二十四年，清廷两次改革矿务征课制度，最终规定各矿自开采之日起定限一年升科，金矿正课 6%，银矿正课 8%，不提耗羡。但矿厂开销由矿商自行办理。[135]和传统煤税相比，对含有高附加值的金属矿，一般直接征税，不依靠照费获得收入。

热河地区矿厂的日常管理，可由窑沟银矿章程中窥见一斑。矿厂的矿夫来自附近居民，先由社首出具保结，商人各给腰牌，每五日点名一次，如有更换，随时报查。不遵约束者，厂员有惩责之权；犯枷杖以上罪，则送地方官。厂员在厂中择隘立栏，昼夜巡查，每日报明所得砂斤。应交课耗银两，由商人监督匠役倾熔成锭，镌刻地名及匠役姓名，由厂员具文，商人按月解至都统衙门兑收司库。厂员在厂常住，一年更换。窑沟银矿地面因原系内务府旗地，由商人按照民地给予地价。该矿升科后，另派总办、帮办、司员，各给薪水。[136]

咸同以后，一些矿厂引进了西式机器设备。典型的是遍山线和土槽子两处。[137]机器的使用有可能提升效率，但也要培养或聘请合格的技师和制定合理的开采方案，[138]而有条件使用西式机器的终归是少数。[139]自咸丰三年起，热河矿务以"大跃进"的势态发展，但能有成果者寥寥无几。清廷制定矿章时是按照最乐观的情况按比抽课，这导致大多数矿厂没过多久就陷入亏损之中，甚至没有度过试采期就倒闭了。[140]光绪二十八年时，清廷试图用行政手段提高各矿厂经营效率，规定此后每新开一矿，先由商人交押课银，如办理无效，就将银两充公。[141]大办矿务之风，连盟旗也跟着效仿。咸丰四年时，卓索图盟的官员挑选了一处作为试点，选派蒙古旗员及本旗良民充商试采。经清廷讨论后，议定可以将收成的 10% 交旗作为分成。[142]由此，清廷在制定升科章程外，又制定了对旗内矿务人员的管理章程。[143]必要的时候，热河都统可以出动本地军队维持治安。[144]扎萨克旗内的矿厂极少有开办成功者，[145]到咸丰六年底时，各旗呈报的试采之矿几乎全部处于亏损倒闭的状态。[146]

兴办还算顺利的只有开采技术简单、成本较低的煤矿。煤窑的开采仍是按照向窑座发帖的传统方式征税。[147]光绪二十五年时，清廷看到煤税中其实也有利可图，故在窑帖之外，委派官商包办征课。[148]到光绪二十八年、二十九年时，每年实征的煤窑银至少有一万两。

随着形势的发展，热河矿章也被因时制宜地不断修改，最重要的变化在于为防止外国对华矿的垄断，而将外务部引入审核机制中；相应的，矿权也被收归国有。光绪二十六年至二十八年的一起矿务交涉案，最终推动了二十九年热河都统与外务部共同改革奏定热河矿务新章。[149]在首先选取若干矿厂作为试点后，这一规定称，开矿申请须递交于热河都统和外务部，商人将资本、合同均呈报热河求治局。凡有外资的矿务，由热河都统和外务部复核，按照规模大小交纳不同的押课银和照费。矿课率定为金矿6%、银矿8%，提局费20%。矿务盈余提35%缴部。扎萨克旗内矿务，照例给各旗抽成。[150]之前所订合同，统一由热河都统按照新章改订，报外务部批准。[151]自此，热河都统与外务部共同掌握了制定矿章、修改合同的全权。[152]政府从矿课项上获得的收入，比改制前数年在短期内有所增加。光绪二十八年至三十四年，历年热河所收矿课银数除土槽子和遍山线两处另行报销外，在提出办公银后，净收入达六七万两，其中煤课收入占2/3以上。光绪三十四年以后的收入有所减少，但也有三万两以上。

四个具体案例　以下通过对咸丰以降热河地区四处有名矿厂的描述，来更深入地解释晚清时期的热河矿务。

（1）遍山线银矿。遍山线是热河地区开发最早的大银矿，其各项制度成为后来历开各厂的模范。遍山线于咸丰三年试采，因成效较著，[153]遂在当年八月升科纳银。按照初定的章程，正额税率定为 30%，耗羡率 3%，以后视具体情况增加。热河都统专派委员总司矿务，各厂派委文武员弁各一人巡查。移驻该处管矿之官弁，按日注册，每十日报明总局。矿夫雇觅附近居民，将花名册报总局及地方官。每五日点名一次，都统派弁兵缉拿偷挖矿砂人犯，解送地方官治罪。[154]遍山线征课由热河都统单独奏销，[155]咸丰三年底窑洞银矿升科后，遍山线银矿税率改为与后者相同的标准。至咸丰五年时，因遍山线地位重要，热河都统将该处矿章重新修订完善，由河屯和八沟协营派兵保护矿厂，所有应需款项，除由商人每月捐银 150 两外，不敷之处在耗银内动用，如仍不足，再由商人筹办。地方乡牌和社首应为矿夫的素质和可能发生的抢矿案件负责，同时制定检查制度。[156]自咸丰六年起，清廷又将税额改为以 40% 为正课，4% 为耗银，1% 为解费。遍山线课银由热河道负责征存于热河道库。

遍山线升科之初，开采尚称得力，但咸丰六年冬季以后，开始出现小的波动。[157]到同治五年，商人因无力承担驻军费用，由热河都统奏请将留山防兵全部裁撤。[158]另自同治三年起，将所征解费抵放各署办公费用；同治四年以后，再度改回咸丰六年以前的税额。光绪十四年时，清廷将遍山线与土槽子两处银矿归直隶派专员管理。二十三年时，经热河都统奏请按照当时征课银数，再增加四成；至二十九年改订热河矿章时，才将遍山线银矿按照热河新章统一抽税，由都统派员驻厂监督。[159]在升科的最初四年中，所征正课均呈上升趋势，咸丰九年正课银的收入达 8.1 万两，为历史最高。自十年起，正课银呈断崖式下跌，同治十一年以后，正课银的收入降至 2000 两/年以下；

光绪年间，除个别年外，正课银收入常年维持在 700～800 余两/年。由于厂费须从耗羡中支出，而耗羡是依据正课计算出的固定数额，在同治以前，正课的征收须达到约 3 万两，才能保证商人不必赔垫行政费用；同治以后，按照厂费成本计算，除非正课收入达到 1.3 万两，否则耗银也不足以支付厂费。同治三年以前，耗银在支出厂费后尚有盈余；但自该年起，理论上须由商人从所得利润中支出不敷的公费。虽然在档案统计中，商人没有赔给历年的厂费，但不排除是因承包商处于亏损或申请破产的状态，根本拿不出钱。

征课之外，炼出的矿银则直接变成资本，进入市场成为硬通货。遍山线在咸丰三年至光绪十一年间，共出银 1500 万～1600 万两。[160]按照 40% 的净砂率和约 1/5 的得银率核计，遍山线应得银 125 万两左右。

（2）热水塘金矿。热水塘金矿位于喀喇沁中旗界内，于咸丰七年试采，招商时由一位蒙古人和一位民人共同出资，自咸丰八年起议定升科。原定蒙古地方金矿章程，以 50% 归商人工本，36% 为正课，3% 为耗金，1% 为解费，其余 10% 作为旗的提成。但因金矿开采成本很高，故改按银矿课额，以 60% 归商，35% 为正课，并在正课中提出一成归旗。所征正课解京交火器营兑收，耗羡作为厂费。[161]热水塘升科时，热河矿务局已经裁撤，故一切矿务由厂员并该旗直报都统衙门。[162]热水塘矿夫由附近居民构成，社长出具保结；充当厂役之蒙古人责成旗员管理。蒙民交涉事件，由厂员会同旗员核办。防守矿山事宜由旗经理，所需工食银由商人备办。开采所得矿砂由厂员按日注册，每季易银存贮都统衙门，解银时由沿途营汛派兵护送。[163]热水塘金矿的升科章程，成为晚清热河各处金矿矿厂的标准章程。该金矿自升科以来，征银始终在不断减少，尤其在九年夏季之后，完全进入亏损状态。[164]自咸丰十年起，热水塘每年实际能完纳的课银已不足 5500 两。

（3）土槽子银矿。土槽子银矿位于喀喇沁右旗界内，咸丰十年奉旨试办，第二年升科。按照咸丰四年奏定的蒙古地面开采银矿章程，其出银以 60% 归商工本，25% 为正课，3.5% 为耗银，1.5% 为解费，10% 为该旗抽分。其余一切均照遍山线银矿办理。土槽子专设总办一员，[165]征课也由热河都统单独奏销。其升科之初情况良好，同治二年还增加了四成课额，并规定商人要承担一个最低限度的纳税比例。同治初年改章之时，恰好是土槽子银矿征课最多的阶段。同治四年的正课征收高达 2.2 万余两，为晚清的最高数值。自同治五年起，历年征课数大幅下滑，虽然在同治后期正课的征收尚能维持在 2000两/年以上的水平，但自光绪二年起则降至不足 1000 两/年。光绪十二年以后，甚至连 300 两/年的水平也常常达不到。土槽子银矿的厂费同样从耗羡中支出。除同治三年耗银抵除公费后还有盈余外，自咸丰十一年至清末，每年商人须自赔厂费数十两至 1000 余两不等。光绪以后，随着开采效益的下降，商人将所赚之银刨去成本，已经不足赔付厂费。光绪十三年起，清廷将遍山线原由热河道派员征课、按月交热河道库存储、土槽子原由都统衙门派员征课、按月交都统衙门存贮，改为两处合并管理，统一由直隶派办矿委员措缴。[166]至光绪二十九年时，土槽子银矿改照热河新矿章统一办理。

（4）牛圈子银矿。牛圈子银矿在咸丰四年升科，所抽课银照遍山线章程办理。[167]咸丰七年时，改为按 40% 交纳正课，4% 为耗银，1% 为解费。咸丰至同治初年，遍山线在征收课银时，同时奏报牛圈子的收数。咸丰九年至同治三年，牛圈子所征正课银数均在 2000 两/年以上。自同治四年起，该矿一蹶不振，同治八年后，甚至因为亏损而改变了矿厂的性质（由银矿改为铅矿）。[168]

对于咸丰以来中央从热河矿税中获得的总收入，可以做一个大致的估算。在咸丰末年至同治初年的高峰期内，热河地区的矿税收入在 10 万两/年以上。[169]同治起热河矿务迅速进入低潮，几处大厂相继减产亏损，各处小矿陆续关闭，可以推论征课额数大幅减少。光绪三十年的窑矿课银收入为 3.5 万余两，[170]大致能代表光绪年间的收入情况。光绪末年经过矿务整顿后，似有回光返照的趋势，[171]但到宣统元年时，又降至 3 万两上下。[172]

四税归并地方后的增税　光绪二十八年后，四税收归地方管理。由此，其与热河其他各处落地商税之间的区别已经消失，史料中也不再强行做此区分。当年，热河仿照直隶章程试办酒捐，并筹办盐碱等税，设立求治总局，吏治及筹款等事隶该局管理。[173]各项税收中，酒捐是热河重点经营的大项。[174]康熙末年时，清廷对口外烧锅的态度还是时开时禁，[175]但实际上随着烧锅开设越来越普遍，执行查禁的命令很容易招致人们的反感。[176]乾隆以后口外地区民人增加，清廷对口外烧锅的设立逐渐持开放态度，因为得到默许，烧锅业在当地发展迅猛。[177]光绪年间，即使口内烧锅因故停止，直隶总督和热河都统也对口外的烧锅持弛禁态度。[178]烧锅业必须处于官方的统一控制之下。[179]用税收杠杆调节烧锅市场，看来是卓有成效的。[180]

热河地区的各类杂捐杂费，到宣统末年可统计的名目至少有 60 余种。[181]光绪二十九年时，热河的酒捐收入计 14.7 万余两，盐碱罂粟亩捐 3 万余两，窑矿课银 3.5 万余两，原四税征银加解理藩院饭银外 3.6 万余两。总计近 25 万两。[182]光绪三十二年时，热河开始筹办粮捐，并在热河都统的主持下，修订了热河各项税则。[183]此后热河各项税收的情况大致如下：原狭义上的四税收入，至光绪三十二年陆续增加到 9.4 万两；酒捐收入至三十二年增加到 30.3 万两；盐捐至三十二年增加到 4.3 万余两。[184]粮捐的收入在 1.5 万两~2 万两。总体而言，这时的税收不是压迫性的，而是生产性的，但要说清末热河地区潜在的经济能力已经被完全激发，还是谨慎些为好。（图 47）

接管司法权（1810~1902）

嘉庆十五年起，口外地区蒙民和旗民交涉案，以及蒙古、旗人内部的一般案件，都改由热河道呈送热河都统复审后咨达刑部，不再送直隶按察司，由直隶总督具题；道光八年起，民人之间的一般案件也照此办理。热河都统成为该地区各类司法案件的最高在地法官。直隶按察司这一审级的取消，就要求热河都统衙门中的理刑司官发挥更大的作用。

嘉庆十五年热河都统设立后，刑部须拣选汉司官二员，由清帝特简其中一人派往热河都统衙门，另派理藩院司官一员前往，三年期满，如办事妥当，由都统保奏引见升用。但由于都统衙门处理案件较多，往往在额设司员之外，热河都统会另派参领、佐领帮办审案，由此在道光七年，清廷再于刑部候补主事内派出一员前往帮办，并于刑司帖写、前锋、领催内择通晓满语之人，作为额外笔帖式处理蒙古案件的翻译问题。[185]土默特、喀喇沁等旗，则有轮班向都统衙门派遣蒙古翻译章京的责任。[186]清末的调查报告对理刑司员的评价比较负面，认为他们只是与科房书吏串通一气，受贿腐败，但这也从另一个角度说明理刑司员本应发挥的重要作用。[187]

正是因此，晚清以降，在理刑官任满三年后，都统将其奏留的例子不绝如缕。光绪三年时，清廷命令将各部拣派京外的司员，除写有明文外，均不准留办。[188]但热河地区是个例外，清廷对于延长司员挂职时间的请求，一般会批准至少一年的展期，但实际上有很多司员的任期超过了四年，同时也有少数人连三年都没干满就被参奏停差了。[189]

口外地区作为各族群混居地带，刑案案发率高于内地。[190]最有代表性的是连一位在清代公认有名的巡检，也在一次考核中因承缉盗贼不力，被革职留任。[191]不仅案发的频率高，案件的审理效率也低。同治七年底，热河都统奏请设立专局清讼，一开始的计划是在十个月内将积案清完，[192]但他显然低估了这一行动的难度，到十一年时，不得不请求无限期展限。[193]光绪四年，承德府属州县自道光起积累的未能按时办结之案已有近800起，即便经过光绪初年的集中审理，仍有近500起不能结案。[194]

由于各属距热河都统所在地过远，提传人证、物证均为不便；而各州县一旦将案提郡，即以置身事外自处，故光绪五年时，热河又将清讼局裁撤，仍由各属按期结案。当时据说已经带办完结的旧案有210余起，尚有未结者260余起。[195]但毫无疑问在光绪八年左右，都统衙门的清讼局还是复开了。[196]自光绪九年起，热河都统向每州县拣派候补正印官一员帮同审理积案，所有热河不足候补官员，由吏部于满汉正途州县内拣发差委。[197]这批特派人员实际上成了地方上各类案件的司法官。为了提高效率，宣统元年清廷明确宣布将疑点归于原告，采取有罪推定的原则。[198]光绪末年至宣统初年，朝阳府属未审结和未获犯的案件数，依然占旧管及新收案件数的82%和61%。[199]虽然破案率和审结率已经有所上升，但绝对的积案数量还是很高，在口外其他地区可能也存在着同样的现象。

对盟旗权力的增大（1810~1911）

清代地方官没有刑讯州县以上的权力，对盟旗内的官员也是如此。有关旗内官员和王公大臣的案件（包括京控案），多由皇帝特旨，或遣钦差大臣，或令热河都统就地审断，通过奏折将案情报相关部院，由清帝裁决。这些案件既有行政案件，也有刑事和民事案件。[200]只有皇帝才能将旗官员罢免。[201]

钦差审理盟旗案件的四个例子　道光十五年，土默特左旗台吉等人呈控该旗扎萨克贝子于打围时乘坐轿椅，在旗内演戏，清帝命文渊阁大学士、户部尚书会同热河都统审案。理藩院议将扎萨克照不应重律杖八十，降三级调用。因蒙古官员无级可降，折罚扎萨克俸两年。清帝认为处理尚轻，又加命其退出御前，在乾清门行走，罚扎萨克俸五年。之前的审案大臣及热河都统衙门理刑司员，交都察院、吏部议处。[202]

同治四年，一位巴林右旗台吉被控以私放护卫等事，由热河都统上奏请旨革职，清廷批令热河都统审明实情后，又查出该台吉有念诵黑经诅咒盟长、勒派马匹情事。除念经轻罪不议外，拟杖一百，流三千里，不准折枷，照例实发。其之前捐马议叙公衔之案也被撤销。又因都察院奏该台吉叔祖母以热河都统收受请托为词，赴都察院呈诉，经清廷派蒙古副都统赴该旗重审后，证明系畏罪诬控，故从重发往黑龙江做苦差；热河都统衙门理刑司员照例议处。[203]

同治五年，已故额驸奈曼郡王之侍妾，呈控新袭郡王倚仗王势，存心陷害。清廷特派肃亲王华丰和宝鋆会同刑部审讯。[204]经该旗派员将涉案人证解送理藩院、转送刑部后，发现原、被告供词均自相矛盾；又因该案牵涉理藩院司员，故改在刑部审理。清廷将奈曼郡王开去御前行走差事，原、被告在庭外达成和解。[205]

光绪二十四年，一位御史参奏昭乌达盟长敖汉郡王以练兵为名，杀掠汉民，苛派勒索，枪毙人命；并贿托理藩院越次请补副盟长。热河都统调查后称，勒派各旗确有其事，由此，清廷将该郡王先革去盟长一职，交理藩院看管。其余各款续派直隶总督荣禄和刚毅审查。[206]这两人尚未回奏，又有帮办盟务翁牛特扎萨克郡王呈报，敖汉郡王勒索该王旗协理和章京银两。在两案合并办理后，[207]荣禄和刚毅以敖汉郡王练兵苛派旗众，又折罚翁牛特旗银两定案，请将其革去扎萨克，开去御前行走，杀害佃民一事交由热河都统就近审结。[208]随后理藩院以热河都统就近审案，不足以公平服众，说服清廷仍令荣禄和刚毅接续办理。到当年七月，刚毅奏称敖汉郡王所派弁兵枪毙多人，应交理藩院议处。[209]直到该年底时，该案依然没有定论。[210]但敖汉郡王的盟长和扎萨克之职在清代未得到恢复，被削爵职由其子继承。[211]

从清朝对盟旗官员贵族的查案中可见，派出何人查案没有定章，但由热河都统参与的案件较多。案件涉及面广，既有公事，也有家事。对于涉案各官员贵族，一般先采取开缺或停职的处理，是否给予刑事或行政上的处罚，由各衙门再斟酌。高级官员的议罪和议处，突破制度束缚的概率很大。

"弱者的反抗"　　州县、四税司员与扎萨克旗官员对司法权的争夺，重点体现在人犯的解送问题上。晚清以降，凡是涉及外藩蒙古的命盗案件，因在实际中均已陆续由州县和四税司员会审，故盟旗应将犯、证双方解送到流官衙门。[212]但是因为盟旗认为其掌有与州县和理藩院司员会审的权力，故而对于向地方官解送人犯和人证，往往采取消极拖延的态度。有些流官可以依靠个人威信、魅力折服旗官员，[213]但并非所有人都有这样的才能。早在嘉庆二十一年时，清廷就指责盟长在解送人证时借口推诿，并要求理藩院比照内地迟延逾期的条例，对旗官员进行处分。[214]到道光十年，因为解送拖延情况日益严重，理藩院制定了专门的条规来尝试解决这一问题。[215]热河地方有关蒙古案件的大量积压，和人犯、人证解送不及时脱不了干系。只有在此类事件效率提高后，清厘积案才能得到有效开展。[216]

尽管有明确而严厉的规定，但是道光以后扎萨克旗解犯延期，依旧史不绝书。[217]清廷在光绪四年末重申：热河都统负有督催卓索图、昭乌达两盟各旗命盗重案遵例限办的义务；如各旗有延搁情况，都统应指名参奏。[218]遇有命盗重案，都统应首先派出章京，执持印文赴扎萨克处拘提人犯，并知会附近地方官添派兵役，提供车辆。先将预定的解到日期呈报都统，到案后再由都统札知盟长备案。[219]热河都统权威的加强和严格的定限处分，使旗官员在反抗时要为自身仕途考虑。但理藩院司员和州县行文各旗关传人犯时，后者仍大半庇袒不交，有时还发生杀人抄产的惨剧。[220]光绪末年时，从口外直到朝阳府一带，尚"蒙民相安"，但再向北走，则出现了上述情况。[221]

统一审判机关 不同社会属性的人，都希望确立唯一的标准，州县对会审制度也在表达某种不满。盟旗拒不将外藩蒙古嫌疑人解赴理藩院司员处和地方衙门，反过来地方官也有不解送民人到理藩院司员衙门会审的时候。[222]在这一背景下，光绪二十八年清廷将四税司员裁撤，蒙古和蒙民交涉案一律归地方州县审理。这是清代热河法制史上的第三次重要改革，特征是削弱盟旗政府和理藩院的权力。

理藩院司员的裁撤意味着会审制度的取消，盟旗被剥夺了最后的司法权。此后一切案件一律由地方官负责审理，由热河道转达热河都统后咨报刑部终审，地方官全面取代了四税司员，成了地方上有关蒙古案件的唯一裁判者。光绪三十年时，卓索图和昭乌达两盟盟长请将旗内微末事件仍由旗自理，重大案件再由州县会同扎萨克审讯。热河都统的答复是从前热河境内无论是蒙古还是蒙民交涉命盗案，均由州县与理藩院司员会审；《理藩院则例》也有扎萨克无权会审蒙民交涉案件的明文，只需在结案后将结果由司员转告扎萨克。按照这一解释，不但旗没有各类案件的司法权，甚至蒙民交涉细故，也缺乏自理的依据。只有限于鞭责和罚九的旗内蒙古间冲突，仍可自行办理。[223]清廷依据热河都统的这一解释，正式宣布盟旗会审蒙民交涉案件词讼非法。[224]清朝限制和缩小盟旗自主权的政策，在庚子以后体现得更加明显。当光绪二十六年一位扎萨克提出练兵和赏予其会同都统筹办地方事务之权时，清廷立刻用严厉的措辞警告当事人注意自己的身份。[225]对于旗内的普通人来说，“常识”一点点从不满和抵制现实的知识，变成使他们适应现实的知识。（表20）

管理旗内保甲　热河都统对旗权力的增加，还在于其直接管理盟旗中各类保甲系统。清代中期以后，内地的保甲制被完全引入盟旗的蒙古人中。[226]盟旗中的保甲制下，户口清查不以传统的苏木为单位，而是按照村落聚居形式进行。旗下的达鲁噶、达玛拉保甲制，并不承担辖区内的民人事务，只是为了更严格限制蒙古人的流动。[227]对于各旗内部编设保甲的效果，不宜评价过高。至少对中央而言，直至清末时，对盟旗蒙古人的编户和人口统计，仍认为困难较大，难于进行。[228]

太平社的出现，较盟旗内蒙古编设保甲要早一些，其基本特征是将附近的几个村落编为一个社，发挥缉捕盗贼的功能。道光二十三年时，热河都统首先令平泉等州县设立太平社，该年五月各州县将章程禀复，合数村为一社，每社举一人充当社长，专司巡缉，互相稽查，重点在于搜捕窝家。朝阳、平泉、建昌均已立社，赤峰、丰宁、滦平三处正设法补立。七年后，太平社已遍布于口外各州县中。[229]总之，太平社是架设在数村之上，以维持地方治安为目的的民间村落联合体和自卫组织，[230]但似乎没有特别的规定来指明太平社可以或不可以具体做什么。丰宁、滦平二县与盟旗并不连界，说明太平社并非旗内独有的组织。社内公费由属民捐办。[231]清廷一开始对于太平社评价颇高，到了晚清时期，太平社往往与团练并行活动，行使部分军事职能。[232]太平社名头太响，甚至有人通过贿赂地方官，四处讹抢，也打着太平社的旗号。[233]这时候政府对太平社的态度，就不是异口同声地肯定了。[234]

无论是扎萨克旗内的保甲制还是太平社，都是在村落而非旗苏木的基础上编立起来的。可以认为，在清代中期以后，以地理原则划分的村落的地位，已经开始上升。

发现外国人

在现代国家中，外交权力属于中央或其派出机构。晚清时期，省拥有一些涉外事务的自主处理权，并渐渐得到默认。[235]

扎萨克旗与州县一样，原本无涉外事务可言，但晚清以来也不免和外国发生接触。

旗的涉外事务可分为两类，一是外国人进入旗界内发生的交涉；二是旗作为整体与外国团体间发生的交涉。在前者中，出于地理的原因，进入昭乌达、卓索图两盟内的外国人以日本人为最多，涉及的刑事案件，与旗处理蒙民交涉案遵循同样的程序。[236]如后者，则可通过以下三个案例，说明旗处于什么样的地位。

（1）光绪十五年，在多伦厅善因寺当管家的喀喇沁右旗喇嘛吐都巴咱尔，自张家口揽运俄商茶叶，议定送至喀尔喀车臣汗部落公棍布扎布旗下，自该处起由巴林王旗下黑人嘎勒第接送至库伦。不料在公棍布扎布旗下地方发生火灾，茶箱均被焚毁。经该旗章京会同俄领事官查明，此项运茶的汉文合同签字者为巴林王旗人车布克和达克巴，应由善因寺与巴林王旗两处分赔银1.2万两，据此咨行察哈尔都统，转咨总理衙门。总理衙门旋即咨行察哈尔和热河两都统，催促被告分赔。[237]

光绪十六年九月，因善因寺、巴林王旗两处仍未赔银，总理衙门将此案咨行理藩院，请理藩院行文直隶总督，饬旗、寺交银。十七年三月，俄国驻华公使再次照会理藩院，库伦俄署领事亦详文总理衙门催办。由此，总理衙门转咨理藩院，请由理藩院向该两处追银；亦行文察哈尔都统、热河都统和库伦办事大臣。[238]但是察哈尔都统的复文称，被告系喀喇沁右旗人，不归善因寺管辖，且已由库伦大臣派员提至该处听候收审，故此案与察哈尔无关。[239]热河都统则称已屡次催促该旗，均未将应赔银两追出完结，故于十六年九月咨请总理衙门转咨理藩院，专文径札该旗追赔；旋经总理衙门称已咨行理藩院办理。[240]吐都巴咱尔虽被提至库伦审办，但因善因寺、喀喇沁右旗和巴林王旗均非库伦所属，库伦大臣只能再请总理衙门咨行理藩院，饬巴林王旗和善因寺两处赔价；既然察哈尔都统已称与该案无关，并请咨行热河都统就近提案审理，将应赔银两解交库伦。[241]驻天津的俄国领事也致函天津海关道，详文北洋大臣，请严饬该处官员勒限赔银。北洋大臣接函后，分咨察哈尔都统、热河都统、库伦办事大臣和多伦厅办理。[242]该案的材料到此为止，未再见下文。

该案的重点并不在于其解决问题效率的低下——不排除有意如此，而是我们应从中看到，盟旗遇有涉外事件时，其上峰彼此间无明确的职责划分。旗不与各国公使、领事、总理衙门和北洋大臣直接往来，而是通过热河都统和理藩院双向传达信息。总理衙门只与热河都统、察哈尔都统、北洋大臣接触，有权直接向旗发出命令的只有理藩院，但理藩院又非专门的外交部门。本案中虽有库伦大臣参办，但他和察哈尔都统都无权处置热河都统所辖之扎萨克旗人。这种重叠的机构设置和权力划分，体现了这一地区多重政府的存在情况。

（2）光绪二十六年，据喀喇沁右旗呈称，有在京孙姓商人，伙同洋人筹款开采该旗霍家地金矿，由此该旗呈请领招华股，不准筹集洋款开采。然而到二十八年时，热河都统接到外务部咨文称，逸信公司华商孙树勋蒙喀喇沁王招赴该旗承办右旗五金各矿，拟有合同，已由该王签字盖印。据此，热河都统查称，喀喇沁右旗未在外务部和都统衙门备案，所订合同无效。[243]在热河新章制定后，热河都统将原合同内容加以改订，报外务部批准才被通过。[244]从本案中可以看出，在矿业国有的政策下，扎萨克旗与洋商私自订立的合同，一律无法律效力。

（3）光绪三十三年，敖汉旗因练兵事，向京师的日本洋行订购大量枪支弹药。该洋行要求敖汉旗出示许可购买军火的凭证。由此，敖汉旗向理藩部报明，经理藩部将购买数目报陆军部给票注明，允准购买，在皇帝批准后，该部咨行陆军部发给口票。[245] 其程序基本如盟旗在清朝境内其他地方购买军火。

敖汉旗拿到批文后，由该旗住京之署理印务协理大台吉、管旗章京出名，与洋行订立合同，并由同住京师的两位其他旗分蒙古人作保，随后由北洋大臣饬营口海关道发给护照。当年六月，洋行在营口将军火交与该旗使者。然而该批军火价银本应由热河都统于旗上征收，却因敖汉旗拒不交银，洋行只能先上控于京师内城审判厅。随后，洋行又上控于理藩部，后者以该案非该部所能管理而不受理，原告遂再控于京师内城审判厅，该厅亦以属权限外之事而不接状。原告不得已请日本驻华公使出面，向外务部递交官方文书要求赔偿。[246] 外务部将该文转发于理藩部，理藩部也只是再次札行敖汉旗提出要求。[247] 同时，外务部致电热河都统，指定由该都统就近札催敖汉旗从速交价；后者即札饬建昌县前往该旗催缴。[248] 但最终敖汉旗所欠枪价，仍是先从热河道库中垫给，再由旗员变产归垫。[249]

以上几件案子说明，一旦旗的涉外事务上报至中央，旗自身就再无发言权，只能执行有关命令。但由此类案件导致的纠纷，促使外务部将旗内的涉外事务向州县化的管理方式推进。旗的借款权，被完全收归中央。[250]（图48）

第四节　木兰围场：一个交会点

地处直隶口外地区的中心，木兰围场的政治意义更大于军事意义。在清代的大部分时间里，其直辖官——围场总管是热河（副）都统的属官，由此似意味着围场应属于热河（副）都统管辖。但实际上包括内务府、盟旗、州县、察哈尔部在内，都不同程度地参与围场各方面的管理，这在当地是独一无二的现象。

不同政府承担的义务

内务府和州县的责任　有清一代，清帝举行木兰秋狝至少91次。[251]在何处围猎，取决于临时决定的进哨路线。[252]木兰秋狝由内务府准备和主持；围场作为皇家围猎禁地，不属于任何府、厅、州、县，但这并不表示巡幸活动不与地方发生联系。清帝通往热河的驿路途经口外各处，地方官一要整修御道，二要采办随围人员所需薪炭，三要准备所需车辆。

地方官须在每年清帝巡幸前，将御道修理平整，并在道旁、行宫周围植树以防风沙。[253]巡幸大队过河时，地方官或架桥，或备船，桥船如有损坏，要立即上报修理。嘉庆十一年后，因此项工作较重，特命密云副都统、古北口提督、热河副都统各率官兵帮同修搭。热河都统设立后，桥道问责仍旧委诸道、府、州、县。[254]乾隆二十一年后，清帝巡幸热河修整御道，名义上由承德府和滦平、丰宁两县派出人夫，其余州县协派办事人员。所需经费除开捐外，实须地方自筹，故各州县往往在自己辖境内各为政，杂佐之员不敷派遣时，即广征民夫，将工钱折价支给。[255]嘉庆以后矛盾积累加深，桥道整修状况也越来越不理想。[256]有的官员因为本职工作繁重而延误办差，竟被弹劾革职。[257]

清帝进哨所需柴炭，在乾隆初年由部委司官带银预往采买，乾隆十八年后，交地方官运作办理。[258]巡幸所需车辆，也由直督综辖办理，顺天府承雇，内务府按照例价发给车户脚费。乾隆三十六年，清廷令将直隶所办车辆酌存热河，以为便捷之用。[259]例价不敷时同样需顺天府属州县自行赔垫。内务府制定的"例价"，远不及州县的实际花费。据估算在嘉庆中期，清帝每举行一次木兰秋狝，各州县便需贴银 2 万余两；每次整修御道，各州县需贴银 1 万 ~ 2 万两。[260]皇室对地方的剥削，又导致官员层层勒索以补亏空。[261]一位身临其事的士人写道，木兰巡幸大差的摊派，严重扰乱了地方社会秩序，一切开销最终转嫁到老百姓的身上。[262]滦平、丰宁两县长期处于财政亏损的境况，对该处的纳税人而言，清帝的巡幸更多的是一场灾难。

盟旗、察哈尔八旗和热河都统的责任　盟旗和察哈尔八旗对木兰围场有驻哨之责，而热河（副）都统负责统辖围场总管及其下属围场驻防。此外，理藩院还有与刑部共同制定围场相关法律的责任；热河（副）都统、内务府和直隶的官员则应对围场内部和周边的日常管理负责。

理论上，围场界内严禁容留汉人。[263]刑部、兵部、理藩院审理此类案件，总的原则是从重办理。在清代早期，因尚未制定专条，常采取比例的方法。[264]乾隆六年，刑部首先奏定了办理围场内行窃案件的章程，随后又讨论通过了对偷捕围场内牲畜人员的处罚措施。[265]乾隆中期以前的围场案件，一般来说审理时只治以枷号和鞭责，但自乾隆二十七年起，清廷将发配嫌犯引入刑例，并由理藩院以行政立法处分盟旗和察哈尔官员。[266]自四十一年起，凡在缉拿时拒捕之嫌犯，均加重治罪，甚至就地正法。[267]至热河都统设立时，对偷盗围场者的审判，总的原则是计次审理。[268]

　　围场具有超越于族群之上的独特的政治地位。在审理有关围场案件时，清廷对各族群基本一视同仁，按照统一颁布的围场律例审办，且对于惩办偷窃的规定往往更加严格。[269]自乾隆十二年至嘉庆年间，围场总管或热河都统在年终时要将本年内应拟流徒案数和犯数报部，自咸丰末年始，又增加了热河都统报告上年五月至本年四月中，围场所获案犯总人数的年中报告，由此形成了每年的双重报告制。虽然据称围场案件多系民人及察哈尔蒙古所犯，但盟旗蒙古也不能完全与此撇清关系。[270]

　　多重政府制暴露的问题　　围场官员在巡查围场时要随时清理妨碍围场封禁的各种要素，其基本措施可分为围场界内和边界上严禁开设店铺和严禁耕占地亩两种。[271]执行这样的禁令需要以围场的界址清晰而确定为前提，然而实际情况往往相反。[272]想要完全禁绝围场界内及边界上设立的店铺相当困难。有的官员不但不禁止民人开店，反而邀其前来。[273]严禁民人在围场周边私开地亩的禁令，似乎执行得也不理想。这类地亩多是由受雇办理巡幸的民人所开，如将地亩撂荒，驱逐民人，则无人再来当差，政府也只能妥协。[274]

　　修建各行宫的木植，一般从围场中各小围间砍运而来，所砍回干木植，还可作为行宫内薪炭之用。[275]从围场砍伐的木植，一部分被运至热河，另一部分被运至京城。砍运围场木植须由工部发给商人为期一年的许可证，由兵部官员检查。[276]运至热河的围场木植，原由内务府大臣及员外郎等承办，自乾隆十四年后改由热河副都统与热河总管综理其事；运京的围场木植则由内务府招商承办。[277]康熙至乾隆年间是围场砍木的第一个高峰期。乾隆十四年，因内务府官员招商舞弊事发，清廷决定将木兰山场永远封禁。[278]但乾隆中期避暑山庄及其周围开始了新一轮的扩建工作，由此在乾隆三十年前后，清廷恢复了在木兰围场及邻近的多伦山场采木的活动。乾隆末年始，为了添建和修理热河行宫殿宇房间，清廷发动了最后一轮大规模的伐木工程。[279]多伦诺尔庙宇修理桥道，所需木植亦在围场的西部和北部砍伐。[280]运木一事须由热河（副）都统、热河总管与地方官密切协作，否则会引起争执。[281]从围场中拉出木材，须雇用民人、盟旗和庄头之车运输，（副）都统和热河总管终究不是地方官，[282]对这些商人的督催，也是由热河道及州县、理藩院和内务府各衙门协商办理。

嘉庆前期，围场因乾隆年间的过度使用和管理不善，已经出现了牲、树稀少的端倪。嘉庆十一年官方第二次发布封山令，但因为成本过高，故五年后修建敦仁、镇远两庙时，仍不得不从木兰山场内伐木。[283]官用木植的采办，采取的是政府招纳特许商的承包责任制，弊端是不利于监察。[284]嘉庆年间，围场采伐木植改为官办，商办的弊端虽然减除，但因围场官员不熟悉场内形势，错勘地理的现象仍有发生，各政府间权责不清，难以协作的问题多次被暴露出来。[285]

嘉庆和道光时期的改革

嘉庆帝亲政后，木兰秋狝的规模日渐萎缩，到嘉庆九年，竟然被迫停止，[286]这在清代尚属首次。此后的每一年中，清帝几乎都有谴责围场管理不善的谕旨；在嘉庆帝有限的行围年份里，围场官员对于行围的过程和仪式，也逐渐变得生疏。[287]道光帝继位后，再也没有举行过木兰秋狝。

坦率地讲，清廷对此的反应是迅速的，这首先表现在围场职官的更置上。围场总管、热河总管与热河副都统三者驻地不同，沟通困难。由此在嘉庆七年，清廷添设围场副都统一员，将围场总管之缺裁撤，从制度设计上简化程序。[288]围场副都统有专折上奏之权，可以直接针对围场出现的问题提出自己的主张。[289]但是围场总管的原有班子没有改革，围场驻防与热河副都统的隶属关系也没有变化。由此，热河副都统不可能置身于围场管理事务之外。[290]嘉庆帝对于围场副都统的工作似乎也缺乏耐心，仅仅两年以后，又将该缺革去，恢复了围场总管的设置，隶热河副都统。[291]将围场管理事宜与热河副都统的职权要么剥离，要么合并，是一种可行的思路，[292]但直到嘉庆十五年清廷将围场等处旗民交涉事件审理之权归于新设的热河都统时，后者才开始"总管围场"。清廷还将原有巡查围场之责的蒙古盟旗正式纳入围场管理体系中，自嘉庆年间始，喀喇沁右旗在维护围场界内治安上明显获得了更大的权力。[293]

维护围场的封闭性也是清廷致力于达到的目标之一。嘉庆七年时，清帝还并不认同仅靠拆毁围边店座，即能制止围内的犯罪案件；[294]但随后秋狝的被迫停止，令嘉庆帝决定不惜代价封禁围场。要做到这点显然需要地方官的协作，但地方官也有充足的理由不予配合——不能由其独自承担责任。[295]嘉庆十五年至十八年，热河都统与直隶总督再次提出在围场边界外划出一段真空隔离带，由双方共同负责稽查。[296]道光年间的一份材料也提到，围场内出现盗犯和周边开有店铺，两者之间必有相关性。[297]

最后一项应对举措是在法律方面进行改革。一是在刑法

上，对疑犯加重量刑；二是在行政法上，对破获或失察围场
内案件的官兵予以奖励或处分。按照清律，围内盗砍木植、
偷打牲畜的人犯，无论旗民兵丁均发乌鲁木齐，或种地，或
为奴。但在嘉庆四年时，一位官员认为此处分过重，经刑部
议准，将偷窃畜木人犯改为初次枷号，二次杖徒，三次发乌
鲁木齐种地。[298]至嘉庆八年正月，原任围场总管请求重新加重
量刑，经刑部拟定，嗣后民人私入围场盗砍木植和偷打牲畜，
俱不论赃数，初次者枷号杖徒，再犯发乌鲁木齐等处种地，三
犯及以上发乌鲁木齐等处给兵丁为奴，均刺字。旗人有犯，销
除旗档，照民人一体办理。[299]同时将驻防和绿营兵丁分别
量刑。[300]

自嘉庆十五年起，清廷在围场立法和司法改革的问题上展
开了一场持续若干年的大讨论。嘉庆帝要求官员们讨论量刑标
准，后者旋即提出了新的方案。[301]对照嘉庆九年的律法，十五
年律最重要的改变，在于从"计次量刑"转为"计赃量刑"，
刑重也比嘉庆九年大大提高。[302]新律实施约十年后，热河都统
发现围内盗案的数量并未下降，[303]于是在道光元年，清廷将偷
打牲畜的立法恢复至嘉庆九年的计次量刑，失察官兵仍照例议
处；而偷砍木植案则仍维持计赃量刑的办法。[304]

清帝几乎每年都重复着同样的论调：围场官员巡围时如不
实心严查，定从重治罪；但实际执行时则心有余而力不足。嘉
庆八年兵部开列出一份近十年应对围场管理不善负有责任的官
员名单，计23人，因打击面过广，最后仅将其中三位骁骑校
降级留任。[305]嘉庆十五年后，清廷意识到仅用道德准绳来要求
官僚是不现实的。道光朝木兰秋狝停止后，围场的地位不再具
有绝对的重要性。这时许多新的政策，往往由东北围场官员提

出，而与木兰的规章制度互相借鉴。道光七年，由盛京围场动议，清廷将木兰围场偷砍木植的量刑，统一为计赃与计次兼顾，两地同时实行新律。[306]由此，围场案件的量刑标准经过几十年的讨论，终于确定下来。

本书之前各章节，证明直隶口外地区清朝设立多个政府并赋予其基本职责的依据，主要是区分族群的不同。然而对木兰围场这一"飞地"的管理，却打破了这一特点。围场体现的是政府间的协作，族群性问题则退居其后。（图49）

余　论

设立热河都统取得的最重要效果，是打破"赫勒敦命题"，[307]保持了清朝对直隶口外地区的权力张力。热河都统的权力来自其对热河副都统权力的接收，以及对直隶总督和理藩院权力的剥离。在清代的史料和今人论著中，热河都统和直隶总督之间有一种被描述为一组对立权力关系的趋向，在某种程度上，他们之间的张力是不好测量的。从直隶总督的角度看，热河都统往往被讽刺为从自己这里另立门户；从热河都统分权理藩院的角度看，他和理藩院对直隶口外地区的政治管理特点完全相反。中央不纠缠细节，而更关注盟旗内高级官员的忠诚和对重大事件的处理；热河都统则在旗中实践了类似州县化政务的具体操作。从这一意义上来说，热河都统就像一柄悬在口外所有人民头上的"达摩克利斯之剑"，对他们意味着随时降临的管制。作为直隶口外地区最晚设立的政府，热河都统在其权力的增强和扩大过程中，逐渐由"军府"转变为一类地方长官，这为民国之后热河特别行政区和热河省的建立打下了基础。也正是由此，日后热、察、绥、宁"塞北四省"在 20 世纪的建置沿革，塑造了长城以北地区新的历史和政治生态。但是在清朝以多重政府管制多族群混居地区的基本政策下，清廷又不会将热河都统完全变为与督抚性质相同的官员，而是努力使其与当地已有的各政府共存并相互适应。

结论与反思　"地方知识" 的张力

在当代中国的历史学叙述中，清朝被描绘为一个"大一统多民族朝代（国家）"，其如何进行治理，是一个宏大的研究课题。在面对复杂的历史图景时，不应只选取一个视角切入，只有站在最高处才能俯瞰全景。对政治学问题的历史研究，不能仅仅关注应然，还要从经验、事实中去寻找实然。说到底，国家、政府、统治都是讲求实用的东西，而不仅仅是为了壮观瞻、崇视听的蓝图；[1] 宏伟蓝图动人心扉，却更多的是一种一厢情愿，轻易就被铁与血击得粉碎。统治不是建立在抽象的形而上学上，而是应在实际操作中说明其设置情况以及行政、财政、司法、军事、教育等各项制度的运行与基础。国家和政府是高度抽象化的原则，但要让它们被感觉到，需要将其人格化。[2] 解释历史的唯一维度，不是道德和价值判断（尤其是来自对方的评述），而是事实。

正如长城从未真正把游牧族群挡在中原之外，草原上也从来不只有"蒙古人"。清代的直隶口外地区是一个多族群混居地区。清朝采用了一种在复杂程度上几乎是前无古人的制度：在多族群混居地区设立多个政府，每个政府有独立的运行规则和权力范围，在分而治事的同时又互相联系和制约；同时，以被重新创造出的族群为其基本分权原则，划有不同类型的政治单元。政府和族群、各类型政治单元之间，不是简单一元对应，而是多线发散的关系。在整个清代，清朝一直试图为这一套理论自圆其说；而从世界历史的进程看，近代国家官僚体制的膨胀是基本特征，但清朝直隶口外地区的"七重奏"是否属于这一趋势的应有之义，似还不可以下简单的论断。

划清各政府之间的权力范围是本书的首要目标，说白了，就是要在一个结构环境中，区分不同当事人的抉择。[3]在直隶口外地区，清朝总共建立起七个政府。理藩院主要管理被打散重编、丧失种族血缘特点、名不副实的蒙古盟旗，对政治权力和意识形态权力较为看重；内务府主要管理内务府旗人、包衣和以其为基础建立的各类飞地，此外还管理吸收了察哈尔人进入的口外牧厂，重点在为皇室攫取最大的经济利益；太仆寺和礼部管理其设在口外的牧厂；直隶总督的权力来自其对口内权力的继承和演绎，主要管理州县制度下的民人和内属旗人，并以此为原点进行辐射；察哈尔都统以管理被完全重新塑造的察哈尔部为出发点、热河都统以管理民人和盟旗蒙古交涉为出发点，分别向外延伸出其他职权。每个政府都属于严密组织起来的官僚体系的一部分，中央依据自身力量的强弱，选择适合自己的行动策略。（图50）

在具体事务上，可以乾隆二十七年察哈尔都统设立、嘉庆十五年热河都统设立、道光八年热河第二次改制、光绪二十八年四税司员裁归地方和察哈尔兴办垦务为时间点，将各政府的具体职责总结成图51、图52、图53和图54。随着察哈尔都统和热河都统的设立，不仅中央各机关之间有所分权，直隶、热河、察哈尔三个越来越具有一定"地方"性质的政府间也有分权。他们在直隶口外地区形成了"三足鼎立"的态势，接收和剥离了大量原由京中蒙古都统、内务府、理藩院、太仆寺和礼部官员直辖的事务。

从图 51 至图 54 中，可以看出这一地区各政府在不同时期的基本分权情况。直隶口外地区各政府对应的相应权力性质则可见图 55。[4]

以我对清史的涉猎，以类似模式运作的多重政府制，还存在于其他"行省"和"藩部"的结合地带，只是具体形态和运作方式有所不同。[5] 族群的区分在清代的政治制度中有重要的意义，但并不代表凡居住着非汉族群的地方就是一个特殊地区，或清朝一定会给予某个族群某种特权。例如在直隶口外地区，外藩蒙古受到极其严格的人身管控，最重要的一点就是丧失了自由移动的权力。这便又回到了导论中提及的问题——怎样来理解统治，怎样来理解政府。

以下将稍稍离开一点历史学学科来谈。本质上，清朝的直隶口外统治模式是一种人造政治-文化景观，虽然它的效果并未经过仔细计算，但无疑是被刻意创造出来的。它对统治对象没有任何情感上的承诺，关注的只是方法，价值和伦理上的矛盾冲突被重塑为技术性的问题，有些模糊的边界被刻意留下，是为了制造张力以保存可操作的空间。换句话说，"因俗而治"这个术语所掩盖的东西，一点也不比它所揭示的东西少。

本书提供了一个在面对多族群时，政府如何进行统治的样本。在世界历史上，多族群共存是常态，多重政府并存也不罕见。事实上，几乎没有哪个民族国家真的由唯一的"民族"组成，[6] 也没有哪个帝国只采取一种方式进行治理，关键在于怎么处理它们之间的关系。以这种眼光回溯中国历史，便不应将州县制看作唯一的地方政制，也不应将行省—州县这样的组织形式理解为"应然"。

历史研究者通常会追寻事物的"本来面貌"，也常常纠结应该讨论"普遍"还是"特殊"。"自古以来"的"古"，应该（或者能够）追溯到什么时候；普遍的"遍"，又应该遍到哪里？现在我们知道，所谓的传统可以被制造出来，意象也可以被包装出来。我的看法是，统治和治理可以在任何地点以任何方式存在，并且都有时代的合理性。历史学的研究不应当从一种被确立起来的"价值"出发，以一种后来方才广泛铺开、被作为"标准"的模型，对之前的事实进行回归性判断；不应设定一种先验的、不证自明的终极旨归，而应通过对事实的描述，说明真实存在的统治样态——在本书中表现为"七重奏"。传统和现代、国家和地方往往是有机结合在一起的。[7]无论是普遍主义还是相对主义，只要走极端，就没有说服力。

通过这套多重政府制，清朝对多族群混居地区的控制达到了史上空前的力度。其成功的原因，不仅在于意识形态上的融合、塑造或是离散，更主要的在于以下两点：第一，它符合该地区居民的基本利益。对这一地区的外藩蒙古和察哈尔部来说，数百年绵延不断的战争至此结束，各部落被分别限制在一个固定的区域中，普通人过上了相对稳定的生活，基本安全得到保障。而且民人的进入，缓解了贫困，提高了他们的生活水平——人总愿意生活在条件更好的地方。[8]对内务府旗人、包衣和八旗来说，其基本生计由皇庄、驻防开垦地而得到解决。对民人来说，移民缓解了关内的人地矛盾，移民活动在日后更被证明为保障这一地区主权和安全的首要举措，而行省制度下的财政收入也有了新的经济增长点——尽管一开始数额不大。第二，在这个总面积约今日两个浙江省的广阔区域内，没有某个政府发展为一方独大的势力，大部分事务无法由某一个政府单独完成。分权的缺点是效率下降，但是一般来说，一个传统国家不一定追求发展，但必然追求稳定。而保证稳定既可以通过维持现有部件的微妙平衡来实现，也可以通过增加或减少其他部件来实现。

"七重奏"是不是权宜之计？就我本人而言，作为一个历史学者，我并不很相信任何形式的绝对的历史决定论——"历史解释"和"历史意义"对我来说都价值不大。我确实指出了一个制度性结构，但这不代表我提供了一个持续的循环。在史料中，我没有找到清朝有意如此规划的强有力证据，从这个角度说，"七重奏"似没有经过精心策划。但从人类学的视角来看，是否有另一种可能呢？我想提示的是，通常来说，本地人的社会性范畴，要远比外来者所赋予的宽泛。[9]

由于种种原因，本书对过程和结果的分析较多，而对动机的解释似还不够。研究历史上社会结构的目的，或许应包括在其中找出控制这些社会结构的手段。一个结构的最高级别元素（比如扎萨克）究竟能在具体问题上对最低级别的元素（比如阿勒巴图）产生怎样的实际影响，是无以复加，还是微乎其微，清朝皇帝到底是怎么想的，军机处的大臣们到底是怎么想的？也许还不太清楚。而那些被编入扎萨克旗、被编入察哈尔八旗、被编入皇庄的人到底是怎么想的？或许他们既不激进，也不反动，他们没有行动。我无法了解他们对这一制度性结构了解多少，也找不到太多能证明他们对多重政府制态度的材料，而事实上对一个农民来说，清楚具体的土地分配条例远比简单意识到"那里有地可耕"重要得多；对一个阿勒巴图来说很重要的事，在清廷看来可能什么都不算。确实，在经过编

排和梳理的史料中，存在一个理想而稳定的"七重奏"，而在
横向的联结上，重新整编的扎萨克旗之间，表面的欣欣向荣下
是否也存在着潜在和持久的互相敌视？我相信，即使在同一个
族群内部，所有人都达成共识的事件，也可能一个都没有。

在传统社会中，本地人与外来者（或陌生人）之间存在
清晰的界限，"蒙古"又该怎么样处理与"民人"的关系？须
知，意义并不来自行动，而是来自对行动的解释。由此造成的
结果是，"七重奏"由上而下，或是从外面看来，是一个天衣
无缝的理想模型，每个人、每件事似乎都被合规地嵌入这套体
系内。然而事实并不一定完全符合理想的状态，状态也不一定
能自动调整到"均衡"。它的内部必然充满着意外的流动。

我不知道有多少人在阅读本书时是抱着如下的心态——对
清代直隶口外地区发生的事无巨细的"事实"毫无兴趣，而
只是想了解这些事实背后的"原理"。但不论如何，我想本书
至少可以证明，清朝在行省和藩部交界地带的统治方式，不管
过去和现在看来多么模糊不清，多么令人困惑，它正被人们感
到是一个需要研究的问题；而"多族群混居"并不是"民族
问题"产生的根源，相反，它更有可能是"民族问题"得以
解决的途径。

图 表

图1 直隶口外地区的范围

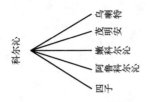

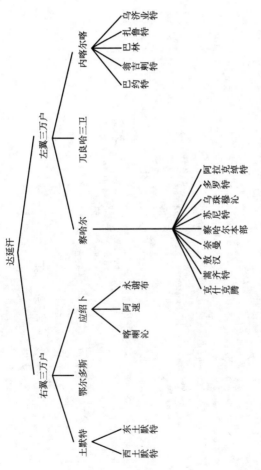

图 2 蒙古大分裂后明末清初活跃在直隶口外地区的各部

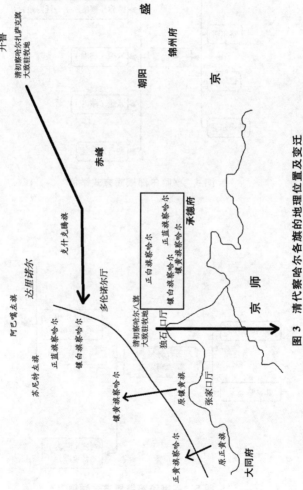

图 3　清代察哈尔各旗的地理位置及变迁

说明：□内为察哈尔左翼四旗（四旗厅）在丰宁县内的驻地。

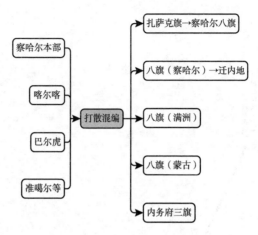

图 4　察哈尔部编旗方式举例

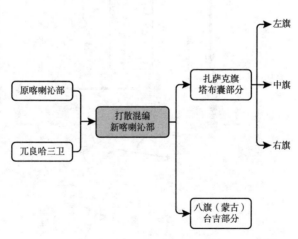

图 5　喀喇沁部编旗方式举例

图 6 清代卓索图盟各旗游牧地的变迁

图 7　扎鲁特部编旗方式举例

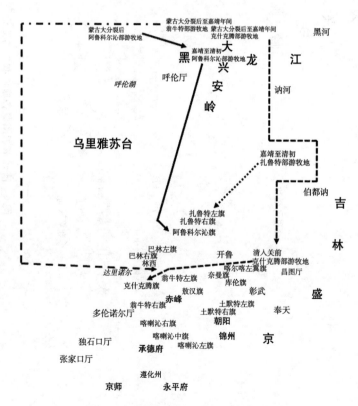

图 8　清代昭乌达盟各旗游牧地的变迁

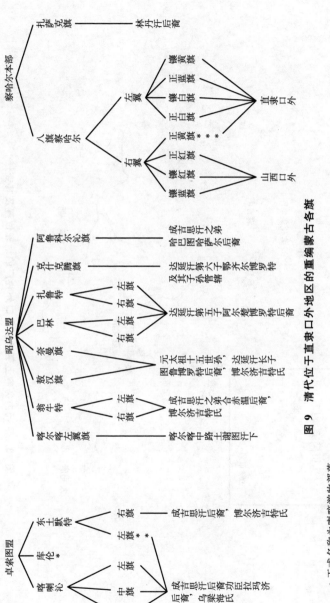

图 9　清代位于直隶口外地区的重编蒙古各旗

* 正式名称为喀喇游牧部落。

** 附喀尔喀多罗贝勒勒劝游牧。

*** 其中正黄旗半属直隶、半属山西。

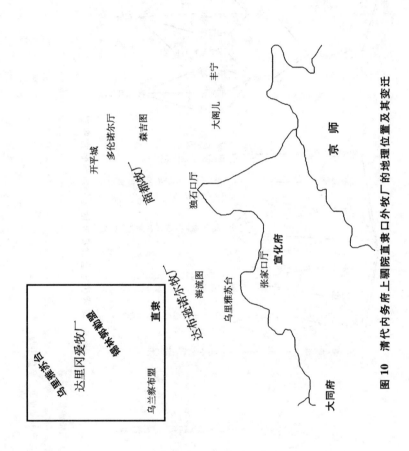

图 10 清代内务府上驷院直隶口外牧厂的地理位置及其变迁

图 11　清代内务府庆丰司三旗牛羊群和达里冈爱
羊群的地理位置及其变迁

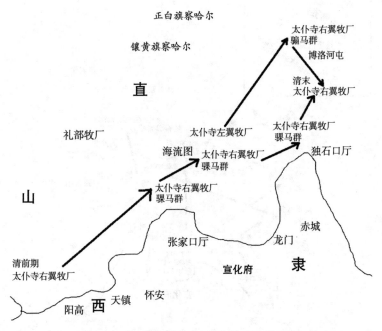

图 12　清代太仆寺两翼牧厂和礼部牧厂的地理位置及其变迁

图 13 清代直隶口外围场的地理位置及其变迁

图 14　清代口外行宫分布

　　说明：大写字母为口外南路行宫（除热河行宫外）；小写字母为口外北路行宫。A. 巴克什营；B. 两间房；C. 常山峪；D. 鞍匠岭；E. 王家营；F. 化育沟；G. 喀喇河屯；H. 钓鱼台；I. 热河；a. 兰（蓝）旗营［兰（蓝）村］；b. 二沟；c. 黄土坎；d. 中关；e. 汤山；f. 什巴尔台；g. 波罗河屯；h. 张三营（一百家子）；i. 唐三营；j. 济尔哈朗图；k. 阿穆忽朗图。粗线箭头是清代早期清帝常用的进哨路线，细线箭头是清代中期清帝常用的进哨路线。

公主陵

多伦诺尔厅

博洛河屯

森吉图

喀喇沁右旗

步步沟　唐三营仓
　　　　唐三营　　美尔沟
郭家屯　白虎沟　张三营　*张三营仓*
　　正白旗察哈尔　坡赖村

上黄旗

波罗河屯仓
黄姑屯
正蓝旗察哈尔

大阁儿　　　丰宁　　　中关仓　　梨树沟
镶黄旗察哈尔　镶白旗察哈尔　中关
　　　　　　　　　二沟仓
　　　　　　　　　二沟　　　平泉
　　　　　承德府　六沟　雅图沟仓
　鞍匠屯　滦平　**热河城**　　雅图沟
汤河　　　色树沟　**喀喇河屯仓**　上板城
　　　　　　　　化育沟仓
　　　巴克什营　　　　下板城
　　　古北口

宽城

密云

图 15　口外宫仓的地理分布

　　说明：黑体正体字表示自建立至清末，一直发挥着宫仓作用的仓；黑体斜体字表示乾隆以后废弃的宫仓；楷体字表示乾隆以后逐渐交地方州县使用，但仍发挥一定宫仓作用的仓。

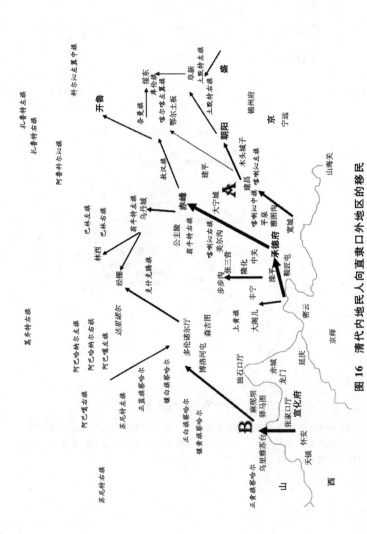

图16 清代内地民人向直隶口外地区的移民

说明：实线箭头表示民人的流动，虚线箭头表示蒙古札萨克旗间人口的流动。箭头粗细表示人口移动的规模。

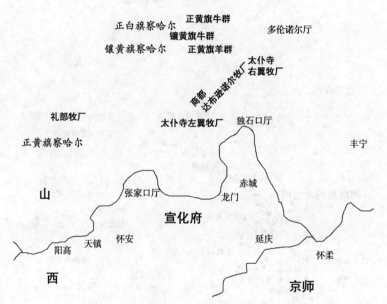

图 17 光绪时期口北地区多重政府的分布

扎鲁特右旗
扎鲁特左旗
阿鲁科尔沁旗

奉

天

巴林左旗
林西巴林右旗
开鲁

达里诺尔

克什克腾旗
翁牛特左旗
奈曼旗
喀尔喀左翼旗 绥东
敖汉旗
库伦旗

赤峰州

翁牛特右旗
阜新
土默特左旗
未放垦的木兰围场　围场厅
建平
土默特右旗
隆化　喀喇沁右旗
朝阳府　　奉
正白旗察哈尔　正蓝旗察哈尔
喀喇沁中旗　建昌
镶黄旗察哈尔　丰宁
镶白旗察哈尔
承德府　平泉
喀喇沁左旗　锦州府
口　滦平
外　承德府　　　　天
皇　庄分布
宁远
密云
遵化州

图 18　清末时期热河地区旗县交错设置与多重政府的分布

说明：☆表示口外行宫，△表示宫仓。

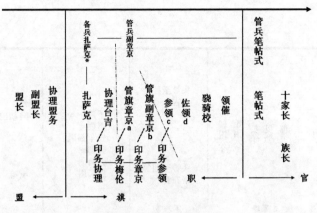

图 19　内扎萨克旗官制

说明：向左下方的斜虚线表示高半级；向右下方的斜虚线表示堂官的分界线；竖虚线左侧为中央政府掌握直接选官权的职位。职官的别称是：a. 都统，b. 副都统，c. 扎兰、甲喇，d. 苏木、箭。
＊表示兼职。

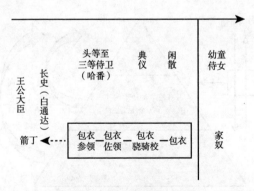

图 20　内扎萨克旗旗府官制

说明：方框内所有包衣官员只能在包衣内升授，虚线箭头表示有条件的升授，竖实线是一道"铁幕"，右侧的属民身份永远不可能晋升为左侧的属民身份。

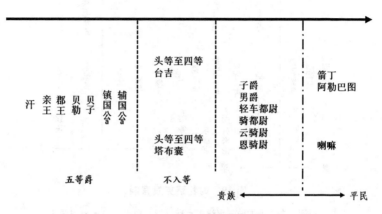

图 21　内扎萨克旗封爵等第

说明：a 表示入八分。

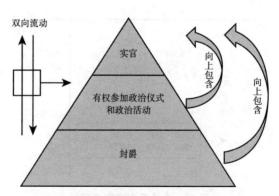

图 22　扎萨克旗的政治权力网架及其流动

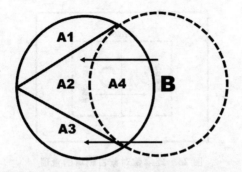

图 23　清代"蒙古律"与"刑律"的关系

说明：A 表示蒙古律，包含《蒙古律书》《蒙古律例》《蒙古则例》《理藩院则例》等文件；B 表示刑律，以《大清律例》为主。清代的蒙古律杂糅了蒙古部落法律传统（A1）、清朝新制定的法典条文（A2、A4）和满洲正身旗人换刑思想等特殊因素（A3），箭头表示清朝在后两个方面的蒙古律立法中，实际上融入了许多刑律原则。其中一部分蒙古律条文，被写入了《大清律例》中（A4），但本质仍属于蒙古律。当文献中出现"蒙古律所未载，应用刑律"一类描述时，是专指 B 中除 A4 部分以外的内容。

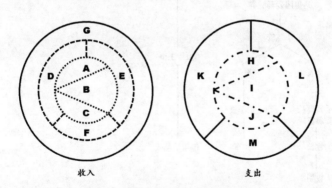

图 24　盟旗财政收入与支出类型

说明：收入图内，中心圈层表示扎萨克旗从本旗获得的收入，A. 地租和山分，B. 摊派和徭役折钱，C. 各类杂捐。第二圈层表示中央财政的拨款，D. 四税分成，E. 矿税分成，F. 俸禄。最外圈层 G 是旗向金融机构借取的高利贷。支出图内，内圈层为档案中明确记载的支出，H. 旗的行政费用，I. 府的行政费用，J. 各级官员的俸禄。外圈层为各类隐形开支，K. 赏钱，L. 仪式费用，M. 蒙古王公大臣在旗外的开销、运动费和"报效"等。

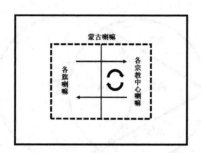

图 25　理藩院对蒙古喇嘛的管理

说明：虚线框内为获得理藩院度牒的喇嘛，也就是具有正式编制的喇嘛，只有这部分喇嘛才在理藩院行政管辖序列中。箭头表示在各旗和各宗教中心之间，常有喇嘛流动的现象。环形箭头表示各宗教中心之间的喇嘛流动。

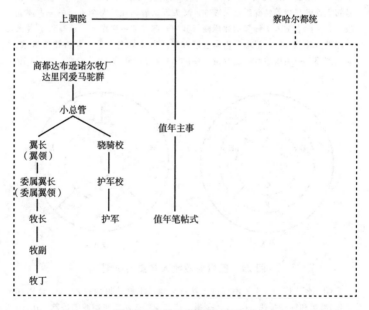

图 26　口外上驷院牧厂官制

说明：虚线表示在乾隆二十七年察哈尔都统设立后，对上驷院牧厂有兼辖之权。

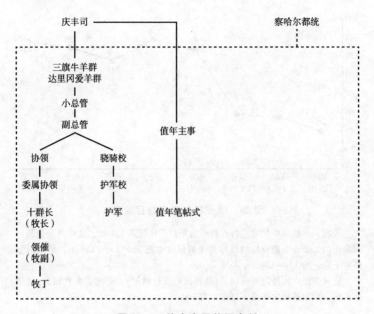

图 27　口外庆丰司牧厂官制

说明：虚线表示在乾隆二十七年察哈尔都统设立后，对庆丰司牧厂有兼辖之权。

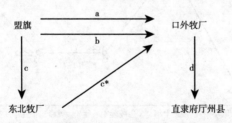

图 28　内务府口外牧厂与其他政治单元的互动

说明：a. 清廷向盟旗买（或调）马拨入口外牧厂牧放；b. 盟旗捐输马拨入口外牧厂牧放；c 和 c＊. 盟旗捐输马先收入东北大凌河、养息牧牧厂中，再转解至口外牧厂；d. 口外牧厂支援直隶府厅州县。

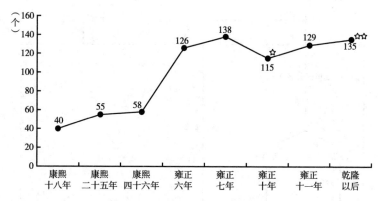

图 29　清代口外皇庄数目变化

说明：☆该年中的另一份材料称当年口外庄园共 131 处，这应当是包括了园地在内。☆☆乾隆以后的口外皇庄数量基本稳定在 131～136 个，清末时期略有下降，为 130～134 个。

资料来源：内务府奏销档、《热河园庭现行则例》、五部会典及则例、《清代内阁大库散佚档案选编·皇庄》等。

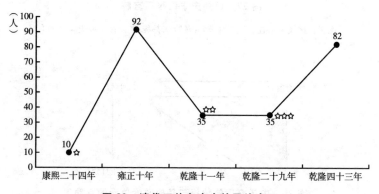

图 30　清代口外皇庄中的平均人口

说明：☆理论上的壮丁数。☆☆和☆☆☆仅包括亲丁家口。因为这些数据统计自赈灾档案，所以这仅是需要接受救济的人数。总而言之，每庄中有约 100 人是没有疑问的。到了清末，或许人口密度还会更大。

资料来源：《乾隆会典》《热河园庭现行则例》《清代内阁大库散佚档案选编·皇庄》等。

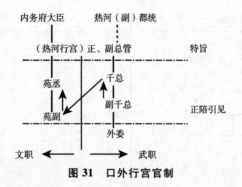

图 31　口外行宫官制

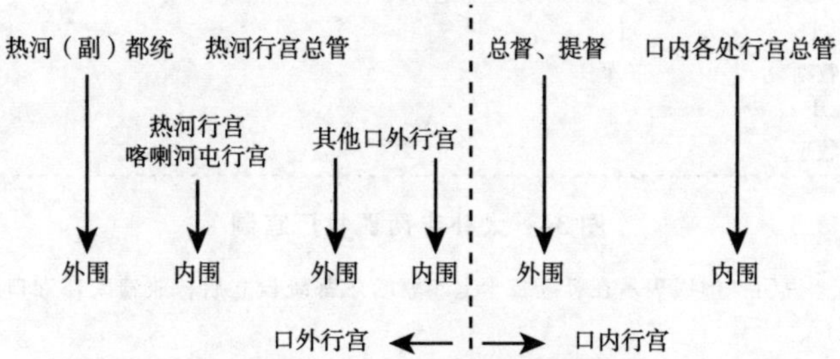

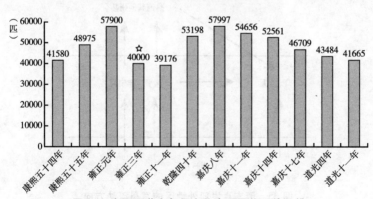

图 32　口内外行宫军事防御体制

图 33　康熙至道光年间太仆寺两翼牧厂的规模

说明：☆是当年规定的额马数，并非实际数据。

资料来源：《清朝文献通考》、《雍正朝内阁六科史书·户科》、《清宫热河档案》、军机处录副奏折、北大移交题本。

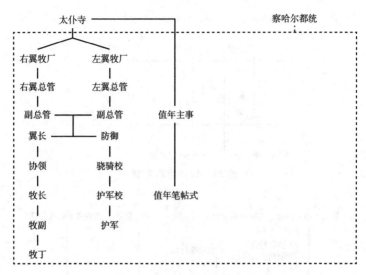

图 34　太仆寺两翼牧厂官制

　　说明：虚线表示在乾隆二十七年察哈尔都统设立后，兼辖太仆寺口外牧厂。

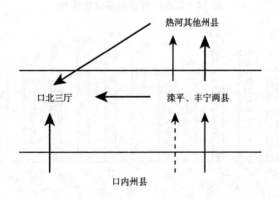

图 35　清末直隶口外地区的官员流动方向

　　说明：箭头方向表示官员的流动方向，虚线代表候补拣发人员，实线代表现任实缺者。箭头越粗，表示以这种方式铨选的优先级越高。所有的地方官（厅、州、县）都已改为满汉兼用。

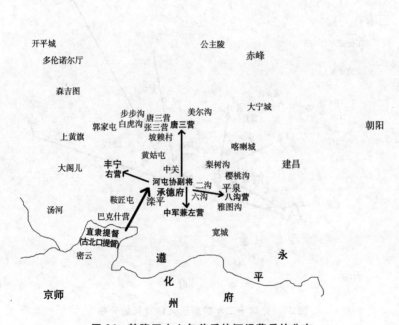

图 36　乾隆四十六年前后热河绿营兵的分布

说明：箭头表示上级对下级的关系，四营共计兵 1400 余名。

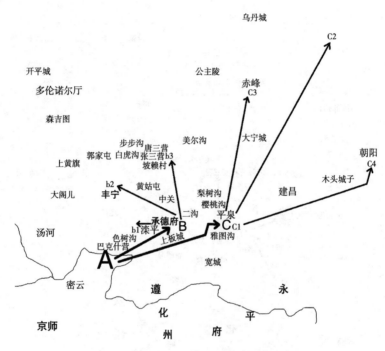

图37　光绪十二年前后热河绿营兵的分布

　　说明：A. 直隶提督（古北口提督）；B. 河屯协副将，b1. 河屯左营，b2.
河屯右营，b3. 唐三营；C. 八沟营参将，c1. 本营，c2. 建昌营，c3. 赤峰营，
c4. 朝阳营。箭头表示上级对下级的关系，总兵力约2200人。此时的绿营兵名
义上为热河都统兼辖，但直隶提督和直隶总督仍为其直接指挥官。

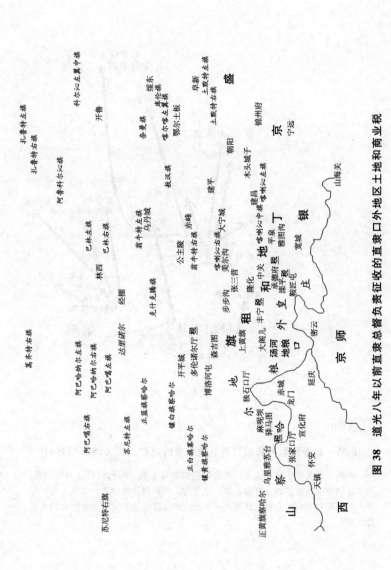

图 38　道光八年以前直隶总督负责征收的直隶口外地区土地和商业税

259

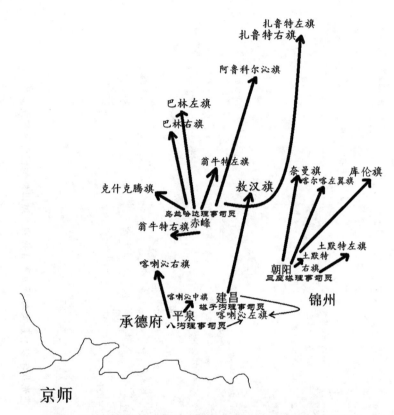

图 39　口外盟旗与四税司员、地方官的对应关系（1810~1902）

　　说明：箭头表示对应关系。扎鲁特两旗和地方官、四税司员的对应结果，是通过倒推推算出来的。可以看出，地方官、四税司员对应扎萨克旗，基本是合一的。只有喀喇沁左旗的情况有所不同。该旗由驻地不同的地方官和四税司员管理。

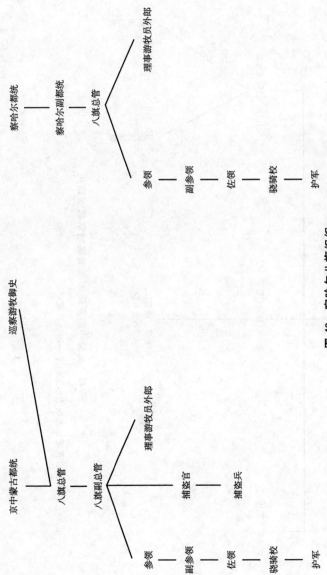

图 40 察哈尔八旗组织

说明：左为乾隆二十七年以前察哈尔八旗官制，右为乾隆二十七年以后察哈尔八旗官制。可以看出高级官员的增设和低级兵丁的裁撤等趋势。

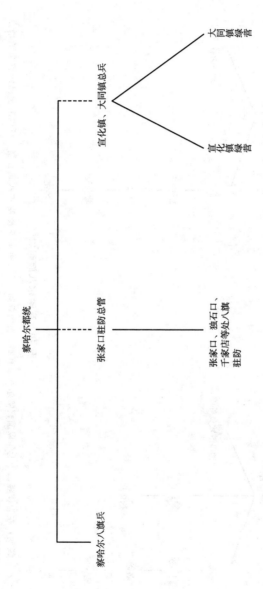

图 41 乾隆中期至同治年间察哈尔都统辖兵

说明：实线表示直辖，虚线表示通过下一级官员兼辖。

图 42　清末口北财政点的地理分布

　　说明：○主要的商业收入点，☆咸丰以后新增的各类税收点。需要注意的是，只有清末察哈尔放垦的押荒银、地粮收入和晚清新增的各类杂税两项，是由察哈尔都统参与管理的。

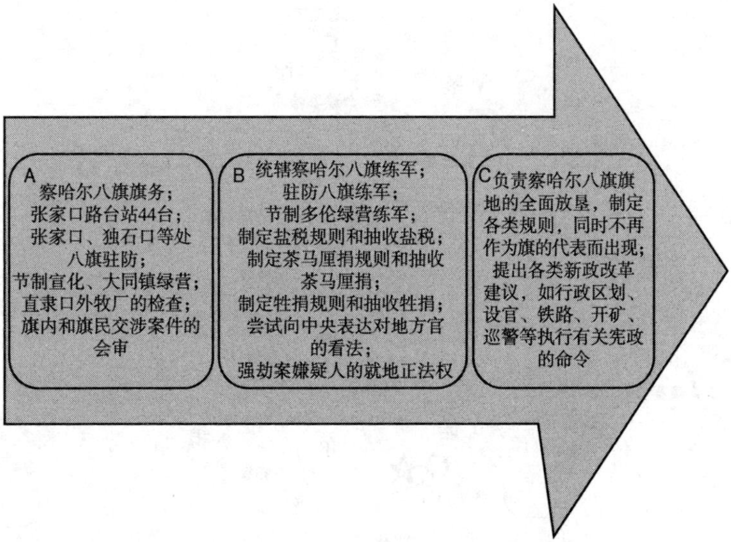

图 43　清代察哈尔都统权力范围的变化

说明：箭头方向表示时间的推移，B 对 A、C 对 B，都具有包含的关系，说明察哈尔都统权力的增大。这也意味着，察哈尔都统在获得新权力的同时，并不放弃旧权力。

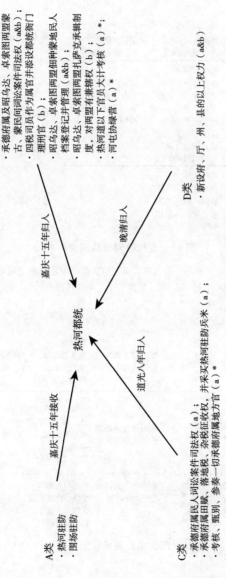

A类
• 热河驻防
• 围场驻防

C类
• 承德府属民人词讼案件司法权（a）；
• 承德府属田赋、落地税、杂税征收权，并采买热河驻防兵米（a）；
• 考核、甄别、参奏一切承德府属地方官（a）*

B类
• 承德府属旗人、旗民间词讼案件司法权（a）；
• 承德府属及昭乌达、卓索图两盟蒙古、蒙民间词讼案件司法权（a&b）；
• 四税司员作为属官并添设都统衙门理刑官（b）；
• 昭乌达、卓索图两盟附和蒙地民人档案登记并管理（a&b）；
• 昭乌达、卓索图两盟扎萨克承继制度，对两盟有兼辖权（b）；
• 热河道以下官员大计考核（a）*；
• 河屯协绿营（a）*

D类
• 新设府、厅、州、县的以上权力（a&b）

图 44　热河都统权力范围和职能

说明：a. 自直隶总督原有权力中剥离；b. 自理藩院原有权力中剥离；* 表示在此之后热河都统与直隶总督共享该项权力。

嘉庆十五年接收

嘉庆十五年归入

道光八年归入

晚清归入

热河都统

	热河副都统		
喀喇河屯驻防：八旗满洲200名	热河驻防：八旗满洲400名	化育沟驻防：八旗蒙古200名	雍正二年至乾隆元年
喀喇河屯驻防：满洲镶红、镶蓝旗兵共400名	热河副都统 热河驻防：满洲镶黄、正黄、正白、镶白、正红、正蓝6旗，及蒙古正黄、正红、镶红、镶蓝4旗兵共1400名	化育沟驻防：蒙古镶黄、正白、镶白、正蓝4旗兵200名	乾隆二年*
喀喇河屯驻防：满洲八旗兵440名	热河都统 热河驻防：满洲八旗兵1320名、蒙古八旗兵440名		嘉庆十五年以后

图 45　清代热河驻防演变

　　* 乾隆三十二年的一份当事人报告的数据，与官书的记载略有不同。见《清高宗实录》卷791，乾隆三十二年八月丙子。

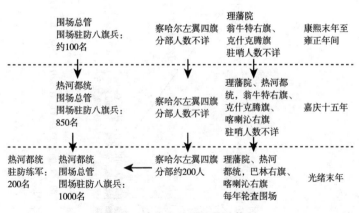

图 46　清代木兰围场驻防体制

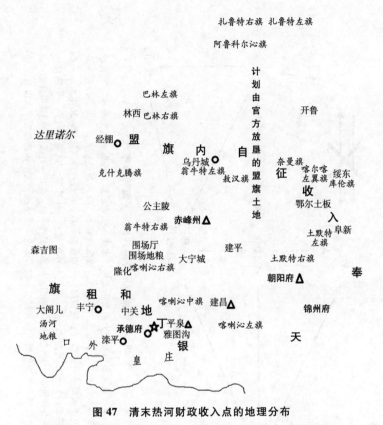

图 47　清末热河财政收入点的地理分布

说明：○主要商业税抽收点，△原"热河四税"，☆口外的矿税一律交入热河都统处。

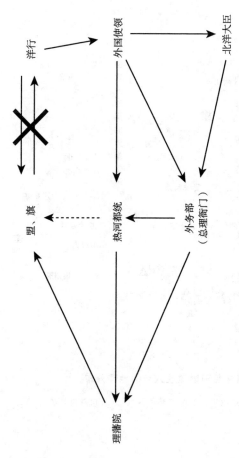

图 48 扎萨克旗涉外事件的文书流转程序

说明：实线箭头表示有效力的文书流转，虚线箭头表示效力较弱的文书流转，X 表示该条交涉渠道被切断。从中可见，洋行欲与旗取得联系，有六条途径，分别是：洋行一外国使领一北洋大臣一外务部（总理衙门）一热河都统一旗；洋行一外国使领一北洋大臣一理藩院一旗；洋行一外国使领一外务部（总理衙门）一热河都统一旗；洋行一外国使领一外务部（总理衙门）一理藩院一旗；洋行一外国使领一热河都统一旗；洋行一外国使领一理藩院一旗。无论哪条途径，文书传递都至三次以上。

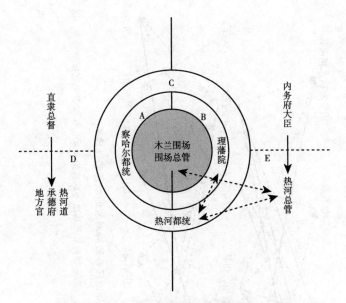

图49 清代中期木兰围场日常管理的权力矩阵

说明：A. 察哈尔都统统率于围场西南面有驻哨职责的察哈尔左翼四旗分部；

B. 理藩院管辖于围场东北面有驻哨和巡围职责的盟旗；

C. 热河都统负责统率围场驻防，维护围场治安，管理日常事务，围场总管是其属官，并先后于嘉庆十五年和道光八年加有围场地方全部司法权；

D. 直隶口外府、厅、州、县负责办理秋狝驿路桥道车辆事宜，并提供经费支援；直隶总督在道光八年前，有围场地方部分司法权；

E. 热河总管参与部分围场日常管理，如砍木、营造；内务府负责办理一切有关木兰秋狝的皇室工作；

实线箭头表示隶属关系；虚线箭头表示只有业务上的联系。

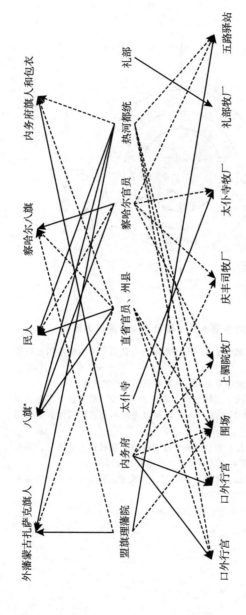

图 50 道光八年直隶口外地区各政府对应的族群和飞地

说明：第一层是依据清朝创造出的"族群"做出的区分，第二层则是州县之外的政治单元。实线表示直接的管理，虚线则表示间接管理和发生联系。

* 八旗中还有满洲、蒙古、汉军的区别，此处不再细分。

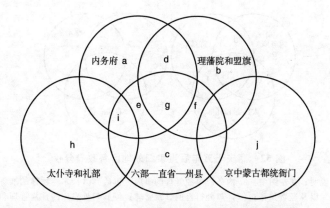

图 51　乾隆二十七年前直隶口外地区各政府分权

说明：a. 内务府单独管理的事项，包括：（1）木兰秋狝的准备和布置，以及经费预算；（2）口外行宫和宫仓的日常管理；（3）热河工程建设；（4）口外皇庄的日常管理和征粮；（5）口外上驷院和庆丰司牧厂的日常管理。

b. 理藩院单独管理的事项，包括：（1）卓索图、昭乌达两盟扎萨克旗的选官、袭爵、俸禄事宜；（2）扎萨克旗的比丁、划界和会盟；（3）蒙古喇嘛的登记和注册；（4）年班、围班和朝觐活动；（5）满蒙联姻；（6）五条台路的日常管理；（7）热河四税的征收。

c. 直隶总督直接管理的事项，包括：（1）地丁银和旗租的征收；（2）察哈尔地粮和汤河地粮的征收；（3）承德府、滦平县和丰宁县税务的征收；（4）驻防八旗、内务府三旗和民人之间词讼案件的司法审理；（5）口外桥道驿路的整修和河工的管理；（6）（兵部）管理口外驻防和绿营；（7）旗民人的科试；（8）府、厅、州、县的选官。

d. 理藩院与内务府会办的事项，主要是热河避暑山庄和外八庙中喇嘛的管理。

e. 内务府与直隶总督会办的事项，主要是皇庄钱粮征收与发放的审查。

f. 直隶总督与理藩院会办的事项，包括：（1）法律意义上的外藩蒙古内部以及外藩蒙古与旗民人间词讼案件的司法审理；（2）对进入扎萨克旗佃种蒙地的民人的登记。

g. 内务府、理藩院、直隶总督共同管理的事务，包括：（1）围场的日常管理、防御及维持其封禁性；（2）巡幸热河、举行木兰秋狝的最终完成。

h. 太仆寺和礼部单独管理的事务，主要是口外太仆寺两翼牧厂和礼部牧厂的日常管理和查群、均齐活动。

i. 太仆寺、礼部、内务府会同直隶总督和京中各部院共同完成的事项，主要是指口外牧厂向京中解送牲畜和副产品。

j. 京中八旗蒙古都统的权力，即兼辖口外察哈尔八旗。

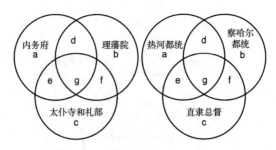

图 52　嘉庆十五年后直隶口外地区各政府分权

说明：在左图中，a. 内务府单独管理的事项，包括：（1）木兰秋狝的准备和布置，以及经费预算；（2）口外行宫的日常管理；（3）口外皇庄的日常管理和征粮；（4）口外上驷院和庆丰司牧厂的日常管理。

b. 理藩院单独管理的事项，包括：（1）卓索图、昭乌达两盟扎萨克旗的选官、袭爵、俸禄事宜；（2）扎萨克旗的比丁、划界和会盟；（3）蒙古喇嘛的登记和注册；（4）年班、围班和朝觐的安排。

c. 太仆寺和礼部单独管理的事务，主要是口外太仆寺两翼牧厂和礼部牧厂的日常管理，查群、均齐活动。

d、e、f、g 四项已均无内容。

在右图中，a. 热河都统单独办理的事项，包括：（1）统辖热河驻防和围场驻防；（2）热河工程建设 * ；（3）古北口、喜峰口台路的管理☆；（4）热河四税征收☆；（5）口外蒙古、旗人及旗民、蒙民间交涉案件的审理；（6）稽查昭乌达、卓索图两盟扎萨克旗；（7）避暑山庄和外八庙喇嘛的管理☆。

b. 察哈尔都统单独管理的事项，包括：（1）察哈尔八旗内部的日常管理；（2）统辖张家口、独石口等处八旗驻防；（3）张家口台路的帮台与查台☆；（4）口外各牧厂的管理和检查 * ★；（5）向京城解送牲畜和各类副产品 * ★。

c. 直隶总督单独管理的事项，包括：（1）地丁银和旗租的征收；（2）察哈尔地粮和汤河地粮的征收；（3）承德府、丰宁县、滦平县税务的征收；（4）口外民人之间和宣化府属州县旗民人间词讼案件的审理；（5）旗民人的科试；（6）府、厅、州、县选官；（7）口外驿路桥道与河工的管理。

d 项已无内容。

e. 热河都统与直隶总督会办之事，包括：（1）口外绿营的管理和调动；（2）口外民人保甲和逃人的管理；（3）保卫口外各行宫安全。

f. 察哈尔都统与直隶总督会办之事，包括：（1）察哈尔八旗内和旗民间词讼案件的司法审判；（2）张家口、多伦绿营的管理与调动。

g. 热河都统、直隶总督和察哈尔都统共同完成的事项，包括：（1）维持本地治安；（2）木兰围场的日常管理、防御及其封禁性的维持。

＊ 与内务府共同办理。

☆ 与理藩院共同办理。

★ 与太仆寺和礼部共同完成。

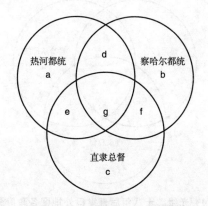

图 53   道光八年后直隶口外地区各政府分权

说明：a. 热河都统单独办理的事项，包括：（1）统辖热河驻防和围场驻防；（2）热河工程建设＊；（3）古北口、喜峰口台路的管理☆；（4）热河四税征收☆；（5）口外各族群间刑名案件的审理；（6）口外各类保甲的管理；（7）地丁银和汤河地粮的征收；（8）承德府、丰宁县、滦平县税务的征收；（9）稽查昭乌达、卓索图两盟扎萨克旗；（10）避暑山庄和外八庙喇嘛的管理☆；（11）晚清新练热河练军和新军的管理。

b. 察哈尔都统单独管理的事项，包括：（1）察哈尔八旗内部的日常管理；（2）统辖张家口、独石口等处八旗驻防；（3）张家口台路的帮台与查台☆；（4）口外各牧厂的管理和检查＊★；（5）向京城解送牲畜和各类副产品＊★；（6）晚清察哈尔练军和新军的管理；（7）口北地方新增税务。

c. 直隶总督单独管理的事项，包括：（1）察哈尔地粮的征收；（2）宣化府属州县旗民人间词讼案件的审理；（3）旗民人的科试。

d 项已无内容。

e. 热河都统与直隶总督会办之事，包括：（1）口外绿营和直隶出口练军的管理和调动；（2）府、厅、州、县选官；（3）保卫口外各行宫安全。

f. 察哈尔都统与直隶总督会办之事，包括：（1）察哈尔八旗内和旗民间词讼案件的司法审判；（2）张家口、多伦绿营、直隶练军的管理与调动。

g. 热河都统、直隶总督和察哈尔都统共同完成的事项，包括：（1）维持本地治安；（2）木兰围场的日常管理、防御及维持其封禁性。

＊ 与内务府共同办理。

☆ 与理藩院共同办理。

★ 与太仆寺和礼部共同完成。

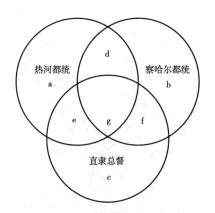

图 54　光绪二十八年后直隶口外地区各政府分权

说明：a. 热河都统单独办理的事项，包括：（1）统辖热河练军和新军；（2）直辖管理热河行宫；（3）古北口、喜峰口台路的管理☆；（4）热河全境的税务征收；（5）口外各族群间刑名命盗案件的审理；（6）口外各类保甲的管理；（7）地丁银和汤河地粮的征收；（8）稽查昭乌达、卓索图两盟扎萨克旗；（9）新设各厅、县垦务管理；（10）避暑山庄和外八庙喇嘛的管理☆；（11）热河地方宪政事宜。

b. 察哈尔都统单独管理的事项，包括：（1）察哈尔八旗内部的日常管理；（2）统辖张家口、独石口等处八旗驻防；（3）张家口台路的帮台与查台☆；（4）口外各牧厂的管理和检查＊；（5）晚清察哈尔练军和新军的管理；（6）口北地方新增税务；（7）口北一带宪政事宜。

c. 直隶总督单独管理的事项，包括：（1）传统察哈尔地粮和清末察哈尔垦务押荒银、地粮的征收；（2）宣化府属州县旗民人间词讼案件的审理；（3）旗民人的科试。

d 项已无内容。

e. 热河都统与直隶总督会办之事，包括：（1）口外绿营的管理和调动；（2）府、厅、州、县选官；（3）保卫口外各行宫安全。

f. 察哈尔都统与直隶总督会办之事，包括：（1）察哈尔八旗内和旗民间词讼案件的司法审判；（2）张家口、多伦绿营、直隶练军的管理与调动；（3）办理察哈尔垦务。

g. 热河都统、直隶总督和察哈尔都统共同完成的事项，主要是维持本地治安。

＊ 与内务府共同办理。

☆ 与理藩院共同办理。

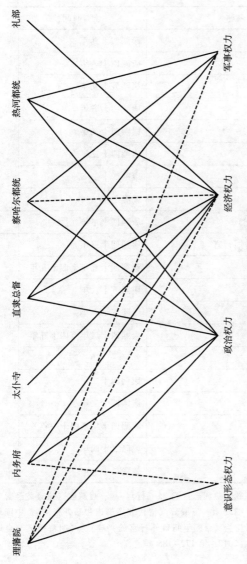

图 55　直隶口外地区各政府权力来源的性质

说明：实线表示直接和强大的控制，虚线表示弱一级的联系。

表1　口外热河南北两路行宫

行宫名称	建盖时间	
巴克什营行宫	康熙四十九年	
两间房行宫	康熙四十一年	
常山峪行宫	康熙五十九年	
鞍子岭行宫	康熙四十三年	南路
王家营行宫	康熙四十三年	
化育沟行宫	康熙四十三年	
喀喇河屯行宫	康熙四十二年	
钓鱼台行宫	乾隆七年	
热河行宫（即避暑山庄）	康熙四十三年	
兰（蓝）旗营［兰（蓝）村］行宫	康熙四十三年	
二沟行宫	康熙四十五年至四十九年	
黄土坎行宫	康熙五十六年	
中关行宫	康熙五十一年	
汤山行宫	康熙四十二年至四十五年	
什巴尔台行宫	？	北路
波罗河屯行宫	康熙四十二年	
张三营（一百家子）行宫	康熙四十二年	
唐三营行宫	康熙四十年至四十一年	
济尔哈朗图行宫	乾隆二十四年	
阿穆忽朗图行宫	乾隆二十七年	

资料来源：乾隆《钦定热河志》卷25《行宫一》；袁森坡《康雍乾经营与开发北疆》，第217、229~232页；王淑云《清代北巡御道和塞外行宫》，中国环境科学出版社，1989；郭美兰《康熙年间口外行宫的兴建》，《明清档案与史地探微》，辽宁民族出版社，2012，第172~185页。

表 2　直隶口外地区各类蒙古旗的政治身份和法律身份

	政治身份	法律身份
内扎萨克旗蒙古	外藩	外藩
驻防八旗蒙古	内属	内属
察哈尔扎萨克旗[a]	外藩	外藩
察哈尔八旗	内属	外藩

注：a. 察哈尔扎萨克旗在康熙十四年后被撤销。

表 3　道光年间卓索图、昭乌达两盟各旗封爵的情况

	亲王	郡王	贝勒	贝子	镇国公	辅国公	台吉
喀喇沁右旗	1a*					2	
喀喇沁左旗			1a*			1	
喀喇沁中旗					1a		
土默特左旗			1a*;1				
土默特右旗		1a*					1
敖汉旗		1a*;1*					1(二等)
奈曼旗		1a*					
巴林右旗	1a*						1
巴林左旗				1a*;1*			
扎鲁特右旗			1a*				1(公衔)
扎鲁特左旗			1a*				
阿鲁科尔沁旗		1a*;1*					
翁牛特右旗		1a*			2*		
翁牛特左旗		1a*					
克什克腾旗							1a*(一等)
喀尔喀左翼旗			1a*				

注：a. 旗主（扎萨克），＊表示世袭罔替。

表4 "内地"案件适用律例

时间	外藩蒙古与民人间交涉案件，当加害方为外藩蒙古时	外藩蒙古与民人间交涉案件，当加害方为民人时
乾隆二十六年以前	蒙古律	刑律
乾隆二十六年以后	刑律	刑律

表5 "蒙古地界"案件适用律例

时间	外藩蒙古间案件	民人间案件	外藩蒙古与民人间交涉案件，当加害方为外藩蒙古时	外藩蒙古与民人间交涉案件，当加害方为民人时
乾隆二十六年以前	蒙古律	刑律	蒙古律	刑律
乾隆二十六年以后	蒙古律	刑律	蒙古律	蒙古律

表6 口外地区盟旗旗地的分类（不论有无民佃）

名目	含义
内仓地（大牌）	旗主地，专管土地事务，经理征租，有仓名
外仓地（大牌）	旗公署公有地，旗务行政开销由此支出，有仓名
大仓地（小牌）	一般闲散王公贵族地，有仓名
小门地（小牌）	一般蒙民吃租地
寺庙地（小牌）	寺庙香火地
公会地（小牌）	祭祀事项，由公中地内拨出土地，招佃出租
驿马地（小牌）	蒙古驿站由各旗拨给站地
生计地和福分地（小牌）	蒙古牧民和箭丁占有地，自数亩至数十亩不等。翁牛特左翼旗内无生计地，仍保留公有的形式
差役地（小牌）	给旗衙或王府当差者分得地，理论上差竣应转给他人
恩赏地（小牌）	由旗衙或王府赏给有功人地亩，准许永远管业

表7　口外地区盟旗旗地的分类（民佃进入后）

名目	含义
自种地	使用权在蒙古自耕农手中，比例不大
白楂地（永佃）	通过放出生荒形成，占有者多为旗衙、扎萨克和王公，承租者三年后清丈土地，按楂口起租
报领地（永佃）	主要存在于哲里木盟中，从清廷或盟旗放垦机关报领而得，亦称兑、倒契地
典押地	通过典押而得，分烂价地、活契地、死契地、押契地、当租地等
耪青地	蒙古地主或拥有永佃权的汉地主，雇佣劳动力经营自己的土地，提供生产和生活资料，产出按比例分成。耪青者多系贫民
无租三园地	房园、坟园和菜园
黑地	指汉人非法占有，不向蒙古交租的土地，多通过盗垦和抗租而得
牧厂	卓索图和昭乌达两盟内嘉庆以后已无正在使用的大型牧厂，一些零星牧厂由各村封禁

表8　口外地区盟旗内的各类契约

名目	含义
红契	有旗衙或扎萨克王府官印之契，有时也包含闲散王公私印之契，总量占少数，所有报领地全部是红契
白契	一般蒙民间私立地契，占绝对多数
租佃契	包括永佃契约和非永佃契约，随着时间推移，后者向前者转化，永佃制向一田二主制转化
买卖契	主要包含兑契、倒契和卖契，因土地买卖被禁止，故契约只出卖田面权（永佃权），用兑、倒等字代替
典押契	名目最多，有典契、当契、押契、活契、死契、烂价契等，典基本等同活卖
一些其他习惯法契约	退契、退租契、赏契、翻牌子等，不一而足

表 9 对内务府口外牧厂规模的估计

	上驷院牧厂a			庆丰司牧厂b		
	商都	达里冈爱	总计	三旗牛羊群	达里冈爱	总计
骟马群	约90*	10*	6.3 万	—	—	—
骒马群	约40*	60*		—	—	—
骟驼群	17*		8500	—	—	—
骒驼群		40*		—	—	—
牛群	—	—	—	镶黄 14*，正黄 13*，正白 13*，1.2 万		镶黄 14*，正黄 13*，正白 13*，1.2 万
羊群	—	—	—	镶黄 40*，正黄 50*，正白 50*，15 万	共80*，8.5 万	共220*，23.5 万
总计	约147*	110*	7.2 万	镶黄 54*，正黄 53*，正白 63*，16.2 万	共80*，8.5 万	共250*，24.7 万

注：*为牧群数，不带*为牲畜数。a. 道光初期的数据，b. 道光晚期的数据。
资料来源：内务府奏案，数字是四舍五入后的估算。

表 10 与口外牧群有关的生息银

放出时间	银数	用途
乾隆二十八年	商都达布逊诺尔、太仆寺两翼生息银 5 万两，每年息银 6000 两，遇闰加增	放给该群总管翼长等养廉，总管处值班兵丁盘费，护送驼马草干盘费，移群牧放官兵盘费，关领俸饷官兵盘费，齐群预备乌拉驼马蒙古包帐房等用
乾隆三十一年	商都达布逊诺尔、太仆寺两翼生息银 9409.2 两，每年息银 1100 余两，遇闰加增	给该群印房值班官兵盘费以及赴京各差盘费
嘉庆十年	牛羊群生息银 1 万两，每年息银 1200 两，遇闰加增	放给军台羊价银 500 两，下余作为该群荒旱之年抵补牛羊之用

放出时间	银数	用途
嘉庆二十二年	察哈尔生息银 3 万两,每年息银 3600 两,遇闰加增	放给察哈尔八旗牛具籽种、春秋二季俸饷、火药盘费等,并津贴商都、太仆寺两翼官兵盘费 3116 两,下余银两作为五年一次军政预备乌拉驼马等项之用

资料来源:华山泰、庆昀呈单,咸丰四年五月十八日,军机处录副奏折,03-4256-116。

表 11　内务府口外牧厂的职责

	上驷院牧厂		庆丰司牧厂	
	商都达布逊诺尔	达里冈爱马驼群	三旗牛羊群	达里冈爱羊群
军事征调	C	C	A—D	A—D
军事训练	C	C	D	D
木兰巡幸	A	B	B*	C*
其他巡幸	C	C	B*	B*
京城缉私食用	D	D	A*	A*

注:A 至 D 表示规模和频率的逐渐缩小和递减。* 表示同时供应副产品。

表 12　清代中前期口北三厅权力划分演变

	张家口厅	独石口厅	多伦诺尔厅
雍正二年	议设张家口理事同知		
雍正三年	重定张家口同知职责,赋予其征收察哈尔右翼四旗地粮、审理口外民人案件及蒙民交涉细事之权		
雍正四年	加给审理察哈尔八旗蒙民案件、宣化府十一州县旗民案件之权		

续表

	张家口厅	独石口厅	多伦诺尔厅
雍正十年			独石口驿站员外郎加同知衔，管理多伦诺尔地区捕盗事务，仍驻独石口
雍正十二年九月	交察哈尔左翼四旗案件词讼审理之权于独石口理事同知	独石口驿站员外郎兼独石口理事同知，审理该处民人案件，察哈尔左翼四旗蒙民案件词讼，宣化府延庆、怀来、龙门、赤城四州县旗民案件	
雍正十三年二月	将察哈尔右翼四旗（其中正黄旗为半旗）地粮征收、蒙民案件审判之权交与山西丰镇卫、宁远所		
雍正十三年六月		独石口理事同知独立，管理察哈尔左翼四旗界内民人及蒙民交涉事件、口内四州县旗民案件及独石口外坝内开垦地亩	独石口驿站员外郎管多伦诺尔同知，移驻多伦诺尔。多伦诺尔厅正式设立。管理察哈尔左翼四旗"坝外游牧地方"、商贸及与锡林郭勒蒙古盟旗相关旗民事件
乾隆元年至二年	张家口、独石口同知共征察哈尔左翼四旗并正黄半旗地亩钱粮，议定自乾隆三年开始升科。三厅同知重新划分察哈尔左翼四旗、蒙古扎萨克旗蒙民命盗案件审理之权，其中察哈尔正蓝旗的蒙民交涉案，由多伦诺尔同知管辖，其余三旗半由张家口和独石口同知管辖		
乾隆十五年后			多伦诺尔同知陆续加给征收牲畜税、木税、落地税之责

	张家口厅	独石口厅	多伦诺尔厅
乾隆十六年至十七年		与四旗通判共管察哈尔汤河放垦围场处旗民事务	
乾隆十九年正月		与四旗通判就所管汤河地方划界,此后汤河地粮改由大阁儿巡检征收	

表 13　清末直隶口外地区府厅州县的设置

热河道 (乾隆五年)	承德府(乾隆四十三年)	府属(不设附郭县,雍正元年)
		滦平县(雍正七年)
		丰宁县(乾隆二年)
		隆化县(宣统元年)
		平泉州(雍正七年)
	朝阳府(光绪三十年)	府属(不设附郭县,乾隆三十九年)
		建昌县(乾隆四年)
		建平县(光绪三十年)
		阜新县(光绪三十年)
		绥东县(光绪三十四年)
	赤峰州(光绪三十四年)	州属(不设附郭县,乾隆三十九年)
		开鲁县(光绪三十四年)
		林西县(光绪三十四年)
口北道 (顺治三年)	围场厅(光绪三年,清亡前又改归热河)	
	张家口厅(雍正二年)	
	独石口厅(雍正十二年)	
	多伦诺尔厅(雍正十三年)	

注:括号内的时间为该行政区设置完备的时间。

表 14　道光八年以前州县征收的土地税

单位：两

类目	数额	类目	数额	类目	数额
察哈尔地粮	6000+（全部）	六项旗租	2000+（全部）	正项钱粮	1.9 万+（7000−）

注：地丁银内包括旗地的农业税，括号内是应起解到直隶布政司库的部分。

表 15　口北三厅有关蒙古、民人案件的会审制度

案件双方	司法者
察哈尔八旗蒙古	察哈尔八旗总管审理→察哈尔八旗总管与地方官会审、察哈尔八旗总管与察哈尔理藩院理刑司员会审并存
察哈尔八旗蒙古和民人	察哈尔八旗总管和地方官会审→察哈尔理藩院理刑司员与地方官会审

表 16　口外扎萨克旗与四税司员、地方官的对应关系（1810~1902）

卓索图盟	喀喇沁左旗	康熙末年设理藩院章京管辖，雍正年间撤回。乾隆元年设八沟同知管辖，五年设塔子沟通判后，归塔子沟通判管辖。十三年起，交乌兰哈达理事司员与八沟同知管理。二十三年改由八沟理事司员与塔子沟通判管辖。四十三年后，改由八沟理事司员与建昌县管理。光绪二十八年裁撤四税司员后，由建昌县管辖。清末建平县设立后，归建平县管辖
	喀喇沁中旗	康熙末年设理藩院章京管辖，雍正年间撤回。乾隆元年设八沟同知管辖，五年塔子沟通判设立后，由该通判管理。十三年起，交三座塔理事司员和塔子沟通判管理。二十三年改为交八沟理事司员与八沟同知管辖。四十三年后，改由八沟理事司员与平泉州管辖。嘉庆十五年以后，随着塔子沟理事司员的设立，改由塔子沟理事司员和平泉州管辖。光绪二十八年四税司员裁撤后，归平泉州管辖

卓索图盟	喀喇沁右旗	康熙末年设理藩院章京管辖,雍正年间撤回。乾隆元年设八沟同知管辖。十三年乌兰哈达理事司员设立后,交乌兰哈达理事司员和八沟同知管理。二十三年改由八沟理事司员与八沟同知管辖。四十三年后,改由平泉州和八沟理事司员管辖。光绪二十八年裁撤四税司员后,改由平泉州管辖
	土默特左旗	乾隆十三年以前,由盛京九关台同知管辖。乾隆十三年三座塔理藩院司员设立后,由该司员和塔子沟通判共同管辖。十八年三座塔巡检设立后,负责管理蒙民之间交涉争控细事。三十九年三座塔通判设立后,由三座塔通判与三座塔理事司员管辖。四十三年三座塔厅改朝阳县后,由朝阳县知县与三座塔司员管辖。光绪二十八年裁撤四税司员后,由朝阳府管辖。光绪末年阜新县建立后,由该县管辖土默特左旗,右旗仍隶朝阳府
	土默特右旗	
昭乌达盟	翁牛特左旗	乾隆十三年以前,该部事务或自理,或移咨理藩院交口外厅员承办。十三年起,由乌兰哈达理藩院司员与八沟同知管辖。二十一年该处设立巡检后,该巡检负责管理蒙民之间交涉细事。三十九年乌兰哈达通判设立后,改为乌兰哈达理事司员与乌兰哈达通判管辖。四十三年改为赤峰县与乌兰哈达理事司员管辖。光绪二十八年四税司员裁撤后,改为赤峰县管辖。赤峰县升为直隶州后,改为赤峰州管辖
	翁牛特右旗	
	敖汉旗	乾隆十三年以前,该部事务或自理,或移咨理藩院交口外厅员承办。十三年起,由三座塔理藩院司员与塔子沟通判管辖。四十三年建昌县设立后,改为三座塔理事司员与建昌县管理。嘉庆十五年塔子沟理事司员设立后,改为建昌县与塔子沟理事司员共同管理。光绪二十八年四税司员裁撤后,改为建昌县管辖。建平县设立后,归建平县管理

昭乌达盟	奈曼旗	乾隆十三年以前,该部事务或自理,或咨理藩院移交口外厅员承办。十七年以后,将奈曼旗交塔子沟通判与三座塔理事司员管理。后典制中未见更动,乾隆中期起,三座塔处巡检负责管理该处蒙民交涉争讼细事。但在三十九年三座塔理事通判设立后,应即归三座塔通判与三座塔司员管理。四十三年后,由朝阳县与三座塔司员管理。光绪二十八年后,由朝阳县和随后升为府的朝阳府管理。阜新县建立后,归阜新县管理。绥东县建立后,归绥东县管理
	巴林左旗	乾隆十三年前多系自理,或咨理藩院移交口外厅员办理。十三年起,交乌兰哈达理事司员管理。二十一年该处设立巡检后,由乌兰哈达巡检管理蒙民交涉细事。三十九年乌兰哈达通判设立后,改为乌兰哈达理事司员与乌兰哈达通判管辖。四十三年改为赤峰县与乌兰哈达理事司员管辖。光绪二十八年四税司员裁撤后,改为赤峰县管辖。清末林西县设立后,归为林西县管辖
	巴林右旗	
	阿鲁科尔沁旗	乾隆十三年前多系自理,或咨理藩院移交口外厅员办理。十三年起,交乌兰哈达理事司员管理。二十一年该处设立巡检后,由乌兰哈达巡检管理蒙民交涉争讼细事。三十九年乌兰哈达通判设立后,改为乌兰哈达理事司员与乌兰哈达通判管辖。四十三年改为赤峰县与乌兰哈达理事司员管辖。光绪二十八年四税司员裁撤后,改为赤峰县管辖。清末开鲁县设立后,归开鲁县管辖
	库伦旗	乾隆十三年前多系自理,或咨理藩院移交口外厅员办理。十三年起,交三座塔理事司员管理。十八年起,或由新设之三座塔巡检管理该处蒙民交涉争讼细事。二十二年时,重新归塔子沟通判与三座塔司员共同管理。三十九年三座塔通判设立后,由该通判与三座塔理事司员共管。四十三年后由朝阳县与三座塔理事司员共管。光绪二十八年四税司员裁撤后,由朝阳县管辖。阜新县建立后,由阜新县管辖。绥东县建立后,改归绥东县管辖

昭乌达盟	喀尔喀左翼旗	乾隆十八年起,由所设三座塔巡检与三座塔司员共同管理。二十六年,将该旗归塔子沟通判与三座塔司员共同管理。三十九年三座塔通判设立后,由该通判与三座塔理事司员共管。四十三年三座塔厅升朝阳县后,由朝阳县与三座塔理事司员共管。光绪二十八年四税司员裁撤后,由朝阳县和随后升为府的朝阳府管辖。阜新县建立后,改归阜新县管辖
	克什克腾旗	乾隆十五年以前,或由本旗自理,或咨理藩院移交口外厅员承办。十五年起,交乌兰哈达司员管理。三十九年乌兰哈达通判设立后,应由乌兰哈达通判和司员共管。四十三年后,由赤峰县与乌兰哈达司员共管。光绪二十八年四税司员裁撤后,由赤峰县管理。清末赤峰县升直隶州后,由赤峰州管辖
	扎鲁特左旗	材料中未见明确说明,清末设立开鲁县时,称两旗由该县管辖,如此回推,那么在清代中期,该两旗似应由赤峰县(乌兰哈达通判)与乌兰哈达理事司员共同管辖
	扎鲁特右旗	

表 17 三种会审制度的演变

会审制度	案件类型和存在时间	备注
扎萨克旗和地方官会审	雍正末年至乾隆二十六年以前。乾隆十三年理藩院司员设立后逐渐减少	
扎萨克旗和理藩院司员会审	蒙古间命盗案件,自乾隆二十六年起,实际存在至道光年间止	蒙民间案件,有时也保留商办的习惯
理藩院司员和地方官会审	乾隆二十六年起审理蒙民交涉案件,道光以后审理蒙古间命盗案件,但直到清末才加以司法解释	

表 18 　清代直隶总督在直隶口外地区的权力关系范围

权力类型	族群
司法权	民人(a)，八旗旗人(a)，内务府旗人(a)，察哈尔八旗旗人(b)，外藩扎萨克旗旗人(b)
税收权	民人(c)，八旗旗人(a)，内务府旗人(b)，察哈尔八旗旗人(d)，外藩扎萨克旗旗人(d)
军事权	民人(a)，八旗旗人(e)，内务府旗人(d)，察哈尔八旗旗人(e)，外藩扎萨克旗旗人(e)
选官权	民人(a)，八旗旗人(d)，内务府旗人(e)，察哈尔八旗旗人(e)，外藩扎萨克旗旗人(e)
考试权	民人(a)，八旗旗人(b)，内务府旗人(e)，察哈尔八旗旗人(—)，外藩扎萨克旗旗人(—)

　　注：a. 获得该族群全部人口的全部该项权力；b. 获得该族群全部人口的部分该项权力；c. 获得该族群部分人口的全部该项权力；d. 获得该族群部分人口的部分该项权力；e. 完全不具有该族群任何人口的任何权力；—. 该项权力在该族群中不存在。

表 19 　光绪二十六年察哈尔茶马厘捐的收入与支出

单位：两

名目	收入项		支出项						
	茶厘	马厘	a	b	c	d	e	f	g
数额	45660	140	3600	960	28398	12922	1290	468	160

　　注：a. 察哈尔都统、副都统公费；b. 理刑官暨两司印房津贴；c. 精锐营步队、马队口分及修理洋枪工匠役食银；d. 精壮营抬枪官兵津贴、修理抬枪工匠役食银、购买装备银；e. 驻防抬枪兵口分；f. 添设人役工食银；g. 军台赛尔乌苏管站部员、笔帖式、张家口军台印房笔帖式津贴。

　　资料来源：军机处录副奏折。

表 20　热河都统设立后口外地区案件的上申和审理程序

时间	案件类型			
	民人之间	旗人之间和旗民之间*	蒙古之间**	蒙旗之间和蒙民之间
嘉庆十五年至道光八年	州县→承德府→热河道→直隶按察司→直隶总督→（题或奏）刑部	州县→承德府→热河道→热河都统（衙门理刑司员）→（咨或奏）刑部	州县和四税司员（或旗官员和四税司员）→热河道→热河都统（衙门理刑司员）→（咨或奏）刑部	州县和四税司员→热河道→热河都统（衙门理刑司员）→（咨或奏）刑部
道光八年至光绪二十八年	州县→承德府→热河道→热河都统（衙门理刑司员）→（咨或奏）刑部		州县和四税司员→热河道→热河都统（衙门理刑司员）→（咨或奏）刑部	
光绪二十八年至宣统三年	州县→承德府→热河道→热河都统（衙门理刑司员）→（咨或奏）刑部		州县→热河道→热河都统（衙门理刑司员）→（咨或奏）刑部	

*　“旗”专指驻防八旗和内务府三旗。
**　“蒙古”专指法律意义上的外藩蒙古。

注　释

本书使用了大量未刊档案文献。其中，宫中档朱批奏折只有一组编号的来自台北"故宫博物院"，有五组编号的来自中国第一历史档案馆。为节省篇幅，档案文献藏所请统见"参考文献"部分。

导　论

1. 见克利福德·格尔茨《地方知识：阐释人类学论文集》，杨德睿译，商务印书馆，2016。

2. 理论上，"省"的存在应以布政司的设立为依据。严格来说，在雍正二年直隶布政使设立以前，并没有所谓的"直隶省"。但是自顺治年间起，清朝开始设置总督或巡抚，管辖日后形成的直隶长城以南地区，因此在顺治至雍正初年，"直隶省"的行政区划已渐露雏形。清中期后，总督、巡抚的身份向地级长官转化，这样的理解就变得更有依据了。此外，应当特别注意会典中"统部"的概念。清朝对行省制度的继承与发展，以及清初"直隶"地区长官名称、辖区和职权的变化，可见 R. Kent Guy, *Qing Governors and Their Provinces: The Evolution of Territorial Administration in China, 1644-1796*, University of Washington Press, 2010, pp. 47-60, 198-202。

3. 较接近这一定义的当代出版的历史区域图，是谭其骧主编《中国历史地图集》第 8 册《清时期》（中国地图出版社，1987）中的直隶图。侯杨方主编的《清朝地图集——同治至宣统卷》（星球地图出版社，

2019）中的相关部分增加了直隶区域变迁图，但没有做本质上的修改，有些地方地名的标注反而变少了。如此广袤的地理面积提醒研究者，绝不能忽略遥远的地理距离对政治行为产生的影响——尤其是在传统时期。参见迈克尔·艾德斯《比较视野下的帝国主义与殖民主义》，江田祥译，《新史学》第 16 辑，大象出版社，2016。首先要解决的是迷路的问题。在长城以北地区行走时，官员们可能携带一种类似道路指南的手册，上面会注明各个标志点之间的路程、方位。我见过一些这样的手册（见光绪年间路程一批，第 131 函）。中央无法随时修订各个地区地理测绘信息（当然本地人可能是清楚的），可能只有在修纂会典这一类官书时，才会询问当地的官员。见张剑、易爱华整理《祥麟日记》（中），中华书局，2022，第 877 页。对这类"前现代地图"来说，精确的地理学坐标并不是它们关心的对象，可以以暹罗的例子做比较，见通猜·威尼差恭《图绘暹罗：一部国家地缘机体的历史》第 1~2 章，袁剑译，译林出版社，2016。

4. 在清代也存在其他被称为"口外"的地方，如山西巡抚辖区内长城以北地区、甘肃巡抚辖区内嘉峪关以西地区和四川境内的雅州府地区。时人在使用该词时，因有特定的语境，并不会混淆其含义。"口外"概念的源流，参见赵现海《明代的王朝国家之路》第 2 章第 4 节，社会科学文献出版社，2022。

5. Zomia 的概念请见 James C. Scott, *The Art of Not Being Governed: An Anarchist History of Upland Southeast Asia*, Yale University Press, 2009。这是人类学区域研究中的一个经典概念，承载了社会、文化等各方面的意义。

6. 参见孙敬之主编《华北经济地理》，科学出版社，1957，第 36~38 页；孙金铸《内蒙古地理》，科学普及出版社，1957，第 9、12~17 页。

7. 史料中的"米"并不单指大米，而是极少量大米和大量"小米群"的结合，后者具体包括粟、黍、稷等类。见何炳棣《黄土与中国农业的起源》，中华书局，2017，第113~124页。据一位日本探险家观察，赤峰附近一般民众常吃粟饭，稻米从北京输入。上流社会则以饼作为主食。见鸟居龙藏《蒙古旅行》，戴玥、郑春颖译，商务印书馆，2018，第21页。

8. 马戎：《费孝通教授对民族研究的关怀》，载马戎编《费孝通与中国社会学人类学》，社会科学文献出版社，2009，第216页。

9. 兰恩华编《中华人民共和国政区大典·内蒙古自治区卷》，中国社会出版社，2018，第1479页。

10. 建昌县县志编纂委员会年鉴编辑部编《建昌县年鉴（1989）》，建昌县印刷厂印刷，1990，第27页。

11. 近年来，中国史学界开始越来越多地讨论"帝国"（empire）的概念以及清朝对这一概念的适用性；相应的，学者们在进行学术表述时也更加注意对种族（race）、民族（nation）、族群（ethnic）、离散族群（diaspora）等术语的区分。这些概念的释义可参见 Tony Bennett, Lawrence Grossber, and Meaghan Morris, eds., *New Keywords: A Revised Vocabulary of Culture and Society*, Blackwell Publishing Ltd., 2005, pp. 82-84, 104-106, 112-114, 232-235, 290-296。尤其可以注意本尼迪克特·安德森对 nation 一词起源的思考，见 Benedict Anderson, *A Life Beyond Boundaries*, Verso, 2016, p. 126。还可参见安东尼·D. 史密斯的分析，见氏著《民族认同》，王娟译，译林出版社，2018，主要是第2章。伏尔泰有一句经典名言："在这个地球上，没有哪个家庭了解自己的始祖，也没有哪个民族知道自己的起源。"见氏著《彼得大帝在位时期的俄罗斯帝国史》，吴模信译，商务印书馆，2016，第8页。本书的目的不在于厘清这些词语的概念史，并判断其是否具有普遍价值。

12. 关于罗马的城市和行省制度，参见弗朗切斯科·德·马尔蒂诺《罗马政制史》第2卷，薛军译，北京大学出版社，2014，第264~298、329~340页；腾尼·弗兰克《罗马帝国主义》，宫秀华译，上海三联书店，2012，第241~252页。奥斯曼帝国的一些特征，参见纳伊瓦《奥斯曼法庭之内：国家与宗教交汇的地方法》，李梅译，《新史学》第 16 辑，第 192~201 页；Engin Deniz Akarli, "The Ruler and Law Making in the Ottoman Empire"; Antonis Anastasopoulos, "Non-Muslims and Ottoman Justice," in Jeroen Duindam, eds. , *Law and Empire: Ideas, Practices, Actors*, Brill, 2013, pp. 87 – 109, 275 – 292。俄国的例子见 Alexander Etkind, *Internal Colonization: Russia's Imperial Experience*, Polity Press, 2011, pp. 143-149。哈布斯堡王朝的情况见 J. H. Elliott, "A Europe of Composite Monarchies," *Past & Present*, No. 137, *The Cultural and Political Construction of Europe*, 1992, pp. 48-71。查理大帝时期的法律多元化问题，可见 Peter Hoppenbrouwers, " 'Leges Nationum' and Ethnic Personality of Law in Charlemagne's Empire," in Jeroen Duindam, eds. , *Law and Empire: Ideas, Practices, Actors*, pp. 251-274。清朝与这些国家的统治艺术，有相似的方面，但更多的还是不同。例如在世界历史上，宗教因素在许多地区影响着国家的行政、立法和司法；在殖民地时期，宗教为划分人口调查类别的重要依据，见本尼迪克特·安德森《想象的共同体：民族主义的起源与散布》增订版，吴叡人译，上海人民出版社，2011，第 160 页。但是清朝从未对信仰藏传佛教或萨满教的教徒进行单独立法，他们既不享有过多特权，也不受大量压迫。再比如，清代蒙古盟旗人没有向中央缴纳什一税的义务。

13. 我想大多数人对"内、外蒙古"的理解，可能和拉铁摩尔差不多。见 Owen Lattimore, *Nomads and Commissars: Mongolia Revisited*, Oxford University Press, 1962, pp. 9-10。

14. 特别要注意的是神话在塑造"族性"上的影响，参见安东尼·D. 史密斯《民族认同》，第 28~36 页。

15. 2015 年 9 月的考察路线是北京—滦平—承德—隆化—喀喇沁旗—翁牛特旗—巴林左旗—朝阳—北京。2017 年 7 月的考察路线是北京—张家口—张北—太仆寺旗—多伦—克什克腾旗—巴林右旗—翁牛特旗—喀喇沁旗—承德—北京。前一次考察是我单独前往，后一次的同行者有澳门大学茅海建、复旦大学戴海斌、中国社会科学院近代史研究所唐仕春等人。戴海斌后来在"澎湃新闻·私家历史"发表了一组纪行文字，总题为"'口外'行走记"，但似乎没有写完。2019 年 7 月考察的同行者是澳门大学茅海建、华东师范大学博士吉辰、澳门大学博士生赵崧杰，以及在蒙古国立大学留学的华东师范大学硕士生任丽平。2016 年茅海建从蒙古国和俄罗斯布里亚特考察返回后发表了一篇纪行，定稿收入《历史的叙述方式》（上海三联书店，2019）。但是我听过他的现场描述，远比发表的内容辉煌壮丽。以上诸位对我考察的收获，都做出了或大或小的启发。

16. 我们走过的地方在清代属于土谢图汗的封地。清时的历史地理参见那顺达来《喀尔喀历史地理研究》第 3 章，线装书局，2020。

17. 本书在说明相关问题时，引用了不少外国人清季民国时期在直隶口外地区的旅行记录和考察报告。符拉基米尔佐夫提醒道，除了波兹德涅耶夫等寥寥数人外，大部分作者不是东方学家，不能完全掌握蒙古语，因此，他们的记述常常略过极其重要的现象，对许多问题无法加以说明。参见符拉基米尔佐夫《蒙古社会制度史》，刘荣焌译，内蒙组校，中国社会科学院民族研究所社会历史室，1978，第 23、27 页。我明白符拉基米尔佐夫的意思，这些文本在史实的精确程度方面存在不足，但我以为这就已经足够了。我并不追求这些作者对数字、地理、职官、年代等的精确描述，我想获得的恰恰是他们的直观感受。另一方面，外来人反而会留意许多本地人因习以为常而忽略的信息。

18. 冈田英弘的教育背景及其在满蒙史问题上所持的观点，见氏著《从蒙古到大清：游牧帝国的崛起与承续》，陈心慧、罗盛吉译，台湾商务印书馆股份有限公司，2016。其影响可见孙江《"新清史"的源与流》，载钟焓主编《新史学》第 13 卷《历史的统一性和多元性》，社会科学文献出版社，2020。

19. 《论探险蒙古之必要》，清末史料，第 168 函。到了民国时期，对真正发展起来的蒙古学研究的介绍，见孙喆、张永江《百年清史研究史·边疆民族卷》第 4 章，中国人民大学出版社，2022；达力扎布、彭勇主编《中国民族史研究 70 年（1949.10～2019.10）》第 4 章第 7 节，中央民族大学出版社，2022。关于西北（包括北方）舆地及历史，张穆写过一本《蒙古游牧记》，但其实他一生从未踏足过蒙古地区。他的知识来源，参见徐维焱《〈蒙古游牧记〉引书研究》，北京大学硕士学位论文，2018。

20. 阙特勤碑的汉译有很多种，一般情况下选择耿世民的译本。见耿世民《古代突厥文碑铭研究》，中央民族大学出版社，2005。还可见陈浩《竞争的叙事——突厥碑铭与汉文史料的比较研究》，陈浩主编《欧亚草原历史研究》，商务印书馆，2022。

21. 以本书直接涉及的察哈尔部为例，清初察哈尔部的人口数没有详细统计。据一位察哈尔士兵说，林丹汗控制下的察哈尔军队有 3 万多人，由此，蒙古大汗直属万户察哈尔总计不过十几万人。见兹拉特金主编，戈利曼、斯列萨尔丘克《俄蒙关系历史档案文献集》上册（1607～1636），马曼丽、胡尚哲译，兰州大学出版社，2014，第 189 页。对游牧族群人口产生误解是经常的事。比如固始汗明末移动到青海时，大约就是 5000 户，但濮德培说出了个惊人的数字——10 万人，这是无论如何不可能的。见 Peter C. Perdue, *China Marches West：The Qing Conquest of Central Eurasia*, The Belknap Press of Harvard University Press, 2005, p.105。1914 年，蒙古人口总数在 250 万～300 万人，其中约 70 万人生活在外喀尔喀地区。见约·弗·巴德利《俄国·蒙古·中国》上卷第 1 册，吴持哲、吴有刚译，商务印书馆，1981，第 101～102 页。

22. 蒙古马相对中原马的优势，可见 Frans August, *Larson, Duke of Mongolia*, Little Brown & Company, 1930, pp.164-166；《内亚史上的马与草场》，《丹尼斯·塞诺内亚研究文选》，北京大学历史学系民族史教研室译，社会科学文献出版社，2022，第 105～120 页。这不光是马的品种问题，也包括饲养上的技巧。

23. Frans August, *Larson, Duke of Mongolia*, p.158.

24. Frans August, *Larson, Duke of Mongolia*, p. 186.

25. 羊在野外牧厂中消耗草料的方式和马不同。马爱吃草的尖端和籽粒，所以要寻找草比较高的牧厂；牛用舌头卷草吃。羊的牙齿锋利，每每嚼到草根，所以要为羊群建设专门的草场。

26. 参见拉铁摩尔《中国的亚洲内陆边疆》，唐晓峰译，江苏人民出版社，2010，第 53~54 页；David A. Bello, *Across Forest, Steppe, and Mountain: Environment, Identity, and Empire in Qing China's Borderlands*, Cambridge University Press, 2015, pp. 140 – 144; Anatoly M. Khazanov, *Nomads and the Outside World* (2nd edition), trans. by Julia Crookenden, The University of Wisconsin Press, 1994, p. 47。

27. 围猎（狩猎）同样是蒙古早期的传统。在中世纪，游牧经济尚不足以支撑其基本生活需求，还需通过渔猎进行补充。某种程度上，"森林"狩猎民和"草原"游牧民之间的界限很难划分。但是到了 16 世纪，蒙古人已由游牧狩猎民变成纯粹的游牧民，狩猎不过是一种副业或者游戏，大规模的围猎就此成为传说。参见符拉基米尔佐夫《蒙古社会制度史》，第 58~67、206 页；《略论中央欧亚狩猎之经济意义》，《丹尼斯·塞诺内亚研究文选》，第 157~166 页。对近代蒙古日常围猎的描述，可见 Frans August, *Larson, Duke of Mongolia*, pp. 19–25。

28. 这里要特别提到拉铁摩尔的观察。他说汉人在进入草原并移民时，也将人口压力带到了当地。汉人的人口增长率远远超过游牧族群。见 Owen Lattimore, *The Desert Road to Turkestan*, Little Brown & Company, 1929, p. 86。

29. 参见黄宗智《明清以来的乡村社会经济变迁：历史、理论与现实》卷 1《华北的小农经济与社会变迁》，法律出版社，2014，第 49~50 页。

30. 包括在每一季中，家畜流行病的情况、牧群的组成、生物特性、牲畜年龄和性别结构，以及牧民家庭的处置、劳动力的规模、放牧的类型和对动物的利用等，甚至文化传统和专业技能，都会对牧厂承载力产生影响，而这些因素中的大多数是变化的。参见 Anatoly M. Khazanov, *Nomads and the Outside World* (2nd edition)，p. 4。

31. 这一类的统计数字几乎没有止境，全部列出也无意义。我搜集到的一些可参考的资料，包括黄丽生《近代内蒙古人民的生活图像》，载黄克武主编《画中有话：近代中国的视觉表述与文化构图》，中研院近代史研究所，2003，第 144 页；伊·雅·兹拉特金《游牧民族的社会经济史若干问题》，载鲍·雅·符拉基米尔佐夫等《游牧社会史与蒙古史研究》，陈弘法译，内蒙古人民出版社，2020，第 25~27 页；江上波夫等《蒙古高原行纪》，赵令志译，内蒙古人民出版社，2007，第 234 页；王明珂《游牧者的抉择：面对汉帝国的北亚游牧部族》，上海人民出版社，2018，第 24~68 页；Anatoly M. Khazanov, *Nomads and the Outside World* (2nd edition)，p. 4。饮食结构方面，欧亚大陆草原游牧民生活在温带地区，他们消耗的肉比北方驯鹿牧民和内亚地区的牧民少，但比近东、中东和东非的牧民多。见 Anatoly M. Khazanov, *Nomads and the Outside World* (2nd edition)，p. 52。

32. 一般来说是河流。如果想增加牧厂，只能依靠水井。但在历史时期，在蒙古地区打井并不容易。而且依靠人工打水，养 100 头左右的牲畜便会令人疲惫不堪。如果其他地方没有水井，就只能滞留于此，其他牧民也会不断前来此地，周围的牧草很快便会被吃一空。参见小长谷有纪『遊牧がモンゴル経済を変える日』出版文化社、2002、第 3 章第 2 节。

33. 在真正的游牧社会中实行"编户齐民"式的管理（保甲制）是不切实际的，见《刘晓同志关于蒙古工作给总政和党中央的报告》（1936 年 7 月 19 日），中共中央统战部编《民族问题文献汇编（一九二一·七~一九四九·九）》，中共中央党校出版社，1991，第 501 页。

34. 据估算，1918 年时蒙古畜牧业畜种数量大约有 150 万头牛、200 万匹马、430 万只羊。见深谷松涛、古川狄风《满蒙探险记》，杨凤秋译，袁向东校译，暨南大学出版社，2018，第 178 页。羊的数字恐怕估算少了，因为和牛、马的比例明显不对。拉铁摩尔引用过 1943 年新疆的数据，是 155 万头牛、87 万匹马、1172 万只羊和 9 万头骆驼。见 Owen Lattimore, *Pivot of Asia: Sinkiang and the Inner Asian Frontiers of China and Russia*, Little Brown & Company, 1950, p. 155。

35. 加上乌兰巴托缺乏系统的城市规划和立体交通，从早上 8 点到晚上十点半，城市主干道的路况可以用水泄不通来形容，几乎所有能停车的地方都变成了停车场，空气质量也极度糟糕。蒙古国至今没有解决好工业化和牧业间的关系。官方的人口统计见龙梅《蒙古国人口流动与农牧区发展》，载刘少坤主编《蒙古国发展报告（2021）》，社会科学文献出版社，2021，第 175~187 页。

36. 参见黄丽生《近代内蒙古人民的生活图像》，载黄克武主编《画中有话：近代中国的视觉表述与文化构图》，第 133~140 页。

37. 严寒给牧业造成的危害，可参见福兰阁《热河纪述》，罗颖男译，社会科学文献出版社，2020，第 24 页；鸟居龙藏《蒙古旅行》，第 108 页；Frans August, *Larson, Duke of Mongolia*, p. 194。

38. "Introduction to the Second Edition," in Anatoly M. Khazanov, *Nomads and the Outside World* (2nd edition), p. lvi.

39. Anatoly M. Khazanov, *Nomads and the Outside World* (2nd edition), pp. xlvi-xlvii, 3, 16-17.

40. 几乎没有外国旅行家在游记或回忆录中回避安全问题。蒙古草原上的抢劫和盗窃不分对象，包括个人和官方使团，这与特定时期的政治局势无关，而是抢掠就是历史时期草原游牧民的日常生活方式。势力大的团伙后来变成所谓的"马贼"。对个体来说，一种治标不治本的办法是养狗看家。随便举出的例子可见芦婷婷整理《额勒和布日记》（上），凤凰出版社，2018，第 28、324 页；沙斯季娜《十七世纪俄蒙通使关系》，北京师范大学外语系七三级工农兵学员、教师译，商务印书馆，1977，第 118~124 页；约·弗·巴德利《俄国·蒙古·中国》下卷第 1 册，第 1113~1114 页；深谷松涛、古川狄风《满蒙探险记》，第 131

页以下；江上波夫等《蒙古高原行纪》，第8~9、236页；鸟居龙藏《蒙古旅行》，第55页。

41. 参见宫胁纯子《最后的游牧帝国：准噶尔部的兴亡》，晓克译，内蒙古人民出版社，2005，第22页。

42. Frans August, *Larson*, *Duke of Mongolia*, p. 15.

43. Anatoly M. Khazanov, *Nomads and the Outside World*（2nd edition），p. 52.

44. 格·尼·波塔宁著，B. B. 奥布鲁切夫编《蒙古纪行》，吴吉康、吴立珺译，兰州大学出版社，2013，第60~61页。但是强迫游牧民族从事放牧以外的生产活动，注定非常痛苦，可参见 Benjamin S. Levey, Jungar Refugees and the Making of Empire on Qing China's Kazakh Frontier, 1759-1773, Ph. D. diss., Harvard University, 2013, chp. 6。

45. 参见宫胁纯子《最后的游牧帝国：准噶尔部的兴亡》，第48~49页；加·谢·戈罗霍娃《蒙古人民共和国学者论蒙古中世纪史》，载鲍·雅·符拉基米尔佐夫等《游牧社会史与蒙古史研究》，第208页；C. B. 吉谢列夫《古代蒙古城市》，孙危译，商务印书馆，2016；David Durand-Guédy, *Turko-Mongol Rulers*, *Cities and City Life*, Brill, 2013。但是游牧社会的城市和农业社会传统的城镇有明显区别，它的面积很小，有时也分不出功能区，"城市"可能等同于宫殿群。20世纪初库伦的"城市图"中，出现的仍主要是传统的大帐。

46. 符拉基米尔佐夫：《蒙古社会制度史》，第205页。

47. 一方面，蒙古极度缺乏铁器，但是俄国商人只往蒙古贩运一些铁制的小物件，生铁根本不往里运，大的铁制品也尽量不去经营。他们也不运犁铧过来，所以蒙古人都使用中原地区造的生铁犁铧。见格·尼·波塔宁著，B. B. 奥布鲁切夫编《蒙古纪行》，第57页。另一方面却反过来，在17世纪及以前，蒙古使用的火器不太可能通过明、清两王朝获得，更多的是和俄国进行交换。见沙斯季娜《十七世纪俄蒙通使关系》，第9、49页。铁器不仅是生产工具，也是兵器。见亨利·赛瑞斯

《明蒙关系Ⅲ——贸易关系：马市（1400～1600）》，王苗苗译，中央民族大学出版社，2011，第46～53页。

48. 马是中原王朝和北方民族贸易的最重要对象之一。明代马市的繁荣可参见亨利·赛瑞斯《明蒙关系Ⅲ——贸易关系：马市（1400～1600）》。

49. 斯·阿·普列特尼奥瓦：《中世纪时代游牧社会的发展规律》，载鲍·雅·符拉基米尔佐夫等《游牧社会史与蒙古史研究》，第17页；约·弗·巴德利《俄国·蒙古·中国》下卷第1册，第1051页。

50. 参见苏联科学院、蒙古人民共和国科学委员会合编《蒙古人民共和国通史》，韩儒林等译，科学出版社，1958，第189～192页。原始的游牧社会中没有大的不平等，阶层分化也不明显，即使有，一般来说是战争和交易的结果，而不是正常的经济运作。参见 Anatoly M. Khazanov, *Nomads and the Outside World* (2nd edition), p. xxiii。

51. Anatoly M. Khazanov, *Nomads and the Outside World* (2nd edition), p. 164.

52. 有一点需要注意，清代直隶口外地区的商品经济虽然得到了极大发展，但还没有到可以使用纸币的程度。见咸丰朝宫中档朱批奏折，406016712，具奏人和具体时间不详。

53. 《蒙古人在西方》，《丹尼斯·塞诺内亚研究文选》，第300～301页。

54. 参见尕藏加《清代藏传佛教研究》，中国社会科学出版社，2014。晚清以降的历史可见 Gray Tuttle, *Tibetan Buddhists in the Making of Modern China*, Columbia University Press, 2005, p. 34ff。除黄教外，萨满教在中国北方也有一定影响，一些旗中还有萨满教的巫人，但并不作为官方宗教而推广。见鸟居龙藏《蒙古旅行》，第177～179页；尼·米·普尔热瓦尔斯基《蒙古与唐古特地区：1870～1873年中国高原纪行》，王嘎译，中国工人出版社，2019，第63页；江上波夫等《蒙古高原行纪》，第275页。

55. 安东尼·吉登斯:《现代性的后果》修订版,田禾译,黄平校,译林出版社,2022,第 115~116、119~120 页。

56. 江上波夫等:《蒙古高原行纪》,第 281~282 页;Frans August, *Larson, Duke of Mongolia*, p. 91。

57. 格·尼·波塔宁著, B. B. 奥布鲁切夫编《蒙古纪行》,第 62 页。

58. 喇嘛与性病流行的关系,见鸟居龙藏《蒙古旅行》,第 127 页;Frans August, *Larson, Duke of Mongolia*, pp. 98-99。蒙古民歌中,有不少告诫牧羊女不要和喇嘛来往的内容,见 Carole Pegg, *Mongolian Music, Dance & Oral Narrative: Performing Diverse Identities*, University of Washington Press, 2001, pp. 228-229。黄教对劳动力数量毁灭性的影响,参见 Frans August, *Larson, Duke of Mongolia*, pp. 81-82, 95-96。以内扎萨克各旗为例,据说在清中期时,各处共建有黄教寺庙 1800 多座,喇嘛人数约 15 万人。锡林郭勒盟和察哈尔地区,在 1949 年前仍有寺庙 273 座,喇嘛人数 1.4 万余人;昭乌达、卓索图两盟地区,寺庙有 600 余座。见胡日查《清代蒙古寺庙管理体制研究》,辽宁民族出版社,2013,第 10~15 页。这一估计已相对保守,另一处资料说道,在 19 世纪中期,整个内扎萨克蒙古地区有 13.5 万~37.5 万名喇嘛,其中有 4.5 万~12.5 万人住在寺庙中,见 David Sneath, *Changing Inner Mongolia: Pastoral Mongolian Society and the Chinese State*, Oxford University Press, 2000, p. 30。最极端的说法是蒙古喇嘛的数量占人口的一半。但即使把这里的"人口"理解为男性,这个比例似乎也过高了。见 Frans August, *Larson, Duke of Mongolia*, p. 91。海西希说,19 世纪时,内扎萨克蒙古地区尚有 1200 多座寺院和喇嘛庙,外扎萨克地区则有 700 多座,喇嘛几乎占蒙古人口总数的 1/3。这里的"人口总数"应该也要理解为男性。见海西希《蒙古的宗教》,耿昇译,中国藏学出版社,2016,第 1 页。寺庙不仅是宗教场所,还是仓库、堡垒。

59. 最近 100 年的总体变化,可见 Uradyn E. Bulag, "Municipalization and Ethnopolitics in Inner Mongolia," in Ole Bruun and Li Narangoa, eds.,

Mongols from Country to City：Floating Boundaries，Pastoralism and City Life in the Mongol Lands，NIAS Press，2006，pp. 58-63。

60. 在这一问题上，有两本已经出版的地图集给了研究者莫大帮助，见乌云毕力格等编著《蒙古游牧图——日本天理图书馆所藏手绘蒙古游牧图及研究》，北京大学出版社，2014；Li Narangoa and Robert Cribb，*Historical Atlas of Northeast Asia*，*1590-2010*，Columbia University Press，2014。本尼迪克特·安德森指出了地图在形塑族群和现代国家中的重要功能，见氏著《想象的共同体：民族主义的起源与散布》增订版，第166~173页。另外还可参见前引通猜·威尼差恭的著作。

61. 我要特别说明一下什么是"民人"。"民人"和与其相对的"旗人"都是政治术语，其主体是"汉人"，但不完全等同于汉人，例如回民也属于民人，出旗后的旗人也属于民人。清代的官方文献几乎不用"汉人"一词。

62. 例如，裁决不同族群人犯罪的司法者各不相同，但在立法层面"刑律"和"蒙古律"却不是处于完全对立的，而是有条件地包含与合并。相较于成片相连、占绝大部分土地的州县和蒙古各旗，内务府、太仆寺、礼部和当地官员控制的各处围场、行宫、皇庄、牧厂、驿站等可被称为"飞地"，其特点在于封闭性和渗透性。这些"飞地"还同旗、州、县等其他单元有着密切的联系。相关理论可见格伦·G. 劳瑞《导论》，载格伦·G. 劳瑞主编《族裔特性、社会流动与公共政策：英美比较》，施巍巍等译，东方出版社，2013，第11~12页。

63. 游牧帝国没有坚固的经济基础，中央集权也不完整。农业社会中不可逆的"政府"，在游牧社会中是可以消退的。"国家"形成和社会分层似乎也是短暂、不稳定的。参见 Ernest Gellner，"Foreward，" in Anatoly M. Khazanov，*Nomads and the Outside World*（2nd edition），pp. xiii，xxiv。

64. 明代的"九边"防御体系，参见肖立军《明代中后期九边兵制研究》，吉林人民出版社，2001；彭勇《明代北边防御体制研究——以边操班军的演变为线索》，中央民族大学出版社，2009；赵现海《明代九边长城军镇史：中国边疆假说视野下的长城制度史研究》，社会科学文献出版社，2012。

65. 蒙古各部在明朝和清初的变迁史，主要参见达力扎布《明代漠南蒙古历史研究》（内蒙古文化出版社，1997）、齐光《16～18世纪喀尔喀蒙古政治社会体制研究》（复旦大学出版社，2020）、约·弗·巴德利《俄国·蒙古·中国》上卷第1册（第85～106页），以及乌云毕力格、曹永年、张晋藩、郭成康、宝音初古拉等人的研究，限于篇幅，不一一列出，可见书后参考文献。

66. 范围有可能南至库昆河，北至老哈河、潢河，西至敖汉，东至彰武。见中国第一历史档案馆编《清初内国史院满文档案译编》（上），光明日报出版社，1989，第93页；乌云毕力格《五色四藩：多语文本中的内亚民族史地研究》，上海古籍出版社，2016，第281～296页；乌云毕力格《察哈尔扎萨克旗游牧地考补证》，《中央民族大学学报》2015年第2期。

67. 《清太宗实录》卷20，天聪八年九月甲戌；《清初内国史院满文档案译编》（上），第132～133页。

68. 布尔尼之乱的详细过程，可参见芦婷婷《清廷平定布尔尼之乱研究》，《甘肃联合大学学报（社会科学版）》2011年第6期。

69. 参看乾隆《口北三厅志》中口北三厅全图，以及卷1《地舆志》，乾隆二十三年刻本，第15～17、19～25页。

70. 鄂托克与爱马克的联系和区别，可见符拉基米尔佐夫《蒙古社会制度史》，第208～209、211页。

71. 《清初内国史院满文档案译编》（上），第146～147页；《清太宗实录》卷22，天聪九年二月丁亥。编入八旗蒙古的喀喇沁部（及部分乌梁海塔布囊）的不少壮丁仍在张家口外正蓝旗、多伦诺尔一带游牧，见哈斯巴根《清代蒙古八旗口外游牧地考》，《清史研究》2021年第3期。

72. 如崇德三年的一件档案说，一位镶白旗喀喇沁牛录章京毁边而出，清廷将其议罪。此处的罪犯显然是八旗蒙古人，说明当时对八旗蒙古的旗丁仍会强调其原来的身份属性。见季永海、刘景宪译编《崇德三年满文档案译编》，辽沈书社，1988，第165页。

73. 《蒙古守正武学堂崇正文学堂沿革规则》，光绪三十二年稿本，乙E13。这份文件的拟题是错的，它其实是一份成稿于光绪二十九年前后关于喀喇沁右旗社会方方面面的调查报告。该文件中绘有光绪末年时喀喇沁右旗的地图。据我所知，这一调查报告仅有许富翔在使用，见氏著《清末喀喇沁右旗之新式教育与蒙汉关系——以〈蒙古守正武学堂崇正学堂沿革规则〉为中心》[《吉林师范大学学报（人文社会科学版）》2021年第1期]一文。但许富翔抄错了文献名，该文献的函套和正文均作"崇正文学堂"，封面的原题签漏一"文"字，不应将封面题签作为文献标题。该文献应当引起相关领域学者的重视。

74. 地图见乌云毕力格等编著《蒙古游牧图——日本天理图书馆所藏手绘蒙古游牧图及研究》，第22~23、120~124页；杨丰陌主编《喀喇沁左翼旗乌梁海氏家谱》，辽宁民族出版社，2003，内页插图。

75. 乌云毕力格等编著《蒙古游牧图——日本天理图书馆所藏手绘蒙古游牧图及研究》，第18~21、114~119页。

76. 乌云毕力格：《五色四藩：多语文本中的内亚民族史地研究》，第297~304页；《青册金鬘：蒙古部族与文化史研究》，上海古籍出版社，2017，第64~102页。该盟游牧全图可见《蒙古游牧图·卓索图盟游牧图》，清稿本，北京大学图书馆藏。

77. 光绪三十三年的地图见乌云毕力格等编著《蒙古游牧图——日本天理图书馆所藏手绘蒙古游牧图及研究》，第24~25、126~131页。

78. 地处锡勒图库伦旗之西，东至霍济勒河，南至库昆河。参见周宪章修，吕葆廉纂《凌源县志初稿》卷18《蒙旗》，1931年稿本；宣本荣编《热河地方志》第7章"蒙旗"，1921年稿本，第13页。在民国时期修纂的志书中，该部常被误为一旗。

79. 地图见乌云毕力格等编著《蒙古游牧图——日本天理图书馆所藏手绘蒙古游牧图及研究》，第26~27、132~135页。

80. 周宪章修，吕葆廉纂《凌源县志初稿》卷18《蒙旗》。

81. 参见胡日查《清代蒙古寺庙管理体制研究》，第72~80页。严格来说，"喇嘛旗"只是"游牧喇嘛部落"，因其长官是喇嘛，《理藩院则例》又有"凡喇嘛之辖众者，令诏其事如扎萨克"的记载，故有"喇嘛旗"之称。库伦旗的历史，还可参见乌云毕力格《青册金鬘：蒙古部族与文化史研究》，第243~262页。

82. 古伯察：《鞑靼西藏旅行记》第2版，耿昇译，中国藏学出版社，2006，第98页。这个数字似乎过高了。

83. 鲍·雅·符拉基米尔佐夫：《"五部喀尔喀"在哪里?》，载鲍·雅·符拉基米尔佐夫等《游牧社会史与蒙古史研究》，第109~114页。甚至清朝的汉人基层吏员，有时也分不清外喀尔喀和昭乌达盟的喀尔喀左翼旗，这是可以理解的。见鸟居龙藏《蒙古旅行》，第128页。

84. 光绪三十三年地图见乌云毕力格等编著《蒙古游牧图——日本天理图书馆所藏手绘蒙古游牧图及研究》，第28~29、136~139页；《敖汉旗志》编纂委员会编《敖汉旗志》（上），内蒙古人民出版社，1991，第7、8页。

85. 田万生修，张大滋纂《建平县志》卷7《人物·列传》，1931年稿本，第4~7页。

86. 理藩院折，宣统朝，宫中档朱批奏折，04-01-30-0112-002；《宣统政纪》卷53，宣统三年四月丁酉。

87. 光绪三十四年地图见乌云毕力格等编著《蒙古游牧图——日本天理图书馆所藏手绘蒙古游牧图及研究》，第46~47、172~175页，又参见乌云毕力格《五色四藩：多语文本中的内亚民族史地研究》，第384~394页。

88. 一种观点认为其祖是成吉思汗之弟斡赤斤（鄂楚音），另一种观点认为是成吉思汗之弟合赤温。总体来看，似支持第二种观点的学者较多。参见李俊义、梁文美《翁牛特语义及翁牛特部先祖考辨》，《赤峰学院学报（汉文哲学社会科学版）》2010年第4期。

89. 张镠：《八沟厅备志》卷下《蒙旗志·旗址》，雍正稿本。光绪二十四年地图见李法普《清代翁牛特左旗游牧图》复制本，1987；三十三年地图见乌云毕力格等编著《蒙古游牧图——日本天理图书馆所藏手绘蒙古游牧图及研究》，第42~43、164~167页。

90. 张穆：《蒙古游牧记》卷3《内蒙古昭乌达盟游牧所在·翁牛特部》，同治刻本。

91. 梁文美：《翁牛特右翼郡王旗的社会历史变迁研究》，内蒙古大学博士学位论文，2011，第20~21页。光绪三十四年地图见乌云毕力格等编著《蒙古游牧图——日本天理图书馆所藏手绘蒙古游牧图及研究》，第44~45、168~171页。

92. 祁韵士：《皇朝藩部要略》卷1，天聪四年十月，道光刻本。光绪三十四年地图及其与巴林旗之界图见乌云毕力格等编著《蒙古游牧图——日本天理图书馆所藏手绘蒙古游牧图及研究》，第40~41、158~163页。

93. 光绪三十三年地图和1921年划界均见乌云毕力格等编著《蒙古游牧图——日本天理图书馆所藏手绘蒙古游牧图及研究》，第30~31、38~39、140~144、154~157页。

94. 《外藩蒙古各部落牛录数目及牛录章京姓名》，《满文老档》下册，中国第一历史档案馆、中国社会科学院历史研究所译注，中华书局，1990，第1673页。

95. 崇德帝敕谕，崇德二年十一月十五日，希都日古编译《清内秘书院蒙古文档案汇编汉译》，社会科学文献出版社，2015，第29页。

96. 包文汉、奇·朝克图整理《蒙古回部王公表传》第1辑，内蒙古大学出版社，1998，第254页。

97. 光绪三十四年地图见乌云毕力格等编著《蒙古游牧图——日本天理图书馆所藏手绘蒙古游牧图及研究》，第48~49、176~179页。另参见乌云毕力格《五色四藩：多语文本中的内亚民族史地研究》，第167~180 页。对这种部落被"制造"出来的过程，斯科特有过精辟的描述，见 James C. Scott, *The Art of Not Being Governed：An Anarchist History of Upland Southeast Asia*, p. 259。总的来说，外喀尔喀部心态一直是骑墙的，其尽力与清、俄两方都保持一定限度的关系；而无论是哪一方，对归顺的蒙古也都持有防范的心理。因为在那个时期的外喀尔喀和外贝加尔地区，蒙古还占据着优势。见沙斯季娜《十七世纪俄蒙通使关系》，第74~75、110~112、150~153 页；Gregory Afinogenov, *Spies and Scholars：Chinese Secrets and Imperial Russia's Quest for World Power*, The Belknap Press of Harvard University Press, 2020, pt. 3。

98. 地图见《蒙古游牧图·昭乌达盟游牧图》。

99. 例如，察哈尔大部落中的阿喇克绰特部和多罗特部，被后金消灭于天聪二年。兀鲁特部于天命七年归附后金，一度被编为一个独立的旗。天聪六年清帝下令撤销兀鲁特旗，将其部众散编入八旗满洲之中。内喀尔喀五部中的乌济业特部、巴约特部、翁吉刺特部，均曾驻牧在辽河河套一带。后因内喀尔喀遭到后金和察哈尔本部几乎同时的攻击，以上三个部落在后金时期就销声匿迹了。失去了氏族和血缘的特征，游牧民特定社会成员的概念就在一定程度上瓦解了。参见 Anatoly M. Khazanov, *Nomads and the Outside World* (2nd edition), p. 139。

100. 这些概念在罗马法中的区分，参看周柟《罗马法原论》上册，商务印书馆，2014，第 341~343、352、456~458 页。罗马法（大陆传统）尤其强调权利的基础是相互间的义务，但是普通法（英国传统）强调的是法律面前人人平等，个人所有权不再受制于社会义务，这个法律体系后来孕育了对永久地权业主的法律保护。见安德罗·林克雷特《世界土地所有制变迁史》，启蒙编译所译，上海社会科学院出版社，2016，第 23~26、47 页。虽然蒙古有"万物有灵"论，土地被赋予生命，但游牧民本身不将土地视作财产；对于牧厂，他们只是达到认为祖先以来就拥有占有权的程度就够了，他们争夺的是作为财产的家畜和照顾这些家畜的人。见海西希《蒙古的宗教》，第 138～139 页；宫胁纯子《最后的游牧帝国：准噶尔部的兴亡》，第 4 页。说到底，苏木的箭丁是皇帝的阿勒巴图，扎萨克仅仅是他上面的管理者、官僚而已。见 Anatoly M. Khazanov, *Nomads and the Outside World* (2nd edition), p. 124；冈洋樹「序論」『清代モンゴル盟旗制度の研究』東方書店、2007。但是在 20 世纪，这些原本清晰的观念出于一些其他原因而变得模糊，旗地被描述为蒙古王公的土地，通过出卖它来压迫本民族人，进而认为是汉人移民侵占了"蒙古的土地"。但是土地所有权属于王公，更多是针对马克思主义语境下的地主阶级而言，在这里，所有权、占有权等概念已经发生了变化。参见《中共中央给蒙委的信》（1929 年 2 月 30 日）（日期为原书编者所判定，似有误——笔者注）、《中共中央关于内蒙工作计划大纲》（1930 年 11 月 5 日），《民族问题文献汇编（一九二一·七～一九四九·九）》，第 103、137 页。

101. 在明代，牧马分为官牧和民牧。官牧是国家设置专门草场，由卫所军人等组织牧养；民牧主要是将两京太仆寺所属官马交属地民户领养。管理机构的设置也相对复杂，御马监掌管皇家御马；两京太仆寺分掌南北直隶及鲁、豫、两淮、江南马政；行太仆寺分设于辽东、北平、晋、甘、陕五地，掌管边镇卫所营堡马政；苑马寺分设于北京、辽东、甘、陕四地，职掌所属的监苑马政。在长城沿线的"九边"地区，通过设立马市，补充所需。马是明清中原和北方游牧族群贸易最重要的商品之一，尤其是隆庆和议后，宣府、大同一带马市非常繁荣。总体来看，明代的民牧政策多为后世所批评，认为给人民带来了巨大的负担。洪武二十年以后，明朝于长城以北先后设立大宁都司、全宁卫、开平卫等都司卫所，实行屯田，试图将自京城至口外地区辟为广阔的牧厂。但是永乐至正德年间，大宁都司与开平卫相继内徙，旧开平卫、兴和城等地带由蒙古各部落驻牧，兀良哈三卫也进至滦河流域。明初于长城沿线口外一带所设官牧，不得不逐渐废弃。相关内容见何平立《略论明代马政衰败及对国防影响》，《军事历史研究》2005 年第 1 期；达力扎布《明代漠南蒙古历史研究》，第 236~250 页；唐克军《略论明代的马政》，《史林》2003 年第 3 期。

102. 参见牛贯杰《清代马政初探》，《燕山大学学报（哲学社会科学版）》2006 年第 2 期。

103. 乾隆《口北三厅志》卷 6《考牧志》，第 6 页。该志将商都牧厂误归于太仆寺管辖。

104. 雍正九年时，因商都牧厂受到严寒侵袭，各牧群遂临时移入苏尼特旗界内过冬。第二年牧群总管请求援例将商都马驼群永久移至苏尼特旗界内南部一带设厂，遭到雍正帝以侵碍蒙古游牧为由的驳斥。参见张书才主编《雍正朝汉文谕旨汇编》第 8 册，广西师范大学出版社，1999，第 236 页。这份禁止移界的文件是商都牧厂史上的重要材料，清朝的官私文书都记载了这一事件，甚至晚清一位游历至察哈尔的俄国人也模糊地叙述过此事，见阿·马·波兹德涅耶夫《蒙古及蒙古人》第 1 卷，刘汉明等译，内蒙古人民出版社，1989，第 681 页。

105. 姚明辉：《蒙古志》卷 3《会计》，光绪三十三年刊本。还可参见 Li Narangoa and Robert Cribb, *Historical Atlas of Northeast Asia, 1590 - 2010*, p. 83。

106.《嘉庆会典事例》卷 524《兵部·马政·牧马》；《乾隆会典则例》卷 166《内务府·上驷院》。

107. 其次序和位置大致如下。正黄旗牛群原驻今兴和县银子河西南，约兴和县西南与丰镇市交界一带，后逐渐北移，先移至张家口外阿尔泰军台第三、四台西南，西路文书台第四台北，今张北县海流图河与安固里淖一带，后又移动至今商都县西北与察哈尔右翼后旗交界地带，清末民初时，再东移至今正镶白旗。镶黄旗牛群乾隆时原位于镶黄旗南，北起今张北县麻呢坝，南至今张北县什八儿台河，东起今沽源县西南，西到今张北县白城子，整体约在今张北县东和沽源县西南部。清中叶以后，由于麻呢坝以南被陆续开垦，遂逐渐移至今张北县北部安固淖尔东南一带；光绪三十二年后，再次北移到正白旗明安地方。正白旗牛、羊群乾隆年间在今沽源县境内，后北移到商都牧厂西北，今正蓝旗哈登胡舒苏木、桑根达来苏木、宝绍代苏木及乌和日沁敖包林场一带。镶黄旗羊群乾隆年间位于察哈尔镶黄旗北，今镶黄旗翁贡乌拉苏木境内迤南，光绪末年，从毗邻苏尼特右旗的察哈尔牧地北界起，向东南延伸到约今镶黄旗宝格达音郭勒。清末民初时，该群北移到今镶黄旗北部的翁贡淖尔一带，称翁贡羊群。正黄旗羊群原在今兴和县银子河，乾隆间北移到今张北县、兴和县和商都县交界地带，光绪三十二年再次北移到今商都县西北，民国时又迁到今正镶白旗羊群滩一带。部分文字材料可参见乾隆《口北三厅志》卷6《考牧志》，第11~14页；民国《张北县志》卷1《地理志上·沿革》，1935年铅印本，第7页；贻谷、奎顺折，光绪三十年九月十八日，宫中档朱批奏折，04-01-01-1069-021。

108.《清代起居注册（康熙朝）》第10册，联经出版事业公司，2009，第5676页。

109.《雍正会典》卷242《太仆寺》。

110.《雍正会典》卷242《太仆寺》；《嘉庆会典事例》卷524《兵部·马政·牧马》，卷818《太仆寺·职掌·分职》。

111.《清代起居注册（康熙朝）》第10册，第5664页。

112. 康熙《大清一统志》卷343《牧厂》，道光二十九年活字本，第10页；乾隆《大清一统志》卷409《牧厂》，四库全书本，第11页；嘉庆《大清一统志》卷548《牧场·建置沿革》，四部丛刊本；乾隆《口北三厅志》卷6《考牧志》，第6~7页。

113. 乾隆《大清一统志》卷409《牧厂》，四库全书本，第12页。

114.《清朝文献通考》卷193《兵考十五·马政》。

115. 巴尔品、方观承、彰宝折，乾隆三十年十二月二十八日，军机处录副奏折，03-0820-001；彰宝折，乾隆三十一年五月，军机处录副奏折，03-0820-017；彰宝折，乾隆三十一年六月十七日，军机处录副奏折，03-0820-022。

116.《清朝文献通考》卷12《田赋考十二·官田》。

117. 永贵等题，乾隆四十年六月初七日，内阁户科题本，02-01-04-16631-014。

118. 具体的移动可参见民国《张北县志》卷1《地理志上·沿革》，第7页；姚明辉《蒙古志》卷3《会计》。嘉庆七年时，太仆寺的骒马群在今沽源县闪电河乡东南方向丰宁县骆驼沟、车道沟一带过冬，与八旗官圈马出青之地犬牙交错。见颜检折，嘉庆七年八月二十五日，军机处录副奏折，03-1703-039。

119. 在清代中前期，牧厂的土地本来是受到严格保护的。见李桓辑《国朝耆献类征初编》卷307《将帅四十七·彦吉保》，光绪刻本。太仆寺右翼牧厂骟马群牧地的开垦和移群情况，见贻谷片，光绪三十年九月，中国第一历史档案馆编《光绪朝朱批奏折》第93辑，中华书局，1995，第702页；溥颋折，光绪三十一年八月初八日，《光绪朝朱批奏折》第49辑，第899~902页；昆源折，《政治官报》第599号，宣统元年五月十二日。其地理描述和地图见姚明辉《蒙古志》卷3《会计》；乌云毕力格等编著《蒙古游牧图——日本天理图书馆所藏手绘蒙古游牧图及研究》，第52~53页。

120. 康熙朝的志书对其地理位置的记载是"里数未详"，但是到了乾隆朝的志书中，又说其位于今张家口市尚义县境内之察汗淖，东西长46里，南北长65里。嘉庆朝的一统志完全照抄乾隆朝的记载。见康熙《大清一统志》卷343《牧厂》，第9页；乾隆《大清一统志》卷409《牧厂》，第11页；嘉庆《大清一统志》卷548《牧场·建置沿革》。

121. 据说牛有1.6万头以上，羊约8万只。参见袁森坡《康雍乾经营与开发北疆》，中国社会科学出版社，1991，第447~448页。

122. 《清代起居注册（康熙朝）》第10册，第5674页。

123. 李卫题，雍正十三年十月初三日，中国第一历史档案馆编《雍正朝内阁六科史书·吏科》（82），广西师范大学出版社，2002，第581~583页。

124. 塞尔赫折，乾隆元年三月初三日，邢永福、师力武主编《清宫热河档案》（1），中国档案出版社，2003，第160~166页。

125. 《隆化西阿拉超钮祜禄氏家族宗册档》，稿本。

126. 《清高宗实录》卷403，乾隆十六年十一月。

127. 方观承题，乾隆十八年十月初三日，内阁户科题本，02-01-04-14739-006；傅恒题，乾隆十八年十二月十九日，内阁户科题本，02-01-04-14668-012。

128. 再明显不过的是，官方材料中提到的蒙古王公主动"敬献"土地的记载并不可靠，设置围场，应当是出自清帝的想法，然后向蒙古各部提出要求，划出土地。

129. 乾隆《钦定热河志》卷45《围场一》，四库全书本，第7页。

130. 参见乾隆《钦定热河志》卷45《围场一》，第7页；和瑛纂《热河志略·营汛》，续修四库全书本；嘉庆《大清一统志》卷42《承德府一·围场附·木兰围场》。

131. 这一过程可参见王广涛等《木兰围场开围始末》，《承德文史文库》编委会编《承德文史文库》卷4，中国文史出版社、承德市政协文史资料委员会，1998，第522~551页。同治二年围场初始放垦的押荒和升科章程可见瑞麟呈单，同治二年六月初九日，军机处档折件，089112。

132. 历次被裁撤的行宫有化育沟、兰旗营、唐三营、二沟、钓鱼台、黄土坎、巴克什营、济尔哈朗图、阿穆忽朗图等。

133. 锡麟折，光绪十四年三月二十七日，宫中档朱批奏折，04-01-01-0963-023；廷杰折并单，《政治官报》第372号，光绪三十四年十月十四日。

134. 以明代为例，大约在永乐元年，明廷已设立了第一所皇庄。从弘治十八年到正德八年，明廷总共建有皇庄33处，占地近4万顷，主要集中在北直隶地区。尽管至嘉靖年间皇庄地亩退至1.6万余顷，但这一数字依旧不少。明代的皇庄还包括皇太后、皇太子庄田。相关描述见蒋大椿《明代最早的皇庄》，《社会科学战线》1982年第2期；官美堞

《明代皇庄发展探源》，《社会科学研究》1990 年第 3 期；丹丹《简述明朝中后期的皇庄》，《黑龙江史志》2015 年第 3 期。

135. 定宜庄、邱源媛：《旗民与满汉之间：清代"随旗人"初探》，《清史研究》2011 年第 1 期。

136.《清高宗实录》卷 504，乾隆二十一年正月壬申。

137. 参见祁美琴《清代内务府》，辽宁民族出版社，2009，第 71、164~188 页；定宜庄、邱源媛《近畿五百里——清代畿辅地区的旗地与庄头》，中国社会科学出版社，2016，第 21~102 页；赵令志《清前期八旗土地制度研究》，民族出版社，2001，第 273~296 页；承德市文物局、中国人民大学清史研究所编《承德避暑山庄》，文物出版社，1980，第 204~205 页；李帆《论清代畿辅皇庄的土地所有制形式与生产关系》，《史学集刊》1989 年第 1 期；李帆《论清代畿辅皇庄》，《故宫博物院院刊》2001 年第 1 期。庄头的性质不太好界定，见黄丽君《化家为国：清代中期内务府的官僚体制》，台大出版中心，2020，第 251~254 页。但是同治年间的一份材料说明至少在制度规定中，庄头还是未入民籍的（其也不愿入民籍）。见麒庆咨，同治四年四月二十七日，内务府来文，05-13-002-000791-0008。

138. 郝惟讷：《条陈圈地疏》，《康熙顺天府志》卷 3，阎崇年校注，中华书局，2009，第 95 页；《清圣祖实录》卷 30，康熙八年六月戊寅。

139. F. W. Mote, *Imperial China*, *900-1800*, Havard University Press, 1999, pp. 859-860.

140. 吴振棫：《养吉斋丛录》，中华书局，2005，第 306 页。

141. 李澍田主编《清代满洲土地制度研究》，吉林文史出版社，1992，第 163~166 页。

142.《附平泉州所属各项旗民地亩》，陶仁荣：《喀喇沁土默特奈曼科尔沁札鲁特等旗沿途调查表附说》第 4 册，光绪三十三年稿本。

143. 常平仓粮的性质是官府的粮食，主要用官款购买，地方官直接管理，其贮粮有额定的数量。而义仓和社仓，以接受私人捐献为主，在地方官的监督之下，由各当地居民自行管理。特殊类型的仓还包括京城中的京仓、通仓，东北地区的旗仓，运河沿岸的水次仓、营仓等。参看 Hsiao Kung-chüan, *Rural China: Imperial Control in the Nineteenth Century*, University of Washington Press, 1960, pp. 145-153；陈桦、刘宗志《救灾与济贫：中国封建时代的社会救助活动（1750~1911）》，中国人民大学出版社，2005，第 102~115 页。

144. 可见康熙帝对宫仓制度的赞许，载《清圣祖实录》卷 292，康熙六十年四月己酉。

145. 现已知建立最早的宫仓是在康熙二十五年。其他时间见王晓辉《清代热河地区的宫仓》，《古今农业》2008 年第 4 期。

146.《修建仓廒》，道光《热河园庭现行则例》，团结出版社，2012，第 164 页。

147. 参见达力扎布《明代漠南蒙古历史研究》，第 221~225 页；曹树基《中国移民史》第 5 卷《明时期》，福建人民出版社，1997，第 268~289 页；闫天灵《汉族移民与内蒙古近代社会变迁研究》，民族出版社，2004，第 2~3 页；珠飒《18~20 世纪初东部内蒙古农耕村落化研究》，内蒙古人民出版社，2009，第 270~277 页；邱仲麟《明代的"降虏人"与长城以外的农垦区》，行龙主编《社会史研究》第 14 辑，社会科学文献出版社，2023；汪国钧《蒙古纪闻》，内蒙古人民出版社，2006，第 121~122 页；James Reardon-Anderson, *Reluctant Pioneers: China's Expansion Northward, 1644-1937*, Standford University Press, 2005, p. 105。

148.《清代起居注册（康熙朝）》第 17 册，第 9544 页。

149. 阿·马·波兹德涅耶夫：《蒙古及蒙古人》第 2 卷，刘汉明等译，内蒙古人民出版社，1983，第 283~284 页。

150. 这个过程参见安东尼·吉登斯《现代性的后果》修订版，第 89~92 页。

151. 1870 年时，一位俄国旅行者指出察哈尔人的衣装已是纯粹的汉式，许多察哈尔男人娶汉族姑娘为妻。1931 年江上波夫到达距离察哈尔镶黄旗总管处仅五个小时路程的地方时，发现那里已完全汉化了，而这批人正是十年前从张北县搬过去的。蒙古人即使还说蒙古语，也说的是受到汉语影响的蒙古语。见尼·米·普尔热瓦尔斯基《蒙古与唐古特地区：1870~1873 年中国高原纪行》，第 22 页；江上波夫等《蒙古高原行纪》，第 8~24 页。我目前看到唯一的"精确"人口统计数据，是嘉庆十九年的一份奏折中提到，在多伦厅编立保甲后，该厅"民、回"男女老少共 55996 人。见贡楚克扎布折，嘉庆十九年十月初八日，宫中档朱批奏折，404016541。使用掺杂了汉语的蒙古语的现象还发生在喀喇沁右旗中，说明该旗在清末也经历了较深程度的汉化。见鸟居龙藏《蒙古旅行》，第 4 页。

152. 魏经国折，雍正七年八月十七日，中国第一历史档案馆编《雍正朝汉文朱批奏折汇编》第 16 册，江苏古籍出版社，1989，第 391~392 页。

153. 热河道建立的过程及其职责，见以下材料：《口外设道疏》，《孙文定公（嘉淦）奏疏》卷 4，文海出版社，1970，第 329~334 页；军机处上谕档，乾隆四年三月二十一日；孙嘉淦题，乾隆四年九月初二日，内阁吏科题本，02-01-03-03644-008；张廷玉等题，乾隆五年三月初六日，内阁吏科题本，02-01-03-03756-005。

154. 查美荫修《围场厅志》卷 5《建置》，光绪末年稿本；《黄国瑄察核围场等地方事宜清册》，1912 年油印本。

155. 参见张永江《论清代漠南蒙古地区的二元管理体制》，《清史研究》1998 年第 2 期；张永江《内地化与一体化：略论清代藩部地区政治发展的一般趋势》，载朱诚如、王天有主编《明清论丛》第 6 辑，紫禁城出版社，2005；张永江《试论清代内蒙古蒙旗财政的类型与特点》，《清史研究》2008 年第 1 期；张永江《清代藩部研究——以政治变迁为中心》，黑龙江教育出版社，2001；王晓辉《清代热河地区行政管理制度研究》，南开大学博士学位论文，2006；项勇《试论清朝对热河地区的管理与开发》，中央民族大学博士学位论文，2008；颜廷真、陈喜波、韩光辉《清代热河地区盟旗和府厅州县交错格局的形成》，《北京大学学报（哲学社会科学版）》2002 年第 6 期。

156. 可参见札奇斯钦、达力扎布、岛田正郎、包姝妹、宝日吉根、关康、何遐明（Dorothea Heuschert）、贾宁（Chia Ning）、刘克祥、王玉海、王楚、王建革、白玉双、珠飒等人的研究。他们的成果均可在书后参考文献中找到。

157. 如州县制的运作、田赋的征收、科举制度、选官制度、地方司法审判制度等。特别值得一说的是瞿同祖提出的州县官"一人负责制"。这引导研究者注意，直隶口外地区的地方官在处理多族群事务时——尤其是这里一个县的面积比内地要大得多，实际面临着更大的压力。参见瞿同祖《清代地方政府》第 2 版，范忠信等译，法律出版社，2011。

158. 如曹树基、闫天灵、许富翔、乌云格日勒、李细珠、徐建平、苏德毕力格、马林莹、褚宏霞、Wang Yi 等人的研究，均见书后参考文献。蔡伟杰尤其强调汉人的"蒙古化"，见 Tsai, Wei-chieh, Mongolization of Han Chinese and Manchu Settlers in Qing Mongolia, 1700 – 1911, Ph. D. diss., Indiana University, 2017。但是以我所见，新近出版的研究没有实现对旧有研究的绝对超越。作为对比可以参考美国的"西进运动"。1890 年美国人口调查局宣布美国的"边疆消失"时，人们理应意识到，"西进运动"最根本的要素是人口的迁移与拓荒。参见特纳《边疆在美国历史上的重要性》，黄巨兴译，载杨生茂编《美国历史学家特纳及其学派》，商务印书馆，1984，第 3 页。

159. 在最近的研究中，许富翔已经有意识越出这种樊篱。他尝试从政府史的角度划分不同政府的权力，见氏著《从藩部到特区：热河地区的一体化研究（1723～1914）》，台北政治大学博士学位论文，2016。

160. 在满洲史方面，有满洲入关前国家体制和法律制度的创制、满洲官僚系统的完善和成文法典的创订、八旗的驻防制度、八旗制下人群（包括宗室、内务府包衣和妇女）的人身关系和法律地位等。此类研究有张晋藩、郭成康、刘小萌、定宜庄、任桂淳、赖惠敏、胡祥雨等人的相关成果，均见书后参考文献。在蒙古史方面，重点在于厘清蒙古部落的社会结构，以及各部落在北元以后的离散、迁移、合并和清朝对其整编的情况，并有条件地解读相关的蒙古文文本。现在的研究已经能证明，清代的蒙古各旗是经过了整编、被重新创造出来的政治产物。对本书帮助很大的研究包括但不限于田山茂、符拉基米尔佐夫、札奇斯钦、达力扎布、曹永年、包国庆、白莹、宝音初古拉、乌云毕力格、金海等人的论著，均见书后参考文献。其实到此为止，"大蒙古主义"（或称"泛蒙古主义"）的理论基石已经被粉碎得差不多了。与此有紧密联系的是辛亥革命前后蒙古各部的动向，参见 Batsaikhan Emgent Ookhnoi, *The Bogdo Jebtsundamba Khutuktu: The Last Emperor of Mongolia, The Life and Legend* (Revised 2nd edition), trans. by Ravjaa, Ulaanbaatar, 2016, pp. 361-370; Munkh-Erdene Lhamsuren, "The Mongolian Nationality Lexicon: From the Chinggisid Lineage to Mongolian Nationality (From the Seventeenth to the Early Twentieth Century)," *Inner Asia*, Vol. 8, No. 1 (2006), pp. 51-98。"大蒙古主义"的确俘获了一些"蒙古族"知识分子和后来蒙古人民的想象。

161. 特别提出的研究可见冈田英弘《从蒙古到大清：游牧帝国的崛起与承续》，第14~15章；林士铉《清代蒙古与满洲政治文化》，台北政治大学历史学系，2009；Johan Elverskog, *Our Great Qing: The Mongols, Buddhism and the State in Late Imperial China*, University of Hawai'i Press, 2006。此外欧立德、柯娇燕、哈斯巴根、多格泰娅·何硕特-拉格（何遐明）、宋瞳、赵云田、张双智、李治国、赖惠敏、札奇斯钦、胡日查等人的研究请见书后参考文献。尤其注意满蒙联姻的问题，可见杜家骥、狄宇宙（Nicola Di Cosmo）的研究。以上所举亦见书后参考文献。有关蒙古历史上的婚姻与联姻问题，应参考 Zhao, George Qingzhi, *Marriage as Political Strategy and Cultural Expression: Mongolian Royal Marriages from World Empire to Yuan Dynasty*, Peter Lang Publishing, 2008。关于承德这座城市的符号意义，可见 James A. Millard, Ruth W. Dunnell, Mark C. Elliott, and Philippe Forêt, eds., *New Qing Imperial History: The Making of Inner Asian Empire at Qing Chengde*, Routledge Curzon, 2004;

Philippe Forêt, *Mapping Chengde: The Qing Landscape Enterprise*, University of Hawai'i Press, 2000。

162. David A. Bello, *Across Forest, Steppe, and Mountain: Environment, Identity, and Empire in Qing China's Borderlands.* 这一论断很容易使人联想到孟德斯鸠提出的"地理决定论"，虽然它们之间不一定有什么联系。见孟德斯鸠《论法的精神》（张雁深译，商务印书馆，1961）第 3 卷第 14~18 章。

163. 另外，身份认同的不稳定性，见通猜·威尼差贡《图绘暹罗：一部国家地缘机体的历史》，第 215~216 页。

164. 包括内务府、口外皇庄、牧厂、榷关、围场、驿站等。内务府及其榷关、口外皇庄、牧厂方面，可见陶博（Preston M. Torbert）、丰若非、祁美琴、倪玉平、赖慧敏、李澍田、赵令志、李帆、定宜庄、邱源媛、李明珠、王晓辉、韦庆远、邢亦尘、牛贯杰、陈振国等人的研究。围场和行宫，可见罗运治、赵珍、袁森坡、郭美兰、王淑云等人的成果。驿传系统关系通信和统治效率，请见刘文鹏、金峰、马楚坚等人的归纳总结。以上具体论著均见书后参考文献。这其中，作为背景要重点阅读的是 Thomas T. Allsen, *The Royal Hunt in Eurasian History*, The University of Pennsylvania Press, 2006；David M. Robinson, *Martial Spectacles of the Ming Court*, Harvard University Asia Center, 2013。前者可作为世界范围内的参考，后者描述的是明朝的情况。此外还可见 Michael G. Chang, *A Court on Horseback: Imperial Touring & the Construction of Qing Rule, 1680–1785*, Harvard University Asia Center, 2007。

165. 使用"术语"是为了说明历史"定义"，使用"概念"是为了当代读者更易理解。定义并不是要做文字游戏，而是提供下一步研究所需的争论。在同一个研究中因随意改动定义范围而造成的困扰，已有太多了。见 C. 赖特·米尔斯：《社会学的想象力》，陈强、张永强译，三联书店，2016，第 38、244 页。彼得·伯克的评论，见其《制造路易十四》，郝名玮译，商务印书馆，2015，第 10 页。

第一章

1. 相较而言，清朝对贵州、云南、蒙古、新疆、青海、西藏等地族群的政治管控，比历朝更加直接而有效。更多的情况可参见赵永春《从"复数"中国到"单数"中国——中国历史疆域理论研究》，黑龙江教育出版社，2014。

2. 蒙古衙门设立的时间应在天聪八年以前，它初设时并不是一个正式的机构，即使到崇德初年时，地位仍然很低。崇德三年，该衙门改为理藩院。这一过程见达力扎布《清代内扎萨克六盟和蒙古衙门设立时间蠡测》，《明清蒙古史论稿》，民族出版社，2003，第285~288页；《清初内国史院满文档案译编》（上），第321页。

3. 参见赵云田《清代蒙古政教制度》，中华书局，1989，第50~55页；张德泽《清代国家机关考略》，学苑出版社，2001，第142~149页。

4. 此外还包括呼伦贝尔旗蒙古，伊犁察哈尔八旗与额鲁特八旗蒙古，扎哈沁部与明阿特总管旗蒙古，达木蒙古八旗，唐努乌梁海、阿尔泰乌梁海、阿尔泰诺尔乌梁海总管旗蒙古等部。

5. 达力扎布：《有关察哈尔扎萨克旗的四件满文题本》，《清代蒙古史论稿》，民族出版社，2015，第115~116页。

6. 因此清廷才能在天聪五年，对奈曼和扎鲁特两部的越界行为做出回应。见田山茂《清代蒙古社会制度》，潘世宪译，商务印书馆，1987，第69页。

7. 见格·尼·波塔宁著，В. В. 奥布鲁切夫编《蒙古纪行》，第395页。哨所的数量不详。

8. 各项规定参见乾隆《蒙古律例》卷5《边境卡哨》，乾隆刻本；乾隆朝内府抄本《理藩院则例》，中国社会科学院中国边疆史地研究中心编《清代理藩院资料辑录》，全国图书馆文献缩微中心，1988，第138页；嘉庆《理藩院则例》卷53《违禁》，嘉庆二十二年刻本，第9~10页；《光绪会典事例》卷979《理藩院·耕牧·牧地》；张荣铮、刘勇强等编《钦定理藩部则例》，天津古籍出版社，1998，第371页。

9. 《光绪会典事例》卷979《理藩院·耕牧·牧地》。

10. 当崇德四年一位外喀尔喀蒙古穿越土默特左旗牧地进入长城以内时，清廷不仅将当事人议罚，还将土默特官员处罚。见《惩治喀喇沁土默特部诸诺颜罪行》（崇德四年十一月十三日），《清内秘书院蒙古文档案汇编汉译》，第407~408页；《清初内国史院满文档案译编》中误将"济南府"写作"锦南府"（上册第442~443页）。

11. 当光绪十七年一位蒙古官员有上述行为时，马上就受到了中央的质疑。见《清德宗实录》卷301，光绪十七年九月壬戌。

12. 康熙五十六年时翁牛特、巴林、克什克腾等部落界址不清，理藩院令此三旗官员勘界后，将印簿送院存档。参见《乾隆会典则例》卷140《理藩院·旗籍清吏司》。

13. 嘉庆十二年、十五年的两次喀尔喀左旗和土默特部勘界，均有三座塔理藩院司员参与其中。道光十一年时，克什克腾和巴林两旗界址争端，由清廷议交热河都统转饬旗官员遵照先例办理，并将绘图送理藩院和热河都统处存案。光绪三十三年时，克什克腾和巴林旗的界址第三次发生争端，这一次定界不但直接由热河都统委员办理，且由其上奏，依据理藩院则例请旨将两旗涉事官员议处。相关材料见《喀喇沁左翼旗档案综录》编委会编《喀喇沁左翼旗档案综录》，辽宁民族出版社，2011，第554~555页；《清宣宗实录》卷183，道光十一年正月己卯；廷杰折，光绪三十三年十一月初九日，《光绪朝朱批奏折》第115辑，第451~454页。

14. 个别情况下，中央也会搞混土地的归属情况。如光绪三十二年时，清廷原议定由喀喇沁左旗将部分土地拨作办学用地，后来才发现该处属于敖汉旗。见《喀喇沁左翼旗档案综录》，第436页。

15. 李卫折，雍正十二年四月二十日，台北"故宫博物院"编《宫中档雍正朝奏折》第22辑，编者印行，1977，第837~839页。

16. 这些例子参见毓秀折，嘉庆十九年四月初三日，《清宫热河档

案》（12），第 449～451 页；具片人不详，同治朝，宫中档朱批奏折，
04-01-35-0091-039；麒庆折，同治三年六月初七日，宫中档朱批奏折，
04-01-01-0883-071；麒庆片，同治四年二月二十九日，军机处录副奏
折，03-4983-029；《清宣宗实录》卷 278，道光十六年二月丙寅；《清
穆宗实录》卷 84，同治二年十一月庚戌；刘锦藻《清朝续文献通考》卷
18《田赋考十八·官田》。最有代表性的例子就是建设木兰围场。

17. 冬季和夏季的居住地一般有区别，但不会距离太远（四五十
里）。移动时，家产少的只需要两辆牛车就足敷运输了。参见符拉基米
尔佐夫《蒙古社会制度史》，第 305 页；江上波夫等《蒙古高原行纪》，
第 235～237 页。

18. 乾隆朝内府抄本《理藩院则例》，第 34～35 页。比丁的具体方
法，可参见民国《阜新县志》卷 1《地理志·沿革》，1935 年铅印本，
第 25 页。登记比丁的详细档册，大约康熙年间开始出现。比丁册分为两
种，红格册专门登记贵族和武将功臣家族的人丁，白格册用来登记箭丁
和阿勒巴图。见康熙帝敕谕，康熙九年三月初五日，《清内秘书院蒙古
文档案汇编汉译》，第 372～374 页；罗布桑却丹《蒙古风俗鉴》，赵景阳
译，管文华校，辽宁民族出版社，1988，第 17～18 页。

19. 例如在崇德元年，各部抽丁编兵的比例是 1/3 上下。三丁抽一
原本是满洲的惯例。见《外藩蒙古各旗甲士数目》，《满文老档》下册，
第 1647 页。

20.《光绪会典事例》卷 978《理藩院·户丁·编审》。

21. 这些命令包括：顺治帝敕谕（顺治九年二月二十九日）、康熙帝
圣旨（康熙三年四月十九日）、康熙帝教谕（康熙五年四月初五日），
《清内秘书院蒙古文档案汇编汉译》，第 179、322～323、342 页。

22. 顺治帝敕谕，顺治十二年七月十七日，《清内秘书院蒙古文档案
汇编汉译》，第 227 页。

23. 例如，嘉庆末年一位喀喇沁人在都察院的控案中称，他很早以
前就与父亲一同前往土默特佣工，但清廷并未讨论其越界的问题。道光

二十五年时，仅喀喇沁左旗前往法库门耕地的人数，即达 180 户 803 人。见普恭等折，嘉庆二十五年四月二十日，军机处录副奏折，03-2261-025；《喀喇沁左翼旗档案综录》，第 501 页。

24. 有关此案的材料，可见军机处上谕档，同治七年三月十一日、闰四月十四日、九月二十四日；《清穆宗实录》卷 243，同治七年九月戊戌。

25. 罗布桑却丹：《蒙古风俗鉴》，第 159 页。

26. 贡桑诺尔布折，光绪三十四年正月十七日，军机处录副奏折，03-5747-004。

27. 如在八旗中，旗的最高长官为都统；但在扎萨克旗中，相当于都统的管旗章京，上面还有协理台吉和扎萨克两官。

28. 乾隆《蒙古律例》卷 1《官衔》；《谕定内外王贝勒及官民人等婚嫁筵宴聘礼制度》，《满文老档》下册，第 1629~1637 页。

29.《蒙古官制升迁道理》，《蒙古守正武学堂崇正文学堂沿革规则》，乙 E13；《清德宗实录》卷 321，光绪十九年二月丁卯。盟的性质，应该说一直以来是比较清楚的，可见苏联科学院、蒙古人民共和国科学委员会一合编《蒙古人民共和国通史》，第 167 页。可能因为"盟旗"的叫法太过普遍，故盟越来越被理解为旗的上一级实体管理机关。

30.《清宣宗实录》卷 52，道光三年五月丙戌。

31. 姚明辉：《蒙古志》卷 2《政体》。

32.《光绪会典事例》卷 976《理藩院·设官·内蒙古部落官制》。该员的设置始于乾隆二年，见达力扎布《清代外藩蒙古会盟制度浅探》，《清代蒙古史论稿》，第 126 页。

33. 乾隆朝内府抄本《理藩院则例》，第 13 页；康熙《大清一统志》卷 344《外藩蒙古统部》，第 10 页。

34.《调查郭尔罗斯后旗报告书》，戫莫勒、乌云格日勒主编《哲里木盟十旗调查报告书》，黑龙江教育出版社，2014，第 160~161 页。在喀喇沁右旗中，塔布囊只能补授协理，不能补授他职。见《蒙贵族情状》，《蒙古守正武学堂崇正文学堂沿革规则》，乙 E13。

35. 同治三年时喀喇沁左旗的两位协理，一位已任职 23 年，另一位也任职 4 年。见《喀喇沁左翼旗档案综录》，第 25 页；《蒙古官制升迁道理》，《蒙古守正武学堂崇正文学堂沿革规则》，乙 E13。

36. 阿克丹等折，光绪二十七年六月二十三日，《光绪朝朱批奏折》第 114 辑，第 941~942 页。

37. 喀喇沁右旗中的一位管旗章京据称为行围时所赏设，世袭罔替，给头品顶戴云骑尉，是各部中的异数。在该旗中，副章京专用箭丁出身相当之员。见《蒙古官制升迁道理》，《蒙古守正武学堂崇正文学堂沿革规则》，乙 E13；郝尔泰《热河七县游记》，远方出版社，2014，第 49 页。

38.《喀喇沁左翼旗档案综录》，第 35、46 页。

39. 张荣铮、刘勇强等编《钦定理藩部则例》，第 85~88 页。

40. 色楞额片，光绪二十八年六月十六日，《光绪朝朱批奏折》第 115 辑，第 109~110 页。

41. 张荣铮、刘勇强等编《钦定理藩部则例》，第 87 页。

42. 乾隆朝内府抄本《理藩院则例》，第 72 页。

43. 例如光绪十一年时，土默特左旗扎萨克贝勒出缺已六年，仍未办理承袭。光绪三十三年时敖汉旗扎萨克出缺，由于旗官员申报的承袭谱系与理藩院所存档案不符，这项工作也陷入停顿。见军机处上谕档，光绪十一年二月初九日；《理藩院公牍则例三种》（3），全国图书馆文献缩微复制中心，2010，第 59~64 页。

44. 光绪二十四年时，一位承袭扎萨克在引见前即任命属官，并奖给旗下家奴顶戴，被理藩院查出后革职。见《清德宗实录》卷 403，光绪二十四年三月己未。

45. 乾隆朝内府抄本《理藩院则例》，第 13 页。具体的示例参见《理藩院公牍则例三种》（5），第 419~421、469~471 页。补放协理台吉，有时和拣补四税司员一同进行，见排单，同治朝，军机处档折件，092804。

46.《光绪会典事例》卷 973《理藩院·封爵·管理旗务台吉塔布囊》。

47. 昇寅片，道光十年八月三十日，军机处录副奏折，03-3754-027。

48. 光绪十九年敦汉旗的材料证明，父子可以同充扎萨克和协理台吉。见庆裕折，光绪十九年十二月初一日，《光绪朝朱批奏折》第 114 辑，第 561~563 页。

49. 康熙帝敕谕，康熙九年三月初五日，《清内秘书院蒙古文档案汇编汉译》，第 373 页。

50.《光绪会典事例》卷 976《理藩院·设官·内蒙古部落官制》。

51. 札奇斯钦：《蒙古史论丛》（下），学海出版社，1980，第 1073~1074 页。

52. 和宁折，嘉庆二十年八月十四日，军机处录副奏折，03-2240-024。

53. 崇德帝敕谕，崇德元年四月十二日，《清内秘书院蒙古文档案汇编汉译》，第 4~5 页。

54. 清初以来各部爵位的分配变化，可参见张穆《蒙古游牧记》卷 2、卷 3；嘉庆《大清一统志》卷 535、卷 538；顺治帝敕命（顺治五年正月十八日）、顺治帝诰命（顺治七年八月十二日），《清内秘书院蒙古文档案汇编汉译》，第 127、157 页。

55.《乾隆会典则例》卷 140《理藩院·旗籍清吏司》。

56. 祝庆祺编《刑案汇览》，祝庆祺等编《刑案汇览三编》（3），北京古籍出版社，2004，第 1785 页。

57. 在喀喇沁左旗中，该旗乌梁海氏家族自天聪九年至道光十一年，共出塔布囊 1049 人；相比之下，仅在道光五年时土默特左旗即有塔布囊 1400 余名。在喀喇沁左旗的图琳固英家族中，有四等塔布囊以上爵位的人数约占全部男丁人数的 60%，但其比例在光绪年间有所下降。参见达力扎布《〈喀喇沁左翼旗乌梁海氏家谱〉评介》，《清代蒙古史论稿》，第 706 页；松筠、斌良折，道光五年三月十七日，宫中档朱批奏折，04-01-01-0673-008。

58. 乾隆《蒙古律例》卷1《官衔》。

59. 《蒙贵族情状》,《蒙古守正武学堂崇正文学堂沿革规则》,乙 E13;顺治帝敕命,顺治七年十月十八日、九年三月初十日,《清内秘书 院蒙古文档案汇编汉译》,第81、159~160页。

60. 《蒙贵族情状》,《蒙古守正武学堂崇正文学堂沿革规则》,乙 E13。

61. 《清宣宗实录》卷304,道光十七年十二月乙巳;宋瞳:《清初 理藩院研究——以顺治朝理藩院满文题本为中心》,上海古籍出版社, 2015,第46页。

62. 相关规定和例子可见《乾隆会典则例》卷140《理藩院·旗籍 清吏司》;乾隆《蒙古律例》卷1《官衔》;《喀喇沁左翼旗档案综录》, 第6、13页;嘉庆《理藩院则例》卷3《袭职上》,第2~3页;《理藩院 公牍则例三种》(4),第85~87、161~164页。

63. 无嗣之人的亲族如何袭爵,在同治以前并无固定的方法。有的 蒙古王公贵族没有及时行使预保权利,在出缺之人无嗣的情况下,袭爵 的公正性和合法性就受到挑战。其中一种情况是由所谓的"族人"来 "公保"某人,咸丰年间翁牛特王旗的袭爵案就反映了这一情况。理藩 院不承认合族公保的法律效力。另一种挑战来自"指称遗言"。在同治 年间奈曼郡王身故后,其家族中有人质疑该郡王遗嘱的有效性。经过清 廷讨论,以理藩院则例中规定借口指称遗言及合族公保某人承袭者,均 不准行,重新选出了候选人。这两种情况的例子见英隆折,咸丰七年七 月二十九日,军机处录副奏折,03-4546-002;麒庆折,同治五年九月 二十四日,军机处录副奏折,03-5079-052。同治三年的规定见军机处 上谕档,同治三年十二月十三日、四年正月二十三日。

64. 麒庆折,同治四年十二月二十二日,军机处录副奏折,03- 5070-034。

65. 吏部折,《政治官报》第129号,光绪三十四年二月初七日。

66. 光绪二十一年一件著名的案子反映了这一现象。理藩院咨交热 河都统查取喀喇沁左旗族谱,以为办理承袭扎萨克之用,热河都统委派八沟司员前赴该旗，却碰上该旗有承袭权的塔布囊自杀。经查明，八沟司员虽不知情，但其家丁向该塔布囊勒索银 2000 余两；该塔布囊因账目本有亏空，原欲袭爵时归补，因误信传言已有他人袭爵，自戕殒命。清廷以收受属员陋规之罪，将该司员革职永不叙用。相关材料见崇礼折，光绪二十一年正月十五日，台北"故宫博物院"编《宫中档光绪朝奏折》第 8 辑，编者印行，1973，第 817~818 页；寿荫折，光绪二十一年十一月十六日，《光绪朝朱批奏折》第 11 辑，第 906 页；张之万等折，光绪二十一年十一月三十日，军机处录副奏折，03-5332-171；《有关内外蒙袭爵等奏稿》，清末稿本，乙 F50。

67. 蒙古各部同清廷的联姻次数和频率，可一定程度上反映该部与清廷的关系。从有清一代的整体情况看，与清廷通婚最频繁、人次最多、延续时间最长的，是黄金家族中非成吉思汗本支的科尔沁部和非黄金家族的异姓喀喇沁、土默特右翼部。

68. 参见大卫·科泽《仪式、政治与权力》，王海洲译，江苏人民出版社，2015，第 3~19 页。与本小节内容相似的人类学考察，还可见克利福德·格尔茨《地方知识：阐释人类学论文集》第 6 章。

69. 顺治十二年时，哲里木、昭乌达和卓索图盟还只有雏形，尚无准确名称；直到顺治十七年，也只有内扎萨克蒙古分六处进行会盟，而无明确的六个盟。见达力扎布《清代内扎萨克六盟和蒙古衙门设立时间蠡测》，《明清蒙古史论稿》，第 281~285 页；乌云毕力格《五色四藩：多语文本中的内亚民族史地研究》，第 181~194 页。

70. 《清圣祖实录》卷 242，康熙四十九年四月乙巳；卷 244，十一月丙申。

71. 清代早期的会盟材料，可见《蒙古各旗户口、牛录、甲士数目及章京姓名》，《满文老档》下册，第 1675~1682 页；顺治帝敕谕（顺治九年二月二十九日、十二年七月十七日、十四年四月初九日）、理藩院档册（崇德四年八月初五日）、"惩治罪行"（崇德四年八月初五日、十一月十三日），《清内秘书院蒙古文档案汇编汉译》，第 179、227、

265~266、404~405、407~408 页。

72. 具体候选者包括领侍卫内大臣、内大臣、散秩大臣、上三旗一等侍卫、八旗都统、副都统、前锋、护军统领、各部满尚书、左都御史、副都御史、内阁学士、通政使、大理卿和理藩院堂官。见乾隆朝内府抄本《理藩院则例》，第 27 页。

73. 参见达力扎布《清代外藩蒙古会盟制度浅探》，《清代蒙古史论稿》，第 115~116 页。

74. "六会防秋"是指自乾隆二年起，由内扎萨克旗的盟长和扎萨克，于每年六月整备本盟旗军器兵马，第二年由清廷于七月初遣大臣前往检查。"六会"分为两班，以锡林郭勒、乌兰察布、伊克昭盟为一班，哲里木、昭乌达、卓索图盟为一班。

75. 乾隆朝内府抄本《理藩院则例》，第 28~29 页。

76. 理藩院档册，崇德四年八月初五日，《清内秘书院蒙古文档案汇编汉译》，第 404 页。

77. 《清初内国史院满文档案译编》（上），第 255~256 页；康熙帝敕谕，康熙九年三月初五日，《清内秘书院蒙古文档案汇编汉译》，第 372~374 页。盟旗没有对部落人的死刑权。宣统三年时，一位翁牛特旗协理对该处发生的一起抢劫案被告处以死刑，清廷立即将其革职，再通过法律程序起诉其罪行。见理藩部咨，宣统三年五月二十八日，民政部档案，21-0772-0431。

78. 陈祖墉：《东蒙古纪程》，黑龙江教育出版社，2014，第 170、174、176 页。书中"扎鲁特"误作"扎赉特"。

79. 详细的班次分配和年班的各项制度，可参见赵云田《清代蒙古政教制度》，第 192~203 页；李治国《清代藩部宾礼研究——以蒙古为中心》，内蒙古大学出版社，2014，第 36~43 页；宋瞳《清初理藩院研究——以顺治朝理藩院满文题本为中心》，第 133~136 页。

80. 拉锡折，雍正二年三月二十二日，中国第一历史档案馆译编《雍正朝满文朱批奏折全译》上册，黄山书社，1998，第 731~732 页；

理藩院折，雍正元年五月十一日，《雍正朝满文朱批奏折全译》上册，第 126~127 页。

81. 宋瞳：《清初理藩院研究——以顺治朝理藩院满文题本为中心》，第 143~146 页。

82. 光绪二十一年的材料显示昭乌达盟帮办盟长、翁牛特右旗扎萨克在年班差竣后，额外逗留了近九个月才离京回旗。见文郁折，光绪二十一年十月二十五日，军机处录副奏折，03-5331-088。各蒙古贵族因命留京者更是史不绝书。以道光年间为例，请参见《清宣宗实录》卷 12，道光元年正月癸丑；卷 78，五年正月己丑；卷 85，五年七月乙未；卷 131，七年十二月己卯；卷 206，十二年二月甲午。光绪三年的一份理藩院档案，开列了"应放理藩院额外侍郎之蒙古贝勒贝子公等名单"，其中包括御前行走 10 人、乾清门行走 10 人，而所有 26 人全部是内扎萨克蒙古贵族。光绪十二年理藩院呈报在京内当差的内扎萨克蒙古贵族共 23 人。见察杭阿等呈单，光绪三年五月三十日，《光绪朝朱批奏折》第 113 辑，第 686 页；理藩院呈单，光绪十二年十二月二十八日，宫中档朱批奏折，04-01-12-0536-087。

83. 《内札萨克六盟四十九旗王公札萨克等衔名单》，孙学雷主编《国家图书馆藏清代孤本内阁六部档案续编》第 47 册，全国图书馆文献缩微复制中心，2005，第 21362~21367 页；杜家骥：《清朝满蒙联姻研究》，故宫出版社，2013，第 311~330 页。

84. 内城巡警总厅申文，宣统三年十一月十七日，民政部档案，21-0733-0001。其章程见《蒙古同乡联合会章程》，民政部档案，21-0733-0002。第一批加入者有 30 余人，见《蒙古同乡联合会组织清单》，民政部档案，21-0733-0003。同乡会的出现说明蒙古王公已经深度"汉化"。

85. 见允禄等题，乾隆元年、十四年四月初四日，张本义主编《大连图书馆藏清代内务府档案》（22），国家图书馆出版社，2012，第 327~330、565~583 页；康藏青蒙各处贡品折银片，B100。在康熙朝前期的起居注中，除元旦来朝年班外，每隔数日就有赏赐蒙古来京进贡官员、贵族的记录。

86. 吴振棫：《养吉斋丛录》，第 396 页；保泰等折，雍正元年六月二十日，《雍正朝满文朱批奏折全译》上册，第 183~184 页。

87. 参见赵云田《清代蒙古政教制度》，第 203~210 页；李治国《清代藩部宾礼研究——以蒙古为中心》，第 43~46 页。

88. 木兰围猎时喀喇沁和翁牛特两部落应派布围兵 1000 人；巴林、克什克腾两部落应派布围兵 100 人；敖汉部派布围兵 50 人。此外喀喇沁和巴林部还应派遣枪手，喀喇沁、土默特和翁牛特部则应派车。

89. 那苏图折，乾隆十三年八月初一日，宫中档朱批奏折，04-01-30-0426-012。

90. 白玉双：《十八至二十世纪初东部内蒙古社会变迁研究——以喀喇沁地区旗制与旗民社会为中心》，内蒙古大学博士学位论文，2007，第 35~40 页。乾隆三年一位官员奏报说，喀喇沁三旗地方向设理事同知一员，每年派理藩院章京一员协同办理。后因蒙汉事杂，故将章京撤回，改为理藩院理事同知，专司命盗之责，请再于三旗地方每旗添设协办之员一员。见永常折，乾隆三年十一月初八日，宫中档朱批奏折，04-01-01-0033-010。这里的理藩院同知，实则指雍正十一年设立的八沟同知（实际上并不属于理藩院官僚系统）。

91. 乾隆朝内府抄本《理藩院则例》，第 20 页。

92. 《乾隆会典则例》卷 140《理藩院·旗籍清吏司》。

93. 乾隆朝内府抄本《理藩院则例》，第 19~20 页；那苏图折，乾隆十三年八月初一日，宫中档朱批奏折，04-01-30-0426-012；那苏图折，乾隆十三年九月十五日，宫中档朱批奏折，04-01-01-0168-027。

94. 参见达力扎布《清代历任三座塔理事司员略考》，载达力扎布主编《中国边疆民族研究》第 6 辑，中央民族大学出版社，2012。

95. 珠飒：《18~20 世纪初东部内蒙古农耕村落化研究》，第 180~181 页。

96. 乾隆《钦定热河志》卷 83《文秩》，第 6~7 页；道光《承德府

志》卷 10《公署》，道光十一年刻本，第 11~12 页；卷 30《职官一》，
第 5 页。

97. 和瑛纂《热河志略·设官》。

98. 哈达清格：《塔子沟纪略》卷 1，辽海丛书本，第 2 页；乾隆朝
内府抄本《理藩院则例》，第 21 页；傅恒题，乾隆二十三年二月初四
日，内阁吏科题本，02-01-03-05507-009。

99. 道光十九年的选官程序规定，理藩院将司员拣选十余名带领引
见记名，遇有缺出，再将记名人员带领引见，请旨拣放。光绪二十六
年，因考虑到官员交接周转的效率问题，在四税司员差满前三个月，理
藩院即将记名人员带领引见，请旨拣派。清末留存下来的几份选官记录
证明，历次记名人员并不比新记名者有更大的中选率。相关材料见《光
绪会典事例》卷 976《理藩院·设官·内蒙古部落官制》；昆冈折，光绪
二十六年十二月十八日，军机处录副奏折，03-5398-002；昆冈折，光
绪二十七年，《光绪朝朱批奏折》第 117 辑，第 395 页；《理藩院公牍则
例三种》(4)，第 189~191 页。

100. 方观承题，乾隆十八年三月二十四日，内阁吏科题本，02-01-
003-05014-005。

101. 军机处上谕档，嘉庆十五年六月十五日。

102. 惠吉折，道光十八年十月二十五日，军机处录副奏折，03-
2675-065。光绪三年时热河都统越权请将一位记名者正式补授税官，受
到了清帝的警告。见《清德宗实录》卷 53，光绪三年七月戊午。

103. 达力扎布：《清朝入关前对蒙古立法初探》，《清代蒙古史论
稿》，第 442~444 页。本节中所称"外藩蒙古"，一概指此区域法律上的
"外藩"，即包括适用蒙古律法的察哈尔八旗和内扎萨克旗。

104.《清圣祖实录》卷 24，康熙六年九月癸卯。

105. 达力扎布：《清代蒙古律的适用范围及其文本》，《清代蒙古史
论稿》，第 652~656 页。

106. 道光《钦定理藩院则例》，道光二十二年刻本。

107. 达力扎布：《略论〈理藩院则例〉刑例的实效性》，《清代蒙古史论稿》，第 529~558 页。

108. 嘉庆二十三年的一件案子显示，当刑部因法条不清而不知如何审理有关外藩蒙古的案件时，会将材料转送理藩院，以咨询权威的司法解释。见祝庆祺编《刑案汇览》，祝庆祺等编《刑案汇览三编》（1），第 623~624 页。

109. 乾隆《蒙古律例》卷 12《断狱》；嘉庆《理藩院则例》卷 45《入誓》，第 1~11 页；哈斯巴根：《清初满蒙关系演变研究》，北京大学出版社，2016，第 67~68 页；杨强：《蒙古族法律传统与近代转型》，中国政法大学出版社，2013，第 154~158 页；达力扎布：《〈喀尔喀法规〉汉译及研究》，中央民族大学出版社，2015，第 101 页；宋瞳：《清初理藩院研究——以顺治朝理藩院满文题本为中心》，第 70~71、74~76 页。道光以后，尽管清廷对于神判法的使用有所限制，但是直至清末，宣誓制度都是存在的。见张荣铮、刘勇强等编《钦定理藩部则例》，第 351~352 页。

110. 见杨强《蒙古族法律传统与近代转型》（第 36~44 页）以及达力扎布《〈喀尔喀法规〉汉译及研究》一书中列举的相关条目。

111. 罚牲刑一般以"九"为计量单位，每一个"九"包含两头犍牛、两头乳牛、一头三岁牛、两头两岁牛和两匹马。如果受罚人不能上缴足够的牲畜，则要将所欠之畜折换成鞭刑。有关清代蒙古罚牲刑的介绍，参见文晖《清代蒙古罚牲刑研究》，中央民族大学博士学位论文，2016。没收的牲畜，是作为旗内的公产，并非某一位官员的私产。到了雍正十年，虽然改变了将罚牲没收归公的条例，但仍将其交与盟长和扎萨克处，用来赏给为旗内公事效力之人，可见罚牲的性质并未改变。参见《乾隆会典则例》卷 140《理藩院·旗籍清吏司》；理藩院折，雍正十三年十一月初三日，《雍正朝满文朱批奏折全译》下册，第 2438 页。

112. 道光《理藩院则例》卷 43《审断》，第 17 页；赵尔巽等：《清史稿》卷 375，中华书局，1977，第 11563~11564 页；另道光五年直隶司的说帖，在道光刻本《刑案汇览》卷19"恐吓取财"条下载有，但点校本中未载。

113. 孟樛：《刺字统纂》，杨一凡、田涛主编《中国珍稀法律典籍续编》第7册，黑龙江人民出版社，2002，第234、248页。嘉庆二十五年理藩院宣布，凡是参与抢劫的蒙古人，均应刺字后发遣。见祝庆祺编《刑案汇览》，祝庆祺等编《刑案汇览三编》（2），第792~793页。

114. 佚名：《蒙古则例·嘉庆十年例（强劫杀人、强劫未伤人分别得财未得财等条）》，清刻本；杨强：《清代蒙古法制变迁研究》，中国政法大学出版社，2010，第217~219页。值得注意的是，一开始清帝对于蒙古人的留养持反对态度，见寄谕巴尔品，乾隆三十年九月十三日，中国第一历史档案馆编《乾隆朝满文寄信档译编》（6），岳麓书社，2011，第634~635页。

115. 关康：《理藩院题本中的蒙古发遣案例研究——兼论清前期蒙古地区司法调适的原则及其内地化问题》，《清史研究》2013年第4期。

116. 祝庆祺编《刑案汇览》，祝庆祺等编《刑案汇览三编》（1），第199~200页。咸丰十年的一份命令指出，当南方各省因军兴而道路不通时，司法官员应在犯人应发省内通融酌办，或者绕道解往。见吴潮、何锡俨汇纂《刑案汇览续编》第6卷，法律出版社，2007，第207页。

117. 一个重要的例子是在乾隆二十六年时，清廷将蒙古斗殴杀人的原律，参照刑律分别死亡时限和死亡原因予以细化。

118. 张荣铮、刘勇强等编《钦定理藩部则例》，第375~376页。

119.《清德宗实录》卷409，光绪二十三年八月庚辰；谦禧片，光绪十四年四月三十日，《光绪朝朱批奏折》第109辑，第598页；色楞额折，光绪二十七年十一月初八日，《光绪朝朱批奏折》第48辑，第37~39页。

120. 张荣铮、刘勇强等编《钦定理藩部则例》，第339~340页。

121. 道光《理藩院则例》卷43《审断》，第5页。

122. 例如《大清律例·名例律·常赦所不原》即载有蒙古律中有关盗窃牲畜案的条文，同样是在《名例律·化外人有犯》中，还载有蒙古地方抢劫案件适用法律的内容。再比如在《刑律盗贼·盗马牛畜产》中，载有于蒙古地方偷窃四项牲畜的拟律；《刑律捕亡·徒流人逃》中载有如何处理蒙古发内地驿站当差人犯在配逃脱的法律条文。这些材料见吴坤修等编撰《大清律例根原》（1），上海辞书出版社，2012，第68、204~205 页；《大清律例根原》（2），第 1021~1037 页；《大清律例根原》（4），第 1700~1701 页。

123. 也可称作"常规化"。这一概念可参看胡祥雨《清代法律的常规化：族群与等级》，社会科学文献出版社，2016。在此之前已有许多研究者陆续指出了这一趋势，如岛田正郎《蒙古法中刑罚的变迁》，潘昌龙译，《蒙古学资料与情报》1991 年第 2 期；徐晓光《蒙古立法在清代法律体系中的地位》，《比较法研究》1990 年第 3 期；等等。

124. 理藩部咨，《政治官报》第 248 号，光绪三十四年六月初八日。

125. 例如"强劫什物杀人伤人案内并未加功伙犯免死发遣"一条，即是依据刑律"情有可原之盗犯发遣烟瘴之条"制定出的。具体条文见毋庸纂辑《刑部各司判例》，杨一凡、徐立志主编《历代判例判牍》第 6 册，中国社会科学出版社，2005，第 303~304 页。但是刑律中情有可原条款的使用，是司法官仍按原律定拟，在三法司会审时，方才有权将死罪减为发遣。而蒙古发遣是一开始即由司法官拟定，并非通过减等而得。见祝庆祺编《刑案汇览》，祝庆祺等《刑案汇览三编》（3），第 2159 页。

126. 地方官在审理案件前，应在短期内将验尸、凶犯有无缉到、邻证、人犯初步招供、是否他杀等情况做简明通报，呈报府、道、司、督抚等各衙门，即所谓的"通详"或"通禀"。然后一面等候上司批示，一面继续审案，再将人犯招解。五刑中量以死、流、徒三刑的普通案件，地方官没有自结的权力，须层层向上申送。在到达总督和巡抚这一层级后，督抚以题本的形式将案件报告刑部，刑部依据相关法律做出判决，然后由皇帝用红笔批示终审结果。此外，一些京控案件、由皇帝特旨交查的案件和地方上发生的重大案件，则由督抚直接以奏折的形式上呈皇帝，皇帝一般会指示刑部做终审前的审核，然后以朱批的方式发布终审结果。因此也可以说，最高司法权实际是掌握在皇帝手中。

127. 三法司会审的程序，参见张田田《论清代秋审"签商"》，《清史研究》2013 年第 1 期；三法司的关系，可参见郑秦《清代司法审判制度研究》，湖南教育出版社，1988，第 24 ~ 34 页；那思陆《清代中央司法审判制度》，北京大学出版社，2004，第 44 ~ 59、126 ~ 127 页。

128. 《嘉庆会典事例》卷 753《理藩院·刑法·审断》。

129. 康熙十九年理藩院在审理翁牛特部的一起命案后，清帝称该案的量刑有过重之虞，应由理藩院会同三法司再行核议。见中国第一历史档案馆整理《康熙朝起居注》第 1 册，中华书局，1984，第 563 页。

130. 诚勋片，《政治官报》第 879 号，宣统二年三月初三日。

131. 道光三十年时理藩院承认，热河地方的案件向来由刑部主稿，判词应遵照刑部的意见写就。乾隆五十八年的另一起案件也说明，即便原、被告都是外藩蒙古，会审时也由刑部主导拟刑。见惟勤折，道光三十年十月初七日，宫中档朱批奏折，04 - 01 - 26 - 0072 - 038；阿桂等题，乾隆六十年十月初九日，内阁刑科题本，02 - 01 - 07 - 08427 - 006。

132. 《光绪会典事例》卷 739《刑部·名例律·化外人有犯》。

133. 这些案件主要选自中国第一历史档案馆所藏的宫中档朱批奏折、军机处录副奏折、内阁刑科题本、北大移交题本，以及《明清档案》、《刑案汇览三编》、《清代成案选编》（甲、乙编）等文件集。

134. 清代的奏折、题本要上呈皇帝，故格式严谨，书写时不太可能出现漏记的情况。例如在嘉庆十六年土默特贝勒旗的一起强奸案中，疑犯被判处死刑，但复核是由三法司进行的。道光五年同旗的另一起强奸致死案，也是由三法司复核会审的。咸丰五年一位平泉州民人将一名外藩蒙古杀死，同样只有三法司参与了复审。见董诰题，嘉庆十七年三月十六日，内阁刑科题本，02 - 01 - 07 - 2464 - 014；托津题，道光五年十一月初七日，内阁刑科题本，02 - 01 - 07 - 2894 - 012；周祖培题，同治四年闰五月初四日，内阁刑科题本，02-01-07-12508-005。

135. 钦定条例，崇德二年七月十六日，《清内秘书院蒙古文档案汇编汉译》，第 26 页。

136. 乾隆朝内府抄本《理藩院则例》，第 162 页。

137. 中国第一历史档案馆整理《康熙六年〈蒙古律书〉》，《历史档案》2002 年第 4 期，第 3 页。

138. 乾隆《蒙古律例》卷 8《首告》；《光绪会典事例》卷 997《理藩院·刑法·审断》；庆春折，同治八年十二月十六日，军机处录副奏折，03-5030-024。

139. 现代的法治国家普遍采用后一类审判原则，但是在历史上，"属人主义" 的法律适用现象也屡见不鲜。古罗马的例子见马尔蒂诺《罗马政制史》第 2 卷，第 312～314 页；日耳曼的例子见李秀清《日耳曼法研究》，商务印书馆，2005，第 456～466 页。

140. 哈斯巴根：《清初满蒙关系演变研究》，第 135 页。

141. 乾隆朝内府抄本《理藩院则例》，第 146 页。

142.《光绪会典事例》卷 739《刑部·名例律·化外人有犯》。

143. 吴潮、何锡俨汇纂《刑案汇览续编》第 4 卷，第 146～147 页。原标点有改动。

144. 吴潮、何锡俨汇纂《刑案汇览续编》第 4 卷，第 147～148 页。原标点有改动。

145. 在这些案件中，有如下数起值得注意。（1）光绪四年时，一位祖上陪嫁至喀喇沁旗的包衣，在京京控该旗一位官员，事后查明系诬告。但司法官和理藩院在拟律时十分犹豫，因为蒙古律和刑律中都没有对陪嫁人法律身份的界定。此案说明直到光绪初年时，随嫁外藩蒙古人尚无明确的族群身份。（2）在乾隆二十五年的一件案子中，一位民人在偷窃粮食时被一位归化城土默特蒙古发现殴死。山西巡抚一开始认为，蒙古律中并无偷盗田野谷麦的专条，应将案犯比照刑律定拟。但在复核过程中，恰好碰上了乾隆二十六年七月将外藩蒙古与民人交涉案的拟律由"属人主义"改为"属地主义"，故而刑部与理藩院复审称，该案案犯系土默特蒙古，又在蒙古地方犯事，应照蒙古律科断。由此，山西巡抚将案犯比照蒙古律中"蒙古偷盗牲畜等物，事主知觉追逐，因而拒捕杀人者，将为首之贼犯拟斩立决"律拟以斩立决，三法司及理藩院照此结案。此案山西巡抚第一次的拟律其实无误，其遵循的是蒙古律中未载，应照刑律办理的原则。但是因为乾隆二十六年的规定刚刚实施，刑部和理藩院强行将此案适用蒙古律。嫌疑犯明明偷窃的是糜穗，却要依据偷窃牲畜的蒙古律科断，反映了司法官员在"属地主义"原则初变时的迷茫。（3）乾隆四十年和嘉庆六年的两起案件，说明了对直隶口外地区的外藩蒙古来说，只要跨出旗界，就等于踏入内地，但其族群身份并不会因此消解。在前一起案件中，一位居住在四旗厅（丰宁县）的巴林旗蒙古杀死了一名道士，但审判时依然由当时对该旗具有司法管辖权的乌兰哈达理藩院司员参加审理。在后一起案件中，案犯与被害人均系外藩蒙古家奴，因欠债纠纷，在丰宁县境内酿成命案。经司法官员审理后，认为嫌犯系在"内地"犯事，应照刑律问拟。（4）在乾隆四十七年的一起案件中，一位民人将与其通奸的喀喇沁旗蒙古妇女扎毙。司法官的审判是，因其系民人，故应照刑律问拟，并得到三法司的批准。在当时，正确的做法是依据"属地主义"将嫌犯以蒙古律科断；即便以刑律结案，也应当是因为蒙古律中并未载有相关条文。但是该案的各级核转和复审官员都未提出异议。（5）嘉庆二十二年一位喀喇沁旗人在都察院上控其妻在家被强奸，母亲自杀。经过调查，官方的说法是其妻先经父亲纵容与民人通奸，其母羞愤自尽。经法官判定，蒙妇与民人和诱之罪，因蒙古律无明文，照刑律问拟。该蒙妇之父纵令其女通奸，复主婚改嫁，其母自缢后又私埋遗体隐瞒不报，按刑律仅止杖责，故转而依照蒙古律中相关条文从重定拟。该案的司法者很好地遵守了"属地主义"和蒙古律未载者参照刑律两项原则，但在对该蒙妇之父拟刑时，其罪名在蒙古律中本有相应条文，司法官却专门去考察刑律中的规定，只是因为后者量刑较轻，才采用了蒙古律。这说明司法者对于法律的适用问题，有时会采取比较重刑主义。这些案件的材料见延煦折，光绪五年七月初六日，宫中档朱批奏折，04-01-01-0941-033；全士潮纂辑《驳案新编》，收入《驳案汇编》，法律出版社，2009，第144~145页；舒赫德题，乾隆四十年三月十九日，内阁吏科题本，02-01-03-06959-012；张梅案，嘉庆七年正月，杜家骥主编《清嘉庆朝刑科题本社会史料辑刊》第3册，天津古籍出版社，2008，第1516~1517页；阿桂题，乾隆四十九年闰三月二十九日，内阁刑科题本，02-01-07-1711-016；润德、何铣折，嘉庆二十五年五月二十八日，宫中档朱批奏折，04-01-01-0605-024。

146. 乾隆《蒙古律例》卷6《盗贼》；嘉庆《理藩院则例》卷36《强劫》。

147. 张荣铮、刘勇强等编《钦定理藩部则例》，第315页。同样的原则适用于窃案，相应例子见道光七年刑部说帖，高柯立、林荣辑《明清法制史料辑刊》第2编（53），国家图书馆出版社，2014，第320~325页。

148.《乾隆会典则例》卷144《理藩院·理刑清吏司》。

149. 但需要指出的是，按照刑律审拟发遣的人犯，其发配处所应仍以蒙古律规定的地方为断。这也是一种换刑的表现。见吴潮、何锡俨汇纂《刑案汇览续编》第31卷，第1403~1404页。

150. 张荣铮、刘勇强等编《钦定理藩部则例》，第311~312页。

151. 长龄等折，道光三年十一月二十九日，军机处录副奏折，03-3684-046。

152. 该条文源自嘉庆十七年前的两件案子。这一讨论的起源，体现了清朝司法官玩弄政治的高超手段。蒙古律中所谓的民人在边外犯罪依据蒙古律审理，系指蒙古和民人交涉之案。该案两造均系民人，虽然案发地在蒙古界内，但理应依据刑律审理。而该案的司法官却因为"属地主义"的条文，转而去比较蒙古律的量刑，并由此得出蒙古律较刑律为轻的结论。而在另一起案件中，因为案件内容的不同，又出现了相反的结论。经刑部讨论认为，蒙古律内并无有关抢夺专条，应参用刑律中有

关内容办理。见《大清律例根原》（2），第 972 页；佚名《蒙古则例·
嘉庆十九年部示蒙古有犯抢夺应参用刑律》。

153. 惠丰折，道光二十九年三月二十九日，宫中档朱批奏折，04-
01-12-0471-095。

154.《大清律例根原》（1），第 205 页。从一些具体的案件中，可
以看到清代司法官员在审理强劫案件时的拟律变化。在嘉庆十五年和十
六年的两起案件中，司法者都首先采用"属地主义"的审理原则（其中
一起案件因蒙古律无专条，转而使用刑律审理）。嘉庆十六年的另一件
案子中，几位回民在口外地方既抢劫了外藩蒙古，又抢劫了民人。但是
热河都统认为事发地点不在蒙古营村之中，应照刑律审断。在清代的政
治语言中，回民属于"民人"，故除非案件涉及回民专条的引用，均应
依刑律审理。从该案中可清晰看到，对民人来说，内地与边外的区分，
不是以长城为界，而是指是否进入了外藩蒙古的旗界。但是在道咸之
后，因为有了"凡寻常盗劫之案，均照刑例"的条文，就大大降低了蒙
古律的使用概率。例如道光十四年的一件案子，司法官即依据道光三年
新增的律文拟律，然后换刑执行。光绪二十五年的一起案件十分有趣，
该案系包括民人和外藩蒙古喇嘛在内的九人伙同抢劫寺庙。经司法官审
理，以蒙古律中并无伙同民人行劫治罪专条，应按刑律问拟，理藩院和
三法司批准了这一判决。此案的性质如定性为强劫，理论上应按照蒙
古、民人伙同抢劫之例，比较蒙古律与刑律轻重后定拟；如定性为抢
夺，则因事主系蒙古喇嘛，应专用蒙古律审拟。然而此案中，似乎各级
官员都有意将蒙古与民人伙同行劫，向适用刑律审判的方向推动。这些
材料见温承惠折，嘉庆十五年六月初八日，军机处录副奏折，03-2360-
020；毓秀折，嘉庆十六年七月十四日，宫中档朱批奏折，04-01-01-
0532-004；毓秀折，嘉庆十六年五月十一日，宫中档朱批奏折，04-01-
01-0532-012［原律见《大清律例根原》（2），第 967 页］；武忠额折，
道光十四年五月十四日，宫中档朱批奏折，04-01-01-0756-043；《理
藩院公牍则例三种》（5），第 191~195 页。

155. 例如在道光十六年的一件强劫案中，虽然两名强劫者都是外藩蒙古，案发地点也在旗界内，理应照蒙古律审理，但承审官却在比较了刑律和蒙古律的相关规定后，认为应从重照刑律问拟。见嵩溥折，道光十六年七月十九日，宫中档朱批奏折，04-01-01-0780-030。

156. 最有代表性的案件发生在嘉庆二十二年，一位外藩蒙古先犯偷盗牲畜罪，随后又犯了行劫罪。虽然行劫罪名重于偷盗牲畜，但据此做出的判决（发河南、山东交驿站充当苦差）却轻于后者（发云贵、两广交驿站充当苦差）。见许槤纂辑《刑部比照加减成案》，法律出版社，2009，第349页。

157. 章梫纂《康熙政要》，华文书局，1969，第1085～1091页。

158. 顺治帝敕谕（顺治四年十月二十日）、奉旨（顺治十四年四月初九日），《清内秘书院蒙古文档案汇编汉译》，第122、134、268～269页；《康熙六年〈蒙古律书〉》，《历史档案》2002年第4期，第8页。但是在康熙十九年的一件案子中，理藩院对偷马蒙古贼犯的拟刑却是斩决，说明清代早期对偷盗牲畜人犯执行死刑时，有斩、绞不分的现象。见《康熙朝起居注》第1册，第683页。

159. 《清圣祖实录》卷193，康熙三十八年六月丙辰。

160. 《雍正朝汉文谕旨汇编》第6册，第33页。

161. 《光绪会典事例》卷994《理藩院·刑法·盗贼一》；军机处上谕档，乾隆五年九月初七日。

162. 庆复题，雍正十一年八月十一日，北大移交题本，02-01-02-2352-014。乾隆二十三年规定，牧厂牧丁盗窃官马者，发黑龙江为奴。见佚名编《嘉庆年说帖》，《明清法制史料辑刊》第2编（48），第51～53页。

163. 乾隆朝内府抄本《理藩院则例》，第149～150页。

164. 《清代起居注册（康熙朝）》第16册，第8981页。

165. 直到乾隆元年规定，如察哈尔八旗蒙古偷盗的是民间马匹，则照刑律计赃拟以窃盗论；如偷盗的是御马及牧厂官马，则照蒙古律治罪。

见《嘉庆会典事例》卷623《刑部·刑律盗贼·盗马牛畜产》。如果这一规定真的实行，就意味着发生在边外蒙古地方、蒙古人之间的偷盗牲畜案，也有可能按照刑律审理，这和清代法制的原则是相悖的。我在档案中没有见到这类例子，反而是乾隆十四年的一条材料说，现在蒙古偷窃内地人牲畜，皆照蒙古律拟绞；内地人偷窃蒙古牲畜，仍照内地刑律计赃审断。此后应改为如内地人在边外地方偷盗蒙古牲畜，亦照蒙古律审理，为首者拟绞监候，为从者议罚三九牲畜。见乾隆朝内府抄本《理藩院则例》，第154~155页。如果连对内地人在边外偷盗蒙古人牲畜都按照蒙古律审理的话，那完全没有将蒙古地方蒙古人之间偷盗牲畜案按刑律审理的理由。

166. 乾隆朝内府抄本《理藩院则例》，第155页。

167. 资料来源见《明清档案》各册、《刑部驳案汇钞》（《历代判例判牍》第6册）、《成案所见集》（《清代成案选编》甲编第29册）等。

168. 尤其是当案件进入司法程序后，如果理藩院与刑部拟律不一致，刑部有最终决定权。见马世璘辑《成案所见集》，杨一凡编《清代成案选编》甲编第29册，社会科学文献出版社，2014，第417~419页。

169. 康熙六年的蒙古律中就规定，对于没有足够证据的案件，被告应发誓证明清白。《康熙六年〈蒙古律书〉》，《历史档案》2002年第4期。

170.《清高宗实录》卷596，乾隆二十四年九月戊午。

171. 鄂弥达折，乾隆二十四年十月初七日，张伟仁主编《明清档案》第200册，联经出版事业公司，1986，第111963~111966页。之后具体的规定见刘统勋等题，乾隆三十二年十二月初十日，内阁刑科题本，02-01-07-06262-011；清代题本抄档，《行政》第3册。

172. 英廉题，乾隆四十五年，内阁刑科题本，02-01-07-06449-019。

173. 到乾隆四十二年时，则将蒙古人偷窃四项牲畜者不分首从，一体处理。五十年，因考虑到计赃时的赃数设计过低，故刑部与理藩院重新恢复了对偷窃牲畜首犯和从犯的划分，并规定了民人照蒙古律偷窃罪名审理。至道光四年，将羊与牛、马、驼按比例折算，并修改偷窃四项牲畜量刑的数额和发遣地点。参见乾隆《蒙古律例》卷6《盗贼》；许梿纂辑《刑部比照加减成案》，第349页；《大清律例根原》（2），第1026~1027页。

174. 佚名编《刑案一隅》，《明清法制史料辑刊》第2编（8），第419~420页。

175. 张荣铮、刘勇强等编《钦定理藩部则例》，第368页；薛允升：《读例存疑》，中国人民公安大学出版社，1994，第35页。

176. 松筠折，道光元年正月初九日，宫中档朱批奏折，04-01-01-0621-049。另外，偷窃数目不超过20匹为首之绞犯和偷窃30匹以上之从犯，在秋审时会被改为缓决；偷窃20匹以下本应缓决之从犯，也有释回的可能。但是在道光元年之后，这一条例被改为所有刑部议援免释回者，回各扎萨克旗下之后，该旗必须严加管束；此后再有应行援免者，仍照蒙古律例中遇赦不准援免之条办理。理藩院也上奏表示，应将此后未经题复之案并蒙古窃劫之案，仍照旧例办理。援免与否的决定由刑部做出。见《清宣宗实录》卷12，道光元年正月乙丑；卷13，二月壬辰；理藩部折，《政治官报》第376号，光绪三十四年十月十八日。

177. 光绪朝和道光朝同样案件拟律的对比，可见张荣铮、刘勇强等编《钦定理藩部则例》，第137~139页；道光《理藩院则例》卷37，第6~7页。量刑改轻的例子还发生在其他方面，例如嘉庆九年以后规定，除羊以外的各类牲畜，必须达到一定年龄才可算作一只。道光六年后，蒙古偷盗牲畜的人犯不再被刺字。见祝庆祺编《刑案汇览》，祝庆祺等编《刑案汇览三编》（1），第621~623页。

178. 薛允升：《读例存疑》，第481~482页。

179. 参见包思勤《清朝蒙古律刑罚的变迁——以偷窃类犯罪为中心》，中央民族大学硕士学位论文，2016。

180.《大清律例根原》（2），第1030~1031页。尤其在清中期以后，从一科断的趋势非常明显，见《光绪会典事例》卷791《刑部·刑律贼盗·盗牛马畜产》。我只见过一个特例，见武忠额等折，道光十三年四月初九日，宫中档朱批奏折，04-01-13-0249-042。道光十一年的一件案子很有代表性。一位丰宁县的民人在多伦厅地方多次偷盗察哈尔蒙古牲畜，经地方官审理，本已将各主之赃合并计算，照蒙古例发遣湖广等处交驿站充当苦差，并面刺盗窃两次，但是察哈尔都统复审后认为应照嘉庆二十四年所定之例，以一主为重，从一科断，故而将该民人改拟发山东、河南充当苦差。见武忠额等折，道光十二年十二月初七日，宫中档朱批奏折，04-01-01-0743-024。

181.《嘉庆会典事例》卷623《刑部·刑律盗贼·盗马牛畜产》；祝庆祺编《刑案汇览》，祝庆祺等编《刑案汇览三编》（1），第621~622页；薛允升：《读例存疑》，479页。

182. 祝庆祺编《刑案汇览》，祝庆祺等编《刑案汇览三编》（1），第164~165页。

183. 例见贡楚克扎布折，嘉庆十七年六月初八日，宫中档朱批奏折，04-01-26-0027-008；《清仁宗实录》卷296，嘉庆十九年九月己丑；章煦题，嘉庆二十四年闰四月初六日，内阁刑科题本，02-01-07-10104-001。

184. 许槤纂辑《刑部比照加减成案》，第349页。

185. 祝庆祺编《刑案汇览》，祝庆祺等编《刑案汇览三编》（1），第573~574页；伊冲阿折，嘉庆二十三年九月初十日，宫中档朱批奏折，04-01-01-0585-017。

186. 庆昀折，咸丰十年十二月初一日，军机处录副奏折，03-4575-094；德铭等折，光绪十八年四月十二日，军机处录副奏折，03-7361-041。

187. 章楑纂《康熙政要》，第1089~1091页；《光绪会典事例》卷979《理藩院·耕牧·耕种地亩》。

188. 参看珠飒《关于清代蒙旗仓储制方面的一份蒙古文档案与相关

问题》，乌云毕力格主编《满蒙档案与蒙古史研究》，上海古籍出版社，2014，第71~81页。

189. 有关现象的描述见乾隆朝内府抄本《理藩院则例》，第49页；柳得恭《滦阳录》卷1，辽海丛书本，第4~5页；松筠折，道光三年七月初一日，宫中档朱批奏折，04-01-35-0602-024。

190. 乾隆十七年时，奈曼旗界内开垦民人有700多人，连带家口1000余人，是盟旗官员给票招他们留下的。克什克腾旗也是同样的情况，乾隆三十六年时，该旗界内开垦民人已有800余人（似不包括家口），给予土地的蒙古人并不愿意他们离开。嘉庆二十年时，卓索图盟奏报的数据是该盟每旗开垦土地"自八九千顷至一万二千余顷不等"，开始准许民人垦地的时间系雍正年间。参见杨廷璋折，乾隆三十六年六月二十二日，军机处档折件，014305；于敏中等折，乾隆三十六年八月二十四日，军机处档折件，014730；周元理折，乾隆三十六年八月二十四日，军机处档折件，015652；刘统勋折，乾隆年间（未注时间，应为三十六年八月二十四日），军机处档折件，015208；方观承折，乾隆十七年八月十七日，军机处档折件，008994；陈大受折，乾隆十四年七月二十日，军机处档折件，004613；和宁折，嘉庆二十年五月十七日，宫中档朱批奏折，404018671。

191. 刘克祥：《中国永佃制度研究》下册，社会科学文献出版社，2017，第792~813页。作为对比，这个数字远远高于内地的自耕农和佃农的人均耕地数，几乎达到近代英国农业革命时的人均耕地数。

192. 各类土地的定义和特点，参见王玉海、王楚《从游牧走向定居——清代内蒙古东部农村社会研究》，黑龙江教育出版社，2014，第117~130页；《财政整理法·附地亩条例》，《蒙汉关系》，《蒙古守正武学堂崇正文学堂沿革规则》，乙E13；《钦定八旗通志》卷65《土田志四·土田规制·畿辅规制四》，四库全书本；《清高宗实录》卷534，乾隆二十二年三月庚子；喀喇沁右旗公署编纂《蒙地概况》，远方出版社，2014，第181~182页。各类契约的定义和特点，参见司法行政部编《民商事习惯调查报告录》（中），进学书局，1969，第706、714、719页；《蒙地概况》，第147~148页；王玉海《清代热河蒙旗的地契及其所反映的租佃关系》，《清史研究》1998年第2期；刘克祥《清代热河的蒙地开垦和永佃制度》，《中国经济史研究》1986年第3期。

193. 梁治平：《清代习惯法》，第90~98页。

194. 这些条例的具体内容，见嘉庆《理藩院则例》卷10《地亩·惩处私开牧场》，第26~28页；张荣铮、刘勇强等编《钦定理藩部则例》，第120页；《光绪会典事例》卷979《理藩院·耕牧·耕种地亩》。嘉庆朝《理藩院则例》中对喀喇沁和土默特五旗土地管理的规定，实则来自嘉庆二十年热河都统议定的五条蒙地章程，其前身多为乾隆十三年至十六年出台的相关法律。见《蒙地概况》，第177~179页；《光绪会典事例》卷979《理藩院·耕牧·耕种地亩》；刘纶《土默特种地民人事宜折》，道光《承德府志》卷49《艺文二》，第8~11页。

195. 嘉庆《理藩院则例》卷10《地亩·惩处私开牧场》，第19~23页。

196. 这些规定见《光绪会典事例》卷978《理藩院·户丁·稽查种地民人》；托津折，道光六年七月二十日，军机处录副奏折，03-3685-007；嘉庆《理藩院则例》卷10《地亩·惩处私开牧场》，第5~6页；张荣铮、刘勇强等编《钦定理藩部则例》，第114~115页。

197. 《光绪会典事例》卷978《理藩院·户丁·稽查种地民人》。

198. 《喀喇沁左翼旗档案综录》，第41页。

199. 刘锦藻：《清朝续文献通考》卷52《征榷考二十四·洋药》。

200. 张荣铮、刘勇强等编《钦定理藩部则例》，第115、125~126页。

201. 赵尔巽等：《清史稿》卷120，第3520页。一份晚清时期的材料大致描述了热河地区的租价，见徐润《徐愚斋自叙年谱》，文海出版社，1978，第156页。

202. 罗布桑却丹：《蒙古风俗鉴》，第110页。

203. 刘克祥：《清代热河的蒙地开垦和永佃制度》，《中国经济史研究》1986 年第 3 期，第 60~61、65 页。例如同治五年时，翁牛特右旗中某地的佃价甚至已超过租价的 20 倍。见咨由，光绪二十四年六月二十二日，总理各国事务衙门档案，01-18-070-08-001。

204. 和珅等题，乾隆五十八年三月二十七日，内阁吏科题本，02-01-03-07995-009。

205.《喀喇沁左翼旗档案综录》，第 235 页。

206. 祝庆祺编《刑案汇览》，祝庆祺等编《刑案汇览三编》（2），第 1406 页。

207. 喀喇沁部折，康熙五十年六月十一日，中国第一历史档案馆编《康熙朝满文朱批奏折全译》第 2 册，中国社会科学出版社，1996，第 733 页；《光绪会典事例》卷 971《理藩院·优恤·赈济》，卷 979《理藩院·耕牧·仓储》。

208. 周宪章修，吕葆廉纂《凌源县志初稿》卷 15《田赋》。

209. 道光二年时，土默特右旗所储仓粮，只有额定的 50% 强；翁牛特左旗的公仓到了道光时已经全空（仓粮的拨出都报理藩院存案）；克什克腾旗的旗仓在清末时实际上也消失了。见《光绪会典事例》卷 979《理藩院·耕牧·仓储》；嵩溥折，道光十五年二月二十六日，宫中档朱批奏折，04-01-01-0767-021；阿·马·波兹德涅耶夫《蒙古及蒙古人》第 2 卷，第 419 页。

210. 汪国钧：《蒙古纪闻》，第 1 页。

211.《蒙汉关系》，《蒙古守正武学堂崇正文学堂沿革规则》，乙 E13。

212. 禄康折，嘉庆八年闰二月，《明清档案》第 313 册，第 177573~177578 页。

213. 庆祥折，嘉庆二十一年十一月初九日，宫中档朱批奏折，04-01-01-0567-026。

214. 汪国钧：《蒙古纪闻》，第 2 页。

215. 此案经过详见《清宣宗实录》卷 37，道光二年六月己酉；卷 53，三年六月甲子；卷 54，七月乙巳；成德折，道光二年十月十三日，宫中档朱批奏折，04-01-01-0635-027；布里讷什呈状，道光三年，宫中档朱批奏折，04-01-01-0651-036；松筠、穆彰阿折，道光三年七月初一日，军机处录副奏折，03-4026-018；松筠、穆彰阿折，道光三年七月初八日，军机处录副奏折，03-4026-020。

216.《喀喇沁左翼旗档案综录》，第 199 页。

217. 嘉庆二十年土默特左旗的一位塔布囊控诉该旗苛派差钱，佐领下的阿勒巴图除一半披甲当差外，其余种地者遇有差使，每佐领派出东钱 1500~1600 吊不等，由管旗副章京、参领档房征收。另一位蒙古人回忆道，旗下每年每户要纳户税 0.25 两。旗官员、贵族娶妻、生子、嫁女、丧葬等费用，都摊派在箭丁和阿勒巴图内。见和宁折，嘉庆二十年十二月初三日，宫中档朱批奏折，04-01-01-0562-040；罗布桑却丹《蒙古风俗鉴》，第 107 页。阿勒巴图每年要应旗主的需要，拿出一定时间为旗主做工，这种风俗也使旗民经常向王爷的住地流动，见 Frans August, *Larson*, *Duke of Mongolia*, p. 9。

218. 相关材料可见军机处上谕档，嘉庆九年五月初三日；珠隆阿折，嘉庆十二年七月初一日，宫中档朱批奏折，04-01-08-0168-006；诚安折，嘉庆二十四年四月二十四日，军机处录副奏折，03-2251-021；昇寅片，道光十年八月三十日，军机处录副奏折，03-3754-027；《蒙汉交涉·蒙古真贝勒府进款》，陶仁荣《喀喇沁土默特奈曼科尔沁札鲁特等旗沿途调查表附说》第 4 册；寿荫折，光绪二十三年三月二十五日，《光绪朝朱批奏折》第 114 辑，第 683~685 页；《喀喇沁左翼旗档案综录》，第 18、26 页。

219. 在嘉庆十一年时，喀喇沁中旗因供应上年清帝巡幸盛京，令各塔布囊交马，并将马价银摊派给各章京。道光三年时，喀喇沁右旗蒙古遇有木兰大差预备圈围马匹及车辆，因无钱筹措，不得不将自己垦熟地亩佃给民人。见特克慎、广兴折，嘉庆十一年十二月十四日，宫中档朱批奏折，04-01-08-0167-001；特克慎、广兴折，嘉庆十一年十二月二十一日，军机处录副奏折，03-2199-032；松筠折，道光三年七月初一日，宫中档朱批奏折，04-01-35-0602-024。

220. 军机处上谕档，同治二年正月十二日。

221. 参见安德罗·林克雷特《世界土地所有制变迁史》，第131页。在重农学派的理论中，私有制社会下的移民会增加移居地的资本。清季以来的文献，对于蒙汉关系（尤其是在土地、农业方面）往往持负面的评价，其中一个重要原因被归结为道德败坏。我认为这是一个陷阱，我们不能陷入旁观者的说辞或官方舆论的引领，而将一种现象的根源仅归结为个人品质。

222. 相关的材料见《嘉庆会典事例》卷743《理藩院·赋税·归化城等处税银》；卷195《户部·杂赋·落地牛马猪羊等项杂赋》；光绪《畿辅通志》卷107，上海商务印书馆，1934，第4255页；李元亮等题，乾隆二十四年九月初八日，内阁户科题本，02-01-04-15192-007；永贵题，乾隆三十九年五月二十日，内阁户科题本，02-01-04-16550-012；周元理折，乾隆三十七年正月初四日，宫中档朱批奏折，04-01-35-0547-024；恩承、嵩申折，光绪十五年三月十八日，军机处录副奏折，03-6564-026；恩承等折，光绪十五年十月二十八日，军机处录副奏折，03-6564-069；《清高宗实录》卷900，乾隆三十七年正月壬寅；白玉双《十八至二十世纪初东部内蒙古社会变迁研究——以喀喇沁地区旗制与旗民社会为中心》，第72页。

223. 嘉庆朝会典事例中的具体规定是，八沟税务定额11512.6两/年，除公费消耗外，余剩银两内赏给喀喇沁右旗20%、喀喇沁中旗10%；塔子沟额征税银5982.0854两/年，连同大城子额征银234.177两，除公费开销和供给热河扎什伦布庙香灯外，连同例不支销公费之公岔曼处每年额征银281.74两、三道河每年额征银120.5两，赏给喀喇沁左旗25%；乌兰哈达额征银1837.9818两/年，除公费开销外，赏给翁牛特右翼旗30%；三座塔额征银1447.045两/年，连同木头城子额征银374.33两、甘家子额征银 170.35 两，除公费开销外，赏给土默特右旗 30%。

224. 梁肯堂题，乾隆五十八年正月二十日，内阁户科题本，02-01-04-17757-002。晚清时期，在特定情况下理藩院饭食银可以由热河都统就地札提支用，但晚清以前的情况尚不清楚。见《额勒和布日记》（上），第 10~12、30~31 页。

225. 张荣铮、刘勇强等编《钦定理藩部则例》，第 130~131 页。

226. 从乾隆二十四年的一件档案中可见，八沟税局的税项至少有 21 大项，多为日用生活品。其他三处可能也大抵如此。见清代题本抄档，《杂课·商税》第 8 册。

227. 军机处上谕档，乾隆三十六年四月初一日。

228. 相关材料可见阿勒清阿折，道光二十一年四月初二日，军机处录副奏折，03-3351-020。《清德宗实录》卷 164，光绪九年六月己未；卷 181，十四年四月己酉；卷 308，十八年二月乙未。谦禧折，光绪十四年五月十七日，《光绪朝朱批奏折》第 81 辑，第 550~552 页；奎斌折，光绪十八年三月十六日，第 114 辑，第 499~501 页。

229. 例如光绪二十八年四税裁归地方时，喀喇沁右旗借出的税银，尚欠 1.6 万余两。见松寿折，光绪二十九年八月二十一日，《光绪朝朱批奏折》第 84 辑，第 104~106 页。

230. 亲王俸银为 2000 两/年，郡王 1200 两/年，贝勒 800 两/年，贝子 500 两/年，镇国公 300 两/年，辅国公 200 两/年，扎萨克台吉和塔布囊只有 100 两/年。此外各人都有俸缎。固伦公主俸银为 100 两/年，和硕公主为 400 两/年，其他具体的规定见张永江《试论清代内蒙古蒙旗财政的类型与特点》，《清史研究》2008 年第 1 期，第 44~45 页。蒙古王公的俸银由他们于前一年底派人赴京至理藩院领取，例见民政部咨，光绪三十二年十二月十七日，民政部档案，21-0765-0025。当年敖汉旗共派来值年人员 60 名。

231. 道光六年的一份上谕指出，从嘉庆末年至道光初年，蒙古王公支借俸银已蔚然成风，由此，户部应当有所限制。见《清宣宗实录》卷

99，道光六年六月乙卯。

232. 毓书呈单，咸丰三年八月二十六日，军机处录副奏折，03-9507-026。

233. 毓书折，咸丰四年五月二十八日，宫中档朱批奏折，04-01-36-0102-019。

234. 《蒙古律例》卷 2《户口差徭》。例见光绪十七年金丹道暴动时的情况，载汪国钧《蒙古纪闻》，第 8 页。

235. 当年当地的银钱比例约为 1∶4500。见汪国钧《蒙古纪闻》，第 96~104 页。

236. 喀喇沁右旗年收入中地租和山分占到 90% 以上。卓索图盟喀喇沁左、右两旗和土默特两旗移民最多，农业化程度最高，自然资源（如矿产）也较为丰富，其收入位于第一梯队。据光绪末年的调查统计，土默特左旗每年从地租和差徭钱的收入中可得 10 万吊，这一数字几乎是汉化程度最高的喀喇沁右旗的两倍，似乎稍稍过高。这里所说的农业收入最高，并不表示卓索图盟的土地已经被开发殆尽。直到民国初年，该盟大部分地区虽已被汉人占据，但仍具备极高的农业开发潜力。参见深谷松涛、古川狄风《满蒙探险记》，第 162 页。

237. 例如在嘉庆后期，土默特左旗平均每年的念经开销在 5000 吊东钱上下。见诚安折，嘉庆二十四年四月二十四日，军机处录副奏折，03-2251-021。光绪末年喀喇沁右旗王府中每年的念经费为 2000 吊津钱。

238. 罗布桑却丹：《蒙古风俗鉴》，第 21~22、26~27 页。据说光绪三十四年杭达王爷到上海，一下购买了价值约 2 万美元的礼物送人，这尚不算他购入的其他洋货。见 Frans August, *Larson, Duke of Mongolia*, pp. 25-27。

239. 见色楞额折、片，光绪二十八年六月十六日，《光绪朝朱批奏折》第 115 辑，第 107~109 页。其他相关描述，可见一宫操子《内蒙风物——喀喇沁王府的日本女教习》，孙绍岩、吴丽霞译，秀威资讯，2023。

240. 汪国钧：《蒙古纪闻》，第98~100页。

241. 罗布桑却丹：《蒙古风俗鉴》，第157页。喀喇沁右旗在清末短短的六年中，即四次向银行贷款超过11万两。见汪国钧《蒙古纪闻》，第101页。

242. 即使是在旗内犯罪的民人，理藩院也只能饬令旗将案犯查拿并解送地方官处审理。见徐本题，乾隆二年十一月三十日，内阁刑科题本，02-01-07-04372-011。

243. 乾隆朝内府抄本《理藩院则例》，第20页。

244. 理藩院折，康熙五十五年八月二十二日，《康熙朝满文朱批奏折全译》第3册，第1135~1136页。

245.《清高宗实录》卷105，乾隆四年十一月辛酉。

246.《清高宗实录》卷391，乾隆十六年闰五月甲午。

247. 翁牛特扎萨克衙门档，赤峰市档案馆藏，368-1。

248. 见《清仁宗实录》卷118，嘉庆八年八月丁丑；卷119，戊寅；卷272，十八年八月癸亥。

249. 庆惠折，道光元年九月二十三日，军机处录副奏折，03-3684-007；《清宣宗实录》卷23，道光元年九月癸酉。

250.《清宣宗实录》卷148，道光八年十二月丙子。

251.《清宣宗实录》卷407，道光二十四年七月癸巳。在巡围前，热河都统会开列两旗官员若干，清帝朱笔圈出其中一人（理论上不一定要旗长亲至）。如当年应查围之人不能至，则由热河都统代奏，由别旗代为巡查。见继格呈单，光绪十年三月二十七日，《光绪朝朱批奏折》第114辑，第159页；麒庆折，同治七年闰四月二十九日，军机处录副奏折，03-4675-017；李鸿章、库克吉泰片，同治九年六月二十八日，宫中档朱批奏折，04-01-01-0910-060。

252. 潘世恩折，道光十七年二月十九日，军机处录副奏折，03-2654-053。

253. 林沁多尔济折，光绪二十六年五月十五日，宫中档朱批奏折，

04-01-03-0066-007。

254.《乾隆会典则例》卷144《理藩院·理刑清吏司》;《嘉庆会典事例》卷488《兵部·八旗处分例·围场》。乾隆十五年,翁牛特右旗旗主因收受民人贿赂,将围场内靠近该旗一带树木准其砍伐,遭到了理藩院的题参罚俸。见阿克敦折,乾隆十五年四月初七日,《明清档案》第163册,第91239~91242页。

255. 赖惠敏:《乾隆皇帝的荷包》,中研院近代史研究所专刊,2014,第371~392页。

256. 参见《光绪会典事例》卷974《理藩院·喇嘛封号》;胡日查《清代蒙古寺庙管理体制研究》,第171~174页。

257.《各寺庙喇嘛月饷米石》《裁撤喇嘛名数》,光绪《热河园庭现行则例》,团结出版社,2012,第186~188、239~240页;惠吉折,道光十八年十二月十七日,《清宫热河档案》(15),第250~251页。

258. 理藩院折,康熙五十三年二月初八日,《康熙朝满文朱批奏折全译》第3册,第931页。

259. 吉伦泰等折并两个附件,道光二十六年四月十八日,《清宫热河档案》(16),第157~165页。

260. 从历年的材料中看,热河寺庙喇嘛有来自京师者,有来自四川者,还有来自本地满洲驻防兵丁子嗣者,也有本处喇嘛向京师等地流动者,沿途的廪俸由理藩院负责办理。见《嘉庆会典事例》卷737《理藩院·喇嘛封号·驻京喇嘛》;寄谕,乾隆四十一年四月二十四日,《清宫热河档案》(4),第5页;允祥折,雍正二年十月初十日,《雍正朝满文朱批奏折全译》上册,第954~955页。

261. 隆科多折,雍正二年十月初十日,《雍正朝满文朱批奏折全译》上册,第954~955页。

262. Ernest Gellner, "Foreward," in Anatoly M. Khazanov, *Nomads and the Outside World* (2nd edition), p. xxxiii.

263. 参见苏联科学院、蒙古人民共和国科学委员会合编《蒙古人民共和国通史》，第 169 页。

264. 今日喀喇沁旗（当年的喀喇沁右旗）王府中尚有一巨大的戏台，这个戏台显然是民国年间建造的，但是清中期以后王府中盛行演戏，早已是公开的秘密，这其实也是"汉化"的一部分。可见鸟居龙藏《蒙古旅行》，第 194 页。我在王府中还见到了地暖系统。乾隆四十六年一位京官见到喀喇沁右旗王府时，惊叹该王府与内地没有什么区别。见李调元《出口程记》，毕奥南整理《清代蒙古游记选辑三十四种》上册，东方出版社，2015，第 567 页。

265. 可见一位英国人 20 世纪初的描述，转引自 Elizabeth Endicott，"The Mongols and China: Cultural Contacts and the Changing Nature of Pastoral Nomadism (Twelfth to Early Twentieth Centuries)," in Reuven Amitai and Michal Biran, eds. , *Mongols, Turks, and Others: Eurasian Nomads and the Sedentary World*, Brill, 2005, p. 475。

第二章

1. 英国、普鲁士、奥斯曼帝国、莫卧儿帝国、日本的例子，可以作为对比。见尚劝余《莫卧儿帝国：中世纪印度的最后辉煌》，中国国际广播出版社，2014，第 265~283 页；约翰·洛尔《皇帝和他的宫廷：威廉二世与德意志帝国》，杨杰译，北京大学出版社，2004，第 107~157 页；J. C. Sainty and R. O. Bucholz, eds. , *Officials of the Royal Household, 1660-1837*, University of London, Institute of Hostorical Reserch, 1997-1998；Webb Herschel, *The Japanese Imperial Institution in the Tokugawa Period*, Columbia University Press, 1968; Rhoads Murphey, *Exploring Ottoman Sovereignty: Tradition, Image and Practice in the Ottoman Imperial Household, 1400-1800*, Continuum, 2008, pp. 141-174, 207-208; Allegra Woodworth, "Purveyance for the Royal Household in the Reign of Queen Elizabeth," *Transactions on the American Philosophical Society*, Vol. 35, No. 1, 1945, pp. 1-89; Rukhsana Iftikhar, "The Imperial Household if the Great Mughal," *Journal*

of the Research Society of Pakistan, Vol. 47, No. 1, 2010, pp. 127–141。

2. 七司即广储司、都虞司、掌仪司、会计司、营造司、庆丰司和慎刑司；三院即上驷院、武备院和奉宸苑。内务府的历史及其职能，参见祁美琴《清代内务府》，第 36～103 页；杜家骥《清代八旗官制与行政》，中国社会科学出版社，2015，第 164～258 页；Preston M. Torbert, *The Ch'ing Imperial Household Department: A Study of Its Organization and Principal Functions, 1662–1796*, Harvard University Press, 1977, pp. 27–51。

3. 这一结论是从如下证据中推理出来的。一些清代中后期编纂的材料笼统地称在顺治年间，口外即设有上驷院牝驼群和骟驼群。嘉庆年间的史料说，康熙九年时上驷院在商都、达里冈爱等处各设牧厂。但是清帝自己的说法是，康熙十一年时口北一带牧养的羊只还是"瘦不堪食"，牛、马、驼的情况或许大体相同。在康熙巡幸之初，提供皇室骑用的马匹并负责出青的是该地区的庄头，这似可证明当时口外上驷院牧厂的建设还未十分完善。到康熙四十二年时，一位亲历其地的官员说他在乌兰城一带见到的上驷院马驹总数约 20 万匹。即便这个数字实在夸张到完全不可信，两年后清廷官方也宣称，包括太仆寺牧厂马在内，口外牧厂的马匹数已经达到 10 万匹的规模。相关史料见《乾隆会典则例》卷 166《内务府·上驷院·上都达布逊诺尔马群、上都驼群》；《嘉庆会典事例》卷 524《兵部·马政·牧马》；《康熙朝起居注》第 1 册，第 24 页；班第题，康熙二十六年三月初二日、九月初八日，辽宁社会科学院历史研究所等译编《清代内阁大库散佚档案选编·皇庄》上册，辽宁民族出版社，1989，第 137～140、143～149 页；查慎行《人海记》，北京古籍出版社，1989，第 127～128 页；《钦定八旗通志》卷 41《兵志十·马政·八旗牧马》。

4.《嘉庆会典事例》卷 524《兵部·马政·牧马》；《乾隆会典则例》卷 166《内务府·上驷院》。

5. 商都和达里冈爱牧厂马驼群的规模和职官设置，各类材料记载不一，传抄之下势必更加错误频出。加上牧群和牲畜数量自身变化很大，似也不必考察出确切的结论。各种记载见乾隆《口北三厅志》卷 6《考牧志》，第 8~9 页；道光《钦定总管内务府现行则例》中的《上驷院堂·上都等三处马驼群员役》《上驷院左司·上都达布逊诺尔马群》《上驷院左司·上都达布逊诺尔驼群》《上驷院左司·达里岗崖马群》《上驷院左司·达里岗崖驼群》各篇；民国《察哈尔通志》卷 27《蒙古编·十二旗群》，1935 年铅印本，第 17~18 页；张文斌等折，雍正七年十一月十一日，《雍正朝满文朱批奏折全译》下册，第 1885 页；内务府片，乾隆五十六年七月十三日，内务府奏案，05-0435-034；呈单，乾隆四十一年，军机处录副奏折，03-0484-031；凯音布等折，道光十五年八月十七日，宫中档朱批奏折，04-01-01-0764-089；David A. Bello, *Across Forest, Steppe, and Mountain: Environment, Identity, and Empire in Qing China's Borderlands*, p. 126。

6. 《清高宗实录》卷 1033，乾隆四十二年五月。

7. 翼领员缺由总管于蒙古笔帖式、牧丁内拣选保送，亦由上驷院引见补授；蒙古笔帖式员缺于牧丁内、牧长员缺于牧副内、牧副员缺于牧丁内、牧丁员缺于牧群人等子弟内，均由总管拨补效力。蒙古笔帖式三年期满，由总管保送，以内务府笔帖式补用。达里冈爱牧厂设官的升补之例与商都牧厂同。见《乾隆会典则例》卷 166《内务府·上驷院》。

8. 道光《钦定总管内务府现行则例·上驷院堂·补放牧群处员役》；《乾隆会典则例》卷 166《内务府·上驷院》。

9. 道光《钦定总管内务府现行则例·上驷院堂·补放牧群处员役》。

10. 道光《钦定总管内务府现行则例·上驷院堂·补放牧群处员役》。

11. 《嘉庆会典事例》卷 441《兵部·职制·补授八旗武职通例》。

12. 《清高宗实录》卷 772，乾隆三十一年十二月甲午。

13. 道光《钦定总管内务府现行则例·上驷院堂·建设衙署添裁员役》。

14. 军机处上谕档，嘉庆九年六月二十三日。

15. 内务府折，同治二年六月初八日，内务府奏销档，698-111。

16. 海拉孙等题（康熙二十六年四月二十二日）、佛伦等题（康熙二十八年十月二十九日），《清代内阁大库散佚档案选编·皇庄》上册，第 374~376、387~389 页。

17. 托伦布等折，光绪十三年十二月十三日，宫中档朱批奏折，04-01-12-0540-097。

18. 例如乾隆五年一位副都统职衔的商都总管报告称，其连同家人到张家口外三年，已穷得将京城房产典出。低级官丁更不会有什么自己的财产。见内务府折，乾隆五年十月初一日，内务府奏案，05-0040-029。乾隆二十九年时，自总管至翼长，每年均加给养廉；值年主事、笔帖式设立后，亦给予养廉。见《清高宗实录》卷 725，乾隆二十九年十二月乙巳。

19. 道光《钦定总管内务府现行则例·上驷院右司·游牧等处俸饷》。

20.《光绪会典事例》卷 1206《内务府·畜牧·俸饷公费》。

21. 华山泰、庆昀折，咸丰四年五月十八日，宫中档朱批奏折，04-01-01-0851-019。

22. 例如乾隆五十六年，均齐官将商都和达里冈爱牧厂骟马 11587 匹均给 30 群，达里冈爱的骒驼 11266 只均给 52 群。在嘉庆十四年时，达里冈爱的 48 群骒驼还能维持在每群 240 余只，在六年后的均齐中，每群骒驼只有 203 只或 204 只了。见内务府片，乾隆五十六年七月十三日，内务府奏案，05-0435-034；那彦保、祥保片，嘉庆二十年七月初八日，军机处录副奏折，03-1706-038。

23. 乾隆《口北三厅志》卷 6《考牧志》，第 9~11 页。

24.《乾隆会典则例》卷 166《内务府·上驷院》。

25. 见道光《钦定总管内务府现行则例·上驷院左司》中《均查达里岗崖骒驼群赏罚》《均查上都等三处马群赏罚》《均查上都达布逊诺尔骟驼群赏罚》各篇。

26.《清高宗实录》卷 769，乾隆三十一年九月辛卯、癸巳。

27.《清高宗实录》卷 770，乾隆三十一年十月丁酉。

28.《雍正会典》卷 232《内务府·庆丰司》。

29.《八旗通志初集》卷 41《职官志八·内务府》。

30. 康熙三十六年清帝巡幸塞北时，在今张北县一带巡阅庆丰司牧厂羊群；另外一位官员则在六年后描述了口外庆丰司牧厂的繁荣（当然其数字并不可靠）。见《清代起居注册（康熙朝）》第 10 册，第 5676 页；查慎行《人海记》，第 127~128 页；查慎行《敬业堂诗集（附续集）》(5)，商务印书馆，1937，第 581、588 页。

31.《雍正会典》卷 232《内务府·庆丰司》。

32. 三旗牛羊群设护军校 17 人，自乾隆五十四年始，以三旗、达里冈爱四处每处设四员，缺出各归各拣。其余一员作为公缺，先镶黄，次正黄，次正白，次达里冈爱，轮转拣补办理。直至同治七年，才将公缺护军校一人裁汰。见文盛折，同治七年十月二十一日，军机处录副奏折，03-4693-027。

33. 内务府折，乾隆三十三年八月初二日，内务府奏案，05-0255-025。

34.《光绪会典事例》卷 1209《内务府·畜牧·游牧员役》。而且这一职位与三旗牛羊群中的协领衔缺相当，因此可以对调。见双德、庆住折，道光二十八年十一月初十日，军机处录副奏折，03-2937-008。乾隆二年时一位副总管的履历单上写着，他用了 55 年的时间从牧丁升到副总管，但并不是所有人都有这样的好运气。见内务府折，乾隆二年十月十六日，内务府奏案，05-0016-016。记名的笔帖式似乎也可坐补协领之缺。见内务府折，光绪十九年八月十六日，内务府奏案，05-0989-037。太仆寺牧厂中的翼长、委属翼长有品级（正七品、从九品），而三旗牛羊群中的协领、委属协领是没有品级的。见兵部咨，光绪十七年五月二十二日，内务府来文，05-13-002-000913-0007。

35. 双全等折，雍正七年五月十九日，《雍正朝满文朱批奏折全译》下册，第 1747~1748 页。

36. 拉锡折，雍正三年七月二十六日，《雍正朝满文朱批奏折全译》上册，第 1183 页。

37. 道光《钦定总管内务府现行则例·庆丰司卷二·牛羊群补放官员》。

38. 道光《钦定总管内务府现行则例·庆丰司卷二·达里岗崖牧群添裁员役》；《清高宗实录》卷1317，乾隆五十三年十一月甲申。牛羊群总管、副总管亦可升察哈尔八旗旗分之参领、佐领。见《清高宗实录》卷1443，乾隆五十八年十二月己卯。

39. 道光《钦定总管内务府现行则例·庆丰司卷二·达里岗崖牧群添裁员役》。

40. 溥良、盛桂折，宣统二年十一月十一日，宫中档朱批奏折，04-01-12-0689-028。清廷始终对在达里冈爱羊群处专设一位总管没有兴趣，但是该处所设翼长有向总管性质发展的趋势。见《清仁宗实录》卷372，嘉庆二十五年六月庚戌；《光绪会典事例》卷322《礼部·铸印饷·铸造二》。

41. 笔帖式升补委署主事，至少须食俸三年期满，否则只能先试署委署主事，扣满五年后再保送引见。但如果表现出色，有机会得到尽先补用的奖励。相关材料见内务府折，嘉庆九年六月，内务府奏案，05-0510-022；内务府折，道光十七年六月初二日，内务府奏案，05-0695-017；奎昌折，同治十三年正月十二日，宫中档朱批奏折，04-01-12-0517-059。

42. 雍正时期，牛群每年春秋两季由庆丰司遣官查群，羊群每年春季遣官查群，春秋两季所剪羊毛，每三年总查一次。均齐则为每三年一次。乾隆二十三年时，牛群定为每六年均齐一次，羊群定为每三年均齐一次。至均齐之年，由领侍卫内大臣派出侍卫，三旗牧群每旗各派一人，会同总管检查。相关材料可见《雍正会典》卷231《内务府·慎刑司》；卷232《内务府·庆丰司》；吐巴题（康熙二十年八月初八日）、南孙等题（康熙二十四年九月二十二日、二十七年七月初六日、二十八年六月十六日），《清代内阁大库散佚档案选编·皇庄》上册，第357～358、366～367、376～380、385～387页；博和里折，雍正二年十月二十二日，《雍正朝满文朱批奏折全译》上册，第959～960页；觉和托等折，雍正十二年八月十八日，《雍正朝满文朱批奏折全译》下册，第 2285 页；内务府折，乾隆十四年八月初七日，内务府奏案，05-0101-016；内务府折，乾隆十五年十月初三日，内务府奏案，05-0108-038。

43. 见道光《钦定总管内务府现行则例·庆丰司卷二》中《均查三旗牛羊群赏罚》《均查达里岗崖羊群赏罚》各篇。

44. 康熙三十六年的一份报告说，口外镶黄旗有羊 126 群，正黄旗有羊 139 群。《口北三厅志》记载镶黄、正黄、正白三旗每旗有牛 95 群、羊 180 群。随着时间推移，各牧群的数目时有增减。见胤祧折，康熙三十六年四月初七日，《康熙朝满文朱批奏折全译》第 1 册，第 181 页；乾隆《口北三厅志》卷 6《考牧志》，第 13~14 页；内务府片，乾隆六年十二月十六日，内务府奏案，05-0046-041；道光《钦定总管内务府现行则例·庆丰司卷二·三旗牛羊群额数》。

45. 据称，在雍正年间增至 180 群，又在乾隆初年回落为 90 群。相关数字见内务府片，乾隆六年十二月十六日，内务府奏案，05-0046-041；道光《钦定总管内务府现行则例·庆丰司卷二·达里岗崖羊群额数》。

46. 以我所见，牧群官员因孳生牲畜数超过标准，被加级记录的现象只发生过两次，且都发生在羊群均齐中，分别是嘉庆五年和道光元年。见内务府折，嘉庆五年十二月初二日，内务府奏案，05-0485-045；内务府折，道光元年十一月初六日，内务府奏案，05-0618-007。

47. 例如各牧群与军营之间调拨牲畜时，各总管、副总管往往自力护送。见内务府折，乾隆三年十二月二十日，内务府奏案，05-0025-035。

48. 内务府折，乾隆五年十月初一日，内务府奏案，05-0040-029；内务府折，乾隆八年正月二十八日，内务府奏案，05-0054-008。

49. 乾隆二十五年三旗牛羊群内共有内务府 28 位管领下无地亩奴仆、食官粮人大小家口 1763 名，所需口粮在万全县仓粮中支领。见中国人民大学清史研究所、中国人民大学档案系中国政治制度教研室合编《清代的旗地》上册，中华书局，1989，第 322 页。乾隆三十五年万全县曾支给牧群侍卫口粮，或许即指这些内府管领下人而言。见清代题本抄档，《地丁·直隶二》第 7 册。

50. 《雍正会典》卷 232 《内务府·庆丰司》；内务府折，乾隆二年四月十八日，内务府奏案，05-0012-044。

51. 《雍正会典》卷 232 《内务府·庆丰司》；道光《钦定总管内务府现行则例》中《庆丰司卷一·牛羊群员役俸饷》《庆丰司卷二·达里岗崖羊群员役俸饷》两篇。

52. 谦禧、永德折，光绪八年十一月初七日，军机处录副奏折，03-7374-020。

53. 按照清代口北地区牧厂的人员配置，如加上牧长和牧副，每牛、羊群中有牧民 8~10 人（每群牛以 300 只计，每群羊以 1070 只计）；每马、驼群中有牧民 11~15 人（每群马以 250 匹计，每群驼以 180 头计）。但是实际上一个牧民能力范围内可以牧放的牲畜，徒步约 200 只羊，如果有马的话，可以对付 500 只羊，两名骑士甚至可以对付 2000 只羊；一个人可以放牧 150 匹马。当然事实上很少有超过 1200 只的羊群，因为前面的羊把草吃光了，走在后面的羊就没有吃的了。也就是说，如果按照优化配置原则来管理这些牧厂，只需一半数量的牧民就够了。见 Anatoly M. Khazanov, *Nomads and the Outside World* (2nd edition), p. 32。

54. 内务府折，乾隆三十年六月十九日，内务府奏案，05-0226-032；道光《钦定总管内务府现行则例·庆丰司卷一·查核张家口生息利银》。

55. 《清高宗实录》卷 725，乾隆二十九年十二月乙巳；《光绪会典事例》卷 1210 《内务府·畜牧·支领官物》。

56. 《清仁宗实录》卷 337，嘉庆二十二年十二月甲午。

57. 《清高宗实录》卷 1162，乾隆四十七年八月丙寅。

58. 祥保折，嘉庆二十一年五月二十四日，宫中档朱批奏折，04-01-35-0495-032；军机处上谕档，嘉庆二十一年五月二十八日。

59. 例如道光八年十月的生息银，道光十年八月方才解到。见武忠额折，道光十一年二月初八日，宫中档朱批奏折，04-01-35-0956-044。

60. 陶澍折，道光十六年七月十二日，宫中档朱批奏折，04-01-35-0959-036；琦善折，道光十六年九月初七日，宫中档朱批奏折，04-01-01-0776-061；军机处上谕档，道光二十四年七月二十五日。

61. 按照规定，两淮盐运使应仍从别处筹解牧群经费，但这样的命令在当时无异于一纸空文。见军机处上谕档，同治二年九月初七日、五年三月初六日。

62. 庆昀折，咸丰九年四月初一日，军机处录副奏折，03-4490-089；呈单，同治六年，军机处录副奏折，03-4728-081；庆春折，同治十三年十一月二十日，宫中档朱批奏折，04-01-35-0964-065。

63. 灵桂等折，咸丰八年十二月二十二日，军机处录副奏折，03-4580-040。

64. 军机处上谕档，同治六年五月十二日。

65. 额勒和布、奎昌折，同治十二年闰六月十八日，军机处录副奏折，03-4967-090；绍祺片，光绪十一年十二月十八日，军机处录副奏折，03-6460-079；奎顺咨，光绪二十九年四月十三日，内务府来文，05-13-002-000965-0093。

66. 《嘉庆会典事例》卷522《兵部·马政·扈从给马》；《清高宗实录》卷136，乾隆六年二月乙巳。

67. 道光《钦定总管内务府现行则例·上驷院左司·随侍马驼》。喀喇沁左旗距离商都牧厂和木兰围场太远，疑应为喀喇沁右旗。

68. 道光《钦定总管内务府现行则例·上驷院左司·随侍马驼》。《清宫热河档案》中收录了大量反映商都牧厂向石片子一带解马和出青喂养马匹情况的文献。参见明山保呈文，乾隆三十八年六月初三日、八月十一日，三十九年七月十八日、八月十一日，四十年六月二十二日，《清宫热河档案》（3），第 9~10、40~41、43、234~235、258~259、434页；明山保呈文，乾隆四十一年八月十四日，《清宫热河档案》（4），第37~38、45页；当保呈文，乾隆四十九年八月初七日，《清宫热河档案》

（5），第190页。按照会典的规定，商都所解之马，围竣后不交回原厂，即留于直隶喂养，以补缺额。此外乾隆二十七年的一份材料说，除进哨骑用出青马外，该厂又由直隶总督会同察哈尔都统，于牧厂孳生马内挑选勘用者3200匹，留于直隶喂养，以备木兰之用。见方观承、巴尔品折，乾隆二十七年四月十九日，军机处录副奏折，03-0481-043。由牧厂派出官兵负责领喂更换马匹，或许是因为自京中随来官兵不愿承担这一差事。见《清高宗实录》卷397，乾隆十六年八月庚戌；卷398，九月丁卯。

69. 明山保呈文，乾隆三十八年九月十三日，《清宫热河档案》（3），第63~64页。

70. 明山保呈文，乾隆三十九年九月初九日，《清宫热河档案》（3），第272页；明山保呈文，乾隆四十一年九月十七日，《清宫热河档案》（4），第51~52、58~59页；伊桑阿呈文（乾隆四十七年八月二十七日）、当保呈文（乾隆四十九年九月十五日），《清宫热河档案》（5），第125~127、223~224页；全保呈文，乾隆五十九年九月十二日，《清宫热河档案》（7），第69~70页；全保呈文，乾隆五十六年九月十二日，军机处录副奏折，03-0307-027。

71. 明山保呈文，乾隆三十九年九月初九日、十五日，《清宫热河档案》（3），第272~274、285~287页；伊桑阿呈文，乾隆四十七年八月十六日，《清宫热河档案》（5），第111~113、116~117页；全保呈文，乾隆五十八年七月二十八日，《清宫热河档案》（7），第313~314页。

72.《清高宗实录》卷1076，乾隆四十四年二月庚申；《清宣宗实录》卷155，道光九年四月甲申；《嘉庆会典事例》卷524《兵部·马政·牧马》。

73. 将厂马调京，等于多走了一段毫无必要的弯路，且沿途不能天然牧放，既不利于马力的保养和恢复，也耗费粮草。见松筠折，嘉庆二十二年八月十六日，宫中档朱批奏折，04-01-03-0097-005；松筠折，嘉庆二十二年十二月二十二日，宫中档朱批奏折，04-01-03-0097-004；

松筠片，嘉庆二十二年，宫中档朱批奏折，04-01-03-0097-003。

74.《清仁宗实录》卷338，嘉庆二十三年正月丁未。

75. 道光《钦定总管内务府现行则例·上驷院左司·交送围场母羊挤奶马匹》。

76. 例如乾隆十七年时，牛羊群应拣选有奶乳牛100头和大尾肥羊、达里冈爱羊500只，以备进哨往返应用。见来保折，乾隆十七年八月二十八日，《清宫热河档案》（1），第338~340页；内务府折，嘉庆二十二年六月二十日，《清宫热河档案》（13），第253页。

77. 内务府折，嘉庆七年六月二十一日，《清宫热河档案》（10），第17~18页；内务府折，嘉庆十八年六月十八日，《清宫热河档案》（12），第312~313页；内务府折，嘉庆二十年六月十七日，《清宫热河档案》（13），第18~19页。

78. 允禄等折，乾隆二十年六月十三日，《清宫热河档案》（1），第363~364页。

79. 道光《钦定总管内务府现行则例·庆丰司卷一·取送牛羊》。

80.《光绪会典事例》卷1209《畜牧·内外牛羊圈》。

81. 弘昇等折，雍正元年十二月二十日，《雍正朝满文朱批奏折全译》上册，第580~581页；允禄等题，雍正四年二月二十五日，《清代内阁大库散佚档案选编·皇庄》下册，第285~286页；《光绪会典事例》卷1209《畜牧·内外牛羊圈》；内务府折，乾隆十七年七月初五日，内务府奏案，05-0122-026；内务府折，乾隆二十五年三月初八日，内务府奏案，05-0179-010。

82. 内务府折，光绪十四年七月初五日，内务府奏案，05-0961-019。

83.《乾隆会典则例》卷168《内务府·武备院》。

84.《嘉庆会典事例》卷910《内务府·武备·征收毛角筋胶》；内务府折，乾隆三十二年正月初十日，内务府奏案，05-0241-021。

85. 内务府折，乾隆十四年十月二十六日，内务府奏案，05-0102-012；德保折，乾隆十五年九月十五日，内务府奏案，05-0108-030。

86. 内务府折，宣统三年十一月十三日，内务府奏案，05-1070-029。

87. 《清圣祖实录》卷 239，康熙四十八年十月壬子；查弼纳题，雍正四年十二月初十日，《雍正朝内阁六科史书·吏科》（32），第 272~274 页。这项改革可能出自郎廷栋的建议，见周家楣、缪荃孙等编纂《光绪顺天府志》（4），北京古籍出版社，2001，第 2700 页。根据议定的数量，庆丰司口外牧厂每年应额送马皮 2000 张、马驹皮 1000 张、驼皮 100 张、牛皮 300 张、小牛皮 1500 张、犊皮 200 张。见《乾隆会典则例》卷 168《内务府·武备院》。此后无论是额定解送羊毛还是皮张的数量，都多有变化，见道光《钦定总管内务府现行则例·武备院卷三·查收各处送交皮张》；《嘉庆会典事例》卷 721《工部·制造库工作·支收物料》。

88. 哈达哈折，乾隆五年十一月十六日，《明清档案》第 97 册，第 54779~54780 页。

89. 《光绪会典事例》卷 1210《内务府·畜牧·交纳官物》。

90. 道光《钦定总管内务府现行则例·庆丰司卷二·倒毙牛羊皮张》。

91. 允禄等题，乾隆二十四年十二月十三日，《大连图书馆藏清代内务府档案》（9），第 750~752 页。

92. 道光《钦定总管内务府现行则例·庆丰司卷一·牛群交送官物事宜》；内务府折，宣统元年九月初四日，内务府奏案，05-1060-068。

93. 豫堃折，道光二十二年五月二十六日，军机处录副奏折，03-3003-039。但是我怀疑这一比例有问题。

94. 《清高宗实录》卷 573，乾隆二十三年十月己卯；卷 891，三十六年八月；傅恒：《平定准噶尔方略》续编卷 7，乾隆二十五年十一月癸卯，四库全书本；卷 14，乾隆二十六年十一月辛丑；德明题，嘉庆三年六月二十六日，内阁户科题本，02-01-04-18132-006。

95. 方观承折，乾隆十九年八月二十二日，军机处录副奏折，03-0478-041。

96. 温达等纂《亲征平定朔漠方略》卷 21，四库全书本，康熙三十五年三月甲戌；《清高宗实录》卷 580，乾隆二十四年二月丙辰；《光绪会典事例》卷 648《兵部·马政·牧马一》；铁麟、阿彦泰折，道光二十三年四月十八日，宫中档朱批奏折，04-01-01-0808-060；庆昀折，咸丰四年十月十七日，宫中档朱批奏折，04-01-01-0853-020；奎顺、祥麟片，光绪二十七年十一月二十日，宫中档朱批奏折，04-01-01-1046-043；穆龙阿、庆昀折，咸丰五年五月十六日，军机处录副奏折，03-4256-022。

97.《光绪会典事例》卷 1209《畜牧·游牧牛羊群》；《清朝文献通考》卷 193《兵考十五·马政·口外司牧官役》；赫庆折，乾隆十九年三月二十七日，《明清档案》第 187 册，第 104473~104476 页；额勒和布、奎昌折，同治十二年十一月十五日，宫中档朱批奏折，04-01-03-0104-001。

98.《光绪会典事例》卷 1209《畜牧·游牧牛羊群》。

99. 允祥折，雍正二年八月二十九日，《雍正朝满文朱批奏折全译》上册，第 918 页；班第折，雍正十三年十二月初十日，《雍正朝满文朱批奏折全译》下册，第 2499~2489 页。

100. 允禄：《上谕旗务议复》，台湾学生书局，1976，第 267~269 页。

101. 清代察哈尔八旗境内共有王公牧厂约 25 处，其中左翼 15 处。详见金海等《清代蒙古志》，内蒙古人民出版社，2009，第 202 页。另见乾隆《口北三厅志》；《雍正朝汉文谕旨汇编》（6），第 141 页。

102.《雍正朝汉文谕旨汇编》（8），第 223 页。

103.《清查旗地马厂》，《方恪敏公（观承）奏议》卷 6，文海出版社，1967，第 741~745 页。

104. 阿·马·波兹德涅耶夫：《蒙古及蒙古人》第 2 卷，第 196~197、207~208 页；《清高宗实录》卷 671，乾隆二十七年九月丁亥；寄谕巴尔品，乾隆二十七年九月二十一日、三十日，《乾隆朝满文寄信档译编》（3），第 533~534 页。

105. 舒敏折并单，嘉庆十五年，军机处录副奏折，03-1873-004。

106. 奕兴折，道光三十年十一月二十日，宫中档朱批奏折，04-01-01-0842-036；恒春、庆禄折，咸丰元年四月二十九日，军机处录副奏折，03-4489-024；《清文宗实录》卷 22，道光三十年十一月乙卯。

107. 呈单，嘉庆十五年，军机处录副奏折，03-1873-004；军机处上谕档，嘉庆十五年十月初九日；温承惠折，嘉庆十六年十二月十四日，军机处录副奏折，03-1704-059。有的王公牧厂"报效"后，牧丁归察哈尔都统约束，但是具体怎么管理，如是否编入佐领等，尚不清楚。见奕兴折，咸丰元年正月初五日，宫中档朱批奏折，406000006。

108. 华山泰、庆昀折，咸丰四年三月二十一日，宫中档朱批奏折，04-01-24-0150-180；华山泰、庆昀折，咸丰四年五月十八日，宫中档朱批奏折，04-01-01-0853-022；《清文宗实录》卷 124，咸丰四年三月甲寅。

109. 《嘉庆会典事例》卷 842《八旗都统·田宅·口外牧场》；敬穆折，道光二十一年二月十二日，宫中档朱批奏折，04-01-12-0458-079；《清高宗实录》卷 999，乾隆四十年十二月戊辰。

110. 《民商事习惯调查报告录》（中），第 727~732 页。

111. 恩桂题，道光二十二年二月十七日，内阁吏科题本，02-01-03-10580-022。

112. 《三厅荒地查办完竣折》（光绪八年二月初四日），顾廷龙、戴逸主编《李鸿章全集》（10），安徽教育出版社，2008，第 34~37 页；李鸿章折，光绪十五年十二月初三日，《光绪朝朱批奏折》第 92 辑，第 780~783 页。有一位镶黄旗蒙古祖遗厂地三处，坐落于今丰宁县之东干沟和多伦境内之西干沟一带，其遗失档案、呈请丈地和招佃争控地亩的详细过程，可见《呈稿》（中），《国家图书馆藏清代孤本内阁六部档案续编》第 28 册，第 13946~13991、14113~14162、14192~14257 页；《呈稿》（下），《国家图书馆藏清代孤本内阁六部档案续编》第 29 册，第 14278~14280 页。

113. 贻谷、奎顺片，光绪二十八年六月十三日，宫中档朱批奏折，04-01-22-0066-016；贻谷折，光绪二十九年五月十二日，《光绪朝朱批奏折》第93辑，第572~573页。

114. 户部呈，光绪三十一年九月初一日，旧整宗人府档，06-01-002-000545-0139。这里还可提供一个王公牧厂历史演变、清末开垦的详细案例，见毓清呈，宣统三年七月，旧整宗人府档，06-01-001-000356-0081。

115. 一开始不但禁止汉人进入，也严禁满人安庄。在特定的时期内，越境耕种会让政治边界变得模糊，这令有些人极为担忧。顺治年间清廷于此设有负责烧荒之人。顺治十一年时户部尚书请示是否可在口外安庄，也被清帝明确驳回。见伊桑阿等纂修《康熙会典》卷36《户部二十二·经费·廪给》；车克题，顺治十一年正月十三日，北大移交题本，02-01-02-1829-010。满洲入关前也实行烧荒制度，但那是因其尚未掌握先进农耕技术，为了提高生产率而不得已行之，参见刘小萌《满族从部落到国家的发展》，第69页。明朝的情况请参见周沙沙《明代"烧荒"研究》，中国社会科学院古代史研究所明史研究室编《明史研究论丛》总第19辑，中国社会科学出版社，2021。

116. 郝惟讷：《条陈圈地疏》，《康熙顺天府志》卷3，第95页；《清圣祖实录》卷30，康熙八年六月戊寅；卷32，九年二月癸未。

117. 《钦定八旗通志》卷68《土田志七·土田数目·内府庄园数目》；《乾隆会典》卷87《内务府·会计司》。康熙十八年的一份档案称，喜峰口外一处"末等穷庄"庄头家中失火。道光朝所编纂的内务府则例描述清初口外粮庄时，也将其分为四等。因此在清初的一段时间内，内务府口外皇庄是有等级差别的，只是缺乏详细的定级材料。见吐巴等题，康熙十八年四月十一日，《清代内阁大库散佚档案选编·皇庄》上册，第12~14页。

118. 《钦定八旗通志》卷68《土田志七·土田数目·内府庄园数目》。

119.《庄园地亩钱粮》，光绪《热河园庭现行则例》，第 213～214 页。

120.《清代的旗地》中册，第 746～747 页。

121. 赖惠敏：《但问旗民：清代的法律与社会》，五南图书出版股份有限公司，2007，第 180～181 页。

122. 会计司呈稿，嘉庆十八年九月初五日，内务府呈稿，05-08-005-000073-0054；会计司呈稿，道光八年四月二十四日，内务府呈稿，05-08-005-000138-0033。

123. 内务府折，乾隆元年十二月初七日，内务府奏案，05-0009-029；内务府呈单，乾隆元年十二月初七日，内务府奏案，05-0009-030；内务府折，乾隆六年九月初六日，内务府奏案，05-0045-005；《经费银两（附：香供银两）》，光绪《热河园庭现行则例》，第 131 页。

124. 口外鹰手初设于顺治十一年。据一位密云县的鹰手称，其每年应交野鸡 100 只，欠项则须交纳罚款。口外鹰手的负担应与此大致相同。见车克题，顺治十一年正月十三日，北大移交题本，02-01-02-2130-019；内务府折，乾隆二年十一月初七日，内务府奏案，05-0017-009。

125. 道光《钦定总管内务府现行则例·都虞司卷二·挑补鹰手》。

126. 允禄等题，乾隆七年十一月初五日，《清代内阁大库散佚档案选编·皇庄》下册，第 243～245 页。

127. 张廷玉等题，乾隆元年六月初三日，内阁户科题本，02-01-04-12835-004；《钦定八旗通志》卷 64《土田志三·土田规制·畿辅规制三》。具体开垦地亩，交纳钱粮、猎物的例子，可见内务府折，乾隆三十三年三月二十六日，内务府奏案，05-0251-047。鹰手地亩房产，本与粮庄、园地一样不得随意典卖，但由于开垦余地交地方官征租，内务府对本处差地逐渐丧失了控制。嘉庆八年的一件案子，说明当地鹰手开垦地亩，陷入内务府和地方官既都管，又都不管的境地。见《清代的旗地》下册，第 1367～1368、1372～1376 页。

128. 可参见户部咨，乾隆四十二年七月，内务府来文，05-13-

002-001830-0096；三泰题，乾隆七年七月二十九日，礼科题本，02-01-005-022742-0043。后一案件判定比照天津、涿州旗人免搬移之例换给鹰手地亩，但我不明白为什么最后是由礼部主稿。

129. 噶鲁等题，康熙十八年十月十五日，《清代内阁大库散佚档案选编·皇庄》上册，第47~48页。

130. 道光《钦定总管内务府现行则例·会计司卷一·设立公廨员役》。

131. 《清朝文献通考》卷5《田赋考五·八旗田制·内务府官庄》。

132. 《雍正会典》卷228《内务府·会计司》；《乾隆会典则例》卷160《内务府·会计司》；道光《钦定总管内务府现行则例·掌关防管理内管领事务处卷一·官三仓员役事宜》；内务府折，雍正七年十一月二十五日，内务府奏销档，177-685。比丁和报粮的详细程序，见《庄园地亩钱粮》，光绪《热河园庭现行则例》，第220~221页。

133. 《乾隆会典》卷87《内务府·会计司》。

134. 《清代的旗地》上册，第203~207页；实图、策楞折，乾隆十四年十一月二十一日，宫中档朱批奏折，04-01-01-0176-015。

135. 嘉庆七年的一件拣放顶补园头案最为典型，见《清代的旗地》中册，第569页。

136. 如从只有亲丁才能继承庄头，到对异姓庄头顶补的条件逐渐放宽，此后改姓换主的现象时有发生。见道光《钦定总管内务府现行则例·会计司卷二》，第25~27页。例见会计司呈稿，嘉庆三年十一月十五日，内务府呈稿，05-08-005-000015-0052。亲丁和壮丁的区别，参见赖惠敏《但问旗民：清代的法律与社会》，第172~174页。

137. 道光《钦定总管内务府现行则例·会计司卷一》。

138. 如庄头与壮丁之间除契买而得者，均非私人的奴仆关系；各庄人只能在自己的庄内进行活动，不得越界；庄头一旦被革退，其子孙、亲丁、壮丁均不准报考报捐；等等。见马世璘辑《成案所见集》，《清代成案选编》甲编第34册，第105~109页；孙纶辑《定例成案合镌》，

《清代成案选编》甲编第 3 册，第 355～357 页；吴潮、何锡俨汇纂《刑案汇览续编》第 1 卷，第 22 页。

139. 英和等折，道光四年六月初二日，军机处录副奏折，03-2801-041；《清宣宗实录》卷 66，道光四年三月乙亥；道光《钦定总管内务府现行则例·会计司卷一·庄头旗户编入保甲》）。

140. 都虞司呈稿，道光二十四年八月初一日，内务府呈稿，05-08-003-000180-0047。

141. 不同时期的规定和例子，可见《乾隆会典则例》卷 160《内务府·会计司·征输考成》；《清代的旗地》中册，第 1023 页；英和等题，嘉庆十三年十二月十九日，《清代内阁大库散佚档案选编·皇庄》下册，第 128～134 页；永瑢题，乾隆四十七年十二月初十日，内务府奏案，05-0372-001。尤其是嘉庆四年的一个案子很有代表性，见内务府折，嘉庆四年九月二十五日，内务府奏案，05-0477-062。

142. 噶鲁等题本，康熙十八年十月十五日，《清代内阁大库散佚档案选编·皇庄》上册，第 47～48 页；《燕行日录》（贞），韩国成均馆大学藏《韩使燕行录》第 90 册，无出版信息，第 10～12 页；内务府折，康熙五十四年八月二十日，《康熙朝满文朱批奏折全译》第 3 册，第 1049 页。

143. 按照程序，庄头应一面报灾内务府，一面报灾地方官，内务府派员会同地方官查勘情形，出具印结，咨送本府查核；地方州县亦将所勘情形由司达户部。如被灾情实，则所有应交差务按照成数豁免。皇庄受灾后一分至十分者俱准报灾，各庄头、庄丁家属等还例给口粮。报灾的材料可见允禄等题，乾隆十一年二月二十四日，《清代内阁大库散佚档案选编·皇庄》下册，第 49～50 页；英和等题（乾隆二十九年八月初三日）、永瑢等题（乾隆三十五年三月十三日），《大连图书馆藏清代内务府档案》（12），第 44～45、229～231 页；《清宣宗实录》卷 61，道光三年十一月壬午；《清代的旗地》中册，第 904～905 页；永瑢等题，乾隆四十三年四月二十日，内务府奏案，05-0336-029；内务府折，道光三年十一月二十三日，内务府奏销档，521-276；内务府折，道光三年十一月二十三日，内务府奏销档，521-276。

144. 那苏图折，乾隆十一年闰三月十一日，宫中档朱批奏折，04-01-01-0135-058。

145.《清代的旗地》上册，第476~477页。

146.《庄园地亩钱粮》，光绪《热河园庭现行则例》，第218~219页。

147.《清高宗实录》卷177，乾隆七年十月；卷874，三十五年十二月癸未；《清文宗实录》卷42，咸丰元年闰八月丁未；《宣统政纪》卷16，宣统元年六月辛丑；赵尔巽等：《清史稿》卷426，第12236页；《清代的旗地》中册，第1096~1097页；具折人不详，乾隆十一年七月，内务府奏销档，215-143；廷杰片，《政府公报》第643号，宣统元年六月二十七日。民人佃种的庄地，主要是各庄在雍正、乾隆年间向外垦出的余地。

148.《清代的旗地》中册，第560~561页；内务府折，乾隆九年十二月二十七日，内务府奏案，05-0068-041。

149. 张廷玉等题，乾隆元年六月初三日，内阁户科题本，02-01-04-12902-004。

150. 军机大臣片，乾隆五十四年九月初四日，《清宫热河档案》（6），第324页。

151.《清代的旗地》中册，第1014~1015页。

152.《附平泉州所属各项旗民地亩》，陶仁荣：《喀喇沁土默特奈曼科尔沁札鲁特等旗沿途调查表附说》第4册。

153. 户部咨，雍正九年四月二十六日，内务府来文，05-13-001-000004-0020。

154. 这起案件的大致经过如下。一些口外庄头向热河总管呈报了他们开垦出的余地，但是官方勘丈后，发现庄头们实际开垦出的余地远远多于其报出的数据。就在此时，有一位亲丁称其在各庄头报出余地之前，已经上报过开垦的余地，但是热河总管没有将他的报告上呈内务府。经过一系列证据的搜集，内务府发现这名亲丁为了争得出首余地的名分，先后向数名官员行贿了几千两白银。最终亲丁被治以行贿之罪，而整个口外皇庄的庄头们，全被安上了隐匿土地的罪名。见《清代的旗地》上册，第 455~464、474~476 页；《清代的旗地》中册，第 1035~1036 页；《清高宗实录》卷 375，乾隆十五年十月戊子；实图折，乾隆十四年十二月十六日，宫中档朱批奏折，04-01-22-0028-100；实图折，乾隆十五年十月初三日，宫中档朱批奏折，04-01-22-0030-001；内务府折，乾隆十五年正月初五日，内务府奏案，05-0104-007；内务府折，乾隆十五年十一月初八日，内务府奏案，05-0109-017；内务府折，乾隆十五年十月十五日，内务府奏案，05-0108-044；内务府折，乾隆十五年十二月二十日，内务府奏案，05-0111-020；内务府折，乾隆十五年十二月二十八日，内务府奏案，05-0111-055。

155. 赖惠敏：《乾隆皇帝的荷包》，第 80~83 页。

156. 允禄等折，乾隆十九年十二月十六日，《清宫热河档案》（1），第 360~361 页。

157. 资料来自《清代内阁大库散佚档案选编·皇庄》、《清代的旗地》、《大连图书馆藏清代内务府档案》、内务府奏案和会计司呈稿等。

158. 以嘉庆十七年为例，能维持在报粮 250 石的皇庄只剩 49 庄；庚子之后的数年，征收率尚不及 1/6。

159. 赖惠敏：《乾隆皇帝的荷包》，第 89~91 页。由皇庄中退出的地亩，改由州县收租，称为"官征官解"；由州县征解的革退庄头后的皇庄地亩，称为"庄头地"，属于八项旗租的征收范围。

160. 禧恩题，道光十二年二月十九日，北大移交题本，02-01-02-2526-009。

161. 赫奕等题，康熙五十一年六月初七日、雍正元年七月二十九日，《清代内阁大库散佚档案选编·皇庄》上册，第 216、247~248 页；《乾隆会典则例》卷 165《内务府·庆丰司》。

162. 噶鲁等题（康熙十八年十月初一日、二十五年九月十二日）、班第等题（康熙二十六年九月初八日），《清代内阁大库散佚档案选编·皇庄》上册，第 38~45、79~86、143~149 页。在遇有自然灾害，各庄不能照例喂养时，则将牲畜送至宣府一带，动用历年所存的储备粮喂养。见费扬古等题，康熙二十八年九月十六日，《清代内阁大库散佚档案选编·皇庄》上册，第 186~192 页。

163. 《清内务府档案文献汇编》（1），全国图书馆文献缩微复制中心，2004，第 1~11 页。

164. 《清代的旗地》中册，第 833、845~846、868~869、873~875、880 页。口外各庄所交的杂粮折价银，在道光停止巡幸、奏明放给行宫官兵饷银之前，均用于支付巡幸牧群所需草豆，不敷者再向广储司请领。

165. 《清代的旗地》中册，第 820、822~824 页。

166. 《清代的旗地》中册，第 825~827 页。

167. 此外又于康熙五十二年派内务府司官一人、副内管领一人、骁骑校一人值年管理。至雍正十三年时，将值年司官一人停派。乾隆三十五年后，由京派往官员的值年制度完全停止。见《嘉庆会典事例》卷886《内务府·官制·热河行宫》。

168. 乾隆《钦定热河志》卷 84《职官题名》，第 23~24 页；《历任总管衔名》，光绪《热河园庭现行则例》，第 5 页。关于热河总管各项职能的系统论述，见许富翔《清代热河总管的职权及其功能》，《东吴历史学报》第 37 期，2017 年 6 月。

169. 《乾隆会典则例》卷 159《内务府》。

170. 《设立职官（附：赏加职衔）》，光绪《热河园庭现行则例》，第 24 页。

171. 刘锦藻：《清朝续文献通考》卷 129《职官考十五·京文职·内务府》。

172. 《嘉庆会典事例》卷 886《内务府·官制·热河行宫》。《清高宗实录》卷 870，乾隆三十五年十月癸未；卷 1332，五十四年六月丁巳。

173. 乾隆《钦定热河志》卷 84《职官题名》，第 24～25 页；道光《承德府志》卷 33《职官四》，第 16～18 页。

174.《光绪会典事例》卷 1172《内务府·官制·热河行宫》。

175. 热河正、副总管在乾隆五十年以前，每年底均须年班进京述职；此后连同热河副都统共三人，每年轮值一人进京年班。道光十二年，改为自到任起扣满三年奏请陛见。热河正、副总管向系随开底缺，如果奉旨留京当差，则照例补班，尽先补用。同治七年，改为不再开除底缺，任满回京后仍归本任。至光绪年间，热河总管改作一年任职期满，与粤海关等处监督和三处织造相同。见《奏请陛见》《总管年班述职》，光绪《热河园庭现行则例》，第 8、11 页；内务府折，同治七年十二月二十一日，内务府奏案，05-0847-018；内务府折，光绪十六年九月十八日，内务府奏案，05-0974-045。

176. 具体规定详见《设立职官（附：赏加职衔）》，光绪《热河园庭现行则例》，第 25 页；内务府呈单，光绪二十四年十一月二十一日，内务府奏案，05-1021-055。一般而言，内务府武举人会优先补放畿辅、热河行宫、行营千总。见《乾隆会典事例》卷 164《内务府·都虞司》。

177. 内务府折，乾隆四十九年二月十二日，内务府奏案，05-0383-027。各行宫千总可以对调，见咨呈，同治三年二月初四日，内务府来文，05-13-002-000785-0041；诚勋咨，宣统二年六月十一日，内务府来文，05-13-002-001000-0040。

178. 不过数量不明。其来源一为奉旨由内廷发来当差者，二为由内廷逃跑被抓者。见内务府折，乾隆十一年十月二十六日，内务府奏案，05-0080-035；内务府折，乾隆十二年三月十七日，内务府奏案，05-0084-034。

179. 内务府折，康熙五十三年八月初二日，《康熙朝满文朱批奏折全译》第 3 册，第 967～968 页。

180. 其中总管太监一名、首领太监一名，主要负责看守庄门。采买热炕柴木以及热炕、修炕等杂务，也由各太监负责。总管太监例于每年底进京述职。后其被裁汰，只剩下一名八品首领太监。见内务府折，乾隆九年五月二十六日，内务府奏案，05-0062-016；内务府折（康熙五十五年九月二十三日）、保柱折（康熙五十五年十月初一日），《康熙朝满文朱批奏折全译》第 3 册，第 1144~1145、1146 页；福克精额折，乾隆五十八年十一月二十日，军机处录副奏折，03-0308-041。

181. 乾隆初年起裁撤的行宫有唐三营、二沟、化育沟、兰旗营、钓鱼台、黄土坎、巴克什营、济尔哈朗图、阿穆忽朗图等处。行宫陈设被运往热河，所设官兵也多被调回热河当差。见《添裁员役（附：拨补口外弁兵）》《裁撤巴克什营行宫》《裁撤济尔哈朗图、阿穆呼朗图二处行宫》《折差人员截补缺分章程》，光绪《热河园庭现行则例》，第 28、36~37、51 页；道光《钦定总管内务府现行则例·都虞司卷四·热河园庭裁撤弁兵》；嘉禄、普成折，道光三年八月十七日，军机处录副奏折，03-2846-012；昇寅折，道光七年七月十三日，军机处录副奏折，03-3620-010。

182. 谦禧片，光绪十年九月十七日，军机处录副奏折，03-5993-063。

183. 锡麟折，光绪十四年三月二十七日，宫中档朱批奏折，04-01-01-0963-023；廷杰折并单，《政治官报》第 372 号，光绪三十四年十月十四日。

184. 廷杰折，《政治官报》第 2 号，光绪三十三年九月二十一日；廷杰折，《政治官报》第 281 号，光绪三十四年七月十二日。中央用热河都统来监督内务府热河总管、副总管，在道光年间便有此例。见黄丽君《化家为国：清代中期内务府的官僚体制》，第 221 页。

185. 郭美兰：《康熙年间口外行宫的兴建》，《明清档案与史地探微》，第 185~187 页。这一结论是依据口内的情况推测得出的。

186. 杨铸折，康熙五十三年十一月十八日，中国第一历史档案馆编《康熙朝汉文朱批奏折汇编》第 5 册，档案出版社，1984，第 865~866

页；内务府折，康熙五十五年五月十一日，《康熙朝满文朱批奏折全译》第 3 册，第 1109 页。

187. 内务府折，乾隆六年九月初六日，《清宫热河档案》（1），第 195 页；《宫仓弁兵俸饷定例请领》，道光《热河园庭现行则例》，第 350~351 页。

188. 内务府片，乾隆六年九月初六日，《清宫热河档案》（1），第 196~197 页。

189. 内务府折，乾隆四年十二月二十日，内务府奏案，05-0034-019。

190. 《清高宗实录》卷 302，乾隆十二年十一月丁亥。

191. 《乾隆会典则例》卷 164《内务府》。

192. 布兰泰折，乾隆十一年七月十八日，《清宫热河档案》（1），第 257~260 页。

193. 达尔达阿折，无日期，《雍正朝满文朱批奏折全译》下册，第 2594 页（本折实际奏于乾隆年间，被整理者误收入雍正朝满文奏折中）；《清高宗实录》卷 1260，乾隆五十一年闰七月己卯；内务府折，嘉庆十二年七月二十九日，内务府奏案，05-0528-038；和世泰片，嘉庆二十年六月二十日，《清宫热河档案》（13），第 19~20 页。

194. 历年增兵情况，见《添裁员役》，光绪《热河园庭现行则例》，第 29 页；《嘉庆会典事例》卷 909《内务府·营制·守护行宫官兵》。

195. 《添裁员役》，光绪《热河园庭现行则例》，第 29~31 页；乾隆《钦定热河志》卷 84《兵防（附驿递）》，第 4~7 页；道光《承德府志》卷 25《兵防》，第 6 页。

196. 《清代的旗地》上册，第 106~108 页。

197. 《弁兵拨补地亩退地折租》《官员、弁兵、苏拉俸饷米石养赡地亩》，光绪《热河园庭现行则例》，第 55、57 页；《嘉庆会典事例》卷 909《内务府·营制·守护行宫官兵》；《清代的旗地》上册，第 109~110 页。

198. 在清帝巡幸热河时，各行宫官兵还可以得到一些恩赏饷银或者贷款，道光以后清帝停止巡幸，自然也就不再发给。见《恩赏钱粮银两》《赏借俸饷银两》《附：崇文门税务盈余赏项》，光绪《热河园庭现行则例》，第 122~123 页；《清宣宗实录》卷 228，道光十二年十二月庚申。

199. 《园庭行宫寺庙营房年例粘修》，光绪《热河园庭现行则例》，第 78 页。

200. 道光《钦定总管内务府现行则例·都虞司卷四·稽查陈设》。

201. 这些行宫包括蓟县白涧、桃花寺、龙福寺，以及燕郊、白涧、遥亭、密云、怀柔、南石槽共 9 处。见内务府折，乾隆九年九月初六日，内务府奏案，05-0065-006；《清代的旗地》上册，第 106~108 页；《添裁员役（附：拨补口外弁兵）》，光绪《热河园庭现行则例》，第 28 页。

202. 乾隆十四年时，曾有被派往盘山行宫之热河兵丁，因久居口外不愿前往。乾隆帝发布上谕，称如有热河兵丁不愿入口，即于口内行宫本处民人中招募当差。但最终仍是在热河挑足人数。见《添裁员役（附：拨补口外弁兵）》，光绪《热河园庭现行则例》，第 33 页。

203. 李卫折，雍正十二年五月十五日，《宫中档雍正朝奏折》第 23 辑，第 36~37 页；巴什折，雍正十二年五月二十八日，《雍正朝汉文朱批奏折汇编》第 26 册，第 456~457 页。

204. 八十折，雍正十二年二月十七日，《雍正朝满文朱批奏折全译》下册，第 2246 页。

205. 《清高宗实录》卷 44，乾隆二年六月丁卯。

206. 八十折，雍正十三年三月初九日，《雍正朝满文朱批奏折全译》下册，第 2340 页。

207. 全德折，乾隆五十二年三月二十八日，军机处录副奏折，03-0306-009；松桂折，道光二十年十二月初九日，军机处录副奏折，03-2827-039。

208. 内务府折，道光二十三年十一月三十日，内务府奏案，05-

0732-077。

209. 征麟折，光绪十六年十二月初八日，《宫中档光绪朝奏折》第
5 辑，第 855~857 页。

210. 穆腾额等折（嘉庆十二年十月二十二日）、毓秀等折（嘉庆十
四年十月十七日、十五年十月十六日），《清宫热河档案》（10），第
348~349、559、591~592 页；福长安等折，嘉庆十二年十月二十二日，
《清宫热河档案》（11），第 558 页；和宁等折，嘉庆二十年十月二十九
日，《清宫热河档案》（13），第 83 页；内务府折，乾隆四十六年闰五月
二十三日，内务府奏案，05-0360-100。

211. 行宫修理分大修和岁修两种，大修不拘年份，由热河总管报告
内务府总理工程处，后者制定预算，进行决算，委员验收。零星岁修则
动用热河河屯协副将负责征收的房铺地基银两，由热河总管每年派员粘
修，据实题销。见《嘉庆会典事例》卷 886《内务府·官制·总理工程
处》；《园庭行宫寺庙营房年例粘修》，光绪《热河园庭现行则例》，第
78 页。

212. 祥煜折，光绪十八年闰六月十八日、十一月二十六日，《光绪
朝朱批奏折》第 28 辑，第 357~358、778~780 页；世纲等折，光绪二十
二年十二月初三日，《光绪朝朱批奏折》第 88 辑，第 281~282 页；寿荫
折，光绪二十三年十二月二十三日，《光绪朝朱批奏折》第 104 辑，第
84~85 页。

213. 方观承折，乾隆二十七年十二月初五日，《清宫热河档案》
（1），第 471 页；《清高宗实录》卷 676，乾隆二十七年十二月乙未；周
元理折，乾隆四十一年五月二十三日，《清宫热河档案》（4），第 6~7
页；刘峨折，乾隆五十一年二月二十四日，《清宫热河档案》（5），第
362~363 页；梁肯堂折（乾隆五十六年四月二十七日）、全保呈文（乾
隆五十六年五月），《清宫热河档案》（7），第 6~8、9~11 页；庆成折
（乾隆五十九年九月初四日）、全保呈文（乾隆六十年五月），《清宫热
河档案》（7），第 494~495、547~548 页；庆章呈文，嘉庆三年五月二

十二日，《清宫热河档案》（9），第 2~4 页；《清高宗实录》卷 1377，乾隆五十六年四月癸酉。

214. 嘉庆四年时，清廷将清挖各处旱河分为大修、小修两种，小修即岁修，大修不定年限，见谕内阁，嘉庆四年五月十五日，《清宫热河档案》（9），第 37~38 页。清廷有时也会拣选热河总管前往验收，见温承惠折（嘉庆十三年十二月十八日、十四年五月二十四日）、穆腾额等折（嘉庆十四年正月二十六日）、嵩年片（嘉庆十四年六月二十日），《清宫热河档案》（11），第 56~58、274~275、275~276、277~279 页。如在大修中施工失误，则由直督派员监督地方官赔修。见嵩年折（嘉庆十四年七月初五日）、温承惠折（嘉庆十四年十月二十九日），《清宫热河档案》（11），第 278~280、349~350 页。至嘉庆十五年，春季的小修也由直督奏请办理。

215. 《清宣宗实录》卷 317，道光十八年十二月丙戌。

216. 《清宣宗实录》卷 364，道光二十一年十二月癸卯。这一命令产生的负面影响，见世纲等折，光绪二十一年七月十二日，《光绪朝朱批奏折》第 103 辑，第 1071~1072 页。

217. 世纲等折，光绪二十二年七月二十四日，《光绪朝朱批奏折》第 104 辑，第 24~25 页。

218. 《清高宗实录》卷 355，乾隆十四年十二月；卷 719，二十九年九月辛未；蒋溥等题，乾隆二十二年九月二十日，内阁户科题本，02-01-04-15039-014；军机处上谕档，乾隆二十一年闰九月初九日；傅恒等片，乾隆二十九年九月二十二日，《清宫热河档案》（1），第 533~534 页。

219. 《清高宗实录》卷 608，乾隆二十五年三月己未；军机处上谕档，乾隆二十八年五月十八日。

220. 福克精额、佛保折，乾隆五十七年十一月二十一日，宫中档朱批奏折，04-01-23-0119-002；耀安折，咸丰四年四月二十二日，军机处录副奏折，03-4968-047；永存等片，同治八年十二月二十二日，军机处录副奏折，03-4892-074。

221. 内务府折，乾隆十五年二月二十六日，内务府奏案，05-0104-042。

222. 布兰泰折，乾隆十四年十二月十六日，宫中档朱批奏折，04-01-01-0183-013；《清高宗实录》卷355，乾隆十四年十二月甲午。对各级官员问责的规定，见内务府折，同治四年闰五月初八日，内务府奏案，05-0830-020。

223. 内务府折，嘉庆四年七月二十三日，内务府奏案，05-0476-048；内务府折，嘉庆五年四月十二日，内务府奏案，05-0481-046；《清宣宗实录》卷28，道光二年正月丁卯。在清末热河总管裁撤后，对行宫内务府旗人的议处，才改由热河都统拟议。见英贤等折，光绪三十年六月二十四日，《光绪朝朱批奏折》第49辑，第356~357页；松寿折，光绪三十一年二月初二日，军机处录副奏折，03-7382-004；联荣折，光绪三十年十二月十二日，军机处录副奏折，03-5964-054。

224.《清高宗实录》卷376，乾隆十五年十一月乙巳；内务府折，嘉庆四年七月二十三日，内务府奏案，05-0476-048；内务府折，道光二十五年八月初一日，内务府奏案，05-0743-019。

225. 尤其可见乾隆二十六年的三份文件。寄谕富当阿（乾隆二十六年四月初六日、二十五日）、寄谕额尔登额等（乾隆二十六年六月二十一日），《乾隆朝满文寄信档译编》（2），第585、595、622页。后一条材料原拟题中误为"富当阿"。热河总管虽属内务府行政序列，但因热河副都统品秩高于自己，在办案中会受其无形的压力和影响；热河副都统还充当着皇帝的秘密监视人。除非能将案件立即破获，否则热河总管多处于无可奈何的境地。

226. 如乾隆五十二年的一起案子，即由皇帝下旨，绕过热河道一级，由直督直接派兵将案犯拿交刑部审拟。见《清高宗实录》卷1275，乾隆五十二年二月戊午。

227.《驳案汇编》，第625页。道光三年时，一位热河苏拉偷窃避暑山庄内备赏玉器，刑部即照此审定。见祝庆祺编《刑案汇览》，祝庆祺等编《刑案汇览三编》（1），第 450 页。

228. 如光绪十三年时，因避暑山庄内失窃字画，时任热河都统自请议处，议以降二级留任，罚俸一年。三十三年时，另一位热河都统因失察园内瓷器被窃而被议以罚俸一年。第二起案件发生时，行宫已归热河都统管理；但在第一起案件中，热河都统自请议处更像是为了显示政治忠诚。见谦禧折，光绪十三年七月初二日，《光绪朝朱批奏折》第 27 辑，第 661~662 页；廷杰折，光绪三十三年五月二十一日，《光绪朝朱批奏折》第 30 辑，第 536~537 页。

229.《清高宗实录》卷 615，乾隆二十五年六月辛卯；谕海保等（乾隆二十五年七月初六日）、寄谕方观承等（乾隆二十五年七月十三日），《清宫热河档案》（1），第 399、400 页；内务府折，乾隆四十五年十一月十六日，《清宫热河档案》（4），第 477~478 页；方观承折，乾隆二十五年七月二十七日，宫中档朱批奏折，04-01-08-0064-002；允禄等题，乾隆二十五年七月二十九日，《大连图书馆藏清代内务府档案》（9），第 779~781 页；胡季堂折，嘉庆四年十二月初二日，军机处录副奏折，03-2346-039。

230. 瑞芳等折，光绪八年九月二十三日，《光绪朝朱批奏折》第 110 辑，第 853~854 页；恩福折，光绪九年五月二十八日，《宫中档光绪朝奏折》第 2 辑，第 501~502 页；毓秀等折，光绪十三年三月十四日，《光绪朝朱批奏折》第 109 辑，第 580~581 页；《清德宗实录》卷 240，光绪十三年三月戊申。一般来说，行宫外围的弁兵，因属八旗和绿营管辖，遇有事故议处时，内务府不得干预，盘山行宫似乎是唯一的例外。见福隆安、永贵、蔡新等折，乾隆三十八年三月初七日，军机处录副奏折，03-0299-028。但是相反的材料也说明，有时对于失察案件官兵的处分，仍由热河都统奏请内务府来办理。见廷杰、陆军部折，《政治官报》第 627 号，宣统元年六月十一日；陆军部折，《政治官报》第 659 号，宣统元年七月十三日；廷杰折，《政治官报》第 675 号，宣统元年七月二十九日。

231. 永和、姚良折，乾隆四十一年四月二十日，军机处录副奏折，03-1261-008；永和、姚良折，乾隆四十一年四月二十二日，军机处录副奏折，03-1261-009。

232. 杨廷璋折，乾隆三十五年九月初四日，宫中档朱批奏折，04-01-01-0287-054；内务府折，乾隆二年四月二十七日，内务府奏案，05-0012-048；内务府折，康熙五十三年八月初二日、五十五年五月十一日，《康熙朝满文朱批奏折全译》第 3 册，第 967~968、1109 页；内务府折，乾隆六年九月初六日，《清宫热河档案》（1），第 198 页；军机处片，乾隆三十八年九月初八日，《清宫热河档案》（3），第 55 页；军机处上谕档，乾隆三十九年九月十九日；《乾隆会典则例》卷 127《工部·营缮清吏司·仓廒》；王晓辉：《清代热河地区的宫仓》，《古今农业》2008 年第 4 期。

233.《修建仓廒》，道光《热河园庭现行则例》，第 165~166 页。

234. 经文图折，道光三十年十二月十六日，《清宫热河档案》（16），第 218~220 页；《修建仓廒》，道光《热河园庭现行则例》，第 166~167 页。

235. 朱寿朋编《光绪朝东华录》（3），中华书局，1958，第 2916~2917 页；《清文宗实录》卷 24，道光三十年十二月戊寅。

236.《届十年一次盘查米石》，光绪《热河园庭现行则例》，第 102 页。

237.《热河、喀喇河屯二仓奏归都统盘查》，光绪《热河园庭现行则例》，第 102 页。

238. 清代题本抄档，《内供·筹备库永济库八旗及内务府经费》第 4 册。

239.《雍正会典》卷 228《内务府·会计司》。

240. 那苏图折，乾隆十年九月二十五日，宫中档朱批奏折，04-01-35-1134-008。

241. 永常折，乾隆四年十二月初五日，军机处录副奏折，03-0736-044；永常折，乾隆五年二月十九日，军机处录副奏折，03-0737-002；《清高宗实录》卷747，乾隆三十年十月。

242. 中国第一历史档案馆编《雍正朝起居注册》第1册，中华书局，1993，第678页。

243. 《雍正会典》卷55《户部·兵饷·出征官兵支给》；方观承折，乾隆二十九年八月二十二日，军机处录副奏折，03-0753-107。

244. 《府州县采买兵米年终奏报》，光绪《热河园庭现行则例》，第109页。

245. 《清圣祖实录》卷268，康熙五十五年四月乙巳、五月乙丑。但是清廷这么做的动机值得怀疑，有可能是想从中赚取差价。见良乡呈文，乾隆二十八年十二月，军机处录副奏折，03-0753-088；军机处上谕档，乾隆二十八年十二月十八日。

246. 永和等折，乾隆四十四年二月初五日，台北"故宫博物院"编《宫中档乾隆朝奏折》第46辑，编者印行，1982，第679~680页。

247. 孙渣齐等折（康熙五十三年五月初三日）、内务府折（康熙五十四年八月二十日），《康熙朝满文朱批奏折全译》第3册，第940~941、1049页；《清高宗实录》卷245，乾隆十年七月乙未；福隆安等片，乾隆四十五年七月二十二日，《清宫热河档案》（4），第442页。

248. 只有在紧急情况下，才会偶尔动用宫仓中的"仓存余米"，即每十年盘查宫仓额定储粮以外的部分。见继格折，光绪十年六月二十九日，《宫中档光绪朝奏折》第2辑，第677~679页；崇礼折，光绪二十一年六月初三日，《宫中档光绪朝奏折》第9辑，第154~155页。

249. 内务府折，乾隆二年四月二十七日，内务府奏案，05-0012-048；内务府折，乾隆五年闰六月初五日，内务府奏案，05-0038-018；孙嘉淦折，乾隆五年七月十六日，宫中档朱批奏折，04-01-37-0006-012；实图折，乾隆十四年四月十二日，宫中档朱批奏折，04-01-35-1147-008；杨廷璋折，乾隆三十五年九月初四日，宫中档朱批奏折，

04-01-01-0287-054；内务府折（乾隆六年九月初六日）、允禄折（乾隆十四年五月二十四日），《清宫热河档案》（1），第 198~199、275~279 页；军机处片，乾隆三十八年九月初八日，《清宫热河档案》（3），第 55 页；军机处上谕档，乾隆五十四年九月初五日。尤其是唐三营、雅图沟和热河等仓之间，形成了规律性的输米制度。可见允禄等折，乾隆十年十二月初十日，《清宫热河档案》（1），第 248~251 页；温承惠片，嘉庆十三年闰五月初九日，军机处录副奏折，03-1514-062。化育沟仓则在晚清被完全从官方记忆中抹去。见奎斌折，光绪十九年二月二十四日，《光绪朝朱批奏折》第 59 辑，第 573~575 页。由各仓向热河等三仓运米的费用，在口外各厅尚未建立时，例由平谷、顺义等州县负担。此后随着热河、喀喇河屯等厅的陆续设立，口内州县不再承担此项财政支出。见刘于义揭，雍正十年三月二十七日，《明清档案》第 51 册，第 29097~29100 页；张廷玉题，乾隆元年三月初一日，内阁户科题本，02-01-04-12923-013；海望等题，乾隆十一年闰三月二十日，内阁户科题本，02-01-04-14033-013。

250. 锡祉片，光绪元年十二月十四日，《光绪朝朱批奏折》第 91 辑，第 7~8 页。

251. 锡麟片，光绪十五年正月二十五日，《光绪朝朱批奏折》第 91 辑，第 92 页。

252. 参见赖惠敏《乾隆皇帝的荷包》，第 165~210、357~410 页；祁美琴《清代内务府》，第 104~111 页。另外对清代内务府扮演的经济角色的讨论，还应见 Chang Te-ch'ang, "The Economic Role of the Imperial Household in the Ch'ing Dynasty," *Journal of Asian Study*, Vol. 41, No. 2, 1972。

253. 王先谦编《乾隆朝东华续录》，文海出版社，2006，第 478 页；《清朝文献通考》卷 41《国用考三·会计》；揆义呈文，乾隆二十九年九月，《清宫热河档案》（1），第 541~542 页；明山保呈文，乾隆四十一年九月十七日，军机处录副奏折，03-0507-011。

254. 福隆安折，乾隆三十四年十二月二十六日，《清宫热河档案》

（2），第 152~153 页；军机大臣片（乾隆五十年三月初六日）、奉旨（乾隆五十一年十一月二十四日），《清宫热河档案》（5），第 40、399 页；奉旨，乾隆五十五年十一月十一日，《清宫热河档案》（6），第 506~507 页；《清高宗实录》卷 1185，乾隆四十八年七月乙卯；卷 1272，五十二年正月壬申。

255. 奉旨单，嘉庆八年七月二十九日，内务府奏案，05-0504-078。

256. 内务府折，嘉庆十八年二月初五日，《清宫热河档案》（12），第 303~307 页；内务府折（嘉庆二十一年四月二十七日）、那彦保等呈单（嘉庆二十三年四月十八日），《清宫热河档案》（13），第 126~130、470~472 页；内务府折，嘉庆二十四年三月十二日，《清宫热河档案》（14），第 8~10 页；内务府折，嘉庆八年七月二十九日，内务府奏案，05-0504-077；热河副都统衙门呈册，乾隆六十年，军机处录副奏折，03-0733-082。

257. 穆腾额折，乾隆五十五年四月二十八日，宫中档朱批奏折，04-01-35-0474-049；穆腾额折，乾隆五十六年四月初七日，宫中档朱批奏折，04-01-35-0475-043；穆腾额折，乾隆五十七年四月二十五日，宫中档朱批奏折，04-01-35-0477-042；征瑞折，乾隆五十八年五月二十八日、五十九年六月十四日，《清宫热河档案》（7），第 247~248、471 页。

258. 揆义呈文，乾隆二十九年九月二十五日，《清宫热河档案》（1），第 536~537 页；明山保呈文，乾隆四十一年七月二十三日，《清宫热河档案》（4），第 29 页；伊桑阿呈文（乾隆四十七年八月二十七日）、当保呈文（乾隆四十九年九月十五日）、托伦呈文（乾隆五十年九月十五日）、富尼善呈文（乾隆五十一年八月十四日），《清宫热河档案》（5），第 120~121、217、273~274、368 页；富尼善呈文，乾隆五十二年七月三十日，《清宫热河档案》（6），第 69 页；全保呈文，乾隆五十六年八月十四日、九月十二日，《清宫热河档案》（7），第 42、55 页。

259. 如咸丰八年时，因疏浚园内河道，从道库拨银 3000 两。理论上说，修河修桥款项属于藩司办理桥道之款。再如避暑山庄内芳园居之银，有交热河道发商生息者，当热河道不能按时解交息银时，即从道库中拨银给予。见内务府折，咸丰八年三月十四日，内务府奏案，05-0795-006；《清德宗实录》卷510，光绪二十八年十二月戊申。

260.《清宣宗实录》卷305，道光十八年正月乙未；《奏请酌拟内库存收银两（移松鹤斋）》，光绪《热河园庭现行则例》，第239页。

261.《钦定八旗通志》卷167《人物志四十七·大臣传三十三·珠玛喇》。

262. 参见乾隆《万全县志》卷10《志余》，乾隆十年刻本；韦庆远《清代著名皇商范氏的兴衰》（与吴奇衍合作），《档房论史文编》，福建人民出版社，1984，第42~69页。

263. 乾隆二十四年，清廷明确鼓励旅蒙商人在蒙古各部落中的贸易活动。中央政府给予库伦、恰克图驻扎司官关防，凡各商至库伦、恰克图者，由理藩院印票；从直隶出口之人，在张家口或多伦诺尔衙门领票。二十七年时，清廷将给票制度予以改革，凡往库伦、恰克图及察哈尔八旗贸易商民，由张家口总管衙门和理事同知衙门领票；而前往多伦诺尔、归化城等处贸易商民，则由张家口监督衙门刊给印票，咨明张家口总管验票放行。相关材料见《乾隆会典则例》卷114《兵部·职方清吏司·关禁》；许国桂折，雍正二年十一月二十三日，《雍正朝汉文朱批奏折汇编》第4册，第69页；《奏新例窒碍边口商贩畏葸不前请量为变通》，《方恪敏公（观承）奏议》卷6，第869~875页；《嘉庆会典事例》卷506《兵部·绿营处分例·边禁》；何秋涛《朔方备乘》卷37《纪事始末一·俄罗斯互市始末叙·恰克图互市》，光绪刻本；多隆武折，乾隆二十七年十二月初二日，军机处录副奏折，03-0591-043。

264. 阿·马·波兹德涅耶夫：《蒙古及蒙古人》第1卷，第715页。

265. 该条商路的形成约在乾隆时期。1727年之前，恰克图商道还较少有人走，从色楞格斯克堡抵达中国内地大约要八周的时间。见约·弗·巴德利《俄国·蒙古·中国》下卷第2册，第1296页。

266. 冯圣兆揭，顺治二年六月二十八日，《明清档案》第 2 册，第 1009 页。

267. 庆昀折，咸丰十年八月初一日，军机处录副奏折，03 - 4257 - 056。

268. 乾隆《宣化府志》卷 22《职官志五》，乾隆二十二年订补重刊本，第 29~30 页；历任张家口监督名单，可参见祁美琴《清代榷关制度研究》，内蒙古大学出版社，2004，第 429~432 页。

269.《清圣祖实录》卷 14，康熙四年二月丁卯。

270.《清圣祖实录》卷 28，康熙八年二月己巳。

271.《嘉庆会典事例》卷 189《户部·关税·直省关差》。

272.《乾隆会典则例》卷 48《户部·关税下》。

273. 宜兆熊等折，雍正五年十月十九日，《雍正朝汉文朱批奏折汇编》第 10 册，第 832 页。

274. 雍正二年时定，奉旨收税小差旗员掣得，令派包衣官一员陪同引见。由此内务府将上驷院郎中等十员带领引见，奉旨论年份先后派往。雍正三年时张家口监督期满后，清廷将余剩八旗俸深官七员，公同抽签选出一人，再将内务府所送包衣俸深官郎中陪同引见，由清帝钦点。由此，内务府官员的中签率上升到 50%。见允祥等题，雍正三年九月初七日，中国第一历史档案馆编《雍正朝内阁六科史书·户科》(22)，广西师范大学出版社，2007，第 101~102 页。

275.《嘉庆会典事例》卷 189《户部·关税·直省关差》。

276.《嘉庆会典事例》卷 189《户部·关税·直省关差》。

277. 多隆武折，乾隆二十七年十二月初二日，军机处录副奏折，03 - 0591 - 043。尤其见朝阳村的例子。自道光二十九年之后，请领恰克图票之例，也归入张家口市圈一体办理，换货回口之后先行纳税。见双德等折，道光二十九年十一月十四日，宫中档朱批奏折，04 - 01 - 01 - 0836 - 007。

278.《清宣宗实录》卷 452，道光二十八年二月己未；《清文宗实录》卷 311，咸丰十年三月甲午；《宣化府属当商息项酌减片》（光绪十四年正月二十一日），《李鸿章全集》（12），第 334 页。

279. 《论海关改章》，邵之棠编《皇朝经世文统编》卷 47，文海出版社，1980，第 1841~1842 页；《光绪会典事例》卷 92《吏部·处分例·京官告病》；基溥片，咸丰四年五月初六日，宫中档朱批奏折，04-01-35-0382-031。在光绪年间，政府采取的惯例是将监督亏银减免四成，余银仍由差官赔付。因为收数减少，光绪十二年时一位御史提议将张家口和杀虎口两关税务裁撤。但是清廷依然保留了两处监督的差务。见清代题本抄档，《关税·直省各关三》第 1 册、《关税·直省关税七》第 13 册；荣禄折，光绪二十七年八月十一日，宫中档朱批奏折，04-01-35-0423-071。有的官员甘冒罚俸革职的风险，而在选官时不去引见。

280. 度支部片，《政治官报》第 790 号，宣统元年十一月二十五日。

281. 蒙古人饮用的主要是奶茶。而 17 世纪的俄国使团说，他们从前根本没见过奶茶。见约·弗·巴德利《俄国·蒙古·中国》下卷第 1 册，第 1113 页。烹制奶茶，多用浙江的黄茶，见赖慧敏《喜啦茶：清代浙江黄茶的朝贡与商贸》，《故宫学术季刊》第 40 卷第 2 期，2022 年。当时有关茶叶的贸易，一位俄国旅行者有详细的描述，见尼·米·普尔热瓦尔斯基《蒙古与唐古特地区：1870~1873 年中国高原纪行》，第 24~25 页。明代的茶叶贸易，见亨利·赛瑞斯《明蒙关系Ⅲ——贸易关系：马市（1400~1600）》，第 62~69 页。

282. 阿·马·波兹德涅耶夫：《蒙古及蒙古人》第 1 卷，第 715 页。

283. 《嘉庆会典事例》卷 191《户部·关税·禁令》。晚清时期的具体税额，参见阿·马·波兹德涅耶夫《蒙古及蒙古人》第 1 卷，第 705~708 页。

284. 多隆武折，乾隆二十七年十二月初二日，军机处录副奏折，03-0591-043。照清代的习惯法，张家口一带民间买卖牲畜，多按口头契约，缓期交价。绝大部分牲畜贸易在坝上进行，持续秋、冬两季。还有的北京商人在多伦诺尔批发羊只，赶到京城售卖。见阿·马·波兹德涅耶夫《蒙古及蒙古人》第 1 卷，第 700~701 页；第 2 卷，第 237 页。

285. 赖惠敏：《满大人的荷包：清代喀尔喀蒙古的衙门与商号》，中华书局，2020，第 89~95 页。

286. 尚德折，雍正十二年八月二十二日，《雍正朝汉文朱批奏折汇编》第 30 册，第 777~780 页。

287. 张廷玉题，乾隆元年二月初三日，内阁户科题本，02-01-04-12860-023；乾隆《宣化府志》卷 1《纪》，第 16~17 页；《清高宗实录》卷 12，乾隆元年二月庚午。

288. 允禩折，雍正元年四月二十一日，《雍正朝满文朱批奏折全译》上册，第 95 页。

289. 雅尔图折，乾隆九年二月初十日，宫中档朱批奏折，04-01-30-0369-027。

290. 内务府折，乾隆三十三年十二月初十日，内务府奏案，05-0257-054。

291. 《清高宗实录》卷 739，乾隆三十年六月庚午；卷 740，七月己卯、癸未；卷 1327，乾隆五十四年四月壬子。

292. 宝鋆：《酌拟崇文门税务章程疏》（光绪十一年），盛康辑《皇朝经世文编续编》卷 55，文海出版社，1980，第 6329~6330 页。

293. 邓亦兵：《清代前期关税制度研究》，北京燕山出版社，2008，第 43 页。关税税簿于关期到期前三个月由张家口监督派人赴部请领；收税册档限任满三个月内送部考核。见佚名《关税成案辑要》，《清代成案选编》甲编第 45 册，第 338~340 页。

294. 车克题，顺治十三年九月二十一日，北大移交题本，02-01-02-2157-014。

295. 相关材料见《康熙朝起居注》第 2 册，第 1153 页；《康熙会典》卷 34《户部十八·课程三·关税》；《雍正会典》卷 52《户部·课程四·关税》。

296. 魏光焘：《戡定新疆记》卷6《归地篇》，光绪二十五年刻本。

297. 丁松折，乾隆二十六年十二月十六日，宫中档朱批奏折，04-01-35-0334-040；多隆武折，乾隆二十七年十二月初二日，宫中档朱批奏折，04-01-35-0336-016。

298. 参见赖惠敏《清乾隆朝的税关与皇室财政》，《中央研究院近代史研究所集刊》第46期，2004年12月；丰若非《清代北部边疆榷关税收分配考察——以杀虎口、张家口和归化城为中心》，《中国社会经济史研究》2013年第3期；倪玉平《清朝嘉道关税研究》，北京师范大学出版社，2010，第183~191页；廖声丰《清代常关与区域经济研究》，人民出版社，2010，第177页。

299. 雍正年间的数据，可见允祥等题，雍正五年四月二十一日，《雍正朝内阁六科史书·户科》（36），第256~257页；允祥等题，雍正六年六月十二日，《雍正朝内阁六科史书·户科》（47），第189页；允祥等题，雍正七年六月二十九日，《雍正朝内阁六科史书·户科》（59），第132页；张廷玉等题，雍正八年六月初三日，《雍正朝内阁六科史书·户科》（70），第438页；张廷玉题，雍正九年四月十七日，《雍正朝内阁六科史书·户科》（79），第274~275页；张廷玉题，雍正十一年四月十二日，《雍正朝内阁六科史书·户科》（90），第77~78页；张廷玉等题，雍正十二年十二月初十日，《雍正朝内阁六科史书·户科》（102），第44~45页。

300. 刘锦藻：《清朝续文献通考》卷29《征榷考一·征商·关市》。

301. 清代题本抄档，《关税·直隶各关七》第14册。

302. 参见赖惠敏《清乾隆朝的税关与皇室财政》，《中央研究院近代史研究所集刊》第46期，2004年12月。

303. 多善折（附上谕二），乾隆二十五年十二月初十日，宫中档朱批奏折，04-01-35-0333-020；丁松折，乾隆二十六年十二月十六日，宫中档朱批奏折，04-01-35-0334-040；七十一呈单，乾隆二十八年十二月十五日，军机处录副奏折，04-01-30-0476-009；公义折，乾隆二十九年十二月二十日，宫中档朱批奏折，04-01-35-0336-047；图思德折，乾隆三十一年十二月，宫中档朱批奏折，04-01-35-0546-043；观文折，乾隆三十五年七月二十八日，宫中档朱批奏折，04-01-35-0341-010；四达塞呈单，乾隆三十九年六月十三日，宫中档朱批奏折，04-01-35-0345-030；多隆武折，乾隆四十年六月十五日，宫中档朱批奏折，04-01-35-0346-013。

304. 参见邓亦兵《清代前期关税制度研究》，第323~324页。

305. 参见祁美琴《清代榷关制度研究》，第250~255页。

306. 杨廷璋折，乾隆三十四年十月二十九日，宫中档朱批奏折，04-01-35-0464-014；西宁折，乾隆三十九年十一月二十六日，宫中档朱批奏折，04-01-35-0468-042。

307. 明益折，道光三十年十一月二十六日，宫中档朱批奏折，04-01-35-0559-012。

308. 庆至折，咸丰三年十二月十五日，宫中档朱批奏折，04-01-35-0382-014。

309. 清代题本抄档，《关税·直省关税七》第73册。

310. 刘锦藻：《清朝续文献通考》卷46《征榷考十八·杂征》。清廷还想过在张家口添设两翼税局，增加税收，但是从制度上讲，一关只应有一税，因此并未实行。见清代题本抄档，《关税·直省关税七》第74册。

311. 据赖惠敏的描述，张家口大境门外的朝阳村是逃税渊薮，可能逃税现象比想象的还要严重。见氏著《满大人的荷包：清代喀尔喀蒙古的衙门与商号》，第124~135页。

第三章

1. 对历史上骑兵力量的描述，参见常彧《得之马上：战国至北朝的内亚战争技术与中国军事文化》，北京大学博士学位论文，2013。

2. 明代两京太仆寺分掌南、北直隶及鲁、豫、两淮、江南马政，所属官马交属地民户领养。行太仆寺分设于辽东、北平、晋、甘、陕五地，掌管边镇卫所营堡马政。洪武二十年后，明廷于长城以北实行屯田，试图将自京城以至口外地区辟为广阔牧厂。但是正德之后，由于蒙古的南进，明初于此处所设官牧不得不逐渐废弃。到天聪年间清军南下时，连京城周边的太仆寺牧厩都已遭劫掠。见何平立《略论明代马政衰败及对国防影响》，《军事历史研究》2005 年第 1 期；《金兵围明牧马厂》，《满文老档》下册，第 959~906 页。明代太仆寺的总体描述，请见刘利平《从马政到财政：明代中后期太仆寺的财政功能和影响》，中华书局，2021。清朝太仆寺的情况，见郭宇昕《承袭与调适：清初太仆寺职权的演变》，《清史研究》2023 年第 1 期。

3. 参见牛贯杰《清代马政初探》，《燕山大学学报（哲学社会科学版）》2006 年第 2 期。

4.《乾隆会典则例》卷 155《太仆寺》；《清朝文献通考》卷 193《兵考十五·马政》；苏亮：《清代太仆寺述略》，《文学界（理论版）》2011 年第 11 期。

5. 一开始可能只有骒马 40 群、骟马 8 群。乾隆初年，太仆寺两翼中每翼设骒马 72 群，每群有马 132~246 匹；骟马 16 群，每群有马 59~205 匹；此外还有 8 个马群为骒马、骟马混编。相关数据参见《乾隆会典》卷 85《太仆寺》；乾隆《口北三厅志》卷 6《考牧志》，第 6~7 页；《光绪会典事例》卷 1088《太仆寺·建置·牧厂》；David A. Bello, *Across Forest, Steppe, and Mountain: Environment, Identity, and Empire in Qing China's Borderlands*, p. 125。晚清的情况见翁同爵《清兵制考略》卷 4《各牧厂孳生马匹数目》，光绪刻朱墨套印本；《光绪会典事例》卷 1088《太仆寺·建置·牧厂》。

6. 昆源折，《政治官报》第 599 号，宣统元年五月十二日。

7. 有关太仆寺口外两翼牧厂官制的资料，见《乾隆会典》卷 85《太仆寺》；《钦定八旗通志》卷 45《职官志四·职官·太仆寺》；姚明辉《蒙古志》卷 3《会计》。其中《乾隆会典》中所说的"统辖总管"，显然是指乾隆二十七年设立的察哈尔副都统。《八旗通志》似乎将各职官设立的年代搞错了。《蒙古志》中的数据出处不明。护军的情况，见《清朝文献通考》卷 193《兵考十五·马政》。《清高宗实录》卷 1027，乾隆四十二年二月甲寅；卷 1038，乾隆四十二年八月乙巳。

8. 《清朝文献通考》卷 193《兵考十五·马政》。

9. 例如一位太仆寺左翼总管称，他和其旗下领催都是于顺治年间自盛京随高丽马群迁移而来。见张廷玉题，乾隆元年九月二十九日，内阁兵科题本，02-01-006-000089-0010。

10. 雍正三年时，两翼中牧长以下，牧副、牧丁共有 1697 名。见拉锡折，雍正三年七月二十七日，《雍正朝满文朱批奏折全译》上册，第 1183 页。

11. 例如雍正二年清廷将两翼马群官员议叙时，特别赞扬了一位内阁侍读学士和一位詹事府赞善的杰出工作，两人均经太仆寺咨呈，吏部题准，以应升之缺升用并加级。见隆科多题，雍正二年正月二十日，《雍正朝内阁六科史书·吏科》（8），第 2~4 页。

12. 《嘉庆会典事例》卷 818《太仆寺·建置·司牧》。不过在雍正三年以前，两翼总管仍为满洲旗人，且依旧由京城派出。见孙柱题，雍正三年九月初八日，《雍正朝内阁六科史书·吏科》（22），第 331~335 页。

13. 奉旨，乾隆三十四年十二月初三日，《明清档案》第 209 册，第 116607~116608 页。

14. 如乾隆八年的一份材料显示，太仆寺卿认为，咨取察哈尔旗员，拟定正陪，乃恐牧厂内不得其人之一时之选，如能在牧厂内找到满意的人选，于孳生、驯养等业务更有长处。见满岱折，乾隆八年闰四月初八日，《明清档案》第 121 册，第 67903~67904 页。

15. 武忠额、廉敬折，道光十年六月初二日，宫中档朱批奏折，04-01-12-0415-050。

16. 《嘉庆会典事例》卷 818《太仆寺·建置·司牧》。

17. 赫庆折，乾隆十九年三月二十四日，《明清档案》第 187 册，第 104469~104470 页。

18. 皂保折，乾隆三十四年二月三十日，《明清档案》第 208 册，第 116109~116110 页。

19. 锡珍：《吏部铨选则例·满洲官员则例卷二·月选·各处委署主事期满以主事等官分别补用》，光绪十二年刻本。

20. 这一建议是在光绪二十五年提出的，见祥麟等折，光绪二十五年十月十六日，军机处录副奏折，03-5381-091；奎顺等折，光绪二十七年五月初三日，《光绪朝朱批奏折》第 16 辑，第 211~213 页。

21. 如雍正元年太仆寺的一份奏折称，可将任职年久的翼长，经牧厂总管保举，报太仆寺衙门引见，送往察哈尔总管处酌升察哈尔官缺。但是我没有见到下文，也没有找到具体保案的例子，因此这个程序是否实际执行过，还不太清楚。见太仆寺等衙门折，雍正元年十二月初七日，《雍正朝满文朱批奏折全译》上册，第 557~558 页。

22.《清朝文献通考》卷 193《兵考十五·马政》。

23.《清高宗实录》卷 725，乾隆二十九年十二月乙巳。

24.《嘉庆会典事例》卷 818《太仆寺·建置·司牧》。

25. 华山泰、庆昀折，咸丰四年五月十八日，宫中档朱批奏折，04-01-01-0851-019。

26. 呈单，乾隆三十四年，军机处录副奏折，03-0650-065。

27. 诚勋、额勒浑片，光绪三十三年七月初二日，宫中档朱批奏折，04-01-01-1083-092；诚勋折，光绪三十四年二月十五日，军机处录副奏折，03-6053-175；诚勋等折，《政治官报》第 219 号，光绪三十四年五月初九日；诚勋等折，《政治官报》第 291 号，光绪三十四年七月二十二日。

28. 陆军部折，上海商务印书馆编译所编纂《大清新法令》第 2 卷，商务印书馆，2011，第 248 页。

29.《宣统政纪》卷 3，光绪三十四年十一月甲辰；刘锦藻：《清朝续文献通考》卷 123《职官考九·京文职·陆军部》。此外清末编练新军时，还在口外地区建立两处牧厂，一处位于今多伦县之黑风河，称为东场，作为夏秋季牧放战马之用；一处位于海流台，称为西场，作为冬春季牧放战马之用。两处均在察哈尔正蓝旗界内。这两处牧厂似与归并陆军部之后的两翼马厂无关。见袁世凯片，光绪三十一年六月二十三日，《宫中档光绪朝奏折》第 21 辑，第 631~632 页；《清德宗实录》卷 546，光绪三十一年六月戊辰。

30. 其中的原因大概有两点。第一，牧厂选官虽由特拣总管专折奏请，但两翼总管的来源并未改变，依然要由察哈尔都统咨送本旗旗员，出具考语，以供陆军部拟定正陪，带领引见；第二，太仆寺虽并入陆军部，但内务府上驷院和庆丰司并未裁撤，其余口外各群仍由察哈尔都统兼辖。遇到统筹协调之事，过去可由一人总理，现在反而分隶不同衙门。见昆源片，宣统二年十二月二十四日，军机处录副奏折，03-7449-028；昆源片，《政治官报》第 1061 号，宣统二年九月初九日。

31. 按照顺治十年的定议，种马厂三年清查一次，分别孳生多寡，定为五等。头两等有赏，第三等免议，自第四等起则将该管员外郎交部议处，牧长、牧丁分别鞭责。见《雍正会典》卷 242《太仆寺》。

32. 例见刘纶折，乾隆九年五月二十二日，《明清档案》第 131 册，第 73551~73552 页；赫庆折，乾隆十八年五月十七日，《明清档案》第 186 册，第 103997~103998 页；赫庆折，乾隆十九年三月二十七日，《明清档案》第 187 册，第 104471~104472 页；吉泰题，乾隆二十九年四月，内阁兵科题本，02-01-006-001884-0025；《钦定八旗通志》卷 41《兵志十·马政·太仆寺马政》。

33. 杨嗣景折，乾隆十七年五月十二日，《明清档案》第 181 册，第 101041~101042 页。在通常的情况下，清帝选择满员前往。乾隆十五年的一份上谕说道，太仆寺有查马但派满堂官之例，系相沿陋习，故该年查马时派汉员前往。这份材料反映出派遣满官才是常态。因此在道光二十三年时，清帝又特拣汉员前往主持均齐，时人视为异数。见《清高宗实录》卷 369，乾隆十五年七月丙寅；斌良《榆林铺和卓海帆协揆题壁》，《抱冲斋诗集》卷 29《三使均斋集一》，光绪五年刻本。

34. 例见傅森题，嘉庆五年七月十八日，内阁兵科题本，02-01-006-003421-0018；范建丰题，嘉庆五年十二月十四日，内阁兵科题本，02-01-006-003422-012。

35. 例如康熙四十九年时，一位太仆寺卿按照秋季出口看视马匹肥瘦并驯小马的规定，出口巡阅牧政，称"于牧长、牧副、牧丁内若有老、病、弱者，罢免换补"。因奉朱批"旧有老者不可轻易更换"，未做人事上的大动作。见巴查尔折，康熙四十九年八月二十六日，《康熙朝满文朱批奏折全译》第 2 册，第 696 页。其他康熙年间太仆寺官员出口查马和均齐的材料，可见阿锡萠折（康熙五十二年七月初二日）、华善折（康熙五十五年八月初一日），《康熙朝满文朱批奏折全译》第 3 册，第 885~886、1133 页。

36. 玉鼎柱折，乾隆五十年四月二十九日，《明清档案》第 243 册，第 137307~137308 页。

37. 阿锡萠折，雍正元年二月十七日，《雍正朝满文朱批奏折全译》上册，第 34 页。

38. 《光绪会典事例》卷 1088《太仆寺·职掌·牧课》。清末的一位法律专家也说，太仆寺两翼牧厂均齐则例，与上驷院牧厂中的骒马、骟马群应当是视同一律的。见沈家本《大清现行新律例·大清现行刑律案语·厩牧·孳生马匹》，宣统元年排印本。

39. 例如雍正六年时一位牧群总管虽盈余孳生未至升用标准，但吏部认为其仅到任一年，能有该成绩已十分突出，故而仍题请将其以应升之缺升用。见朱轼题，雍正六年四月初二日，《雍正朝内阁六科史书·吏科》（41），第 196~198 页。

40. 温达等纂《亲征平定朔漠方略》卷 21，康熙三十五年三月甲戌。

41. 豫堃折，道光二十二年五月二十六日，军机处录副奏折，03-

3003－039。

42. 清代的两位名臣都提到，内扎萨克蒙古和东北皆是产马之区，但东三省马队有保护龙兴之地的责任，不能轻易调动；在内扎萨克蒙古游牧地内，西部所产之马不如北部雄健，故清季所调成规模的军马，基本来自口外马厂。见曾国藩《通筹全局请添练马队疏》，盛康辑《皇朝经世文编续编》卷94，第3790页；左宗棠《筹拟购练马队疏》，盛康辑《皇朝经世文编续编》卷76，第1709～1713页。就整个蒙古来说，据说最好的马在车臣；而就察哈尔来说，最好的马出自靠近北边的牧场。见江上波夫等《蒙古高原行纪》，第13页。

43. 如雍正元年西北用兵时，年羹尧在陕西与甘肃等处皆"采买"军马赴营，但对于太仆寺两翼和商都达布逊诺尔牧厂中的马匹，则直言"拨送"。见傅恒《平定准噶尔方略》前编卷12，雍正元年十一月己亥。乾隆十九年时，因北路军防需用战马，清廷令于张家口外牧群中买马2000匹、驼300只，于多伦诺尔处买马3000匹、驼5000只，又于归化城处买马5000匹、驼800只。这些马驼可能均出自口外牧厂。嘉庆五年时，清廷于太仆寺两翼骟马中，拨出膘壮马700匹解京以供官兵骑用。嘉庆十八年，清廷令于牧厂内挑选膘壮马4000匹，解赴直隶和京城，以备出征官兵乘骑。见《清高宗实录》卷458，乾隆十九年三月辛亥；军机处上谕档，嘉庆五年七月十三日；《清仁宗实录》卷277，嘉庆十八年十月辛酉。

44. 如光绪六年，李鸿章奏称因错过了采买战马的最佳时机，故军营所需之马，仍应由"本备国家征调之需"的商都、太仆寺牧群拨送。见《霆军请拨官马折》（光绪六年八月十二日），《李鸿章全集》（9），第157～158页；祥亨折，光绪九年九月初九日，军机处录副奏折，03-6049-054。

45. 朱寿朋编《光绪朝东华录》（4），第3535页。

46. 如嘉庆四年时，清廷由察哈尔各牧厂中拨出马匹解京，分给八旗官兵拴养，以弥补由八旗官马中调至军营的战马。见刘锦藻《清朝续文献通考》卷 235《兵考三十四·马政》。

47. 如乾隆二十八年时，因直隶绿营缺马，清廷议将商都、太仆寺牧厂内所余孳生骟马 4000 余匹，按照每匹 8.5 两之价，卖与直隶绿营领回。见方观承折，乾隆二十八年十一月二十六日，《宫中档乾隆朝奏折》第 19 辑，第 687~688 页。

48. 历次调马的材料，可见《清文宗实录》卷 91，咸丰三年四月癸巳；卷 94，五月戊午、辛酉；卷 105，九月癸卯；卷 188，六年正月辛未；卷 191，二月甲寅；卷 250，七年四月甲寅；卷 319，十年五月癸丑；卷 349，十一年四月乙亥。军机处上谕档，咸丰八年三月初七日、九年三月十二日、十年正月初十日。庆昀折，咸丰八年八月初五日，宫中档朱批奏折，04-01-01-0866-035。

49. 到咸丰六年二月时，清廷也发现察哈尔马匹因屡次调拨，入不敷出，现存之马疲瘦较多，恐已难再长途调拨；到十一年八月时，察哈尔牧群中大概连 500 匹膘壮之马也难以选出。见《清文宗实录》卷 190，咸丰六年二月癸卯；《清穆宗实录》卷 2，咸丰十一年八月丙寅。

50.《光绪会典事例》卷 649《兵部·马政·牧马二》。

51.《清穆宗实录》卷 41，同治元年闰八月丙午。

52.《嘉庆会典事例》卷 520《兵部·马政·八旗官马一》。

53. 玉鼎柱等折，乾隆五十一年闰七月十八日，军机处录副奏折，03-0485-017。

54.《嘉庆会典事例》卷 524《兵部·马政·牧马》。

55. 如咸丰四年的一份史料说，上一年拟在内外扎萨克、多伦诺尔同知处各派捐马 1 万匹、驼 6500 只，解至察哈尔都统处交收。因时已隆冬，一路水草枯萎，牧养不善，解到的马驼大多齿老疲瘦，不堪应差。除倒毙之外，只实存约 1/3 的数量。其中驼只全交商都牧群；马匹按照六成、四成，分交商都、太仆寺两翼牧厂牧放。几个月后，这批马驼由口外解至京城备用时，查验大臣认为只有太仆寺左翼解马 500 匹膘分充足，可勘骑用；驼只中能牧放者只有 900 余匹，交于火器营。同治年间清廷出兵甘肃时，也向盟旗"劝捐"牲畜。见庆昀折，咸丰四年十月十七日，宫中档朱批奏折，04-01-01-0853-020。穆隆阿、庆昀折，咸丰五年五月十六日，军机处录副奏折，03-4256-022。僧格林沁折，咸丰五年十月十七日，军机处录副奏折，03-4256-034。《清穆宗实录》卷276，同治九年二月丙午；卷279，三月丁亥；卷295，闰十月丙戌；卷303，十年正月甲寅。

56. 定安折，光绪十五年六月初六日，军机处录副奏折，03-6050-116。

57. 奎顺、祥麟片，光绪二十七年十一月二十日，宫中档朱批奏折，04-01-01-1046-043。

58. 允禄、鄂尔泰折，乾隆二年十二月初二日，宫中档朱批奏折，04-01-01-0016-041。

59. 《康熙会典》卷100《兵部二十·车驾清吏司·会同馆》。

60. 《光绪会典事例》卷649《兵部·马政·牧马二》；铁麟、阿彦泰折，道光二十三年五月初十日，宫中档朱批奏折，04-01-01-0808-084；铁麟、阿彦泰片，道光二十三年十一月，宫中档朱批奏折，04-01-01-0808-098。

61. 世贵折，乾隆十五年七月十三日，《明清档案》第165册，第92499~92501页；赫庆折，乾隆十九年三月二十七日，《明清档案》第187册，第104473~104476页。

62. 袁森坡：《康雍乾经营与开发北疆》，第447~448页。

63. 《清代起居注册（康熙朝）》第10册，第5674页。

64. 参见嘉庆《钦定礼部则例》，嘉庆刻本。

65. 参见《康熙会典》卷78《礼部三十九·牛羊馆》。羊的数字似乎有误，每群一两百只羊的规模太小了。

66. 牛羊馆额设乳牛30只，供陵寝之用，如遇无乳者，或留馆喂养，或发于口外礼部牧厂孳生。口外乳牛，每头每年应进乳酒或酥油1瓶，每瓶随乳饼200个，均由牛羊馆验收。春秋季所剪羊毛，则由光禄寺送交工部。见《乾隆会典则例》卷 97《礼部·精膳清吏司》。

67. 《康熙会典》卷 78《礼部三十九·牛羊馆》。

68. 觉和托折，乾隆元年五月二十四日，宫中档朱批奏折，04-01-14-0002-032。

69. 塞尔登折，乾隆元年，宫中档朱批奏折，04-01-14-0002-040。

70. 例见庆福等题，光绪元年十二月十三日，内阁兵科题本，02-01-006-005462-0029。

第四章

1. 赵现海：《明代九边长城军镇史：中国边疆假说视野下的长城制度史研究》（上），第 294 页；乾隆《赤城县志》卷 2《建置志·城堡》，乾隆十三年刻本，第 1~3 页；乾隆《口北三厅志》卷 7《蕃卫志》，第 19~26 页。

2. 康熙《畿辅通志》卷 2《建置沿革·宣府》，康熙二十二年刻本，第 89~100 页。

3. 乾隆《宣化府志》卷 2《地理志》，第 4~6 页；康熙《龙门县志》卷 1《沿革志》，康熙刻本，第 6 页；乾隆《万全县志》卷 5《秩官志·文职》；乾隆《赤城县志》卷 1《地理志·沿革》，第 6 页。

4. 《明世宗实录》卷 461，嘉靖三十七年七月丁卯；郭岩伟：《清代前期口北三厅地区政区体制研究》，复旦大学硕士学位论文，2011，第 68 页。

5. 《清世祖实录》卷 5，顺治元年五月壬申；敕命，顺治元年七月二十七日，《明清档案》第 1 册，第 93~94 页。分巡口北道又名"赤城兵备道"，同官异名。见康熙《大清一统志》卷 20《宣化府上·古迹》，第 29 页；乾隆《大清一统志》卷 24《宣化府上·古迹》，四库全书本，第 32~33 页；乾隆《赤城县志》卷 5《职官志·文职》；康熙《龙门县志》卷 1《沿革志》，第 6 页。

6. 李鉴揭，顺治二年正月初七日，《明清档案》第 2 册，第 665~

666 页；《清世祖实录》卷 66，顺治九年七月乙亥。顺治九年起，实录中不再见有分巡口北道的记载。

7. 分守口北道设于顺治三年，驻宣化府城，一开始列衔山西，约在顺治十七年五月前后改隶直隶。顺治九年以后历次调补之口北道，官书中皆记为"山西布政司参议口北道"。见《清世祖实录》卷 26，顺治三年五月甲申；卷 130，十六年十二月辛亥；卷 135，十七年四月戊辰。春山折，雍正十三年十一月初七日，《宫中档雍正朝奏折》第 25 辑，第392 页。康熙三十九年清廷裁撤直省闲冗官员时，口北道本在议裁之内，但奉特旨不必裁。相关材料见李维钧折，雍正元年十一月十五日，《雍正朝汉文朱批奏折汇编》第 2 册，第 259 页；李卫：《敬陈地方控制事宜疏》，雍正《畿辅通志》卷 94《艺文》，四库全书本；高斌揭，乾隆七年二月十七日，《明清档案》第 110 册，第 61801~61808 页；《清圣祖实录》卷 199，康熙三十九年五月癸巳。

8. 宋之屏：《请复要地道臣疏》，乾隆《赤城县志》卷 8《艺文》，第 8~9 页。

9. 方观承折，乾隆六十年六月十七日，军机处录副奏折，03-0325-064；《清高宗实录》卷 777，乾隆三十二年二月丙午。

10. 雍正十二年时，直隶总督共将长城边口开放 27 处，供民人出入。到乾隆中期，察哈尔八旗开始主动招募民人出边垦地。见尹继善题，乾隆三十三年四月二十三日，内阁兵科题本，02-01-006-002114-0008；布泰传，钱仪吉纂《碑传集》卷 21，道光刻本，第 16 页。

11. 最初民人从张家口、独石口出关，理论上不许在口外过冬居住，也不许携带家眷，出关时先在地方官处领取印票。见《清代的旗地》上册，第 450~451 页；刘格折，雍正十一年二月二十四日，《雍正朝满文朱批奏折全译》下册，第 2173 页；闫天灵《汉族移民与内蒙古近代社会变迁研究》，第 133~169 页。一位德国考察家观察到，活跃于口北三厅一带的主要是从山西来的移民，见费迪南德·冯·李希霍芬《李希霍芬中国旅行日记》下册，E. 蒂森选编，李岩、王彦会译，商务印书馆，

2016，第 543 页。

12. 这里人均耕地面积要远远大于内地南方，见费迪南德·冯·李希霍芬《李希霍芬中国旅行日记》下册，第 544 页。20 世纪 30 年代，据称在今天的丰宁、宁城一带，每个农场生产单元的平均耕地面积约 37 亩，清代的数据应远高于此。见 James Reardon-Anderson，*Reluctant Pioneers：China's Expansion Northward，1644-1937*，pp. 107-109。

13. 一直以来我将口北三厅视作直隶厅，因为它们不领于府或直隶州。多亏了胡恒的真知灼见，我意识到口北三厅的性质是模糊的，或许清廷没有有意去规定它们是哪种厅。请见胡恒《边缘地带的行政治理——清代厅制再研究》，社会科学文献出版社，2022，第 299~303 页。

14. 《清世宗实录》卷 22，雍正二年七月甲寅；双全等折，雍正七年五月十九日，《雍正朝满文朱批奏折全译》下册，第 1760~1761 页；《嘉庆会典事例》卷 23《吏部·官制·各省知府等官一》；民国《张北县志》卷 1《地理志上·沿革》，第 4 页。当时的讨论材料见乾隆《口北三厅志》卷 1《地舆志》，第 11~12 页。但该材料有几处极易令人误会。首先，中央的建议是同时设立张家口同知和北新庄同知，但实际上北新庄同知还没设立即被撤销了，由此，我也怀疑张家口同知是否即于当时设立。其次，根据议复，张家口同知应与张家口总管会审该处旗民交涉案件，并审理察哈尔八旗蒙民案件，但同年底吏部和理藩院在讨论张家口一带蒙汉交涉问题时，完全没有提到"新设"的张家口同知。再次，直至雍正三年初，理藩院才明确表示张家口同知吸收了北新庄同知征收察哈尔开垦地粮的职责，并且正式赋予其管理民人、与总管会审旗民交涉细事、审理蒙汉杂居地区词讼案件的权力。见隆科多题，雍正二年十二月二十一日，《雍正朝内阁六科史书·吏科》（17），第 477~478 页；《清世宗实录》卷 28，雍正三年正月壬戌。《口北三厅志》将该谕错载为雍正二年四月初五日，见乾隆《口北三厅志》卷首《制敕志》，第 8 页。

15. 李绂：《请定理事同知通判分审旗人案件疏》，《穆堂类稿》初稿卷 39 下，道光十一年刻本，第 7~8 页。

16. 李绂：《议张家口同知事宜疏》，《穆堂类稿》初稿卷 39 下，第 2 页；允祥等题，雍正四年九月十四日，《雍正朝内阁六科史书·户科》（30），第 135~140 页。一位外国游历者曾形象地说，张家口就像万全县的郊区。见阿·马·波兹德涅耶夫《蒙古及蒙古人》第 1 卷，第 694~695 页。

17. 宜兆熊题（雍正五年四月二十二日）、朱轼题（雍正五年五月二十四日），《雍正朝内阁六科史书·吏科》（35），第 172~173、496~497 页；《清世宗实录》卷 73，雍正六年九月丁巳。

18. 乾隆《口北三厅志》卷 1《地舆志》，第 12~13 页。

19. 乾隆《口北三厅志》卷 1《地舆志》，第 13~14 页。

20. 直隶总督称，独石口驿站员外郎和独石口理事同知"两官又系一缺"，"独石口分改理事同知，并将口外添设多伦诺尔理事同知两衙门各事宜"，应当可以证明，雍正十年设立多伦诺尔同知是不存在的事。见李卫折，雍正十二年十一月十五日，《宫中档雍正朝奏折》第 23 辑，第 748~750 页；李卫题，乾隆二年十月初三日，内阁兵科题本，02-01-006-000158-0014。

21. 李卫折，雍正十二年十一月十五日，《宫中档雍正朝奏折》第 23 辑，第 748~750 页；李卫题，雍正十二年十二月二十一日，《雍正朝内阁六科史书·吏科》（77），第 539~542 页；张廷玉题，雍正十三年六月十六日，《雍正朝内阁六科史书·吏科》（81），第 335~339 页。

22. 王棠折，雍正十一年五月二十一日，《雍正朝汉文朱批奏折汇编》第 30 册，第 610~611 页。

23. 李卫：《敬请钦定万年巩固章程疏》，雍正《畿辅通志》卷 94《艺文》；《清世宗实录》卷 152，雍正十三年二月己巳；民国《张北县志》卷 1《地理志上·沿革》，第 4 页。

24. 《清高宗实录》卷 167，乾隆七年五月丙戌。但是对底层民众，尤其是察哈尔人和在察哈尔旗内佣工、佃地的民人来说，他们应比较了解自己准许使用的土地范围，但并不一定清楚厅县间和各旗间的界线，尤其不一定清楚厅县与旗地之间的界线。在清中期的一起案件中，察哈尔的官员一直以为案发地位于多伦厅，后来才知道属于丰宁县。见祥保等折，嘉庆二十一年四月二十九日，军机处档折件，047381。

25. 佚名编《刑案一隅》，《明清法制史料辑刊》第 2 编（6），第397 页。

26. 《酌改三厅移兵控扼折》（光绪七年五月二十日）、《筹议三厅改缺事宜折》（光绪七年九月三十日），《李鸿章全集》（9），第 368～369、497～499 页。《清德宗实录》卷 130，光绪七年五月癸未；卷 138，十月壬戌。

27. 张家口同知不断要求从万全县手中接收上、下两堡城的管辖权，但不知为何，两堡没有划归抚民厅管辖。由此推测，独石口抚民厅与赤城县的关系，或许也是相同的。见《张家口厅变通章程》，直隶按察司编《直隶现行通饬章程》卷 1，光绪十七年刻本，第 6～7；《拟将万全县移驻张家口地方折》（光绪三十二年七月初二日），廖一中、罗真容整理《袁世凯奏议》（下），天津古籍出版社，1987，第 1368～1369 页。清末察哈尔八旗放垦时，一度有人奏请将张家口、独石口两厅移驻口外适中之地，并在两厅中间添官分防。见贻谷、奎顺折，光绪二十九年八月二十一日，宫中档朱批奏折，04-01-01-1059-054；《清德宗实录》卷 520，光绪二十九年八月丁丑。

28. 田山茂：《清代蒙古社会制度》，第 263～268 页。康熙四十一年清帝称，仅山东登、莱、青三州之人，在口外居住者即达数万；十年后再次宣布，山东民人前往口外垦地者已有十余万人。见《清代起居注册（康熙朝）》第 17 册，第 9544 页；《清圣祖实录》卷 250，康熙五十一年五月壬寅。

29. 古伯察：《鞑靼西藏旅行记》第 2 版，第 28 页。

30. 《康熙朝起居注》第 3 册，第 2214、2228 页。

31. 具体的规定是，凡遇旗民命案，热河同知会同该汛武职验明审录全供，咨呈古北口总兵解部审结；杖责等事由其自行审断，四季汇报，由霸昌道转详巡抚查核。见赵尔巽等《清史稿》卷266，第9947页；隆科多题，雍正元年十月初九日，《雍正朝内阁六科史书·吏科》(6)，第119~122页；康熙《畿辅通志》卷16《职官》，第43页。

32. 雍正年间热河地方政制初定，各职官名称往往混用，当时有将热河同知仍称为古北口同知者，见唐执玉折，雍正七年七月二十七日，《雍正朝汉文朱批奏折汇编》第15册，第902~903页。

33. 杨鲲折，雍正六年八月，《宫中档雍正朝奏折》第11辑，第216~217页；杨鲲折，雍正六年十二月，《清宫热河档案》(1)，第152页。

34. 双全等折，雍正七年六月十一日，《雍正朝满文朱批奏折全译》下册，第1787~1788页；魏经国折，雍正七年八月十七日，《雍正朝汉文朱批奏折汇编》第16册，第391~392页。

35. 张廷玉题，雍正七年十月十七日，《雍正朝内阁六科史书·吏科》(54)，第577~579页。当时的人也称为"热河通判"或"东河通判"。

36. 海望题，乾隆三年，内阁户科题本，02-01-04-13086-012。

37. 雍正《畿辅通志》卷60《职官》；乾隆《钦定热河志》卷83《文秩》，第1~3页；《嘉庆会典事例》卷25《吏部·官制·各省直隶州知州等官》。

38. 李卫题，雍正十年九月二十六日，《雍正朝内阁六科史书·户科》(87)，第367~368页；张廷玉题，雍正十年十一月二十二日，《雍正朝内阁六科史书·户科》(88)，第228页；李卫题，雍正十一年五月初十日，《雍正朝内阁六科史书·吏科》(72)，第103页；张廷玉题，雍正十一年六月初三日，《雍正朝内阁六科史书·吏科》(72)，第162~163页；此同知在清代史料中，常被俗称为"喀尔沁同知"。

39. 李卫折，雍正十二年四月二十日，《宫中档雍正朝奏折》第22辑，第837~839页。八沟同知和八沟通判以买卖街为界，将原由通判管辖之街东分辖。买卖街为八沟市集最繁华之处，清末的景象可见《城镇户口》，陶仁荣《喀喇沁土默特奈曼科尔沁札鲁特等旗沿途调查表附说》第 1 册。

40.《清世宗实录》卷 148，雍正十二年十月丁未；《口外设道疏》，《孙文定公（嘉淦）奏疏》卷 4，第 332 页。

41. 李卫题，雍正十三年十月初三日，《雍正朝内阁六科史书·吏科》（82），第 581~583 页。《清高宗实录》卷 15，乾隆元年三月癸亥；卷 78，三年十月乙酉。徐本题，乾隆元年十二月十一日，内阁刑科题本，02-01-07-04312-003。海望题，乾隆三年，内阁户科题本，02-01-04-13086-012。

42.《清高宗实录》卷 80，乾隆三年十一月庚戌；孙嘉淦折，乾隆三年十一月初七日，宫中档朱批奏折，04-01-35-1380-027；《口外设道疏》，《孙文定公（嘉淦）奏疏》卷 4，第 329~334 页，具折日期由原折确定，见孙嘉淦折，乾隆四年三月初十日，宫中档朱批奏折，04-01-16-0009-053；孙嘉淦题，乾隆四年九月初二日，内阁吏科题本，02-01-03-03644-008；军机处上谕档，乾隆四年三月二十一日；张廷玉等题，乾隆五年三月初六日，内阁吏科题本，02-01-03-03756-005。

43. 高斌折，乾隆六年十一月二十八日，宫中档朱批奏折，04-01-01-0060-003。

44.《清高宗实录》卷 160，乾隆七年二月壬辰；卷 193，八年五月庚戌；史贻直揭，乾隆八年四月十四日，《明清档案》第 120 册，第 67405~67414 页；张廷玉等题，乾隆八年九月初六日，内阁吏科题本，02-01-03-04111-001。

45. 高斌揭，乾隆七年二月十七日，《明清档案》第 110 册，第 61806 页；《清高宗实录》卷 163，乾隆七年三月己丑。

46. 周元理折，乾隆三十九年四月初三日，军机处录副奏折，03-0053-017；《清高宗实录》卷 959，乾隆三十九年五月癸酉；舒赫德等题，乾隆三十九年五月十八日，内阁吏科题本，02-01-03-06823-009。清廷特别强调，扎萨克旗内居住民人，有拖欠租粮者，由该通判追取交纳。见《清高宗实录》卷 972，乾隆三十九年十二月癸未。至少在乾隆十二年时，保甲制度已被推行至出口民人之中，很快又被推广到包括扎萨克旗内佃地民人在内的全体流民身上。见那苏图折，乾隆十二年四月二十七日，宫中档朱批奏折，04-01-01-0141-016；乾隆朝内府抄本《理藩院则例》，第 38 页。

47.《清高宗实录》卷 1051，乾隆四十三年二月丙辰；周元理折，乾隆四十三年二月二十八日，军机处录副奏折，03-0352-005。在各厅设立之初，出现所管地面划界不清的现象是正常的。这一地区理事厅以民人为主要管辖对象，管理民人和非民人发生联系的事务，只是由前一项职能辐射出来的。

48.《清高宗实录》卷 1048，乾隆四十三年正月乙亥；周元理折，乾隆四十三年二月初一日，军机处档折件，019257；阿桂等题，乾隆四十三年三月二十五日，内阁吏科题本，02-01-03-07161-002；《清高宗实录》卷 1062，乾隆四十三年七月庚寅；杨景素折，乾隆四十四年九月十七日，宫中档朱批奏折，04-01-12-0182-027。

49. 瑞联折，光绪二年九月二十九日，军机处录副奏折，03-6707-063；延煦片，光绪三年六月二十九日，《光绪朝朱批奏折》第 1 辑，第 9~11 页；查美荫修《围场厅志》卷 5《建置·街市》，第 2 页。

50. 袁世凯折，光绪三十二年十二月二十一日，《宫中档光绪朝奏折》第 24 辑，第 227~228 页。查美荫修《围场厅志》卷 5《建置·局所》，第 8~9 页；《建置·街市》，第 2 页。

51.《黄国瑄察核围场等地方事宜清册》；溥颋折，宣统三年六月二十八日，军机处录副奏折，03-7440-054；《围场地方恳请仍归热河管辖折》（宣统三年十一月十二日），中国科学院历史研究所第三所编《锡良遗稿·奏稿》第 2 册，中华书局，1959，第 1340 页。

52. 色楞额折，光绪二十五年二月二十一日，军机处录副奏折，03-6034-026。

53.《热河所属度地添设府县情形片》（光绪二十九年四月初五日），

《锡良遗稿·奏稿》第 1 册，第 316~317 页。直到宣统元年，隆化县才与承德府和丰宁县划界清楚。隆化辖境从别处划拨，故乡牌、保甲、巡警等组织"照单全收"，一位官员还计划在隆化县、围场厅以西地方再设一县，呈三县鼎立之势，但未获响应。见《黄国瑄察核围场等地方事宜清册》；廷杰折，《政治官报》第 698 号，宣统元年八月二十三日；民政部折，《政治官报》第 846 号，宣统二年正月二十九日；民国《隆化县志》卷 2《世纪·大事》，1919 年铅印本，第 2 页；松寿片，光绪三十年正月初九日，《光绪朝朱批奏折》第 1 辑，第 401~403 页。

54. 松寿片（光绪三十一年十月二十六日）、廷杰折（光绪三十二年三月二十八日），《光绪朝朱批奏折》第 1 辑，第 483、508~509 页。

55. 廷杰折（光绪三十三年十二月十四日、三十四年四月十九日），《光绪朝朱批奏折》第 1 辑，第 583~585、591~593 页；《政治官报》第 138 号，光绪三十四年二月十六日。赤峰县升直隶州后，赤峰县县丞改为赤峰州州判，移驻乌丹城，原治大庙地方改设巡检一员。州判和巡检划疆而治。见吏部片，《大清新法令》第 2 卷，第 247 页；刘锦藻《清朝续文献通考》卷 135《职官考二十一·佐杂》。

56. 民国《林西县志》卷 1《地理·沿革》，1930 年铅印本，第 5、22 页；廷杰电稿，宣统元年闰二月十五日，宪政编查馆档案，09-01-08-0084-017；诚勋折，宣统二年二月十三日，宫中档朱批奏折，04-01-37-0149-004；《宣统政纪》卷 32，宣统二年二月癸巳。

57. 参见乌云格日勒《清末内蒙古的地方建置与筹划建省"实边"》，《中国边疆史地研究》1998 年第 1 期；苏德毕力格《清朝对蒙政策的转变——筹划设省》，《蒙古史研究》第 6 辑；李细珠《试论清末新政时期政区变革的几个问题》，中国社会科学院近代史研究所编《中国社会科学院近代史研究所青年学术论坛（2002 年卷）》，社会科学文献出版社，2004，第 1~22 页；徐建平《清末直隶行政区划改革研究》，《北京社会科学》2008 年第 2 期。19~20 世纪长城以外地区的宏观变迁，见 Uradyn E. Bulag, "Clashes of Administrative Nationalisms: Banners and

Leagues vs. Countries and Provinces in Inner Mongolia," in Dittmar Schorkowitz and Chia Ning, eds., *Managing Frontiers in Qing China: The Lifanyuan and Libu Revisited*, Brill, 2017。

58. 左绍佐折，光绪三十一年十月初一日，军机处录副奏折，03-5618-019；《清德宗实录》卷550，光绪三十一年十月庚子；《蒙汉交涉》，陶仁荣：《喀喇沁土默特奈曼科尔沁札鲁特等旗沿途调查表附说》第4册；松寿折，光绪三十年七月初三日，《光绪朝朱批奏折》第115辑，第258~261页。

59. 溥颋片，光绪三十二年三月二十日，军机处录副奏折，03-6736-031。

60. 奕劻折，光绪三十二年正月二十七日，军机处录副奏折，03-5618-028。

61.《清德宗实录》卷550，光绪三十一年十月庚子。

62. 李细珠：《试论清末新政时期政区变革的几个问题》，《中国社会科学院近代史研究所青年学术论坛（2002年卷）》，第12页。

63. 热河都统的主要结论是，应将承德、朝阳二府两盟之地，再隶以口北三厅和围场厅、察哈尔左翼四旗为热河省；以右翼四旗及归绥道属之归化、萨拉齐、托克托、和林格尔、清水河五厅及新设之武川、五原、东胜三厅，合乌兰察布盟、伊克昭盟、阿拉善一旗为绥远省。改设巡抚后，照东三省例，原有将军、都统军仍兼原衔以统御蒙旗。察哈尔都统则仅重点讨论口北一带，认为应在左绍佐设想的开平省基础上，另以宣化、大同二府拨归察哈尔官员管辖，设巡抚一员兼都统，仍辖于直隶总督。如"宣化省"不能遮管口外之事，则先将宣化、大同拨归察哈尔，以便控驭。绥远将军认为垦地越广，土地越难防守，对绥远建省信心不足。相关材料参见廷杰折，光绪三十三年五月二十二日，宫中档朱批奏折，04-01-30-0004-012；诚勋折，光绪三十三年七月二十七日，《光绪朝朱批奏折》第33辑，第76~80页；诚勋片，光绪三十三年七月二十七日，宫中档朱批奏折，04-01-30-0004-034；贻谷折，光绪三十三年八月初六日，《光绪朝朱批奏折》第120辑，第876~879页。

64. 锡恒折，《政治官报》第93号，光绪三十三年十二月二十三日；章启槐折，朱启钤编《东三省蒙务公牍汇编》卷5，文海出版社，1969，第387~393页；诚勋折，宣统二年二月三十日，宫中档朱批奏折，04-01-01-1106-026。

65. 《清德宗实录》卷78，光绪四年九月丙子。

66. 贻谷折，光绪三十三年八月初六日，《光绪朝朱批奏折》第120辑，第879页。但这也是清末蒙古建省失败的原因之一。一位官员托他人之口说出："现拟改行省，不知何处招许多百姓，恐徒托空言，奈何。"见康欣平整理《有泰日记》（下），凤凰出版社，2018，第798页。

67. 清制，对候用人员的分类和排序，主要用"六班"之制加以规范（除班、补班、转班、改班、升班、调班），而任命形式则有特旨授、开列、题授、拣补、推授、考授等方式。从前者来说，直隶口外地区多设为调缺，即原任官任期满后，依例由某些指定的官员调任，调任官多须由上司保举；从后者来说，多用开列、题授、拣授等方式。这就意味着不同层级的选官，应由吏部和直隶总督共同完成。

68. 《清世宗实录》卷22，雍正二年七月甲寅。

69. 根据雍正五年的一份题本，张家口同知缺出，可用旗员暂行遴委，那么正式补缺时，或许也有相同的规定。见宜兆熊题（雍正五年四月二十二日）、朱轼题（雍正五年五月二十四日），《雍正朝内阁六科史书·吏科》（35），第172~173、496~497页。

70. 《清世宗实录》卷73，雍正六年九月丁巳。

71. 《清高宗实录》卷124，乾隆五年八月丙午。

72. 《酌改三厅移兵控扼折》（光绪七年五月二十日），《李鸿章全集》（9），第368页；裕禄片，光绪二十四年十一月三十日，《光绪朝朱批奏折》第13辑，第660~662页。当时直隶总督李鸿章做出这种改变，也许受到与其交好的张佩纶的影响，见张佩纶《复李肃毅师相》《致李肃毅师相》，《涧于集·书牍卷一》，1926年涧于草堂刻本，第59~61

页；《致张佩纶》（光绪七年四月初七日、五月初八日），《李鸿章全集》（33），第 26、34 页。

73. 时人笔记和后人论著，均据此得出其为"满缺"的结论。见织田万《清国行政法》，李秀清、王沛点校，中国政法大学出版社，2003，第 328 页；吴振棫《养吉斋丛录》，第 39 页；《外省文职旗缺》，福格《听雨丛谈》，中华书局，1984，第 51 页；锡珍《吏部铨选则例·汉官则例卷五·拣选·直隶口北道山西归绥道》。折见乌拉喜喜崇阿折，光绪九年，葛士濬辑《皇朝经世文续编》卷 17，文海出版社，1972，第 498~499 页。

74. 雍正《畿辅通志》卷 60《职官》；乾隆《宣化府志》卷 21《宣化府续职官志》，第 30 页。

75. 军机处上谕档，乾隆十六年八月二十六日。

76. 例见隆科多题，雍正元年十月二十二日，《雍正朝内阁六科史书·吏科》（6），第 344~345 页；《雍正朝起居注册》第 2 册，第 966 页。

77. 那苏图折，乾隆十四年二月初九日，宫中档朱批奏折，04-01-12-0064-083；来保等题，乾隆十四年三月初四日，内阁吏科题本，02-01-03-04671-009。

78. 托庸等题，乾隆三十四年十月初五日，内阁吏科题本，02-01-03-06370-016；杨廷璋折，乾隆三十四年十一月初六日，宫中档朱批奏折，04-01-12-0132-004。

79. 颜检折，嘉庆九年六月初十日，宫中档朱批奏折，04-01-13-0157-036；谕内阁，嘉庆九年六月十一日，《清宫热河档案》（10），第 317 页。

80. 例见周元理折，乾隆四十年四月初七日、二十八日，《清宫热河档案》（3），第 404、412 页；中国第一历史档案馆编《嘉庆帝起居注》（1），广西师范大学出版社，2006，第 332 页；方观承折，乾隆三十三年七月三十日，《清宫热河档案》（2），第 86~87 页；军机处上谕档，乾隆三十九年十二月初十日；周元理折，乾隆四十年十月十三日，宫中档朱批奏折，04-01-12-0167-078。

81.《光绪会典事例》卷65《吏部·汉员遴选·直隶承德府并所属州县调补》；温承惠折，嘉庆十六年三月十九日，宫中档朱批奏折，04-01-12-0290-001；邹炳泰折，嘉庆十六年闰三月十三日，军机处录副奏折，03-1466-048；永瑆等折，嘉庆十六年闰三月十三日，军机处录副奏折，03-1466-049；军机处上谕档，嘉庆十六年四月二十六日。

82. 蒋攸铦折，道光四年十月二十四日，军机处录副奏折，03-2554-068。当时相关的讨论见文孚等折，道光四年十一月十五日，军机处录副奏折，03-2555-033；文孚等题，道光五年二月二十一日，内阁吏科题本，02-01-03-09549-013；《酌定边俸州县补用章程》，章佳容安辑《那文毅公（彦成）二任直隶总督奏议》卷71，文海出版社，1968，第8373~8379页；《清宣宗实录》卷113，道光七年正月庚辰。

83.《酌定边俸州县补用章程》，章佳容安辑《那文毅公（彦成）二任直隶总督奏议》卷71，第8382~8392页。

84. 当时的一位新任汉人知县尚未到任，即被命令于口内旗员中重新拣选调补。见松筠折，道光八年十月二十一日，军机处录副奏折，03-2581-077；《清宣宗实录》卷145，道光八年十月甲午。清廷在短短一年内即恢复旧制，也许与平定张格尔叛乱，有意加强对多族群混居地区的控制有关。

85. 屠之申折，道光八年十一月十六日，宫中档朱批奏折，04-01-13-0239-028。

86. 松筠折，道光八年十二月十七日，军机处录副奏折，03-2583-082；《清宣宗实录》卷149，道光八年十二月丙戌。

87. 诚格片，道光九年七月十七日，军机处录副奏折，03-2588-042。

88. 诚格折，道光九年正月初八日，军机处录副奏折，03-2858-031。但是该年五月承德府知府三年期满，诚格希望将其留任，又恰逢内地无可调之员，故清廷随即批准。见诚格折，道光九年五月初四日，军机处录副奏折，03-2586-020；《清宣宗实录》卷156，道光九年五月辛丑。

89.《整顿热河地方酌拟改制折》（光绪二十八年十二月十八日），《锡良遗稿·奏稿》第 1 册，第 276~280 页。

90. 麒庆折，同治四年十月二十四日，宫中档朱批奏折，04-01-02-0010-007。麒庆提到的各州县已不理旗政，仅理民政，并不完全准确。热河都统衙门主要的职能是"清讼"，而非直接取代各州县的司法职能。麒庆不可能不了解本地的基本法律制度，该折似乎更反映出其信任汉员的态度。还可见延煦片，光绪四年十月二十四日，《光绪朝朱批奏折》第 113 辑，第 767~768 页。

91.《清穆宗实录》卷 158，同治四年十月庚申；阿克丹折，同治四年十一月二十四日，军机处录副奏折，03-4595-009。

92. 麟庆折，同治五年二月初九日，军机处录副奏折，03-4585-011。

93. 朱寿朋编《光绪朝东华录》第 1 册，第 80~81 页。

94.《复热河都统奎》（光绪十八年正月十一日），《李鸿章全集》（35），第 309~310 页；《筹议热河善后事宜折》（光绪十八年三月十八日），《李鸿章全集》（14），第 366 页。

95.《复热河都统奎》（光绪十八年闰六月十五日），《李鸿章全集》（35），第 388~389 页。

96. 乾隆《万全县志》卷 2《建置志·学校》，第 34 页；雍正《畿辅通志》卷 29《学校》；道光《万全县志》卷 2《建置志·学校·书院》，第 24 页。

97.《议设多伦诺尔学校》，章佳容安辑《那文毅公（彦成）二任直隶总督奏议》卷 68，第 7891~7894 页。

98. 张树声折，光绪八年七月二十七日，军机处录副奏折，03-0631-039；民国《察哈尔通志》卷 15《户籍编之五·乡贤》，第 12、41 页；《三厅请添学额折》（光绪七年十二月二十日），《李鸿章全集》（9），第 566~567 页；《光绪会典事例》卷 371《礼部·学校·直隶学额》；景清：《武场条例》卷 13《武生童考试四·直隶省学额》，光绪二十一年刻本。

99. 《嘉庆会典事例》卷 464《兵部·恩锡·荫叙》。

100. 英汇：《科场条例》卷 4《科举》，咸丰刻本。

101. 《张家口建书院片》（光绪五年十月十六日），《李鸿章全集》（8），第 505~506 页。

102. 《清高宗实录》卷 77，乾隆三年九月乙丑；《光绪会典事例》卷 371《礼部·学校·直隶学额》。

103. 《嘉庆会典事例》卷 298《礼部·学校·直隶学额》。

104. 因热河地区尚未建考棚，故仍附归密云应考，卷册由热河道申送。

105. 乾隆《钦定热河志》卷 73《学校一》，第 11~18 页；罗源汉折，乾隆四十二年四月二十五日，《宫中档乾隆朝奏折》第 38 辑，第 448~449 页。

106. 周元理折，乾隆四十二年十二月十三日，《宫中档乾隆朝奏折》第 40 辑，第 399~400 页。

107. 各学详细情况，可见道光《承德府志》卷 13《学校三》，第 15~16 页。

108. 参见吴省钦折，嘉庆二年七月二十二日，军机处录副奏折，03-2173-003；《嘉庆会典事例》卷 298《礼部·学校·直隶学额》；裘行简、周兆基折，嘉庆十一年五月二十七日，军机处录副奏折，03-2167-010；军机大臣片，嘉庆十一年八月十一日，《清宫热河档案》（10），第 491~492 页；《清仁宗实录》卷 165，嘉庆十一年八月乙酉；英和折，道光八年五月二十二日，宫中档朱批奏折，04-01-38-0140-013；道光《承德府志》卷 13《学校三》，第 9~10 页；延煦等折，光绪四年八月十四日，《光绪朝朱批奏折》第 104 辑，第 661~662 页；《热河州县加广学额折》（光绪二十九年四月十五日），《锡良遗稿·奏稿》第 1 册，第 317~318 页。

109. 蒋攸铦片，道光四年十一月十四日，宫中档朱批奏折，04-01-

01-0659-035；《清宣宗实录》卷75，道光四年十一月乙巳。

110.《清高宗实录》卷215，乾隆九年四月丙子。

111.《整顿驻防八旗义学并请拨围地百顷作为经费片》（光绪二十九年三月二十二日），《锡良遗稿·奏稿》第1册，第309~310页；廷杰折，光绪三十四年八月二十九日，《光绪朝朱批奏折》第53辑，第604~605页。

112.《清代的旗地》中册，第637页。

113. 内务府折，嘉庆十三年十月初一日，内务府奏案，05-0538-042。

114. 和瑛纂《热河志略·兴学》。

115.《光绪会典事例》卷381《礼部·学校·驻防考试》。

116.《清宣宗实录》卷141，道光八年八月丙申。

117. 达拉图系一位科尔沁贝勒的奴仆，雍正末年其携家口数百人脱离主人后，被安置于古北口外博洛河屯一带居住，由热河总管管辖。该六村旗人不入八旗蒙古，不隶于扎萨克旗，而将丁档交于内务府，但因其为蒙古人，内务府无法将其编列旗分及佐领、管领，由此他们不但不能附于民籍应考生员，且不能以旗籍赴考。相关材料见《雍正朝汉文谕旨汇编》第8册，第309页；《蒙古入旗种地纳租》，光绪《热河园庭现行则例》，第229页；吴振棫《养吉斋丛录》，第2页；锡祉等折，光绪元年六月十九日，《光绪朝朱批奏折》第26辑，第195~196页；内务府折，光绪元年十二月二十一日，内务府奏销档，761-188；内务府折，光绪二年六月初一日，内务府奏案，05-0892-032。

118. 绿营的最高单位是"镇"，一个镇的兵力约7000人，镇以下依次为标、协、营、汛等单位。在一省中，提督和总兵接受总督和巡抚的调遣。此外，总督辖有督标，巡抚辖有抚标。总督、巡抚和提督、总兵等人的关系，见 Raymond W. Chu and William G. Saywell, *Career Patterns in the Ch'ing Dynasty: The Office of Governor-general*, The University of Michigan, 1984, pp. 20-23。

119. 康熙二十九年，清廷设古北口总兵官；四十五年，设河屯营守备、千总、把总各一人，兵 100 名，驻扎喀喇河屯，隶古北镇。三年后，将河屯营官兵移驻热河。五十三年时，河屯营增设守备、千总等人；雍正元年古北口总兵改为提督，河屯营增设参将一人。此后清廷又先后设立八沟营和唐三营。见《清朝文献通考》卷 183《兵考五·直省兵·直隶·绿旗营》。

120. 《清代起居注册（康熙朝）》第 22 册，第 12193～12194 页；《嘉庆会典事例》卷 431《兵部·官制·直隶绿营》；《清朝文献通考》卷 183《兵考五·直省兵·直隶·绿旗营》；李卫题，乾隆元年十一月十二日，内阁户科题本，02-01-04-12913-015；王进泰折，乾隆三十二年九月十二日，宫中档朱批奏折，04-01-01-0270-042；周元理折，乾隆三十七年十月初五日，宫中档朱批奏折，04-01-01-0308-008；段秀林折，乾隆三十九年五月初二日，军机处录副奏折，03-0525-038；阿桂等折，乾隆五十四年九月十八日，《清宫热河档案》（6），第 326～329 页。

121. 定宜庄：《清代八旗驻防研究》，辽宁民族出版社，2003，第 30 页。

122. 塞楞额折，乾隆七年四月十二日，军机处录副奏折，03-0377-024。

123. 杨鲲折，雍正六年十二月，《清宫热河档案》（1），第 152～153 页。乾隆二年时，直隶总督请将千总、把总于本处以外之人补授，似未获准。见李卫折，乾隆二年三月初六日，军机处录副奏折，03-0049-017。

124. 《清高宗实录》卷 16，乾隆元年四月庚午；卷 486，二十年四月癸丑。乾隆《钦定热河志》卷 84《职官题名》，第 25～28 页。罗尔纲：《绿营兵志》，中华书局，1984，第 296～297 页。杜家骥：《清代旗人选用绿营官制度考察》，"清代满汉国际关系史学术研讨会"论文集，2010 年 8 月；定宜庄：《清代八旗驻防将军兼统绿营的问题》，《中国史研究》2003 年第 4 期。

125.《清高宗实录》卷 32，乾隆元年十二月癸酉。

126. 方观承题，乾隆十五年九月初八日，《明清档案》第 166 册，第 93167~93174 页；《清高宗实录》卷 375，乾隆十五年十月庚寅；方观承题，乾隆十六年二月十四日，《明清档案》第 170 册，第 94979~94982 页。

127. 热河道于所属地方每年应巡查两次，负责汛防的千总、外委于交界处半月会哨一次，都司、守备于各辖汛内巡查一周，河屯协副将每年两次查阅营伍。参见方观承折，乾隆十八年正月初九日，军机处录副奏折，03-0461-002。

128.《清高宗实录》卷 1132，乾隆四十六年闰五月戊申。

129. 温承惠折，嘉庆十六年正月二十日，军机处录副奏折，03-1465-057；《清仁宗实录》卷 238，嘉庆十六年正月壬申。

130. 文宁折，嘉庆十九年五月初三日，军机处录副奏折，03-1696-075。

131. 温承惠片，嘉庆十六年九月十六日，军机处录副奏折，03-1693-066。

132. 喜明折，嘉庆十七年五月初二日，宫中档朱批奏折，04-01-19-0041-009；温承惠折，嘉庆十七年九月十七日，军机处录副奏折，03-1682-012。

133. 武隆阿折，道光五年六月十六日，宫中档朱批奏折，04-01-16-0126-058。与此同时，河屯协本营兵丁，仍不准拨补本营弁缺。见《光绪会典事例》卷 624《兵部·绿营处分例·拨补》。

134.《热河都守请满汉兼用折》（光绪十八年二月初九日），《李鸿章全集》（14），第 324 页。

135.《议复裁兵》，章佳容安辑《那文毅公（彦成）初任直隶总督奏议》卷 50，第 5523~5525 页；方受畴题，道光元年十二月二十一日，北大移交题本，02-01-02-2692-021。

136. 董诰折，嘉庆二十年四月二十三日，军机处录副奏折，03-1649-031；方受畴折，嘉庆二十二年十二月初一日，《清宫热河档案》(12)，第270~272页。

137. 这些冲突主要有：从咸丰末年持续至同治九年的白凌阿、弥勒僧格叛乱；从咸丰年间持续至同治九年的土默特右旗"八支箭"箭丁反抗扎萨克旗官员事件；同治元年至三年的土默特"老头会"反对旗内滥派之案；光绪十七年的热河"金丹道之乱"。

138. 麒庆折，同治四年五月初八日，宫中档朱批奏折，04-01-01-0885-059。

139. 麒庆折，同治四年九月二十四日，宫中档朱批奏折，04-01-01-0885-077；《清穆宗实录》卷155，同治四年九月辛卯；麟庆折，同治五年五月十九日，军机处录副奏折，03-4763-027。

140.《筹议拨兵热河以固边防折》(同治九年五月初十日)，《曾国藩全集》修订版(11)，岳麓书社，2012，第455~456页。

141. 延煦折，光绪四年正月初六日，《光绪朝朱批奏折》第52辑，第230~231页；延煦折，光绪四年十月二十四日，《光绪朝朱批奏折》第53辑，第862~863页。

142. 崇绮片，光绪七年七月二十七日，军机处录副奏折，03-6016-084。

143.《复热河都统奎》(光绪十八年正月二十九日)，《李鸿章全集》(35)，第316~318页。

144.《复热河都统奎》(光绪十八年二月二十日)，《李鸿章全集》(35)，第325~326页；《筹议热河善后事宜折(附清单)》(光绪十八年三月十八日)，《李鸿章全集》(14)，第358页。他们的争执主要在于两点：第一，库克吉泰主张添练驻防练军，因为驻防兵由热河都统全权统辖，不与直隶提督、总督分权；第二，库克吉泰主张马队、步军兼练，而李鸿章主张只练马队。见《复热河都统奎》(光绪十九年二月十六日)，《李鸿章全集》(35)，第490页。

145. 李鸿章折，光绪十九年五月初七日，《光绪朝朱批奏折》第 52 辑，第 701~703 页。

146. 噶达洪题，顺治十年正月初四日，北大移交题本，02-01-02-1828-012；清代题本抄档，《地丁·直隶四》第 15 册；《康熙朝起居注》第 1 册，第 25 页。

147. 见弓怀德案（乾隆二十一年七月十一日）、王达案（乾隆三十九年四月十四日），中国第一历史档案馆、中国社会科学院历史研究所合编《清代地租剥削形态》上册，中华书局，1982，第 101~103、164~165 页。

148. 王先谦编《东华录·雍正六》，光绪十年刻本。

149.《清代的旗地》上册，第 452~454 页。一位官员报告说，自雍正三年至九年，右翼四旗虽总计呈报地 8151 余顷，但因无永远承种之人，须每年招民出口。然而在雍正十一年时另一位官员发现，出口民人早已垦有大量余地，且有大量无票民人携带妻子出关过冬居住。见刘格折，雍正十一年二月二十四日，《雍正朝满文朱批奏折全译》下册，第 2173 页。

150. 阿山折，雍正十三年十二月十九日，《明清档案》第 66 册，第 37861~37864 页；阿山、瞻岱折，乾隆元年六月初六日，军机处录副奏折，03-0528-006。

151.《清世宗实录》卷 28，雍正三年正月壬戌；允祥题，雍正六年五月二十七日，《雍正朝内阁六科史书·户科》（46），第 471~472 页。

152. 允祥等题，雍正五年六月初四日，《雍正朝内阁六科史书·户科》（37），第 146 页；允祥等题，雍正四年九月十四日，《雍正朝内阁六科史书·户科》（30），第 135~140 页；允祥等题，雍正七年闰七月二十三日，《雍正朝内阁六科史书·户科》（61），第 126~131 页。此后自雍正六年至雍正末年察哈尔右翼四旗地粮的征收情况，可见张廷玉等题，雍正七年十一月初九日，《雍正朝内阁六科史书·户科》（63），第 473~477 页；唐执玉揭，雍正九年五月二十八日，《明清档案》第 47

册，第 27067~27068 页；张廷玉题，雍正十年十一月十六日，《雍正朝内阁六科史书·户科》（88），第 115~117 页；李卫题，雍正十一年六月十三日，《雍正朝内阁六科史书·户科》（91），第 23~24 页。到雍正末年，察哈尔右翼四旗地粮的收入已经超过了每年 1.1 万余两。

153. 清末直隶财政说明书中对地粮的解释为"凡民业之地以国家资格征收者"，则狭义上的"田赋"应包含在地粮之内。但又说旗产钱粮和官荒升科，"本系地粮，不必另立名目"，说明察哈尔旗地钱粮并不属于正项田赋。见经济学会编《直隶全省财政说明书》第 1 编，北京经济学会，1915，第 26~27 页。

154.《清世宗实录》卷 53，雍正五年二月庚辰。

155. 张廷玉题，乾隆元年九月十三日，内阁户科题本，02-01-04-12882-001；张廷玉题，乾隆元年九月二十九日，内阁兵科题本，02-01-006-000089-0010。

156. 雍正五年时，镶黄、正蓝二旗民人已开地亩 3000 余顷。在雍正十二年清廷丈量右翼四旗地亩时，当事人奉命同时丈量左翼四旗。这次清丈报出的入官升科地只有 1100 余顷。与右翼四旗不同，左翼四旗的种地居住者中有大量的察哈尔蒙古，由此，清廷专门从察哈尔各旗中派出领催等，协同同知催征钱粮（但不得经手）。见张廷玉题，雍正八年九月初三日，《雍正朝内阁六科史书·户科》（74），第 80~84 页；允祥等题，雍正五年六月初四日，《雍正朝内阁六科史书·户科》（37），第 146~150 页；阿山等折，乾隆元年六月初六日，军机处录副奏折，03-0528-007（本件为残件）；张廷玉题，乾隆元年九月二十九日，内阁兵科题本，02-01-006-000089-0010；《清高宗实录》卷 28，乾隆元年十月壬戌。

157.《清高宗实录》卷 20，乾隆元年六月己巳；乾隆《口北三厅志》卷 5《地粮》，第 11~15 页。

158.《清高宗实录》卷 48，乾隆二年八月丁巳；刘峨折，乾隆四十九年七月初十日，宫中档朱批奏折，04-01-22-0038-037；和珅折，乾隆五十八年三月二十七日，《明清档案》第 268 册，第 151419～151421 页。张家口和独石口同知每年夏初应前往口外查勘青苗，将荒废者开除旧额，种植者作为新收入册征粮，见那苏图题，乾隆十一年三月初八日，内阁户科题本，02-01-04-13964-002。

159. 见《直隶宣化府赤城县赋役全书》《直隶宣化府万全县赋役全书》，国家图书馆出版社辑《明清赋役全书》第 1 编（36），国家图书馆出版社，2010。

160. 清代题本抄档，《地丁·直隶四》第 15 册。

161. 《清高宗实录》卷 66，乾隆三年四月甲午。

162. 海望等题，乾隆十一年闰三月二十二日，内阁户科题本，02-01-04-13964-010。

163. 自乾隆十年始，征收中开始出现民欠。乾隆十四年，察哈尔地粮银首次批解直隶布政司库，但当年解司的只有独石口同知所征库存的左翼四旗钱粮；到乾隆十七年时，三项收入除极少留于本处工食外，其余解司。

164. 但是档案中的垦地数据常年不变，道光十二年后就固定在 5606 余顷。这显然不是真实情况，我以为是依照合适的征收总额而换算过来的、入于钱粮册的升科官地，并不能说明口北地亩开垦的饱和。

165. 这一点类似内地行省中田赋正银的征收。有关这一特征，可参见何炳棣《明初以降人口及其相关问题（1368～1953）》，葛剑雄译，三联书店，2000，第 117～159 页；何炳棣《中国历代土地数字考实》第 3、4 章，中华书局，2017；王业键《清代田赋刍论》，高风等译，人民出版社，2008，第 26～39 页。

166. 留用的部分是地方夫役工食银、嘉庆以后增加的批解热河道转给承德府属各州县义学的膏火银。两厅同知每年将地粮征收的情况报告口北道，由口北道将册文加结后，移至直隶布政司，核对后再上呈直隶总督具题，接受户部考核。察哈尔地粮收入本应用来买备谷米，贮在张家口仓廒中。但是乾隆十四年察哈尔地粮银开始解司后，买谷贮仓不论从制度设计还是实际执行上都已经被废除。贮仓之谷理论上是为了防备口外察哈尔八旗遇灾，实际却是在春天借给口外民人播种，秋收后再还谷入仓，保持仓谷流通的同时，收取 10% 的利息。乾隆中前期，张家口仓的贮谷数在 1000~4000 石，但出入数额的不一致，在日积月累后，往往造成亏空。张家口仓理论上应贮谷 2 万石，但道光二十九年以后的仓存谷只有 6950 石，与土地开垦的数据一样，这个数字并不代表实际的仓存谷情况。相关材料见方观承题，乾隆十七年六月二十二日，《明清档案》第 181 册，第 101391~101392 页；讷尔经额题，道光三十年十二月初五日，北大移交底本，02-01-02-2673-016；萧公权《中国乡村：论19 世纪的帝国控制》，张皓、张升译，联经出版事业股份有限公司，2014，第 196~197 页。历年征粮和贮谷的数据，来自内阁户科题本、清代题本抄档、宫中档朱批奏折和军机处录副奏折。

167. 郝惟讷：《条陈圈地疏》，《康熙顺天府志》卷 3，第 95 页；《钦定八旗通志》卷 62《土田志一·土田规制·畿辅规制一》。

168. 允礼等题，雍正十一年十二月初八日，《雍正朝内阁六科史书·户科》（93），第 276~279 页。

169. 《清世宗实录》卷 159，雍正十三年八月丙子。

170. 塞尔赫折，乾隆元年三月初三日，《清宫热河档案》（1），第160~166 页。在西河土地中，上、中二则地亩只占不到 20%。

171. 塞尔赫折，乾隆元年三月初三日，《清宫热河档案》（1），第167~172 页。

172. 张廷玉等题，乾隆元年六月初三日，内阁户科题本，02-01-04-12902-004；塞尔赫题，内阁户科题本，02-01-04-12835-015；张廷玉等题，乾隆元年六月初三日，内阁户科题本，02-01-04-12835-004；《清高宗实录》卷 32，乾隆元年十二月甲戌；清代题本抄档，《地丁·直隶四》第 15 册。

173. 虽然仿照承德州民地制定的八旗地亩耗羡率是察哈尔地粮的两倍（10%→5%），但只有占总地亩面积极少的上则地与察哈尔地粮的征课准则相同，且在开除原额地时是先从上则地开除。参见海望折，乾隆三年六月二十一日，《明清档案》第 83 册，第 46795~46796 页。

174. 广禄、福彭折，乾隆六年三月二十二日，宫中档朱批奏折，04-01-22-0007-022。

175. 方观承折，乾隆二十五年十一月二十六日，宫中档朱批奏折，04-01-23-0039-026；傅恒折，乾隆二十五年十二月二十二日，《明清档案》第 201 册，第 112541~112546 页。

176. 方观承题，乾隆二十七年十二月十九日，内阁户科题本，02-01-04-15438-007；傅恒题，乾隆二十八年四月初九日，内阁户科题本，02-01-04-15525-008。

177. 嘉庆《直隶承德府平泉州赋役全书》，版本不详；乾隆《钦定热河志》卷 91《食货》，第 1~3 页。

178. 在乾隆初年八沟通判移驻土城子后，清廷将东、西两河额地、余地，承德州征粮民地和归并的香火民地等均归四旗通判经征。由此，四旗通判在乾隆初年所辖的原额地总计 1.4 万余顷，征银近 1 万两。至嘉庆八年，丰宁县总共新收旗、民地 6303 顷零，但是出于自然原因和地方官征粮职责的变化，开除了更多的地亩，并将东河辖地全部交与八沟同知征粮。嘉庆八年时，丰宁县有两河旗民香火地 1.2 万余顷，征银 9241 余两。至道光年间，征银数进一步大幅降低。相关材料见《直隶四旗通判赋役全书》，《明清赋役全书》第 1 编（43），第 267~280、284~468 页；《直隶承德府丰宁县赋役全书》，《畿辅条鞭赋役全书》，光绪九年刻本，第 89、128 页；道光《承德府志》卷 23《田赋》，第 1~8 页。

179. 这八种旗租的含义，见《直隶全省财政说明书》第 1 编，第 14~16 页。

180. 光绪十五年之后，六项旗租的实征数维持在 1700 余两。这些数据来自历年的内阁户科题本、宫中档朱批奏折和军机处录副奏折。

181. 陈黄中：《边防议》，《东庄遗集》卷 1，乾隆刻本；陈澹然：《权制》卷 1《军地述·直东》，光绪二十六年刻本；蒋琦龄：《应诏上

中兴十二策疏》，盛康辑《皇朝经世文编续编》卷 13，第 1452～1455
页；陆黻恩：《募民屯边议》，盛康辑《皇朝经世文编续编》卷 39，第
4265～4269 页；魏源：《军储篇第五》；沈桂芬：《条陈恤旗民足边防舒
国用疏》，盛康辑《皇朝经世文编续编》卷 40，第 4332～4335、4379～
4385 页。

182. 内务府折，同治元年八月十二日，内务府奏案，05-0815-068；
祥麟、明秀折，光绪二十四年十月十七日，宫中档朱批奏折，04-01-
22-0065-085；祥麟、明秀折，光绪二十五年五月十三日，宫中档朱批
奏折，04-01-22-0065-007；裕禄折，光绪二十六年三月二十八日，宫
中档朱批奏折，04-01-22-0065-110。

183. 不过这在一定地区内，只是一种习惯性的称呼。例如，扎萨克
旗中的佃民因不向户部缴纳农业税，故而在遇灾时无法得到来自中央的
救济；有民地、向中央缴税的民人则可以得到救济。但这两类人都属于
"流寓"。见《清宣宗实录》卷 232，道光十三年二月庚申；光绪《畿辅
通志》卷 2，第 79 页；斐音折，乾隆六十年六月十七日，军机处录副奏
折，03-0325-064。

184. 参见赵尔巽等《清史稿》卷 264，第 9922～9923 页；乾隆《钦
定热河志》卷 13《巡典一》，第 21 页。

185.《城镇户口》，陶仁荣：《喀喇沁土默特奈曼科尔沁札鲁特等旗
沿途调查表附说》第 1 册；徐鸿年、赵任道：《永平承德多伦兵要地理
调查报告书》，1912 年铅印本，第 4 页；李明珠：《华北的饥荒：国家、
市场与环境退化（1690～1949）》，石涛等译，人民出版社，2016，第
249～252 页。

186.《钦定八旗通志》卷 65《土田志四·土田规制·畿辅规
制四》）。

187. 允礼等题，雍正十二年三月十五日，《雍正朝内阁六科史书·
户科》（95），第 51～54 页。热河地亩分为三等，上等地征银 0.06
两/亩，中、下等地分别折亩减半，耗羡率为 10%。即便是下则地的税

率，也要稍高于察哈尔旗地和八旗地亩。

188. 李卫题，雍正十一年十一月二十六日，《雍正朝内阁六科史书·户科》（93），第 52~53 页；《乾隆会典则例》卷 37《户部·田赋四》；李卫题，雍正十三年十月初七日，《雍正朝内阁六科史书·吏科》（83），第 2~4 页。

189. 乾隆九年已丈出的喀喇河屯、热河和四旗三厅民地已有近 5800 顷。乾隆中期时，平泉州（原八沟厅）所辖额征民地 436 余顷，征银 909 余两；滦平县（原喀喇河屯厅）有纳粮民地 879 余顷，征银 1568 余两；承德府（原热河厅）民地 2073 余顷，征银 4113 余两。丰宁县的额征民地只有 52 余顷。至道光年间，滦平县的地数和征银数均减退近 20%，承德府则略有下降。丰宁县大量的旗地被改为香火民地，故其额征香火民地达到 1.1 万余顷，收银近 6000 两。平泉州的纳粮地亩，大量坐落于邻近州县中。滦平县征收的地粮正银，均留支本处俸工役食祭祀工料之用，此外尚有不敷，每年赴直隶布政司库请领。见高斌折，乾隆九年正月二十八日，宫中档朱批奏折，04-01-22-0018-019；《清高宗实录》卷 210，乾隆九年二月壬子；谦禧折，光绪十三年十二月初九日，宫中档朱批奏折，04-01-35-0610-029；熊希龄《热河改建行省议案》，远方出版社，2014，第 15 页；《直隶八沟同知赋役全书》《直隶热河同知赋役全书》，《明清赋役全书》第 1 编（43），第 477~517 页；乾隆《钦定热河志》卷 91《食货》，第 1~3 页；道光《承德府志》卷 23《田赋》，第 1、3~8 页；嘉庆《直隶承德府滦平县赋役全书》。

190. 嘉庆《直隶承德府朝阳县赋役全书》；《直隶热河道道总赋役全书》，《畿辅条鞭赋役全书》。

191. 赛尚阿等题，咸丰元年九月二十，内阁户科题本，02-01-04-21486-037；索尔讷题，乾隆三十六年四月十八日，《明清档案》第 210 册，第 117739~117745 页。

192. 雍正《畿辅通志》卷 33《田赋》。

193. 参见曾小萍《州县官的银两：18 世纪中国的合理化财政改

革》，董建中译，中国人民大学出版社，2005，第28~33页。

194. 参见刘增合《"常"与"变"：光绪前期清理州县积亏及制度因革》，中国社会科学院近代史研究所政治史研究室、苏州大学社会学院编《晚清国家与社会》，社会科学文献出版社，2007，第466~481页；李光伟《嘉庆以降钱粮缓征与积欠之衍生——基于宏观角度的分析》，《清史研究》2013年第3期。

195. 早在乾隆三年，就有档案揭示四旗通判处民欠未完起运银达5490余两，这一数据超过了该处当时应征旗民地钱粮总数的一半。道光年间，民欠的情况是有清一代最好的，但是在光绪之后，民欠又重新上升。见清代题本抄档，《地丁·直隶二》第5册；《地丁·宁绥热蒙》第190册；《地丁·直隶三》第13册；嵩溥题，道光十六年六月初二日，内阁户科题本，02-01-04-20765-020。

196. 丰盛额折，无日期，《雍正朝满文朱批奏折全译》下册，第2571页；《清高宗实录》卷110，乾隆五年二月丙子。此地的格局是北边建寺念经，南边做买卖。当年汇宗寺和善因寺的规模远远超过现在。见鸟居龙藏《蒙古旅行》，第214页；尼·米·普尔热瓦尔斯基《蒙古与唐古特地区：1870~1873年中国高原纪行》，第80页。多伦商贸的发展，可参见许檀、何勇《清代多伦诺尔的商业》，《天津师范大学学报（社会科学版）》2007年第6期；乌云格日勒《十八至二十世纪初内蒙古城镇研究》，内蒙古人民出版社，2005，第21~22、49~50页。

197. 迈柱等题，乾隆元年九月初九日，内阁工科题本，02-01-008-000050-0014。

198.《议复多伦诺尔等处分别收税》，《方恪敏公（观承）奏议》卷7，第947~954页。《清高宗实录》卷629，乾隆二十六年正月己巳；卷630，二月辛巳。在此之前，口北一带山场砍木均由张家口、潘桃口、潘家口、古北口等处进口。

199. 内务府折，乾隆二十九年四月二十四日，内务府奏案，05-0215-081。

200.《清高宗实录》卷 745，乾隆三十年九月庚寅；卷 746，十月丁未；卷 748，十一月壬申。期成额折，乾隆三十一年三月初七日，宫中档朱批奏折，04-01-35-0546-031。

201. 水旱木植由商人运至多伦诺尔后，即开单分报同知及多伦诺尔监督两衙门，同知令商人填写部发印簿，监督再将报单印簿和现到木植与同知点验确数，登记存案，由直隶总督会同口北道，于同知一年期满之日，移取监督印簿核对。随后户部认为多伦诺尔监督系由理藩院员外郎等派往之员，与同知没有上下级关系，故仍令同知和口北道专司其事。水运所征之银呈工部考核；旱运进张家口、独石口征收之银呈户部考核。见清代题本抄档，《杂课·木苇税》第 19 册；期成额折，乾隆三十一年三月二十日，宫中档朱批奏折，04-01-35-0546-033；方观承折，乾隆三十一年四月二十九日，宫中档朱批奏折，04-01-35-0337-022；期成额折，乾隆三十一年三月二十五日，军机处录副奏折，03-0630-004；图思德折，乾隆三十一年四月初八日，宫中档朱批奏折，04-01-35-0546-034。

202. 清代题本抄档，《杂课·木苇税》第 18 册；《光绪会典事例》卷 952《工部·节慎库出纳·岁入银数》；杨廷璋折，乾隆三十六年四月十六日，宫中档朱批奏折，04-01-35-0547-017。

203. 各项数据见清代题本抄档和内阁户科题本，以及《多伦木税核实办理折》（光绪十年十二月初一日），《李鸿章全集》（10），第 690~692 页。

204. 内务府清单，咸丰八年十一月十二日，内务府奏案，05-0798-042；内务府清单，光绪十年五月二十二日，内务府奏案，05-0936-082。

205. 光绪十一年起，清廷将多伦厅每年应交水木税银砍掉一半。不足定额之银，由征收官员赴内务府按"交一免三"原则办理。经过户部、工部和直隶总督的反复商讨，改为将责赔一半水木税银，按每 1000两交 500 两的方式赔交工部。见《多伦厅确无木税可征》（光绪十一年十月十八日），《李鸿章全集》（11），第 238 页；李鸿章片，光绪十五年

正月二十一日、七月初十日，《光绪朝朱批奏折》第 77 辑，第 191～
192、210～211 页。

206. 雍正十二年直隶总督奏报称，有客商驮载货物从并不抽取通过
税的古北口进口，故请于多伦诺尔地方将买卖之牛、羊、马、驼设立官
牙，订立较轻的税额纳税。见李卫折，雍正十二年十二月十五日，《宫
中档雍正朝奏折》第 23 辑，第 875～877 页。

207. 布兰泰折，乾隆十五年五月初九日，宫中档朱批奏折，04-01-
35-0325-029；《议复多伦诺尔税课》，《方恪敏公（观承）奏议》卷 3，
第 395～404 页；光绪《畿辅通志》卷 107，第 4257～4258 页。

208. 方观承题，乾隆二十年四月初六日，《明清档案》第 189 册，
第 105713～105718 页。

209. 光绪《畿辅通志》卷 107，第 4259 页；蒋攸铦折，道光四年六
月十三日，宫中档朱批奏折，04-01-01-0665-011；阿·马·波兹德涅
耶夫：《蒙古及蒙古人》第 2 卷，第 343～344 页。具体税则见清代题本
抄档，《杂课·田房契税牲畜税》第 14 册。皮毛的税收虽与牲畜相关，
但并不统计在四项牲畜税中，而是属于落地杂税。

210.《议复多伦诺尔税课》，《方恪敏公（观承）奏议》卷 3，第
401～403 页。

211. 当时一位官员发现，前往多伦贸易之人，或出古北口，或由盛
京边外行走，根本不经过设想中的张家口关。参见《议复多伦诺尔等处
分别收税》，《方恪敏公（观承）奏议》卷 7，第 947～954 页。《清高宗
实录》卷 629，乾隆二十六年正月己巳；卷 630，二月辛巳。《乾隆会典
则例》卷 140《理藩院·旗籍清吏司》。

212.《清高宗实录》卷 943，乾隆三十八年九月甲戌。

213. 清代题本抄档，《杂课·田房契税牲畜税》第 14 册；《清高宗
实录》卷 680，乾隆二十八年二月庚寅。一些税则和征收程序，见琦善
题，道光十六年八月初六日，北大移交题本，02-01-02-2905-008；松
筠等折，道光三年九月初一日，军机处录副奏折，03-3717-003；阿·

马·波兹德涅耶夫《蒙古及蒙古人》第 2 卷，第 338~339 页。

214. 琦善题，道光十六年八月初六日，北大移交题本，02-01-02-2905-008。

215. 可能与张家口关税银减收的原因大致相同，但也和其东部邻近的经棚的发展有关。见乌云格日勒《十八至二十世纪初内蒙古城镇研究》，第 58~59 页；李鸿章折，光绪十三年闰四月十七日，《光绪朝朱批奏折》第 5 辑，第 123 页；阿·马·波兹德涅耶夫《蒙古及蒙古人》第 2 卷，第 324、344、409~410 页。清末有关经棚的描述，可见鸟居龙藏《蒙古旅行》，第 223、232 页。

216. 阿·马·波兹德涅耶夫：《蒙古及蒙古人》第 2 卷，第 324 页。

217. "五行"指杂货行、斗秤行、牛马行、烟行和酒行，见《总管稽查热河税务》，光绪《热河园庭现行则例》，第 13 页。因为斗税一项征钱，故习惯上将其单独提出。

218. 唐执玉折，雍正七年十二月初八日，《雍正朝汉文朱批奏折汇编》第 17 册，第 470~473 页。

219. 双全等折，雍正七年六月十一日，《雍正朝满文朱批奏折全译》下册，第 1785 页。在早期，牙商发挥着重要的作用。正额外的盈余，实际上大部分被牙商赚走。乾隆十五年，直隶宣布将热河牙商全部裁革，因此像八沟一带是不抽牙税的。见唐执玉折，雍正七年十二月初八日，《雍正朝汉文朱批奏折汇编》第 17 册，第 470~473 页；陈大受折，乾隆十四年八月初二日，宫中档朱批奏折，04-01-35-0545-032；傅恒题，乾隆十七年六月十一日，内阁户科题本，02-01-04-14607-020；责任者不详（清折），乾隆朝，军机处档折件，004827。有关牙行和牙商，吴金成的描述很精彩，见氏著《国法与社会惯行：明清时代社会经济史研究》，崔荣根译，薛戈校，浙江大学出版社，2020，第 260~271 页。

220. 《总管稽查热河税务》，光绪《热河园庭现行则例》，第 13 页。

221. 八十折，雍正十三年三月初九日，《雍正朝满文朱批奏折全译》下册，第 2340 页；李卫题，乾隆元年八月二十五日，内阁户科题本，

02-01-04-12862-015；清代题本抄档，《杂课·落地税》第 12 册；讷亲题，乾隆五年五月初三日，内阁户科题本，02-01-04-13253-001。

222. 方观承题，乾隆二十二年六月初十日，内阁户科题本，02-01-04-15056-001；《嘉庆会典事例》卷 195《户部·杂赋·牙帖商行当铺税》；五行税则，乾隆朝，军机处档折件，004829。

223. 傅恒题，乾隆十七年六月十一日，内阁户科题本，02-01-04-14607-020；方观承题，乾隆二十二年六月十一日，内阁户科题本，02-01-04-15056-002；廷杰折，《政治官报》第 298 号，光绪三十四年七月二十九日；乾隆《钦定热河志》卷 91《食货》，第 3~4 页；道光《承德府志》卷 23《田赋》，第 34~35 页；责任者不详（略节），乾隆朝，军机处档折件，004828。

224. 八十折，雍正十三年三月初九日，《雍正朝满文朱批奏折全译》下册，第 2340 页。

225. 韦庆远：《清代乾隆时期"生息银两"制度的衰败和"收撤"》，《明清史辨析》，中国社会科学出版社，1989，第 245~249 页；军机处上谕档，乾隆三十二年闰七月十四日；傅恒题，乾隆二十八年四月初十日，内阁户科题本，02-01-04-15592-001；舒赫德等题，乾隆三十年二月二十二日，内阁户科题本，02-01-04-15732-006。乾隆五十七年，河屯协官兵也设立了一项 4000 两生息本银，分由承德府下属各州县执行。见和珅等折（乾隆五十七年六月三十日）、全保呈文（乾隆五十七年十二月初五日），《清宫热河档案》（7），第 174~177 页。

226. 庆章呈文，嘉庆三年十二月初一日，军机处录副奏折，03-1709-060；岁入内结说明书，《热河清理财政局编订财政说明书》第 3 册，清末抄本，第 1 页；徐润：《徐愚斋自叙年谱》，第 142 页；寿荫折，光绪二十四年十月十四日，《光绪朝朱批奏折》第 78 辑，第 156~157 页；寿荫折，光绪二十三年十二月二十三日，宫中档朱批奏折，04-01-01-1018-022；清代题本抄档，《地丁·宁绥热蒙》第 190 册。

227. 岁入内结说明书，《热河清理财政局编订财政说明书》第 1 册，第 16~17 页。

228. 凡是由一级衙门自行批结的诉讼，称为"自理词讼"，需要上申的称为"案件"，其区分的依据在于"罪"或"刑"的轻重。所谓的"词讼"，一般指"户婚、田土、钱债、斗殴细故"，而"案件"主要指"命盗重案"。可参见郭润涛《清代州县衙门的"告状"、"投词"与"批词"》，陈支平主编《相聚休休亭：傅衣凌教授诞辰 100 周年纪念文集》，厦门大学出版社，2011，第 518~520 页。词讼和案件的界限有时也不十分清晰；清代是否存在民法和民事审判，学界也有长期的争论。见邓建鹏《词讼与案件：清代的诉讼分类及其实践》，《法学家》2012年第 5 期；里赞《晚清州县诉讼中的审断问题：侧重四川南部县的实践》，法律出版社，2010，第 52~54 页；胡祥雨《清代法律的常规化：族群与等级》，第 163~196 页。

229. 参见胡祥雨《清代法律的常规化：族群与等级》，第 30~43 页。

230. 参见张晋藩主编《中国法制通史》第 8 卷《清》，法律出版社，1999，第 180~184 页；张晋藩《清代的司法制度》，《清律研究》，法律出版社，1992，第 318~319 页；刘笃才《律令法体系向律例法体系的转换》，《法学研究》2012 年第 6 期。在司法档案中，审判官员往往说"查刑律载……"，这里的"刑律"即指《大清律例》。

231. 参见张晋藩、郭成康《清入关前国家法律制度史》，辽宁人民出版社，1988，第 405~598 页；刘小萌《满族从部落到国家的发展》，第 201~238、266~308 页；《清太宗实录》卷 8，天聪五年十一月。复仇的观念，见瞿同祖《中国法律与中国社会》，商务印书馆，2015，第 78~99 页。

232. 例如，清廷规定旗人中的满洲、蒙古八旗人犯笞、杖罪名，由民人的板责改为鞭责；徒、流、军、遣刑罚可以折为枷号，不必实发；正身旗人犯案，应解部监禁；等等。这就是旗人的"换刑"。见刘小萌《满族从部落到国家的发展》，第 225 页；胡祥雨《清代法律的常规化：

族群与等级》，第 47~61 页。

233.《康熙朝起居注》第 1 册，第 653 页。

234. 王鸿绪折，康熙十四年，《康熙朝汉文朱批奏折汇编》第 1 册，第 274 页。但绝不能据此判定，此时清朝对口外地区有关民人的案件，处于失控的状态。

235. 励廷仪折，雍正元年九月二十二日，《宫中档雍正朝奏折》第 1 辑，第 762 页；隆科多题，雍正元年十月初九日，《雍正朝内阁六科史书·吏科》（6），第 119~122 页。

236. 隆科多折，无日期，《康熙朝满文朱批奏折全译》第 4 册，第 1588 页。例见《清圣祖实录》卷 131，康熙二十六年十一月丙子；卷 135，二十七年五月辛巳；卷 148，二十九年九月丁未；卷 196，三十八年十一月戊午。《清高宗实录》卷 1018，乾隆四十一年十月乙巳。

237. 例见《清圣祖实录》卷 210，康熙四十一年十二月癸巳；刘相等折，康熙五十七年闰八月二十七日、九月十一日、九月十三日，五十八年五月初七日、七月二十日，六十年闰六月二十八日，《康熙朝满文朱批奏折全译》第 4 册，第 1323、1327~1329、1387~1388、1416~1417、1479~1480 页。

238. 常常有人冒充捉拿贼犯的番役肆行勒索，当地居民无从辨别真伪。例见博音岱等折，康熙五十四年六月十六日，《康熙朝满文朱批奏折全译》第 3 册，第 1030~1031 页；刘相等折，康熙五十七年九月初十日，《康熙朝满文朱批奏折全译》第 4 册，第 1325~1327 页。

239.《大清律例根原》（3），第 1502~1503 页；赵弘燮折，康熙五十四年十月十九日，《康熙朝汉文朱批奏折汇编》第 6 册，第 574~577 页。

240. 此前，宣化等处的旗民交涉案件是送往保定府审理的。但在雍正初年，清廷已有从京中派满人出任地方官并听讼的考虑。张家口和独石口同知的设立恰好解决了这个问题。见萨克素等折（雍正元年十月二十一日）、海寿折（雍正三年正月十二日），《雍正朝满文朱批奏折全译》上册，第 448~449、1031 页。

241.《清世宗实录》卷 49，雍正四年十月己巳；卷 50，十一月乙未。

242.《嘉庆会典事例》卷 652《刑部·刑部断狱·有司决囚等第三》。

243. 周元理折，乾隆四十二年二月二十四日，《宫中档乾隆朝奏折》第 37 辑，第 811~812 页。

244. 蒋攸铦折，道光四年三月初三日，军机处录副奏折，03-3920-024；军机处上谕档，道光六年五月二十七日。清代内地州县人犯解审，原则上定拟徒罪的人犯解到府即可，军流人犯解到按察使司，斩绞人犯解到督抚。对比内地，口外的情况是特殊的，口北道和热河道都分担了一部分按察司的权力，由此构成了一级特殊的审判机关。

245. 允祥等题，雍正四年九月十四日，《雍正朝内阁六科史书·户科》（30），第 135~140 页。关于"道"的作用以及各地司法机关的审转程序、权限，参见郑秦《清代地方司法管辖制度考析》《清代州县审判试析》，《清代法律制度研究》，中国政法大学出版社，2000，第 90~95、129~130 页；那思陆《清代中央司法审判制度》，第 107~108 页；《清代州县衙门审判制度》，中国政法大学出版社，2006，第 142~148 页。

246. 赵尔巽等：《清史稿》卷 266，第 9947 页；隆科多题，雍正元年十月初九日，《雍正朝内阁六科史书·吏科》（6），第 119~122 页。

247.《雍正会典》卷 187《刑部·律例三十八·断狱一》。

248.《清仁宗实录》卷 77，嘉庆五年十二月甲戌。

249. 官方没有明文规定塔子沟、乌兰哈达、三座塔通判和早期的八沟同知有管辖八旗旗人的权力，但这是因为在清代中前期，以旗庄屯居为主要生活方式的旗人进入蒙古盟旗界内，还不在清廷立法的考量当中。而这种情况一旦发生，各同知、通判自然就获得了对旗人的司法权。见舒赫德等题，乾隆三十九年五月十八日，内阁吏科题本，02-01-

03-06823-009。

250. 理论上"流寓"在犯案后，无论其配徒或者援免，都应被解回原籍。参见李卫题，乾隆元年，北大移交题本，02-01-02-2381-006；雅尔哈善等辑《成案汇编》，《清代成案选编》甲编第 17 册，第 115~116 页；方观承折，乾隆二十年八月二十五日，《宫中档乾隆朝奏折》第 12 辑，第 396~397 页；《清高宗实录》卷 495，乾隆二十年八月。

251.《口外各厅事宜应加筹酌变通（条款附）》，《方恪敏公（观承）奏议》卷 6，第 729~736 页；《清高宗实录》卷 524，乾隆二十一年十月丁卯；刘锦藻：《清朝续文献通考》卷 244《刑考三·刑制》；《清德宗实录》卷 76，光绪四年七月壬申；庆裕折，光绪十九年九月初九日，《光绪朝朱批奏折》第 105 辑，第 1002 页。此外，监狱差役押毙人命，必须禀请邻封州县传到死者亲属会同勘验，但是道光之后，口外地方各州县如有奉官管押犯证病毙，仍令自行验讯。见道光刻本《刑案汇览》卷 46 "诬告"条下道光十三年直隶司说帖，点校本未载。

252. 有几点需要特别说明。第一，正身旗人是指八旗中有独立户籍的群体，称为"正户"或"正身另户"，旗分佐领下人、闲散旗人、内务府包衣和部分下五旗包衣都属于正身旗人。相反，另户、开户旗人和旗下家人不属于正身旗人，他们在犯罪后不必解部监候；外省驻防官兵和闲散，也不必解部监禁。第二，在口北三厅地区，如果犯案旗人越出宣化府境居住，则不必再由同知与地方官会审。第三，民人间的案件一般不存在会审制度，但如果涉及外藩蒙古人证，似也需地方官和理藩院官员会审。第四，在口外地方官设立前，也有将案件交邻近地方（如迁安县—永平府—通永道）审理的情况。第五，承德州设立之初，可能官员还不熟悉口外的新章，故即使是民人间的案子，也发生过被汇报至理藩院的"乌龙"。第六，嘉庆年间一起发生在平泉州民人间的案件，被交与顺天府北路同知审理，其原因不详。相关材料见道光刻本《刑案汇览》卷 58 "主守不觉失囚"条下乾隆五十八年直隶司说帖，点校本未载；崇实题，光绪元年七月二十三日，内阁刑科题本，02-01-07-

12849-022；武忠额等折，道光十二年十二月初七日，宫中档朱批奏折，04-01-01-0743-023；李维钧题，雍正元年四月二十六日，北大移交题本，02-01-02-2301-002；马礼善题，雍正十一年，北大移交题本，02-01-02-2443-004；禄康折，嘉庆十年十二月初五日，军机处录副奏折，03-2282-045。

253. 那彦成咨，嘉庆十九年六月十一日，内务府来文，05-13-002-000559-0116。

254. 钦定条例，崇德二年七月十六日，《清内秘书院蒙古文档案汇编汉译》，第26页。

255. 罗布桑却丹：《蒙古风俗鉴》，第43~45页。

256. 犯事者如民人为首则由厅员主稿，蒙古为首则由旗员主稿。见武忠额、苏苏勒通阿折，道光十二年十月初二日，宫中档朱批奏折，04-01-12-0427-067；文孚题，道光十三年七月十九日，内阁吏科题本，02-01-03-10034-018。

257. 值得注意的是，在多伦诺尔同知派出初期，其还负责审理该处命盗案件，但是没有指明旗分。在多伦参加贸易的扎萨克旗蒙古与民人互讼案件，也由多伦诺尔同知与旗官员会审。

258. 对应关系为：镶黄旗和正黄旗靠近张家口地方——张家口同知；正白旗——独石口同知；镶白旗、正蓝旗——多伦诺尔同知。多伦诺尔同知衙门一度负责监禁巴林两旗、阿巴哈纳尔两旗、翁牛特两旗、乌珠穆沁两旗、阿巴噶两旗、苏尼特两旗、蒿齐特两旗、阿鲁科尔沁各旗应拟斩绞监候人犯。到嘉庆十六年时，范围缩小至锡林郭勒盟各旗遣犯。见乾隆朝内府抄本《理藩院则例》，第163~165页；《嘉庆会典事例》卷753《理藩院·刑法·审断》。

259. 以下的案件对说明该地司法程序很有帮助，见裕禄折，光绪二十五年五月二十一日，宫中档朱批奏折，04-01-01-1037-078。

260. 口北三厅设立时的档案说，蒙民交涉案件应由各旗总管与三厅同知会审；然而乾隆二十五年的材料说，三厅与察哈尔旗分交涉案件，仍照旧会同各察哈尔旗下游牧处部员章京会审。"照旧"二字，说明会审早已发生在地方官和旗内理藩院理事官之间。在《理藩院则例》中，也明确规定蒙民交涉案由地方官会同察哈尔各旗游牧理事司员审讯完结。见乾隆《蒙古律例》卷9《捕亡》；张荣铮、刘勇强等编《钦定理藩部则例》，第339~340页。

261. 珠飒：《18~20世纪初东部内蒙古农耕村落化研究》，第155~156页。

262.《清世宗实录》卷123，乾隆五年七月丁亥。

263. 乌兰哈达司员乾隆十三年初设时，管理喀喇沁左、右两旗，翁牛特两旗，巴林两旗，阿鲁科尔沁旗蒙古民人交涉事务；乾隆十五年起兼管克什克腾旗下居住之民。三座塔司员于乾隆十三年初设时，管理土默特两旗、敖汉旗、喀喇沁中旗、奈曼旗、喀尔喀左翼旗、库伦旗蒙古民人交涉事务；乾隆二十三年将分管的喀喇沁中旗蒙古与民人事务交还八沟同知。嘉庆十五年后，敖汉旗事务归于新设塔子沟司员管理。八沟理事司员于乾隆二十三年时，将原由乌兰哈达、三座塔司员兼管的喀喇沁中、右两旗蒙民交涉事务收归其职责之内。塔子沟司员于嘉庆十五年正式设立，负责管理敖汉旗、喀喇沁中旗事务。见乾隆朝内府抄本《理藩院则例》，第20页；那苏图折，乾隆十三年八月初一日，宫中档朱批奏折，04-01-30-0426-012；乾隆《钦定热河志》卷83《文秩》，第6~7页；道光《承德府志》卷10《公署》，第11~12页；卷30《职官一》，第5页；和瑛纂《热河志略·设官》；达力扎布《清代历任三座塔理事司员略考》，达力扎布主编《中国边疆民族研究》第6辑；珠飒《18~20世纪初东部内蒙古农耕村落化研究》，第180~181页。还可见本书第一章中的相关描述。此外，四税司员不仅是法官，在一定程度上还类似巡察御史、保长、甲长。见阿桂等题，乾隆四十五年九月二十九日，内阁吏科题本，02-01-03-07362-003。

264. 延煦折，光绪四年五月二十六日，《光绪朝朱批奏折》第106辑，第337页。

265. 如乾隆二十五年时，清廷将八沟、塔子沟二厅蒙民交涉案件交与乌兰哈达和三座塔司员办理，似乎忘记了当时的八沟司员已经有司法权。直到乾隆四十年，清廷仍将四旗厅内一位犯案的巴林旗蒙古人交与乌兰哈达和三座塔司员审理。又如嘉庆二十三年时，一件克什克腾旗下民人京控蒙古之案，被指定由多伦诺尔同知、乌兰哈达司员会同昭乌达盟长审办。再如土默特两旗案件，乾隆十三年后例应由三座塔司员或会同旗员，或会同三座塔通判（朝阳县知县）审理，但在档案中，该旗案件仍归于盛京审判者所在多有。见舒赫德题，乾隆四十年三月十九日，内阁吏科题本，02-01-03-06959-012；熙昌折，嘉庆二十三年四月初六日，宫中档朱批奏折，04-01-01-0580-029；麒庆折，同治三年九月二十三日，宫中档朱批奏折，04-01-01-0884-028。

266. 雅尔哈善等辑《成案汇编》，《清代成案选编》第 11 册，第 187 页；《清高宗实录》卷 534，乾隆二十二年三月庚子；方观承题，乾隆二十二年十月初十日，内阁刑科题本，02-01-07-05519-010；方观承题，乾隆二十三年六月十三日，内阁刑科题本，02-01-07-05550-014。

267. 勘验的权力也在乾隆年间发生了变化，见《嘉庆会典事例》卷 753《理藩院·刑法·审断》。

268. 鄂弥达等题，乾隆二十五年十一月初三日，内阁吏科题本，02-01-03-05735-007。

269. 董诰题，嘉庆十七年三月十六日，内阁刑科题本，02-01-07-2464-014。

270. 珠隆阿折，嘉庆十二年八月初一日，宫中档朱批奏折，04-01-01-0507-022。

271. 舒赫德等题，乾隆二十七年闰五月十二日，内阁刑科题本，02-01-07-05835-006。

272. 可见托津题，道光五年十一月初七日，内阁刑科题本，02-01-07-2894-012；嵩溥折，道光十五年三月初九日，宫中档朱批奏折，04-01-26-0064-017；王鼎题，道光二十年六月十六日，内阁刑科题本，

02-01-07-11509-002。

273. 诚安折,嘉庆二十四年六月十九日,宫中档朱批奏折,04-01-01-0592-040;保昌折,道光十二年十一月十二日,宫中档朱批奏折,04-01-26-0060-055。

274.《喀喇沁左翼旗档案综录》,第 89 页。

275. 董诰等折,嘉庆八年九月二十八日,军机处录副奏折,03-2185-018。

276. 荣麟等折,嘉庆十五年八月初七日,宫中档朱批奏折,04-01-01-0524-023。

277. 朱寿朋编《光绪朝东华录》(4),第 3690 页。

278. 赛尚阿等折,道光二十四年二月十九日,军机处录副奏折,03-3818-018;《蒙汉关系》,《蒙古守正武学堂崇正文学堂沿革规则》,乙 E13。

279. 例如乾隆十一年正蓝旗察哈尔蒙古间的案件,未按照新制与多伦诺尔同知会审,见阿克敦等题,乾隆十一年九月初八日,内阁刑科题本,02-01-07-04794-008。

280. 其他一些需要注意的问题是,位于丰宁县境内的察哈尔左翼四旗分部,命盗案件归丰宁县—热河道审理核转,不再由口北地方官审转。削除旗档的察哈尔人,即照大清律例审拟,不再适用蒙古律,死刑会审也无须理藩院参加。外藩蒙古虽然也有换刑制度,但是否进行换刑,总督这一审级可向刑部说明意见。见宝兴题,道光二十八年四月二十六日,内阁刑科题本,02-01-07-3424-007;温承惠折,嘉庆十三年三月十一日,军机处录副奏折,03-2281-028。

第五章

1. 在清中期之前,察哈尔八旗隶属京中八旗蒙古,各旗是京中对应蒙古旗分的组成部分。因此更准确的称呼应是"八旗察哈尔"。但是在乾隆二十七年察哈尔都统设立后,察哈尔八旗成为独立的游牧旗,从此多被称为"察哈尔八旗"。本章会在注意两种称呼有所区别的前提下，统一称以后者。

2. 察哈尔八旗有时被视作驻防旗，察哈尔都统也被称为驻防都统，这是不准确的。清朝的官员对此也有误解。另外，古伯察也有一定的暗示。分别见刘子扬《清代地方官制考》，紫禁城出版社，1988，第370页；张德泽《清代国家机关考略》，第236页；昭梿《啸亭杂录》，中华书局，1980，第329页；古伯察《鞑靼西藏旅行记》第2版，第52页。

3. 《清高宗实录》卷648，乾隆二十六年十一月辛丑。

4. 察哈尔都统、副都统三人均铸给印信。都统员缺，将前锋、护军各统领，满洲、蒙古副都统，满洲、蒙古补授汉军副都统，满洲、蒙古任外省提督职名开列题补。察哈尔都统用镶黄旗色，右翼副都统用正黄旗色，左翼副都统用正白旗色。都统秩从一品，副都统秩正二品。左司负责一般的行政事务和满蒙汉交涉事宜，应当也负责档案的管理。官兵俸饷等事归于右司操办。相关材料参见《清高宗实录》卷652，乾隆二十七年正月乙巳；卷669，八月丙辰。《清穆宗实录》卷345，同治十一年十一月丙午。方观承、明德折，乾隆二十七年八月十六日，宫中档朱批奏折，04-01-01-0253-006。《嘉庆会典事例》卷441《兵部·职制·补授驻防将军》。《钦定八旗通志》卷40《兵志九·军器·军器制度》。第一条中说到审理交涉案件和不干涉词讼，两点乍看之下有矛盾，其实不然。察哈尔八旗作为法律意义上的外藩蒙古，在司法审判中适用蒙古律，由此就涉及会审制度的变化。在这一意义上，察哈尔都统有一定的司法权；而地方钱谷、词讼，则是就州县意义而言，都统不是行省系统下的行政长官，当然就无权管辖。察哈尔都统日常画稿的公务，可以参见张剑、易爱华整理《祥麟日记》（中），"察哈尔日记"部分。左、右两司的具体政务，后来也可能有变动；司员起草文件的内容，毫无疑问会影响察哈尔都统的判断，见《祥麟日记》（中），第858页。

5. 清廷的官方说辞是，副都统作为各旗总管的传事员，徒有虚名而无承办事件，但实际上裁撤副都统可能是迫于财政压力。见《清高宗实录》卷 767，乾隆三十一年八月癸亥；傅恒题，乾隆三十一年十二月二十五日，《明清档案》第 205 册，第 114847~114850 页；杨廷璋折，乾隆三十五年九月初四日，宫中档朱批奏折，04-01-37-0027-010；周元理折，乾隆三十七年三月初四日，宫中档朱批奏折，04-01-01-0310-008。察哈尔都统署位于张家口内上堡以南，乾隆三十一年后新建的副都统衙署位于上堡西南，两者相距不远。2017 年夏天我去张家口时，管理员告诉我，现在被开辟为旅游景点的"察哈尔都统署"，实际是当年副都统署的所在地。

6. 《清高宗实录》卷 670，乾隆二十七年九月己巳。笔帖式由理藩院派往，三年期满，可由都统衙门奏留。见诚勋等片，《政治官报》第 173 号，光绪三十四年三月二十二日。

7. 《清宣宗实录》卷 259，道光十四年十月甲寅。

8. 惪铭折，光绪二十年十一月二十日，《光绪朝朱批奏折》第 82 辑，第 259~261 页。

9. 李鸿章片，光绪十六年九月二十八日，《光绪朝朱批奏折》第 86 辑，第 869~870 页。

10. 此外每旗设捕盗官、捕盗兵。具体人数见《清朝文献通考》卷 183《兵考五·直省兵·直隶·八旗驻防》。《乾隆会典则例》卷 174《八旗都统·兵制》；卷 142《理藩院·典属清吏司》。理事员外郎又称游牧理事官、游牧员外郎、游牧理刑官等。

11. 康熙至雍正年间，一些护军、参领被相继撤回京师。乾隆五年时，捕盗官的选官发生变化，清廷又在左翼四旗内添设了捕盗章京和兵丁。乾隆二十五年时，每旗新增一名副参领，协同参领办事。以上材料见阿喇纳折，雍正三年十二月二十六日，《雍正朝满文朱批奏折全译》上册，第 1249 页。《嘉庆会典事例》卷 429《兵部·官制·游牧察哈尔驻防》。《清高宗实录》卷 125，乾隆五年八月丙寅；卷 145，六年六月辛酉。《乾隆会典则例》卷 142《理藩院·典属清吏司》。

12. 《乾隆会典则例》卷 175《八旗都统·训练》。

13. 68 个佐领中，有世管佐领 34 个、公中佐领 31 个、轮管佐领 1 个、半分世管佐领 1 个、半分公中佐领 1 个；此外还有异部 53 个佐领，其中世管佐领 14 个、公中佐领 26 个、轮管佐领 4 个、半分世管佐领 4 个、半分公中佐领 5 个。参见达力扎布《清代八旗察哈尔考》，《明清蒙古史论稿》，第 329~333 页。

14. 班第折，雍正十三年十二月初十日，《雍正朝满文朱批奏折全译》下册，第 2488 页。

15. 《光绪会典事例》卷 606《兵部·八旗处分例·户口》。

16. 《康熙朝起居注》第 2 册，第 1442 页。

17. 《乾隆会典则例》卷 142《理藩院·典属清吏司》。

18. 雍正九年一位内阁学士根据上谕，将察哈尔、口外牧厂等处以及"外来蒙古"检查造册，可见当时查点人口也可能会奉特旨进行。见吴金折，雍正九年十二月二十六日，军机处录副奏折，03-0015-003；《清世宗实录》卷 6，雍正元年六月丙子。乾隆《口北三厅志》将时间错记为康熙四十四年。见卷首《制敕志》，第 6~7 页。

19. 萧格折，雍正三年正月十二日，《雍正朝满文朱批奏折全译》上册，第 1036~1037 页；《清世宗实录》卷 35，雍正三年八月甲申。

20. 雍正八年该官员的奏折中提到，他命令察哈尔八旗总管于各旗交界地方设立卡伦，稽查盗贼；又请令旗下所设之理刑员外郎兼办行政事务。同时奏报的内容有：接受察哈尔官兵诉状、考察察哈尔旗总管是否廉洁、请求勘定旗界。十一年时，另一位官员则主要报告了察哈尔旗地开垦和民人出口的情况，并表示不必禁止有证件之民人出口垦地。两年后一位理藩院郎中巡察该地后，提出改革蒙民交涉之案的审理程序，还亲自受理了一件旗内的刑事案件。见明鲁折（雍正八年五月初六日、六月三十日、十月初九日）、刘格折（雍正十一年二月二十四日）、伯达色折（雍正十三年闰四月二十六日、八月初十日），《雍正朝满文朱批奏折全译》下册，第 1974~1976、1987~1989、1998、2172~2174、2359~2360、2388~2392 页。

21. 《清世宗实录》卷120，雍正十一年三月壬寅、四月癸亥。

22. 《乾隆会典则例》卷142《理藩院·典属清吏司》。嘉庆朝的《理藩院则例》中仍规定巡察察哈尔官员，每五年派遣一次，由都察院咨取人员带领引见。但乾隆以后，档案中并未见到巡察官员发挥实际作用，也未见到每五年派出人员的案例，很可能其职能已被新设的察哈尔都统、副都统吸收。见嘉庆《理藩院则例·通例上》，第12页。

23. 可见顺治八年的例子，《清初内国史院满文档案译编》（下），第233页。

24. 《乾隆会典则例》卷175《八旗都统·训练》。

25. 弘昇等折，雍正元年十一月初四日，《雍正朝满文朱批奏折全译》上册，第474页。

26. 保泰等折，雍正二年十月十三日，《雍正朝满文朱批奏折全译》上册，第955页。

27. 《清世宗实录》卷115，雍正十年二月甲午。

28. 鄂尔泰等折，乾隆三年七月十八日，宫中档朱批奏折，04-01-16-0006-066。这份档案还回溯道，在乾隆三年以前，察哈尔总管不论旗分，有特旨补放者，有该旗都统将章京、侍卫等拣选带领引见者，有将该旗护军、参领、侍卫等拣选带领引见补放者。

29. 《清仁宗实录》卷229，嘉庆十五年五月丙寅。

30. 《清宣宗实录》卷165，道光十年二月丁丑；卷292，十六年十二月庚戌。温承惠咨，嘉庆十六年五月十九日，内务府来文，05-13-002-000550-0102。察哈尔官员如果不懂蒙语，即使断案无误，因不能服蒙古之心，亦可能受到惩罚。

31. 《清宣宗实录》卷351，道光二十一年四月甲辰；毓书奏，咸丰三年八月十四日，宫中档朱批奏折，406004701。蒙民交涉案件，如案情冗长，则察哈尔都统常用汉文具奏；即使案情简单，用满文具奏时，也附有汉文供单。见《清仁宗实录》卷333，嘉庆二十二年八月乙亥。

32. 武忠额折，道光十一年四月初七日，宫中档朱批奏折，04-01-

12-0420-132；双德折，道光二十八年七月二十五日，宫中档朱批奏折，04-01-16-0158-008；双德等折，道光二十九年九月二十八日，宫中档朱批奏折，04-01-12-0473。相比之下，对察哈尔都统语言能力的要求，似乎反不如总管高。一些察哈尔都统不要说会汉语，连满语也不懂，只能使用通事。嘉庆末期以后，清廷从制度上打开了察哈尔都统以汉文奏事的大门，汉文成了清末察哈尔都统使用频率最高的语言。见庆昀折，咸丰九年四月二十日，军机处录副奏折，03-4549-029；《清仁宗实录》卷333，嘉庆二十二年八月乙亥。

33. 光绪中期的一份档案说，察哈尔镶黄旗已经变成"首旗"；清末的史料则描述正白旗地方辽阔、事务殷繁，必须通达汉语、精明谙练之人方能胜任。见永德片，光绪十六年二月二十二日，宫中档朱批奏折，04-01-17-0143-049；溥颋折，光绪三十一年十月十五日，宫中档朱批奏折，04-01-12-0646-030。

34. 对调的理由多种多样，可以是某旗总管曾受处分、某旗总管更熟悉某项事务、某旗总管资历更深等。例见《清高宗实录》卷1029，乾隆四十二年三月丙戌；阿克敦布等折，同治四年八月十三日，军机处录副奏折，03-4779-136；谦禧等折，光绪八年八月二十九日，军机处录副奏折，03-5820-068。

35. 《清仁宗实录》卷200，嘉庆十三年八月壬寅；魁福折，光绪二十九年十一月十二日，《光绪朝朱批奏折》第49辑，第67页。

36. 玉麟折，道光四年六月二十日，军机处录副奏折，03-2876-055。

37. 扎木苏折，雍正十二年四月十二日，《雍正朝满文朱批奏折全译》下册，第2251~2252页。该提议未见即时回应，我也没有找到大量察哈尔总管的奏报。有些察哈尔总管虽奏有折件，但因其已兼有副都统以上职衔，奏事权很可能不由本职获得。

38. 《乾隆会典则例》卷175《八旗都统·训练》。

39. 雍正时一份珍贵的材料提供了数十位察哈尔低级官员的选拔来源。参领一般由侍卫、佐领内选补；佐领可由领催、骁骑校、护军校内选补；护军校和骁骑校主要由护军、前锋和亲军补授而来，其中以护军拔补者为最多；护军可由前锋内选拔。晚清时期的另两份材料说明，旗内佐领的选拔，可以不局限在原族群。相关材料见《清世宗实录》卷6，雍正元年六月丙子；双全等折，雍正七年五月十九日，《雍正朝满文朱批奏折全译》下册，第 1748 页；祥麟折，光绪二十五年二月十七日，《光绪朝朱批奏折》第 144 辑，第 767~768 页；惠铭等折，光绪十八年十二月初十日，《光绪朝朱批奏折》第 43 辑，第 105~106 页。

40. 弘昇等折，雍正元年十一月初四日，《雍正朝满文朱批奏折全译》上册，第 474~475 页。

41. 达锡折，雍正九年正月二十日，《雍正朝满文朱批奏折全译》下册，第 2015 页。

42. 在京选用者，由理藩院在蒙古八旗之护军校、骁骑校、中书、笔帖式、护军内遴选精通满、蒙文字者，咨送吏部，引见补授。若系护军校、骁骑校，则授为理事员外郎，各较其俸，以应升之官升授，如有才能出众者，保送吏部，以应升之官即用；若系中书笔帖式、护军，则授为主事，三年期满称职，再保送吏部具奏，授为理事员外郎。在外选用者，由察哈尔总管等在各旗散秩官员、护军校、骁骑校内各拣选保送二人，拟定正陪，送院引见，授为理事员外郎。如有才能出众者，准以应升之参领、佐领升用；各旗之笔帖式办事好者，亦一体保送引见，授为主事，三年称职，保送到院具奏，授为员外郎，给予半俸。雍正六年后，八旗游牧员外郎、主事，由理藩院于蒙古护军校、骁骑校、中书、笔帖式、护军内拣选补放。自十一年起，清廷将由京补授游牧理事官，不从护军校、骁骑校、护军中选用，专在各旗现任部院衙门主事、蒙古小京官、中书、笔帖式、护军内选用；其主事授为员外郎，其余则授主事。由此，由察哈尔八旗咨送候选人的规定，实际上已被废除。见隆科多题，雍正元年十二月初九日，《雍正朝内阁六科史书·吏科》（7），第 248~250 页；乾隆朝内府抄本《理藩院则例》，第 18~19 页；《清世宗实录》卷 73，雍正六年九月丁巳。

43.《乾隆会典则例》卷 142《理藩院·典属清吏司》。

44.《清高宗实录》卷 41，乾隆二年四月乙亥。

45. 锡珍：《吏部铨选则例·满洲官员则例卷三·拣选·游牧员外郎主事等官升转》。

46. 理藩部折，《政治官报》第 905 号，宣统二年三月二十九日。

47.《清高宗实录》卷 821，乾隆三十三年十一月庚寅；《嘉庆会典事例》卷 852《八旗都统·授官·补授八旗察哈尔游牧各官》。

48.《清高宗实录》卷 945，乾隆三十八年十月丁未。

49. 道光中期发生了一件有趣的案子。镶红旗总管出缺后，察哈尔都统表示现有各总管中，只有正白旗总管乃由京补放，其余均系察哈尔本处人员。近来察哈尔世职官员大多不晓公务，参领等人无人可以保送，故请求由值年旗咨取京中人员拣选带领引见。这一建议虽然被清帝批准，但切断了察哈尔本处人员的升途，也违反了由察哈尔和京中各自推举候选人的惯例，各旗官员联名呈控都统违例选官。半年以后，当正白、镶白、正蓝三旗总管出缺时，察哈尔都统发现八旗应升总管之参领并世职官 31 员内，符合升补条件的有两人，故将张家口驻防所设之蒙古协领有条件地一并拣选，并且暗示可将张家口驻防的满洲协领也加入。清廷虽将后者驳回，但八旗蒙古协领自此得以选授察哈尔八旗总管。相关材料见凯音布等折，道光十四年七月初九日，军机处录副奏折，03-2641-032；《清宣宗实录》卷 254，道光十四年七月丁丑；王鼎折，道光十五年四月二十日，军机处录副奏折，03-2896-073；凯音布等折，道光十五年七月十一日，军机处录副奏折，03-2641-033；凯音布、苏苏勒通阿片，道光十五年七月十一日，宫中档朱批奏折，04-01-16-0143-063；凯音布、苏苏勒通阿折，道光十五年七月二十七日，宫中档朱批奏折，04-01-16-0143-058；《清宣宗实录》卷 270，道光十五年八月己未。

50. 惠铭片，光绪十九年，《光绪朝朱批奏折》第 43 辑，第 696 页；惠铭片，光绪二十一年十一月二十四日，《光绪朝朱批奏折》第 44 辑，第 854~855 页。察哈尔都统拣选属官和牧场官员的例子，可见《额勒和布日记》（上），第 306 页以下。

51. 察哈尔八旗有保送侍卫进京当差的义务。一般情况下，由察哈尔总管保送挑补侍卫，经御前大臣等拣选带领引见，或分拨乾清门，或在二等、三等及蓝翎侍卫上行走。此外还挑取闲散侍卫 7 人送带引见，以备挑补乾清门行走。见《清高宗实录》卷 1264，乾隆五十一年九月丙子。

52. 永德折，光绪十六年二月初九日，《光绪朝朱批奏折》第 41 辑，第 364~365 页。

53. 寄谕乌尔图纳逊，乾隆五十一年七月初五日，《乾隆朝满文寄信档译编》（19），第 522~523 页。

54. 寄谕巴禄等，乾隆三十四年四月二十四日、五月初三日，《乾隆朝满文寄信档译编》（8），第 700、702~703 页。

55. 只有在旗内公务繁忙时，才可由特旨暂停进京。见恒德等折，雍正十一年九月十三日，《雍正朝满文朱批奏折全译》下册，第 2221~2222 页。

56. 《清高宗实录》卷 652，乾隆二十七年正月乙巳。

57. 武忠额折，道光十二年正月二十二日，宫中档朱批奏折，04-01-16-0139-003。

58. 察哈尔八旗官兵的生计较为困难。雍正九年的上谕说，旧察哈尔人之生计反不如新额鲁特。见《清圣祖实录》卷 97，康熙二十年八月庚寅；《康熙朝起居注》第 1 册，第 743 页；赫寿等折（康熙五十七年四月十五日）、理藩院折（康熙五十七年四月十八日），《康熙朝满文朱批奏折全译》第 3 册，第 1287~1289 页；《清世宗实录》卷 111，雍正九年十月戊午。

59. 武忠额折，道光十年六月初二日，宫中档朱批奏折，04-01-01-0720-006。

60. 如雍正二年时，清帝特派大臣来审理察哈尔正红旗内的盗案，并以从重的原则将罪犯治罪。见苏珠克折，雍正二年十一月初八日，《雍正朝满文朱批奏折全译》上册，第 968 页。

61. 乾隆朝内府抄本《理藩院则例》，第 19 页。

62. 《嘉庆会典事例》卷 753《理藩院·刑法·审断》。

63. 盛安题，乾隆十一年四月十九日，内阁刑科题本，02-01-07-04797-014；乾隆朝内府抄本《理藩院则例》，第 165 页。

64. 乾隆《蒙古律例》卷 9《捕亡》。如同光绪二十三年的一份档案所称，凡察哈尔八旗命盗和词讼案件，均由察哈尔都统衙门札饬各旗总管移交游牧理刑官审理。见祥麟等折，光绪二十三年三月十二日，《光绪朝朱批奏折》第 45 辑，第 705~706 页。

65. 庆昀折，咸丰九年十二月初六日，军机处录副奏折，03-4550-079。

66. 军机处上谕档，道光十年四月二十一日。

67. 奎斌、永德折，光绪十七年七月十八日，宫中档朱批奏折，04-01-12-0551-035。

68. 吉升阿片（光绪二十一年八月初七日）、祥麟等折（光绪二十三年三月十二日），《光绪朝朱批奏折》第 44 辑，第 705~706、712~713 页。

69. 诚勋、额勒浑片，宣统元年九月二十一日，宫中档朱批奏折，04-01-12-0679-0754。

70. 朱寿朋编《光绪朝东华录》（2），第 2265 页。

71. 凯音布、苏苏勒通阿折，道光十五年六月十七日，军机处录副奏折，03-2860-001。

72. 乾隆《口北三厅志》卷首《制敕志》，第 5~6 页。

73. 咸丰十年察哈尔八旗共有兵 8168 名，这是我所见清代察哈尔八旗兵数的峰值。相关材料见《清高宗实录》卷 158，乾隆七年正月庚午；《清朝文献通考》卷 183《兵考五·直省兵·直隶·八旗驻防》；《钦定八旗通志》卷 35《兵志四·八旗驻防兵制·直隶》；《清文宗实录》卷

342，咸丰十一年二月已未。

74. 清季察哈尔八旗的征战活动，可参见赵静雯《清代八旗察哈尔对维护国家统一的贡献》，达力扎布主编《中国边疆民族研究》第 9 辑，中央民族大学出版社，2015。

75.《清文宗实录》卷 208，咸丰六年九月庚辰。咸丰时期的另一份文件则对察哈尔八旗的战斗力提出了尖锐批评，见奏片（具奏人不详），咸丰朝，宫中档朱批奏折，406016897。

76. 阿克敦布、廉至折，同治五年三月初二日，军机处录副奏折，03-4805-016。

77.《康熙朝起居注》第 2 册，第 1090 页；《嘉庆会典事例》卷 849《八旗都统·兵制·畿辅驻防兵制》）。

78. 乾隆《口北三厅志》卷首《制敕志》，第 3~5 页。

79.《清世宗实录》卷 16，雍正二年二月甲寅；允裸等折，雍正二年四月初五日，《雍正朝满文朱批奏折全译》上册，第 751~753 页。

80. 这位内阁学士的条奏，在各人的议复中均称为乾隆四年。但实录却在乾隆三年七月时已载有此案。见《清高宗实录》卷 72，乾隆三年七月乙卯。

81. 孙嘉淦揭，乾隆五年十二月十八日，《明清档案》第 98 册，第 55237~55256 页。

82. 军机处上谕档，乾隆三年十一月初二日。

83. 直隶总督反对在独石口驻兵，而提出考察开平城、兴和城能否驻军，这与建设热河驻防的思路相同。从乾隆帝的反应看，他起初对开平驻兵表示乐观并积极推动，直隶总督的前两次实地勘察也支持这一结论，但当议政王大臣以气候不适合和族群不安定为由表示强烈怀疑时，皇帝的态度变得游移，他又挑选了一位军机大臣前往该处再次考察。最终这项提案被否决了。见孙嘉淦折，乾隆六年四月十三日，军机处录副奏折，03-0457-006。裕亲王、平郡王折，乾隆六年五月初八日，宫中档朱批奏折，04-01-22-0009-058。《清高宗实录》卷 137，乾隆六年二月；卷142，五月辛未。

84.《清高宗实录》卷164，乾隆七年四月癸巳；《查请将独石口佐领勒西泰遣来京城候缺折》（乾隆七年六月初九日），《雍乾两朝镶红旗档》，关嘉录译，佟永功校，王钟翰审，辽宁人民出版社，1987，第97~98页。

85.《清高宗实录》卷244，乾隆十年七月乙亥；卷250，乾隆十年十月癸丑。

86.《清高宗实录》卷602，乾隆二十四年十二月癸未。

87.《嘉庆会典事例》卷849《八旗都统·兵制·畿辅驻防兵制》。

88. 在清代中后期，张家口驻防兵数还有增加，武器也得到革新。与清前期相比，最重要的变化是张家口的军事地位超过了独石口。相关材料见《清宣宗实录》卷319，道光十九年二月丁卯；铁麟、阿彦泰折，道光二十三年九月二十二日，宫中档朱批奏折，04-01-01-0806-053；光绪《畿辅通志》卷120《经政二十七·兵制二》，第4722页；惠铭等折，光绪二十一年二月初三日，《光绪朝朱批奏折》第44辑，第359~360页。察哈尔都统校验察哈尔八旗和驻防官兵的例子，可参见《额勒和布日记》（上），第308页以下、378页。

89. 以直隶境内的长城西段边防为例，乾隆年间设有张家口协、独石口协及龙门路，均属宣化镇总兵管辖。八旗驻防兵为集中驻扎，主要负责看管边墙上重要的大口；绿营兵则主要守卫各小口及堡、台、墩。

90. 乾隆《宣化府志》卷15《兵志上》，第1~29页；乾隆《万全县志》卷4《武备志·军制》，第4~11页；同治《赤城县续志》卷5《武备志》，同治十一年刻本，第1~10页。

91. 许国桂折，雍正元年十二月十五日，《宫中档雍正朝奏折》第2辑，第165~166页。

92. 李质粹折，乾隆六年三月初一日，军机处录副奏折，03-0457-027。

93. 路振扬等折，雍正九年十二月，军机录副奏折，03-0012-030。

94. 《清德宗实录》卷 138，光绪七年十月壬戌；《光绪会典事例》卷 590《兵部·绿旗营制·宣化镇总兵》。

95. 《清高宗实录》卷 665，乾隆二十七年六月丁巳。

96. 精锐营步队武器装备的例子，可见《祥麟日记》（中），第 827 页。

97. 《钦定八旗通志》卷 51《职官志十·开列·驻防协领等官期满送部引见》）。

98. 惪铭等折，光绪十八年十二月初十日，《光绪朝朱批奏折》第 43 辑，第 104~105 页。

99. 《钦定八旗通志》卷 38《兵志七·军政》；《清宣宗实录》卷 135，道光八年四月庚辰、癸巳。

100. 出口考验八旗对察哈尔都统、副都统和八旗旗群来说都是个大负担，要走很远的路，也需要很大开支。见赛尚阿等折，道光二十七年十一月初三日，军机处档折件，079608；《清宣宗实录》卷 303，道光十七年十一月壬辰。

101. 考核对象同样包括张家口、独石口等处的驻防八旗。见《清宣宗实录》卷 449，道光二十七年十一月己卯；惪铭等折，光绪十八年六月二十一日，《光绪朝朱批奏折》第 42 辑，第 751 页。

102. 双德等折，道光二十九年二月十七日，军机处录副奏折，03-2938-047；惪铭等折，光绪十九年十一月初六日，《光绪朝朱批奏折》第 43 辑，第 537~538 页。

103. 这五条台路的具体路线，可见刘文鹏《清代驿传及其与疆域形成关系之研究》，中国人民大学出版社，2004，第 124 页；金峰《清代内蒙古五路驿站》《清代蒙古台站的管理机构》，《蒙古史论文选集》（3），无出版处信息，1983；马楚坚《清代内蒙古台站路线之创置》，珠海文史研究所学会主编《罗香林教授纪念论文集》，新文丰出版股份有限公司，1992，第 966~987 页。官方传递信息的道路和站点在内地普遍被称为驿路、驿站，但在长城以北多以台路、台站、军台称之。这一差别说明这些线路和站点的军事重要性。

104. 需要说明的是，张家口、独石口等驿并不属于五路台站，其沿边驿站钱粮，由内地邻近州县供支。见清代题本抄档，《驿站·直隶》第1、2册。

105. 有关台站设官的混乱材料分别见乾隆《万全县志》卷5《秩官志·武职》，第49页；军机处上谕档，乾隆三十三年十二月初一日；王进泰折，乾隆三十五年八月二十二日，宫中档朱批奏折，04-01-13-0041-002；《光绪会典事例》卷322《礼部·铸印饷·铸造二》。乾隆二十年代的统计数目是，张家口管站部员所管台站中，每台额设弁兵22人，大站每站额马原为35匹，后减至25匹；赛尔乌苏部员所管台站中，每站设弁兵17人，大站每站额马原为25匹，后减至20匹。见《清高宗实录》卷529，乾隆二十一年十二月壬午；卷613，二十五年五月丙寅。

106. 乾隆朝内府抄本《理藩院则例》，第53页。

107. 锡珍：《吏部铨选则例·满洲官员则例卷三·拣选·调补驿站官员》。

108. 张荣铮、刘勇强等编《钦定理藩部则例》，第26页。

109. 溥颐折，光绪三十一年十二月初七日，《光绪朝朱批奏折》第50辑，第136页。

110. 军机处上谕档，乾隆三十三年十二月初十日。

111. 刘锦藻：《清朝续文献通考》卷29《征榷考一·征商·关市》；清代题本抄档，《关税·直省关税七》第72册。

112. 托伦布片，光绪十三年七月二十二日，《光绪朝朱批奏折》第102辑，第309页；奎顺片，光绪二十八年八月二十七日，《光绪朝朱批奏折》第53辑，第309页。

113. 《光绪会典事例》卷982《理藩院·边务·驿站》。和出口考验八旗一样，查台显然也是个苦差事，因此很多人不愿意去，一般是称病或以顾家为辞，参见《额勒和布日记》（下），第380页。

114. 寄谕安泰，乾隆三十二年九月二十六日，《乾隆朝满文寄信档译编》（7），第 759 页。

115.《清宣宗实录》卷 106，道光六年九月乙巳、戊戌；卷 109，十一月乙酉。

116. 张廷玉题，雍正十二年十二月二十一日，《雍正朝内阁六科史书·吏科》（77），第 460～463 页；张廷玉等题，乾隆八年八月二十四日，内阁吏科题本，02-01-03-04167-003；张廷玉等题，乾隆八年五月十二日，内阁吏科题本，02-01-03-04158-001；傅森等题，乾隆二十八年二月二十五日，内阁吏科题本，02-01-03-05932-004；武忠额等折，道光十一年十二月初一日，宫中档朱批奏折，04-01-26-0058-005。

117.《清德宗实录》卷 165，光绪九年六月甲子；卷 434，二十四年十一月庚午。《清宣宗实录》卷 30，道光二年二月丙申、庚申。

118.《清高宗实录》卷 758，乾隆三十一年四月壬寅；卷 1185，四十八年七月辛亥。

119.《清仁宗实录》卷 304，嘉庆二十年三月己亥；《清宣宗实录》卷 96，道光六年三月丁亥。

120. 溥颋等折，光绪三十一年六月初二日、十一月十二日，《光绪朝朱批奏折》第 32 辑，第 359～360、380～381 页。

121. 班第等折，雍正七年二月十二日，《雍正朝满文朱批奏折全译》下册，第 1688～1689 页。

122.《清穆宗实录》卷 308，同治十年四月壬戌。台站使用牲畜的规模有一例可以参考。光绪二十三年正月至二十四年正月，一年内头台使用的骆驼"至七千余只之多"，这里的"只"可能是"只次"的意思。即使在平日，一位官员的随从、辎重很可能不止一队，要分为好几队出发行进。分别见《祥麟日记》（上），第 298 页；《祥麟日记》（中），第 834 页。

123. 上谕严禁官员私带和私用超出规定的货物和仪仗，恰恰说明这种现象的存在。见《清德宗实录》卷 144，光绪八年三月辛卯。

124. 刘锦藻：《清朝续文献通考》卷 375《邮传考十六·邮政·

驿站》。

125.《清穆宗实录》卷350，同治十二年三月癸未。

126. 奎斌折，光绪十七年六月十五日，宫中档朱批奏折，04-01-01-0983-039；奎斌折，光绪十七年七月十八日，宫中档朱批奏折，04-01-01-0981-067；奎斌、永德呈单，光绪十七年七月二十三日，军机处录副奏折，03-7138-043；《清德宗实录》卷299，光绪十七年七月乙酉。

127. 祥麟片，光绪二十五年二月十三日，宫中档朱批奏折，04-01-30-0219-026；祥麟折，光绪二十五年二月十七日，《光绪朝朱批奏折》第114辑，第766~767页；溥颋折，光绪三十一年十月十五日，《光绪朝朱批奏折》第50辑，第38~39页；溥颋折，光绪三十二年闰四月二十五日，《光绪朝朱批奏折》第115辑，第409~411页；溥颋折，光绪三十一年八月二十二日，宫中档朱批奏折，04-01-01-1075-014。

128. 溥颋折，光绪三十二年四月二十二日，宫中档朱批奏折，04-01-01-1079-117。

129. 惪铭折，光绪十八年三月十六日，《光绪朝朱批奏折》第102辑，第675~676页；祥麟等折，光绪二十四年五月二十六日，《光绪朝朱批奏折》第46辑，第257~258页。

130. 庆溥折，嘉庆二十四年十二月初九日，宫中档朱批奏折，04-01-01-0587-037。

131. 乾隆四十九年时，阿尔泰台站官兵主要负责驰递公文，其余差务则派察哈尔官兵协济办理。每年赏给官每人银18两、兵每人银10两。经清廷讨论，帮台差务按照台站官兵60%、察哈尔官兵40%的比例分配。见《清高宗实录》卷1208，乾隆四十九年六月辛亥；《清穆宗实录》卷320，同治十年九月丙午。

132.《清高宗实录》卷408，乾隆十七年二月甲午；卷427，十一月甲申；《嘉庆会典事例》卷520《兵部·马政·八旗官马一》；松筠折，嘉庆二十二年十二月十九日，军机处录副奏折，03-1706-043。具体情形见下节。

133. 他们尤其指出了摊银的问题。参见松筠折，嘉庆二十二年六月十六日，宫中档朱批奏折，04-01-21-0012-003；松筠折，嘉庆二十二年八月十六日，宫中档朱批奏折，04-01-35-0946-046；松筠折，嘉庆二十三年七月十六日，宫中档朱批奏折，04-01-35-0947-032；祥保等折，嘉庆二十二年三月初九日，宫中档朱批奏折，04-01-01-0576-011。

134. 乾隆《口北三厅志》卷首《制敕志》，第 11 页。

135. 第 12、13 台两台差务，由乌兰察布盟乌喇特东公旗和茂明安旗帮差；布鲁图台站一段，由乌兰察布盟四子王旗协济；赛尔乌苏员外郎所管之站，则大多由图什业图、车臣两部帮台应差；至乌里雅苏台一段，则归扎萨克图、赛因诺颜部派员协济。见谦禧折，光绪八年八月二十五日，宫中档朱批奏折，04-01-01-0948-034。

136. 一位官员描述他在台站看到的场景说，沿途各台物资堆积甚多，官兵经过，均临时重价雇备驼只，走毕即开销驼户而去，辎重无人承运。还有人说道，自张家口至赛尔乌苏台站，不但驼马缺乏，而且当差官兵有自己远避、雇人看守者。光绪十七年时，第 12~23 台乌兰察布盟应帮驼马，还尚可敷衍；但图什业图部各旗应帮之第 24~26 台并协帮之第 22、23 台驼马，根本未见踪影。这些批评见《筹议口外转运折》（同治十年十一月十二日），《李鸿章全集》（4），第 450~451 页。《清德宗实录》卷 87，光绪五年二月丁亥；卷 104，十一月丁酉；卷 160，九年二月戊寅。春福等折，光绪六年三月初九日，《光绪朝朱批奏折》第 102 辑，第 634~635 页。托伦布等折，光绪十五年二月二十三日，《光绪朝朱批奏折》第 58 辑，第 310~311 页。奎斌片，光绪十七年七月十八日，《光绪朝朱批奏折》第 55 辑，第 594 页。

137.《清穆宗实录》卷 303，同治十年正月庚戌。还可见布鲁图站的例子，见谦禧折，光绪八年四月初十日，《光绪朝朱批奏折》第 55 辑，第 411~413 页。

138.《清德宗实录》卷 112，光绪六年四月庚戌。

139. 如康熙三十五年的谕旨说，独石口外驿站，每处可用 2~3 名废员坐台效力。见《清圣祖实录》卷 171，康熙三十五年二月壬辰。

140. 一份材料讲道："阿尔泰四十四军台台务……其内外职官犯罪者，或奉特旨发往，或由内外问刑衙门问拟请旨发往，均交兵部令其坐台效力赎罪。"见《光绪会典事例》卷 569《兵部·邮政·坐台》。

141. 参见刘文鹏《清代驿传及其与疆域形成关系之研究》，第 158~162 页。

142. 参见龚巩祚《说张家口》，盛康辑《皇朝经世文编续编》卷 87，第 3130 页。

143. 军机处上谕档，乾隆三十三年十二月初一日。

144. 寄谕乌尔图纳逊等，乾隆四十九年十一月初七日，《乾隆朝满文寄信档译编》（17），第 645~646 页。

145. 《清高宗实录》卷 1327，乾隆五十四年四月甲辰。

146. 军机处上谕档，道光八年四月十三日。

147. 祝庆祺编《刑案汇览》，祝庆祺等编《刑案汇览三编》（1），第 128~129 页。

148. 孙柱题，雍正四年六月二十八日，《雍正朝内阁六科史书·吏科》（29），第 41~42 页。

149. 军机处上谕档，咸丰十年二月十七日。

150. 铁麟等呈章程，道光二十二年四月十四日，军机处录副奏折，03-4002-067。

151. 例见托伦布等折，光绪十三年十二月十三日，《光绪朝朱批奏折》第 26 辑，第 288~289 页；托伦布等折，光绪十四年十月二十五日，《光绪朝朱批奏折》第 110 辑，第 151~152 页。

152. 《清高宗实录》卷 697，乾隆二十八年十月壬寅；卷 769，三十一年九月癸未。察哈尔都统上任时须接收四颗印信和关防，除察哈尔都统印信、阿尔泰军台关防，还有达里冈爱牧群和两翼太仆寺牧群关防。见惠铭折，光绪十七年十二月初九日，《光绪朝朱批奏折》第 42 辑，第

403 页。

153. 松筠折,嘉庆二十二年七月初四日,宫中档朱批奏折,04-01-03-0097-006。

154. 武忠额折,道光十一年八月十六日,宫中档朱批奏折,04-01-30-0205-004。

155. 福成折,道光二十三年十一月初三日,军机处录副奏折,03-2739-029。

156. 咸丰元年为清廷最后一次均齐口外牧群。该次均齐由察哈尔都统检查三旗牛羊群,并委派距离达里冈爱羊群最近之察哈尔正蓝旗总管前往该处均齐。见恒春折,咸丰元年八月二十日,军机处录副奏折,03-4489-049。

157. 华山泰、庆昀折,咸丰四年五月二十八日,军机处录副奏折,03-4489-093。

158. 均齐的目的是将各牧群的牲畜平均分配,使每群的规模维持在大致相等的水平,且对于骟马、骒马的数量搭配更加合理,有利于牲畜的孳生。一旦停止均齐,牧群的管理就可能形同虚设,对牧群人员的各项赏罚也难以实施,牧群官丁对于牧群的责任,被连带地取消了。同治元年时,清廷要求察哈尔都统将咸丰初年后的各牧群孳生数目,按照均齐年份依次推算,造册报部。这项规定显而易见会成为一纸空文。有关材料可见雍正元年的例子,见博和里等折,雍正元年十月十九日,《雍正朝满文朱批奏折全译》上册,第 446 页。另见《清穆宗实录》卷 40,同治元年闰八月己亥,以及清末兵科题本中的相关文件。

159. 双德、庆禄折,道光三十年七月初十日,宫中档朱批奏折,04-01-01-0842-044。

160. 道光十一年首次查群的材料见武忠额折,道光十一年八月十六日,宫中档朱批奏折,04-01-01-0724-032。

161. 《光绪会典事例》卷 649《兵部·马政·牧马二》。

162. 庆昀等片,同治元年九月初四日,军机处录副奏折,03-

4782-033。

163. 例如，光绪三年和四年的各项数字分毫不差，这样的概率实在太小。光绪以后察哈尔都统不再报告勘调马匹的数目，但是将自四分至二分膘的马数相加后，其总数与商都、太仆寺两翼牧厂现存马总数竟然相同，这意味着所有的现存马均勘使用，显然不现实。在个别几年中，所列的四分至二分膘的马数相加总和，竟然超过了现存马数，此外，捐输马数常年保持相同的数据，没有任何倒毙，也是违背常理的。主管部门当然知道其中的弊端，没有相关人员的配合，这一类作弊不可能长期持续下去。但是否揭发，取决于其"动机"以及时间和内容是否"适当"。见上驷院左司呈，道光五年二月初八日，内务府呈稿，05-08-031-000012-0004。

164. 例如，冬、春两季是牲畜倒毙的高峰期，如遇到糟糕天气，官员应主动将牧群移避于妥善之处，甚至同各盟旗易换马匹、添补应用，也在一定程度上是被允许的。如果没有移群，即使没有虚报伤灾情形，也要自行赔补倒毙。但是对于如何移群以及移群成本怎样计算，清廷不过问。更何况畜牧经济十分脆弱，移群也不一定能解决所有问题。见松筠、瑞龄折，嘉庆二十二年十二月十六日，宫中档朱批奏折，04-01-03-0097-002；内务府折，乾隆六年七月二十日，内务府奏案，05-0044-032；内务府折，乾隆十年十二月初二日，内务府奏案，05-0074-004。草原自然灾害对牧群造成的影响，以及政府的应对，概括性的描述可参见 David A. Bello, *Across Forest, Steppe, and Mountain: Environment, Identity, and Empire in Qing China's Borderlands*, pp. 129-139。

165. 米思翰等题，康熙六年七月初三日，《清代内阁大库散佚档案选编·皇庄》上册，第 352~355 页；《康熙朝起居注》第 3 册，第 2184 页；隆科多题，雍正二年十二月二十一日，《雍正朝内阁六科史书·吏科》(17)，第 481~482 页；内务府折，雍正五年六月二十四日，内务府奏案，05-0001-006。

166. 内务府折，乾隆十五年十月初三日，内务府奏案，05-

0108—038。

167. 在嘉庆年间的一起案件中，这一时长竟达到了 25 年。见军机处上谕档，嘉庆二十年七月初八日。

168.《清高宗实录》卷 795，乾隆三十二年十月己巳。

169.《查奏舒库等十一人亏空钱粮缘由折》（雍正三年九月初八日），《雍乾两朝镶红旗档》，第 9~10 页。

170. 以乾隆十六年的案子为例。该年太仆寺两翼牧群亏倒马每年应赔银 3083.5 两。由原任总管赔二成，余银再分为十成，两翼总管各赔一成半，各翼骒马、骟马群主管，镶黄旗翼长、协领等，每人分赔一成，余银再由 78 处马群牧长、牧副等人照倒毙数目计算分摊。由此，赔银最少的一位牧丁，也应赔 2.65 两。但由于被分摊赔款较多之人，将其六年俸饷全数扣完也不足以赔补，外加乾隆十二年时清廷之赏借银两亦限六年扣除，两者并扣，数目更多，而且，乾隆十五年、十六年蒙古本身也遇上灾荒，故后来清廷将分赔年限延长至 6~14 年不等，如摊赔期间遇有物故等情，则挑补其本家继续还项。见来保、观保折，乾隆十六年三月初四日，宫中档朱批奏折，04-01-01-0204-016。

171. 赫庆折，乾隆十八年四月初十日，《明清档案》第 186 册，第 103893~103896 页。

172.《清高宗实录》卷 626，乾隆二十五年十二月乙酉。类似的想法在乾隆初年就有官员提出过，希望不亏群的旗分能够帮助亏群旗分共渡难关，但是都被驳回了。见内务府折，乾隆六年七月二十日，内务府奏案，05-0044-029。

173. 噶鲁等题，康熙二十年三月十七日，《清代内阁大库散佚档案选编·皇庄》上册，第 356~357 页。

174. 尹继善题，乾隆二年十月十六日，内阁兵科题本，02-01-006-000135-0014。

175. 仅在雍正朝的庆丰司牧厂中，可查出的类似大案就有两起。在太仆寺和上驷院牧厂中也发现了牧群官丁使用同样的伎俩。见博和里折，雍正二年十月二十二日，《雍正朝满文朱批奏折全译》上册，第959~960页；五十四等折，雍正十三年七月初三日，《雍正朝满文朱批奏折全译》下册，第2378~2379页；《清高宗实录》卷534，乾隆二十二年三月乙巳；阿克敦布、廉至折，同治四年二月初六日，军机处录副奏折，03-4769-0021。

176. 阿克敦布、廉至呈单，同治四年九月初五日，军机处录副奏折，03-5065-041；穆图善折，光绪五年五月二十九日，军机处录副奏折，03-6049-012。

177. 内务府折，乾隆五年二月初八日，内务府奏案，05-0035-031。

178. 蒲满岱折，乾隆九年三月十一日，《明清档案》第129册，第72827~72830页。

179. 据说当地的汉人可以牵一匹劣马或一头老牛，再加一些钱，就能在官牧厂中换一头强壮的牲畜。见古伯察《鞑靼西藏旅行记》第2版，第53页。这种现象，清朝官员其实心知肚明。见觉和托折，乾隆六年六月十九日，军机处录副奏折，03-0754-008。

180. 灵桂等折，咸丰八年十二月二十二日，军机处录副奏折，03-4580-040。

181. 庆溥等折，嘉庆二十四年三月十六日，军机处录副奏折，03-2250-027。

182. 阿克敦布等折，同治四年九月初五日，军机处录副奏折，03-5065-040。

183. 例见全庆、朱凤标折，咸丰八年六月初七日，宫中档朱批奏折，04-01-16-0170-140；德铭折，光绪二十年十一月初五日，宫中档朱批奏折，04-01-03-0109-019；裕瑞片，同治五年十一月二十二日，军机处录副奏折，03-4783-075；文盛折，同治七年六月二十一日，军机处录副奏折，03-4784-013。

184. 军机处上谕档，道光十年二月十八日、光绪五年六月初五日。

185. 军机处上谕档，嘉庆二十二年四月二十一日；斌良折，道光二十二年六月初一日，军机处录副奏折，03-3003-040；斌良呈单，道光二十二年六月初七日，军机处录副奏折，03-3003-041；西凌阿片，咸丰七年十月十三日，军机处录副奏折，03-4208-093；庆昀等折，咸丰十一年三月二十日，军机处录副奏折，03-4160-124；文盛奏折，同治八年九月初九日，军机处录副奏折，03-4784-035；额勒和布折，同治十一年十一月初七日，军机处录副奏折，03-4661-020。

186. 有关清代捐纳，参见许大龄《清代捐纳制度》，北京大学出版社，1950；伍跃《中国的捐纳制度与社会》，江苏人民出版社，2013。

187. 军机处上谕档，道光二十二年六月初七日、七月十三日；铁麟折，道光二十二年六月十一日，军机处录副奏折，03-3003-047。

188. 军机处上谕档，咸丰四年正月二十六日。

189. 穆隆阿等折，咸丰六年三月十二日，军机处录副奏折，03-4113-047；西凌阿等折，咸丰八年二月初十日，军机处录副奏折，03-4421-045。

190. 裕瑞折，同治六年五月十二日，军机处录副奏折，03-4783-113。

191. 即牧丁、护军升笔帖式，牧副升牧长，笔帖式、牧长升委署翼长、委署协领、护军校，护军校升翼长或协领。另外，咸丰八年商都牧群中的一位委署翼长，捐纳后反而议以笔帖式缺出尽先补用，可能有特殊的原因。

192. 有一个例外，是咸丰十年时一位护军校因连续的捐纳，被议以遇有副总管缺出尽先升用。

193. 其中难说不存在逼捐和勒捐的现象。一般来说后报捐的人看到前报捐的人交了钱而迟迟得不到任命，理应踌躇不前。另外，理论上晚清时期有捐纳的地方，就应当存在印结局，但是在口北各牧群中还未发现能证明此种组织存在的证据。

194. 军机处上谕档，嘉庆十六年八月初六日、九月初一日；成宁、本智折，嘉庆十六年八月二十日，宫中档朱批奏折，04-01-01-

0527-001。

195. 福珠隆阿折，嘉庆十八年十二月二十四日，军机处录副奏折，03-1705-055。

196. 贡楚克扎布折，嘉庆十九年闰二月初九日，宫中档朱批奏折，04-01-03-0096-004。

197. 军机处上谕档，嘉庆十九年闰二月十二日；托津折，嘉庆十九年四月初九日，军机处录副奏折，03-1706-017。

198. 巴瑑阿折，嘉庆十八年十月二十八日，军机处录副奏折，03-1705-035。

199. 勒保折，嘉庆十八年十月三十日，军机处录副奏折，03-1705-037；《清仁宗实录》卷278，嘉庆十八年十一月甲戌。

200. 熙昌、贡楚克扎布折，嘉庆十八年十二月十六日，军机处录副奏折，03-1705-049。

201. 熙昌、贡楚克扎布折，嘉庆十八年十二月二十四日，宫中档朱批奏折，04-01-03-0096-008。

202. 勒保折，嘉庆十九年正月二十四日，军机处录副奏折，03-1706-003。

203. 军机处上谕档，嘉庆二十二年七月十六日；王茂荫：《请将察哈尔调到兵马资送回牧片》（咸丰三年八月初六日），《王侍郎奏议》，黄山书社，1991，第71页。

204. 贡楚克扎布折，嘉庆十九年正月十三日，宫中档朱批奏折，04-01-01-0554-001。

205. 军机处上谕档，道光十八年闰四月初一日；赛尚阿折，道光十八年五月二十日，军机处录副奏折，03-3002-044。

206. 军机处上谕档，同治三年十一月初六日、二十三日。牵涉该案的一位查群大臣，在交还银、马并被革职后，以"误收"而幸免治罪；前任察哈尔副都统收受的贺仪，则被清廷认为是合理的，只是因为未能查清银两来源，被议以私罪杖责调用。见军机处上谕档，同治三年十一月二十五日、十二月初四日，四年正月初六日、二月初三日。

207. 至同治八年，该案中经降级留任、革顶之翼长、牧长，除革退、病故者外，其余人全部奏请开复。见阿克敦布呈单，同治四年二月初六日，军机处录副奏折，03-4769-022；文盛折，同治八年九月初九日，军机处录副奏折，03-4784-035。

208.《清德宗实录》卷268，光绪十五年三月壬戌；卷270，五月丙辰。李鸿章折，光绪十五年五月初九日，《光绪朝朱批奏折》第6辑，第291~293页。

209. 托伦布、永德折，光绪十五年六月初八日，宫中档朱批奏折，04-01-03-0109-025；托伦布、永德折，光绪十五年七月初二日，宫中档朱批奏折，04-01-03-0109-015；托伦布、永德折，光绪十五年十月十六日，军机处录副奏折，03-7389-041；李鸿章折，光绪十五年十一月十七日，《光绪朝朱批奏折》第110辑，第913~917页；《清德宗实录》卷277，光绪十五年十一月辛酉。

210. 关于八旗养马和出青制度简单的描述，可参见杜家骥《清代八旗官制与行政》，第25~29页。

211.《乾隆会典则例》卷166《内务府·上驷院》；《嘉庆会典事例》卷846《八旗都统·兵制·畜牧》；《光绪会典事例》卷1088《太仆寺·职掌·扈从》。

212. 该处营马本于墙子路口外地方牧青，后因其地隶属马兰镇，立有红桩，即于古北口外附近山坡处牧放。雍正十一年后，因添设营马，原牧地不足牧青，又改为将一半营马于张家口外大坝以北、末河以南一带出青。见路振扬折，雍正十一年五月，宫中档朱批奏折，04-01-30-0205-020。

213. 方观承折，乾隆二十四年六月十九日，宫中档朱批奏折，04-01-01-0231-061。

214.《清通典》卷79《兵十二·马政》；《清高宗实录》卷174，乾隆七年九月丁巳。

215.《钦定八旗通志》卷 41《兵志十·马政·八旗牧马》；殷特布等折，康熙五十四年五月二十日，《康熙朝满文朱批奏折全译》第 3 册，第 1015 页；史贻直揭，乾隆七年八月二十四日，《明清档案》第 114 册，第 64305~64308 页；杨葆折（雍正元年四月二十九日）、保泰等折（雍正元年九月二十三日），《雍正朝满文朱批奏折全译》上册，第 113、376~377 页。

216.《清朝文献通考》卷 193《兵考十五·马政·八旗牧马》。

217.《乾隆会典则例》卷 119《兵部·车驾清吏司·马政》。从乾隆十三年的一份查马材料看，所谓的详细分别，即先在各旗中核算成数，次于各参领中核算，最后再分左右两翼各自核算。倒毙驼马，均扣存该官兵钱粮赔补。

218.《清朝文献通考》卷 193《兵考十五·马政·口外牧课》。

219. 允禄辑《谕行旗务奏议》，台湾学生书局，1976，第 619~620 页。

220. 何世璂等题，雍正六年十月十三日，《雍正朝内阁六科史书·户科》（51），第 349 页；李卫揭，乾隆二年闰九月二十二日，《明清档案》第 76 册，第 43307~43310 页；孙嘉淦揭，乾隆五年五月初四日，《明清档案》第 94 册，第 52905~52908 页。

221.《清高宗实录》卷 267，乾隆十一年五月壬子。

222. 允禄辑《谕行旗务奏议》，第 700~703 页。

223. 鄂尔泰折，雍正十三年九月二十六日，《明清档案》第 65 册，第 37075 页；班第折，乾隆七年九月初七日，《明清档案》第 115 册，第 64545~64547 页；舒赫德折，乾隆十三年十月初八日，《明清档案》第 156 册，第 87213~87214 页。

224.《清高宗实录》卷 398，乾隆十六年九月丁卯。这里的察哈尔左、右两翼副总管，似指太仆寺牧群总管，见《清高宗实录》卷 749，乾隆三十年十一月庚寅。

225.《清高宗实录》卷 408，乾隆十七年二月甲午；卷 427，十一月甲申。

226.《嘉庆会典事例》卷520《兵部·马政·八旗官马一》。

227. 松筠折，嘉庆二十二年十二月十九日，军机处录副奏折，03-1706-043。在清代的史料中，有察哈尔左翼四旗牧厂和右翼四旗牧厂的记载，并给出了具体方位，谭其骧主编《中国历史地图集》中清代直隶图和侯杨方主编《清朝地图集——同治至宣统卷》中的直隶图均据此标出两处牧厂。但是察哈尔八旗牧地辽阔，每四旗将自己牲畜齐集一处牧放，理论上无此必要。因为八旗官马至口外出青时，是分为两翼交察哈尔官兵牧放，所谓的察哈尔左翼和右翼四旗牧厂，很可能只是八旗官马出青时的牧放地点。

228.《钦定八旗通志》卷41《兵志十·马政·八旗牧马》。

229.《乾隆会典则例》卷119《兵部·车驾清吏司·马政》。

230.《清高宗实录》卷485，乾隆二十年三月辛卯，四月戊午、庚午。

231.《钦定八旗通志》卷41《兵志十·马政·八旗牧马》。

232.《嘉庆会典事例》卷520《兵部·马政·八旗官马一》。

233. 松筠折，嘉庆二十二年八月十六日，宫中档朱批奏折，04-01-35-0946-046。

234.《清高宗实录》卷831，乾隆三十四年三月丁未。

235.《嘉庆会典事例》卷520《兵部·马政·八旗官马一》。

236. 永瑢等折，乾隆五十年三月十一日，军机处录副奏折，03-0485-002。

237. 嘉庆九年在热河于出青马9428匹内放给随从行围官兵马4291匹，拨还商都、太仆寺两翼牧厂马2200匹，又给在京护军营前往密云接差官兵马1043匹。其余马1894匹，先交圆明园、健锐营、火器营并直隶绿营收领。嘉庆十一年的材料称，直隶领喂的八旗官马，又有3188匹之多，照例夏季出青；盛京官兵骑至京师之马1600匹，于十二年出青时，交察哈尔都统永远牧放。见绵愉折，嘉庆九年九月十四日，军机处录副奏折，03-1703-051；《嘉庆会典事例》卷846《八旗都统·兵制·畜牧》。

238. 潘世恩折，道光十八年正月二十三日，军机处录副奏折，03-2904-014；《清宣宗实录》卷305，道光十八年正月丙申。

239. 察哈尔都统呈单，道光十八年，军机处录副奏折，03-2907-057。

240. 赛尚阿、明训折，道光十八年八月二十日，军机处录副奏折，03-3002-045。

241. 《光绪会典事例》卷649《兵部·马政·牧马二》。

242. 铁麟、阿彦泰折，道光二十三年五月初十日，军机处录副奏折，03-3002-045；铁麟、阿彦泰呈单，道光二十三年五月初十日，军机处录副奏折，03-3004-011。

243. 恒春、庆禄折，咸丰元年闰八月初四日，军机处录副奏折，03-4256-003；西凌阿折，咸丰元年九月三十日，军机处录副奏折，03-4256-005。

244. 如康熙年间的一本县志即记载了沿边州县对蒙古的赈济情况。见康熙《龙门县志》卷8《武略志》，第6页。

245. 如康熙二十年的谕旨称，苏尼特旗下不能赡养之蒙古，准于察哈尔八旗地方驻牧。见《清圣祖实录》卷96，康熙二十年七月辛未。

246. 诚勋、额勒浑折，宣统元年九月十六日，宫中档朱批奏折，04-01-01-1094-074；寄谕乌尔图纳逊，乾隆五十六年七月初二日、十五日，《乾隆朝满文寄信档译编》（22），第626、629~630页。

247. 诚勋等片，宣统元年九月十六日，宫中档朱批奏折，04-01-01-1094-075。

248. 寄谕乌尔图纳逊，乾隆五十一年七月初十日，《乾隆朝满文寄信档译编》（19），第523~524页。

249. 《清宣宗实录》卷244，道光十三年十月庚戌。

250. 例如嘉庆十九年察哈尔都统得知张家口喇嘛庙处聚有盗贼，因该处属张家口理事厅辖区，故请直隶口北道赴该处拿贼。见贡楚克扎布片，嘉庆十九年五月初十日，宫中档朱批奏折，04-01-01-0556-041。

251. 例如乾隆十四年察哈尔正白、正蓝两旗境内民人聚集挖碱，宣化镇总兵在受命带兵前往弹压后说道，该处非其管辖之地，出口巡查必须预先奏明，因而请求清廷批准此后每年委派张家口、独石口副将带领兵丁前往巡缉一次。又如乾隆十六年时一位察哈尔总管报告，多伦诺尔一带的铺司占据游牧地亩，清廷议以凡不应设立铺司之处，房屋俱令拆除。见李如柏折，乾隆十四年七月二十六日，宫中档朱批奏折，04-01-35-0453-006；《暂缓拆多伦诺尔厅铺司该厅或改隶热河道》，《方恪敏公（观承）奏议》卷3，第355~360页；《酌留多伦诺尔铺司》，《方恪敏公（观承）奏议》卷4，第455~461页；《清高宗实录》卷389，乾隆十六年五月辛酉。

252. 西凌阿、庆昀折，咸丰七年闰五月二十四日，宫中档朱批奏折，04-01-01-0860-017；祥麟等折，光绪二十五年九月二十七日，《光绪朝朱批奏折》第26辑，第504~505页。

253. 总理衙门文，光绪十八年正月初二日，总理各国事务衙门档案，01-17-052-05-001。另见总理衙门文，光绪十七年十二月初七日，总理各国事务衙门档案，01-17-052-04-008。

254. 总理衙门文，光绪二十一年二月二十三日，总理各国事务衙门档案，01-20-031-13-003。

255. 贡楚克扎布等折，嘉庆十七年四月初七日，宫中档朱批奏折，04-01-01-0541-001。

256. 武忠额折，道光十三年四月初九日，宫中档朱批奏折，04-01-13-0249-042。

257. 仅举一例，见惪铭折，光绪十八年八月初六日，《光绪朝朱批奏折》第95辑，第275~276页。

258. 《乾隆会典则例》卷46《户部·盐法下》。

259. 乾隆《万全县志》卷3《食货志·田赋》，第16~18页。

260. 雍正《畿辅通志》卷 36《盐政》。

261. 黄掌纶：《长芦盐法志》卷 9《转运上·引地引额》，续修四库全书本，第 16~17、32~33 页。

262. 对此一个有力的证据是，许多材料提到当地住民普遍有甲状腺肿大的症状，这是蒙盐缺少海盐中所富含的碘元素所致。见阿·马·波兹德涅耶夫《蒙古及蒙古人》第 2 卷，第 284~285 页；朴趾源《热河日记》，朱瑞平校点，上海书店出版社，1997，第 121 页；斯当东《英使谒见乾隆纪实》，叶笃义译，上海书店出版社，2005，第 333~334 页；尼·米·普尔热瓦尔斯基《蒙古与唐古特地区：1870~1873 年中国高原纪行》，第 79 页。

263. Li Narangoa and Robert Cribb, *Historical Atlas of Northeast Asia, 1590-2010*, pp. 94-95；民国《察哈尔通志》卷 27《蒙古编·蒙盐》，第 28~31 页。

264. 光绪《畿辅通志》，第 4081 页。

265. 阿·马·波兹德涅耶夫：《蒙古及蒙古人》第 1 卷，第 705~708 页；第 2 卷，第 204~205 页。只有在十家盐商开发利源不顺利时，政府才允许个体商进入。见谦禧等折，光绪八年五月十三日，军机处档折件，123285。

266. 内务府折，乾隆四年四月初四日，内务府奏案，05-0028-006。

267.《口外开碱疏》，《孙文定公（嘉淦）奏疏》卷 5，第 369~370 页；史贻直折，乾隆七年十月初二日，宫中档朱批奏折，04-01-35-0544-017；那苏图折，乾隆十三年五月二十四日，宫中档朱批奏折，04-01-35-0452-011。民人出口的另一项重要事业是前往多伦一带的达里诺尔捕鱼。对繁荣的达里诺尔渔场的描述，可见约瑟夫·塞比斯《耶稣会士徐日升关于中俄尼布楚谈判的日记》，王立人译，商务印书馆，1973，第 162~163 页；尼·米·普尔热瓦尔斯基《蒙古与唐古特地区：1870~1873 年中国高原纪行》，第 82~84 页；Frans August, Larson, *Duke of Mongolia*, pp. 274-275。

268. 乾隆《口北三厅志》卷5《风俗物产志》，第36~38页。

269. 其基本程序如下。产碱各旗凡有刨取碱块售卖者，只准进张家口一处。清廷在张家口、宣化府两处，准本地商民赴监督衙门具呈给予执照，开设碱店。蒙古碱块进口时，该铺户按照行市交易，其收买碱块数量，赴口报明纳税，给予印票，过口时官兵按数稽查。依据部颁则例，每碱100斤作为一担，收库平银0.02两。见乾隆《口北三厅志》卷5《风俗物产志》，第40~41页；《请定蒙古碱块入口之例》，《方恪敏公（观承）奏议》卷6，第737~740页；军机处上谕档，乾隆二十一年闰九月二十一日。

270. 晚清时一位俄国人描述说，任何人都可以随意挖取二连诺尔的白盐。当时采盐的几乎完全是出口民人，盟旗只坐收汉人采盐的分成税，并派官兵在挖碱处看守保护和征收税款。见阿·马·波兹德涅耶夫《蒙古及蒙古人》第1卷，第678~679页。

271. 该案经过详见《清宣宗实录》卷167，道光十年四月乙亥；卷168，闰四月己酉；卷169，五月辛巳；卷197，十一年九月乙亥；卷198，十月壬午；卷199，乙巳；武忠额折，道光十年闰四月十七日，宫中档朱批奏折，04-01-35-0507-026；景福折，道光十年闰四月二十六日，宫中档朱批奏折，04-01-35-0507-030；保昌折，道光十年五月二十九日，宫中档朱批奏折，04-01-35-1386-017。

272. 军机处上谕档，同治六年五月十二日。

273. 绍祺片，光绪十一年十二月十八日，军机处录副奏折，03-6460-079。

274. 奎顺折，光绪二十八年五月二十日，宫中档朱批奏折，04-01-35-0534-032。

275. 奎顺等折，光绪二十九年闰五月二十六日，《光绪朝朱批奏折》第76辑，第317~318页。

276. 袁世凯折，光绪二十九年二月初八日，《宫中档光绪朝奏折》第16辑，第668~669页；袁世凯折，光绪二十九年九月二十一日，《宫中档光绪朝奏折》第 18 辑，第 366~368 页。

277. 溥颐折，光绪三十一年七月初三日，《光绪朝朱批奏折》第 76 辑，第 512~513 页；诚勋片，光绪三十四年十月二十日，宫中档朱批奏折，04-01-35-0540-021。

278. 诚勋折，宣统元年三月初九日，宫中档朱批奏折，04-01-35-0541-018；理藩部咨文，《政治官报》第 590 号，宣统元年五月初三日；度支部折，《政治官报》第 803 号，宣统元年十二月初九日。

279. 督办盐政处折，《政治官报》第 1120 号，宣统二年十一月初八日。

280. 相关材料见卫三畏《中国总论》（上），第 145 页。《中俄续增条约十五则》，葛士濬辑《皇朝经世文续编》卷 107，第 2880 页。《清文宗实录》卷 345，咸丰十一年三月甲午；卷 346，壬寅；卷 347，丁巳；卷 348，四月甲子。口北道呈文（同治十一年）、外务部咨文（光绪二十八年）、奎顺咨文（光绪二十八年），颜世清辑《约章成案汇览》乙篇卷 21 下《成案》，光绪点石斋石印本。《致口北道吉》（光绪十年二月十八日），《李鸿章全集》（33），第 370 页。

281. 《清文宗实录》卷 311，咸丰十年三月甲午。

282. 庆昀折，咸丰十年八月初十日，军机处录副奏折，03-4399-060。其征收程序是张家口行商凡有卖给俄商茶叶者，由铺户报知值年保正，开具加戳报帖，赴察哈尔都统衙门呈递，并在货物上印明，出关时与俄商由天津等处买来贴有三口通商衙门封条之箱分别查验放行。卖给俄商茶箱数目，于每年造册请领理藩院茶票时，另行添造一册，由张家口理事同知申送察哈尔都统衙门，咨送理藩院备核。俄商在张家口贩卖华商茶叶，交税领照，归张家口监督办理。见清代题本抄档，《厘金·奉吉察热库伦一般》第 21 册。俄商在中国境内运货纳税采取晚清以降通行的三联单制度，联单的收缴和发出由张家口监督和户部、理藩院沟通办理。见杞庐主人《时务通考》卷 6《税则二》，光绪二十三年石印本；外务部咨，《大清新法令》第 2 卷，第 781~782 页。三联单的情况可参见《光绪三十四年分榷算司全年档案》，孙学雷、刘家平主编《国家图书馆藏清代孤本内阁六部档案》第 12 册，全国图书馆文献缩微复制中心，2003，第 5569~5880 页。

283. 资料来源于清代题本抄档，《厘金·奉吉察热库伦一般》第 21 册；相关军机处录副奏折。

284. 额勒和布、奎昌折，同治十二年闰六月十八日，军机处录副奏折，03-4967-090；庆春折，同治十三年十一月二十日，宫中档朱批奏折，04-01-35-0964-065；惪铭折，光绪二十一年十二月初九日，《光绪朝朱批奏折》第 77 辑，第 783~784 页。

285. 清代题本抄档，《厘金·奉吉察热库伦一般》第 21 册。

286. 清代题本抄档，《厘金·奉吉察热库伦一般》第 21 册。

287. 祥麟、明秀折，光绪二十五年七月十二日，军机处录副奏折，03-6153-057。

288. 绍祺、永德折，光绪十二年三月二十一日，军机处录副奏折，03-6101-044。

289.《清德宗实录》卷 405，光绪二十三年五月己酉。

290. 朱寿朋编《光绪朝东华录》(2)，第 2265 页。

291. 惪铭折，光绪二十二年四月十九日，《光绪朝朱批奏折》第 114 辑，第 639 页。

292. 庆昀片，咸丰十年六月二十二日，军机处录副奏折，03-4399-046；庆昀咨，咸丰十年七月初九日，军机处录副奏折，03-4257-049。

293. 奎顺等折，光绪二十七年十一月十九日，《光绪朝朱批奏折》第 62 辑，第 554 页。

294. 奎顺片，光绪二十九年八月二十日，宫中档朱批奏折，04-01-35-0581-049；奎顺等折，光绪三十年十月十五日，《光绪朝朱批奏折》第 78 辑，第 756 页；溥颋片，光绪三十一年八月初八日，宫中档朱批奏折，04-01-35-0583-060；溥颋片，光绪三十一年八月初八日，宫中档朱批奏折，04-01-35-0583-061。

295. 奎顺等折，光绪三十年十二月十八日，《光绪朝朱批奏折》第78辑，第773~775页；奎顺片，光绪三十年十二月二十三日，《光绪朝朱批奏折》第90辑，第171~172页；诚勋折，《政治官报》第337号，光绪三十四年九月初九日。

296. 溥颐折，光绪三十二年九月二十日，军机处录副奏折，03-6666-067。

297. 诚勋折，光绪三十三年六月十四日，《光绪朝朱批奏折》第120辑，第870~873页。

298. 警政司片呈，宣统二年九月十一日，民政部档案，21-0303-0002；《察哈尔试办宣统四年预算报告册表》，民国时期察哈尔地区文件，第158函。另外我认为，察哈尔应当也和各直省一样编制过财政说明书，或至少启动了这一计划。但是我还没有找到这一说明书（哪怕是底稿）。

299. 民国《张北县志》卷6《政治志·财政》，第53~58页。这一片土地沙土较多，开垦难度较坝下地大，生产率较坝下地低。见佚名《调查察哈尔垦牧情形记》，1919年铅印本，第4页。

300. 《清德宗实录》卷413，光绪二十三年十二月癸酉；卷415，二十四年二月辛酉。祥麟等折，光绪二十四年二月二十三日，《光绪朝朱批奏折》第79辑，第610~611页。

301. 岑春煊片，光绪二十七年十一月二十六日，宫中档朱批奏折，04-01-22-0065-117。

302. 《清德宗实录》卷499，光绪二十八年五月戊辰、甲申。察哈尔八旗垦务的详细过程，参见樊双《清末察哈尔口北三厅垦务研究——1902~1908》，河北大学硕士学位论文，2008；幸福《清代察哈尔右翼四旗土地开垦研究》，内蒙古师范大学硕士学位论文，2011。

303. 贻谷折，光绪二十八年十二月初九日，《光绪朝朱批奏折》第93辑，第538~540页。

304. 朱寿朋编《光绪朝东华录》（5），第5140页。

305. 贻谷折，光绪二十九年正月二十九日，《光绪朝朱批奏折》第 93 辑，第 551 页。

306. 贻谷等折，光绪二十八年八月初十日，《光绪朝朱批奏折》第 93 辑，第 496~498 页。有关垦务公司的研究，可见孟鑫《清末蒙旗东西路垦务公司研究（1902~1908）》，华中师范大学硕士学位论文，2009。

307. 贻谷等折，光绪三十年八月初四日，《光绪朝朱批奏折》第 93 辑，第 682~683 页。

308. 朱寿朋编《光绪朝东华录》（5），第 4895~4898 页；奎顺折，光绪二十八年十二月初十日，《光绪朝朱批奏折》第 93 辑，第 540~542 页；贻谷折，光绪三十一年九月二十一日，军机处录副奏折，03-6735-032。地商和户总常见于有关清代土地制度的史料，他们相当于土地租佃关系中的中介，从政府手中包揽承领土地，转手给零散佃户，从中赚取差价。转佃后，除在包税制下向政府缴纳规定的地租外，和土地的使用权、所有权、占有权均脱离关系。地商和户总多由殷实大户人家把持，开设有地局，甚至养打手、置军械，动辄械斗。一些散勇游匪以地商和户总为遁逃之薮，往往有焚烧房屋、杀伤人命等事。如果进而细分，这些人还可分成批租、承包土地者和收租的揽头两种。揽头手下有人有钱，势力很大。但有时这两种人是一而二，二而一。直到 20 世纪上半叶，揽头、地商、户总依然是土地的重要占有者。光绪末年他们虽在名义上被革，但仍有不少实力派存在。如果他们用暴力对抗政府，察哈尔都统就会动用地方驻军前往镇压。但如果全然取消地商和户总的中介运作，则放垦的成本势必增加。由此，保留一些可靠、经官方承认的中介，是最经济的方法。故而在户部的地照里，仍可以看到"至地户领照以后，指分地段，应责成户总，仍由地方官随时抽查"的说法。事实上，地商、户总早就上下打通了各种关系，成为不可或缺的中间人。相关材料见贻谷等折，光绪二十八年六月十一日，《光绪朝朱批奏折》第 93 辑，第 477 页；奎顺片，光绪三十年九月十八日，《光绪朝朱批奏折》第 49 辑，第 440 页；贻谷片，光绪二十八年九月至三十四年四月，《光绪朝朱批奏折》第 110 辑，第 1053 页；松筠折，嘉庆二十二年九月十二日，宫中档朱批奏折，04-01-23-0170-005；徐润《徐愚斋自叙年谱》，第 160 页；阿·马·波兹德涅耶夫《蒙古及蒙古人》第 2 卷，第 55~56 页；民国《张北县志》卷 6《政治志·财政》，第 54、58 页；《民商事习惯调查报告录》（中），第 727~732 页；王建革《清代蒙地的占有权、耕种权与蒙汉关系》，《中国社会经济史研究》2003 年第 3 期。

309. 察哈尔都统片，光绪朝，《光绪朝朱批奏折》第 94 辑，第 41 页。

310.《清代的旗地》上册，第 112 页；奎顺等折，光绪二十九年八月二十日，《光绪朝朱批奏折》第 54 辑，第 947~949 页；诚勋折，光绪三十四年正月二十六日，《光绪朝朱批奏折》第 120 辑，第 903~906 页。

311. 廷杰折，光绪三十三年十二月十四日，《光绪朝朱批奏折》第 93 辑，第 932~934 页。

312. 奎顺等折，光绪二十九年八月二十日，《光绪朝朱批奏折》第 54 辑，第 947~949 页。

313. 贻谷折，光绪三十二年六月十三日，军机处录副奏折，03-6736-070；贻谷折，光绪三十三年七月初六日，军机处录副奏折，03-6738-063；贻谷折，光绪三十二年十月十六日，军机处录副奏折，03-6737-043。

314. 溥颋折，光绪三十二年二月十五日，《光绪朝朱批奏折》第 115 辑，第 385~386 页。

315. 溥颋等折，光绪三十二年闰四月二十五日，《光绪朝朱批奏折》第 93 辑，第 831~832 页；溥颋片，光绪三十二年三月二十七日，军机处录副奏折，03-6286-054。

316. 诚勋折，宣统元年九月三十日，宫中档朱批奏折，04-01-22-0068-017。

317. 度支部等折，《政治官报》第 131 号，光绪三十四年二月初九日。

318. 佚名：《调查察哈尔垦牧情形记》，第 11 页。

第六章

1. 逊柱折，雍正元年七月二十五日，《雍正朝满文朱批奏折全译》上册，第 251 页。

2. 如许富翔《论嘉庆十五年热河军府制度的建立》，《清史研究》2019 年第 1 期。

3. 此前，清朝已经要求地方官考察口外地区的政治环境，为改革做充分准备。见军机处上谕档，嘉庆十五年四月十一日；《清仁宗实录》卷 228，嘉庆十五年四月庚子。

4. 毓秀折，嘉庆十六年七月初六日，军机处录副奏折，03-2362-017。同治二年的一件案子说明盟旗内不入等的蒙古贵族，也要走程序接受理刑司员的司法管辖。见《清穆宗实录》卷 77，同治二年八月庚子。

5. 军机处上谕档，嘉庆十五年六月十五日；《清仁宗实录》卷 233，嘉庆十五年八月己酉；和瑛纂《热河志略·统制》；道光《承德府志》卷 10《公署》，第 1~2 页。

6. 和瑛纂《热河志略·统制》；谕内阁，嘉庆十五年六月二十二日，《清宫热河档案》（11），第 550 页。

7. 《清仁宗实录》卷 272，嘉庆十八年八月己未；谕内阁，嘉庆十八年二月二十五日，《清宫热河档案》（12），第 337 页。两条材料时间不一，应有一误。

8. 热河都统审理蒙民交涉案是有先例的。在嘉庆初年的一起蒙古京控案件中，清帝即将该案交由当时没有司法权的热河副都统会同热河道、地方官审理。见庆杰折，嘉庆十一年六月初八日，军机处录副奏折，03-2443-018。

9. 文孚等题，道光八年八月二十三日，内阁户科题本，02-01-03-09765-019。《清宣宗实录》卷 141，道光八年八月戊子；卷 145，十月庚寅。

10.《酌定边僻州县补用章程》，章佳容安辑《那文毅公（彦成）二任直隶总督奏议》卷71，第8382~8392页；卷62，第7096~7098页。在清代的政治体制中，一个官员受到处分不仅仅是他一个人的事，通常会牵连他的同僚和上司。口外地区是一个财政亏损区和刑案多发区，将钱谷、刑名事宜移交给热河都统，其实是降低了直隶官员受到连带处分的概率。

11. 屠之申折，道光八年二月初三日，宫中档朱批奏折，04-01-01-0700-001；《清宣宗实录》卷133，道光八年二月丙子；裕恩片，道光十年七月二十五日，军机处录副奏折，03-4040-020。

12. 例见阿勒清阿折，道光二十年十二月二十一日，军机处录副奏折，03-2912-059。

13.《清代起居注册（康熙朝）》第10册，第10475~10479页；乾隆《钦定热河志》卷14《巡典二》，第4~7页。

14. 逊柱等折，雍正元年七月二十五日，《雍正朝满文朱批奏折全译》上册，第251页；允祥等题，雍正元年十二月十五日，《雍正朝内阁六科史书·户科》（7），第313~316页；《清世宗实录》卷11，雍正元年九月戊子；王宏斌、高德罡：《清代前期热河兵卫制度论略》，《河北师范大学学报（哲学社会科学版）》2004年第1期；特克寒：《热河驻防八旗史略》，《满族研究》2005年第1期。

15.《雍正会典》卷195《刑部·督捕一·逃人》；方观承：《请严口外各厅巡查疏》，仁和琴川居士编《皇清奏议》，文海出版社，2006，第4023~4031页。

16. 伊尔登折，雍正元年八月初七日，《雍正朝满文朱批奏折全译》上册，第272页。

17.《清朝文献通考》卷77《职官考一·官制》；《钦定八旗通志》卷63《土田志二·土田规制·畿辅规制二》；赵尔巽等：《清史稿》卷9，第309页；《雍正会典》卷55《户部·兵饷·出征官兵支给》。定宜庄已提到这点，见氏著《清代八旗驻防研究》，第39、58页。

18.《清高宗实录》卷 155，乾隆六年十一月辛卯。

19.《清世宗实录》卷 117，雍正十年四月戊子；光绪朝的热河园庭则例误将年份记为雍正六年，见《庄园地亩钱粮》，光绪《热河园庭现行则例》，第 213~214 页。

20. 负责操练的长官称，他只花了三个月的时间，就将训练兵的陆战技能操演成熟；随后，他们的骑术也大有长进。见佛标折，雍正十年闰五月初四日、八月初八日，十一年四月十一日，《雍正朝满文朱批奏折全译》下册，第 2120、2141、2196~2197 页。直接对训练兵执行教练任务的低级军官是"内务府废员"，于内务府佐领下千总中选任，称为正、副头目。见内务府折，雍正十三年十一月十九日，内务府奏案，05-0002-052。

21. 八十折，雍正十二年二月十七日，《雍正朝满文朱批奏折全译》下册，第 2246 页。

22.《清高宗实录》卷 44，乾隆二年六月丁卯。所增兵丁中，八旗满洲兵占 3/4，其余为八旗蒙古兵。

23. 训练兵在归化城仍以开垦土地为主要任务。至乾隆二十四年，这批官兵已在当地繁衍至 1600 余名。见《设立衙署》，光绪《热河园庭现行则例》，第 66~67 页；《清高宗实录》卷 585，乾隆二十四年四月戊辰。

24.《清高宗实录》卷 57，乾隆二年十一月己巳。

25.《清高宗实录》卷 64，乾隆三年三月丁巳。

26.《清朝文献通考》卷 183《兵考五·直省兵·直隶·八旗驻防》；尹继善题，乾隆二年十一月十六日，内阁兵科题本，02-01-006-000159-0003。与此同时，直隶提督响应乾隆三年查勘口外地方可否驻兵的上谕，提出在八沟再增设副都统及满洲驻防 1000 名，但是他的提议未获通过。见永常折，乾隆三年十一月初八日，宫中档朱批奏折，04-01-01-0033-010。

27. 瞻岱折，乾隆二年十一月初二日，宫中档朱批奏折，04-01-

01-0015-033；《清高宗实录》卷 57，乾隆二年十一月癸未。

28. 方观承折，乾隆十八年正月初九日，军机处录副奏折，03-0461-002。铁沟位于热河以东 600~700 里处，康熙五十一年准令开采铅矿，但于雍正元年封闭，为防止流民私自开矿，驻防总管和副都统须每年亲往巡查一次。

29. 成格折，道光九年八月十二日，军机处录副奏折，03-2978-030。

30. 《嘉庆会典事例》卷 483《兵部·处分通例·军政卓异》。

31. 《清高宗实录》卷 1114，乾隆四十五年九月丁丑。

32. 《嘉庆会典事例》卷 849《八旗都统·兵制·畿辅驻防兵制》。

33. 和瑛纂《热河志略·驻防》。到嘉庆年间，这 2200 人中驻于热河者 1760 人，驻于喀喇河屯者 440 人，化育沟的蒙古驻防被并入热河驻防中。

34. 庆惠折，道光元年十二月二十日，宫中档朱批奏折，04-01-18-0030-043；桂轮折，道光二十一年十月二十三日，军机处录副奏折，03-3028-065；惠丰片，道光二十九年六月初三日，军机处录副奏折，03-3039-040。

35. 廷杰折，《政治官报》第 39 号，光绪三十三年十月二十八日；廷杰片，《政治官报》第 210 号，光绪三十四年四月三十日。

36. 鄂尔泰等修《八旗通志》第 1 册，东北师范大学出版社，1985，第 555 页。

37. 塞尔赫折，乾隆元年三月初三日，《清宫热河档案》（1），第 167~172 页；《清高宗实录》卷 136，乾隆六年二月乙巳。

38. 内务府折，乾隆六年九月初六日，《清宫热河档案》（1），第 198~199 页。

39. 《复热河都统奎》（光绪十八年三月初三日），《李鸿章全集》（35），第 331~332 页。支放折色，如不以时价折价，则亏损在官（驻防官兵）；支放本色，则亏损在商。

40. 可以参考同为直隶口外地区的张家口、独石口处驻防兵米的发放模式，见《张家口兵米请给全银折》（光绪元年九月初一日），《李鸿章全集》（6），第 385 页；祥麟、依崇阿折，光绪二十三年正月二十八日，宫中档朱批奏折，04-01-16-0251-015。

41. 据称乾隆末年时，米价已较乾隆初期贵 5~6 倍。嘉庆十五年时，热河米价已涨至每石 3.2 两左右，远远高出政府的配给标准。清代中期后，几乎年年有催交兵米的上谕下达。见佐伯富《清雍正朝的养廉银研究》，郑樑生译，台湾商务印书馆股份有限公司，1976，第 141 页；温承惠折，嘉庆十五年八月初八日，军机处录副奏折，03-1718-017；温承惠折，嘉庆十五年九月初六日，军机处录副奏折，03-1718-022；温承惠折，嘉庆十五年十月十一日，宫中档朱批奏折，04-01-03-0144-030。

42. 这个比价仅为 1.4 两/石，见《嘉庆会典事例》卷 205《户部·俸饷·各省兵饷三》）。

43. 允祥等题，雍正四年九月十二日，《雍正朝内阁六科史书·户科》（30），第 114~116 页。

44. 崇实折，同治十二年十月二十八日，宫中档朱批奏折，04-01-03-0166-024；瑞联、锡祉折，同治十三年二月十六日，宫中档朱批奏折，04-01-12-0925-076；李桂林折，光绪二年五月二十六日，军机处录副奏折，03-6061-044；《清德宗实录》卷 32，光绪二年五月丙辰。

45. 延煦折，光绪五年二月初五日，军机处录副奏折，03-6073-051。

46. 中国社会科学院经济研究所编《清代道光至宣统间粮价表》（1），广西师范大学出版社，2009，第 171~183 页；陈夔龙折，《政治官报》第 1148 号，宣统二年十二月初六日。

47. 延煦呈单，光绪五年二月初五日，军机处录副奏折，03-6078-045；崇绮折，光绪五年八月十九日，军机处录副奏折，03-6076-062；呈单，光绪五年，军机处录副奏折，03-6547-054；崇绮片，光绪五年十一月初三日，军机处录副奏折，03-6077-006。

48.《复热河都统庆》（光绪十九年九月初六日），《李鸿章全集》（35），第 561 页；奎斌折，光绪十九年二月二十四日，军机处录副奏折，03-6131-018；庆裕折，光绪十九年十月十五日，军机处录副奏折，03-6132-015。

49.《平定准噶尔方略》正编卷83；《嘉庆会典事例》卷200《户部·俸饷·文武外官俸银一》误为每佐领下马甲46名。

50. 寄谕巴尔品，乾隆二十七年七月十五日，《乾隆朝满文寄信档译编》（3），第511页；《设立额鲁特牧厂界址》《额鲁特请交牧厂添设马乾》，光绪《热河园庭现行则例》，第233~235页；《清高宗实录》卷708，乾隆二十九年四月丙申；卷803，三十三年二月庚午；道光《承德府志》卷25《兵防》，第16页；庆溥、常显折，嘉庆二十二年十二月初六日，宫中档朱批奏折，04-01-04-0026-003；《清仁宗实录》卷337，嘉庆二十二年十二月己卯；光绪《热河园庭现行则例》，第235页。

51.《平定准噶尔方略》续编卷23，乾隆二十八年十二月乙巳。

52. 另记档案兵丁，即俗称的"开户家奴"和"旗下世仆"。乾隆七年至二十一年，清廷先后准许驻防汉军旗人中另记档案及养子开户人、五旗王公下大量旗鼓包衣出旗为民。这些人不愿前往伊犁，实际上清廷对其采取了威逼兼利诱的手段，不前往伊犁者，就不得复行入旗。对这些人来说，禁止入旗意味着丧失最后一丝谋生的希望，相较之下，迁往伊犁屯田算是更好的选择。见《平定准噶尔方略》续编卷24，乾隆二十九年正月壬申；寄谕玛璘，乾隆二十九年正月二十九日，《乾隆朝满文寄信档译编》（5），第539页。复入旗档本为制度所不允，但在特殊时期、特殊情况下，出旗销档的旗人也可复行入旗。见《清文宗实录》卷290，咸丰九年八月庚子。

53. 松筠折，道光元年二月初六日，军机处录副奏折，03-3386-005；《清宣宗实录》卷162，道光九年十一月戊戌。

54.《光绪会典事例》卷1127《八旗都统·兵制·畿辅驻防兵制》；成格折，道光九年十一月初八日，军机处录副奏折，03-2858-044。

55. 参见成格折，道光九年十一月十八日，军机处录副奏折，03-2885-044；《清宣宗实录》卷166，道光十年三月戊戌、甲戌，五月辛巳；内务府折，道光十年五月十三日，内务府奏案，05-0657-078；成格片，道光十一年二月二十八日，军机处录副奏折，03-2889-033。

56. 安忠和：《木兰围场始置时间新考》，《承德民族师专学报》2003 年第 3 期。

57. 这些官兵的总人数约为 3000 人。但可能是震撼于巡幸时的宏大排场，参加军队的规模被宣传成实际规模的好几倍。参见赵珍《资源、环境与国家权力——清代围场研究》，中国人民大学出版社，2012，第 37 页；罗运治《清代木兰围场的探讨》，文史哲出版社，1989，第 142 页；马国贤《清廷十三年：马国贤在华回忆录》，李天纲译，上海古籍出版社，2004，第 65、67、69 页；毕雪梅、侯锦郎《木兰图与乾隆秋季大猎之研究》，台北"故宫博物院"，1986，第 26 页；袁森坡《木兰围场》，文物编辑委员会编《文物集刊》（2），文物出版社，1980，第 101 页。

58.《嘉庆会典事例》卷 430《兵部·官制·围场》。

59. 理藩院折，康熙五十五年八月二十二日、五十六年九月初三日，《康熙朝满文朱批奏折全译》第 3 册，第 1135~1136、1239 页。

60. 吴光折（雍正元年十月二十日）、马尔萨等折（雍正元年十一月初五日），《雍正朝满文朱批奏折全译》上册，第 448、481 页。

61. 乾隆朝内府抄本《理藩院则例》，第 21 页；杜家骥：《八旗与清朝政治论稿》，人民出版社，2008，第 217~219 页。

62. 有的史料可能将察哈尔左翼四旗分部驻哨兵也误划入围场驻防中。见乾隆《钦定热河志》卷 46《围场二·围场规制》，第 35~36 页；道光《承德府志》卷 25《兵防》，第 13~16 页；《钦定八旗通志》卷 117《营建志六·八旗驻防规制二·各省驻防二》；和瑛纂《热河志略·围场》；赵珍《清代塞外围场的资源管理》，《中国人民大学学报》2008 年第 5 期；赵珍《资源、环境与国家权力——清代围场研究》，第 189 页。赵珍引注的个别史料我没查到来源，也许有误读之处。

63. 赵珍：《资源、环境与国家权力——清代围场研究》，第 190~

192 页；毓秀折，嘉庆十八年六月二十八日，军机处录副奏折，03-1695-045。

64. 军机处上谕档，嘉庆九年十月二十四日。

65. 道光《承德府志》卷25《兵防》，第13~16 页。

66. 《清仁宗实录》卷102，嘉庆七年八月戊辰、九月乙亥；毓秀折，嘉庆十七年十二月二十一日，军机处录副奏折，03-1695-029；勒保等折，嘉庆十八年二月初三日，《清宫热河档案》（12），第297~303页；毓秀折，嘉庆十八年六月二十八日，军机处录副奏折，03-1695-045；军机处上谕档，嘉庆十八年六月二十八日、八月十八日。

67. 庆保片，道光三年二月十六日，宫中档朱批奏折，04-01-01-0644-038；庆保折，道光三年三月二十二日，军机处录副奏折，03-2858-002。

68. 在围场地区，长期以来出于对牲畜孳生的保护，对围场官兵随身携带火器有严格限制。甚至出现了嫌疑人武装到牙齿，防卫官兵却手无寸铁的情况。道光十七年，清廷宣布围场官兵每五人可以分配到两杆长枪，到二十二年时重新议定在围场中酌设鸟枪20 杆，但对于其使用有严苛的规定。只有三个堆拨在每年四月至十月翼长、防御出巡时可带鸟枪，其余时间每月只有一天派出防御、骁骑校巡查时可携枪。见潘世恩等折，道光十七年二月十九日，军机处录副奏折，03-2654-053；《光绪会典事例》卷893《工部·军器·直省兵丁军器》；阿勒清阿折，道光二十年十二月二十一日，军机处录副奏折，03-2985-044；《清宣宗实录》卷343，道光二十年十二月壬午。

69. 《热河围场添设营汛折》（光绪五年五月二十四日），《李鸿章全集》（8），第413 页；谦禧、毓秀片，光绪十二年八月初七日，宫中档朱批奏折，04-01-01-0956-058。

70. 崇绮片，光绪七年七月二十七日，军机处录副奏折，03-6016-084；《热河围场移驻弁兵折》（光绪七年闰七月初十日），《李鸿章全集》（9），第449 页；查美荫修《围场厅志》卷7《职官》，第6 页。

71. 《清高宗实录》卷444，乾隆十八年八月乙酉；卷445，丁未。

72. 乾隆朝内府抄本《理藩院则例》，第44页；阿里衮等题，乾隆二十一年二月三十日，内阁户科题本，02-01-04-14955-003。

73. 例见军机处上谕档，嘉庆二十四年五月十一日、道光二年三月二十一日；《清宣宗实录》卷255，道光十四年八月丙辰。

74. 赖惠敏：《乾隆皇帝的荷包》，第52页。

75. 《清高宗实录》卷481，乾隆二十年正月己亥。

76. 阿·马·波兹德涅耶夫：《蒙古及蒙古人》第2卷，第233页；继格折，光绪十年二月十三日，《宫中档光绪朝奏折》第2辑，第607~609页。

77. 察哈尔左翼四旗分部原本在丰宁县一带垦种汤河地亩，有独立的奏销系统。但是年代既久，连清廷自己也逐渐搞不清楚这部官兵设立的经过。自同治二年始，热河都统就将当时的200名察哈尔四旗兵混入了围场驻防兵额内。此外，经过百余年的生息繁衍，八旗满洲和蒙古驻防兵已逐渐融为一体，至清末也被概称为满洲兵。这两个错误在当时未被任何人指出，就此延续下来。见麟庆片，同治二年十月二十五日，宫中档朱批奏折，04-01-01-0877-038；查美荫修《围场厅志》卷7《职官》，第4页；《请裁撤围场驻防员弁兵丁片》（光绪三十二年十二月二十一日），《袁世凯奏议》（下），第1443~1444页。

78. 武忠额折，道光十四年八月十九日，军机处档折件，068933。

79. 如到同治初年，雍正时期的200名蒙古兵丁，已增加至1万余人，但仍仅有200分甲缺。如果不拨给随缺地，是很难生存的。见具片人不详，同治二年十一月（朱批日期为初七日），军机处档折件，092420。

80. 奕劻等折，光绪三十一年八月十九日，军机处录副奏折，03-6735-009。

81. 《围场裁撤汛兵改办巡警折》（光绪三十二年十二月二十一日），《袁世凯奏议》（下），第1441~1442页。

82. 杨士骧：《安置围场裁兵折》《会奏围场裁兵拨给地亩折》（光绪三十三年十二月十三日），《杨文敬公奏议》卷6，宣统三年刻本，第19~23页；《请裁撤围场驻防员弁兵丁片》（光绪三十二年十二月二十一日），《袁世凯奏议》（下），第1442~1443页。宣统元年，围场重新添设书差牧兵34名，但仅驻扎各旗印房，负责看守档案文册。见廷杰折，宣统元年三月十四日，宫中档朱批奏折，04-01-16-0300-020。

83. 《清德宗实录》卷349，光绪二十年九月乙酉。第二年热河都统在驻防八旗和闲散内挑选精壮500名练成骑兵，又于闲散内挑选壮丁250名，再于行宫守卫兵中添募步兵200名。这次练兵因军情紧迫，极有效率。见崇礼折，光绪二十一年正月二十九日、三月十三日，《宫中档光绪朝奏折》第8辑，第844~845、927~929页。

84. 色楞额折，光绪二十四年十一月二十二日，《光绪朝朱批奏折》第34辑，第657~660页。

85. 色楞额折，光绪二十五年十月三十日，《光绪朝朱批奏折》第34辑，第746~748页。

86. 色楞额折，光绪二十八年四月初十日，宫中档朱批奏折，04-01-01-1053-015；《清德宗实录》卷499，光绪二十八年五月壬午；《酌裁旗营练饷挑选弁兵咨送北洋学堂教练折》（光绪二十九年正月十七日），《锡良遗稿·奏稿》第1册，第291~292页。

87. 色楞额折，光绪二十五年二月二十一日，《光绪朝朱批奏折》第54辑，第777~778页；色楞额折，光绪二十五年八月三十日，《光绪朝朱批奏折》第55辑，第256~258页；色楞额折，光绪二十五年四月十一日，《光绪朝朱批奏折》第34辑，第701~705页；军机处上谕档，光绪二十五年四月十六日。

88. 《抽调勇营添练新军而资镇慑折》（光绪二十九年正月二十八日），《锡良遗稿·奏稿》第1册，第299~300页；廷杰片，《政治官报》第961号，宣统二年五月二十七日。

89. 《兵队》，陶仁荣：《喀喇沁土默特奈曼科尔沁扎鲁特等旗沿途调查表附说》第 3 册。

90. 马玉崑、廷杰折，光绪三十四年三月二十九日，军机处录副奏折，03-6047-093。

91. 廷杰折，《政治官报》第 39 号，光绪三十三年十月二十八日。

92. 军机处上谕档，乾隆三十六年四月初一日。

93. 惠吉折，道光十八年十月二十五日，军机处录副奏折，03-2675-065；《清德宗实录》卷 53，光绪三年七月戊午。

94. 三座塔清册，宙字三百九十一号一、二册；乌兰哈达清册，宙字四百十三号、四百十四号，《驻扎三座塔与乌兰哈达理事司员造送日征洋药税银清册》，清末稿本，总理衙门 18。

95. 首次亏额应是在嘉庆二十二年至二十三年间，见英和等折，道光元年六月十六日，军机处录副奏折，03-2509-042。

96. 道光末年，一位八沟税差因不能完税，倾家荡产亦赔补不足，与妻妾自缢，并于死前写下了有关四税征收中种种弊端、陋规的控诉书。与大多数案子一样，这件事被清廷轻描淡写地应付过去。见强谦阴状，道光二十九年八月十六日，军机处录副奏折，03-3329-048；军机处上谕档，道光二十九年十月初四日。

97. 崇礼折，光绪二十一年三月二十八日，《宫中档光绪朝奏折》第 8 辑，第 942~943 页。

98. 嘉庆至道光年间，货币市场呈现银贵钱贱的趋势，收税官将所征铜钱折银的成本增加。见清代题本抄档，《杂课·商税》第 8 册。

99. 毓书折，咸丰四年四月初七日，宫中档朱批奏折，04-01-12-0481-097；毓书折，咸丰四年十月初八日，宫中档朱批奏折，04-01-35-0559-035。

100. 毓书折，咸丰五年正月二十五日，军机处录副奏折，03-4395-053。

101. 这里还是附近地区谷物和皮毛的集散地。参见珠飒《18~20 世纪初东部内蒙古农耕村落化研究》，第 294~312 页；鸟居龙藏《蒙古旅行》，第5~6页。

102. 廷杰折，《政治官报》第2号，光绪三十三年九月二十一日。

103. 富稼折，咸丰九年七月二十八日，军机处录副奏折，03-4398-030。

104. 周祖培等折，咸丰十一年九月十五日，军机处录副奏折，03-4400-066。

105. 崇礼折，光绪二十一年五月十五日，《宫中档光绪朝奏折》第9辑，第84~85页。砍伐森林会使其冷却效应消失，导致局部的气候变暖；农业产区扩大则会导致土壤质量下降。

106. 卓秉恬折，道光三十年七月二十六日，宫中档朱批奏折，04-01-08-0129-010；宝鋆等题，同治八年十二月十三日，内阁户科题本，02-01-04-21873-015；阎敬铭题，光绪十四年二月二十六日，内阁户科题本，02-01-04-22419-016。

107. 谦禧片，光绪十六年五月初三日，军机处录副奏折，03-5265-011；《致热河都统奎》（光绪十七年十二月二十三日），《李鸿章全集》（35），第297~298页。

108. 崇礼折，光绪二十一年三月二十八日，《宫中档光绪朝奏折》第8辑，第942~943页；《清德宗实录》卷365，光绪二十一年四月甲辰。

109. 当时一位御史也请在保证户部和理藩院饭银不受影响的情况下，将四税改归地方，由热河都统重新确定税额。这一请求难保不是由人授意而奏，但最终被理藩院否决了。见《复热河都统奎》（光绪十八年正月二十九日、三月二十日、七月初二日），《李鸿章全集》（35），第316~318、337~338、399页；《筹议热河善后事宜折》（光绪十八年三月十八日），《李鸿章全集》（14），第364~365页。

110. 色楞额片，光绪二十七年四月二十三日，宫中档朱批奏折，04-01-35-1056-058。

111. 袁世凯折，光绪二十八年十二月十八日，《光绪朝朱批奏折》

第 115 辑，第 146 页；张荣铮、刘勇强等编《钦定理藩部则例》，第 66 页。

112. 清代题本抄档，《杂课·牙杂二》第 27 册；《清德宗实录》卷 347，光绪二十年八月丙寅；松寿片，光绪二十九年十二月十六日，《光绪朝朱批奏折》第 78 辑，第 630 页；廷杰片，光绪三十二年四月二十七日，军机处录副奏折，03-6516-042。

113. 刘锦藻：《清朝续文献通考》卷 145《职官考三十一·禄秩》；诚勋片，宣统二年九月初九日，军机处录副奏折，03-7511-017。

114. 岁入内结说明书，《热河清理财政局编订财政说明书》第 1 册，第 8~9 页。在直隶口外地区的各蒙旗中，巴林两旗和扎鲁特旗的汉化程度较低，但是在清末的变化速度也已比较快了。所谓未走上正轨，只是就大规模制度化的农垦图景而言。参见鸟居龙藏《蒙古旅行》，第 56、166~167 页。

115. 《康熙会典》卷 35《户部十九·课程四·金银储课》。

116. 保柱折，康熙五十六年五月十八日，《康熙朝满文朱批奏折全译》第 3 册，第 1189~1190 页。

117. 《清代起居注册（康熙朝）》第 22 册，第 12118~12120 页。

118. 乾隆朝内府抄本《理藩院则例》，第 60 页。

119. 乾隆朝内府抄本《理藩院则例》，第 60 页；来保折，乾隆四年二月二十日，《明清档案》第 88 册，第 49675~49678 页；《清高宗实录》卷 87，乾隆四年二月丁酉。

120. 《清高宗实录》卷 144，乾隆六年六月癸卯；哈达哈等题，乾隆六年六月初八日，内阁工科题本，02-01-008-000295-0015。

121. 寄谕方观承，乾隆二十六年九月二十八日，《清宫热河档案》（1），第 423 页。

122. 《奏复口外各厅开设煤窑试采》，《方恪敏公（观承）奏议》卷 7，第 989~993 页；《清高宗实录》卷 650，乾隆二十六年十二月己巳；军机处上谕档，乾隆二十七年八月二十一日。

123.《蒙古煤窑宜分别稽查》，《方恪敏公（观承）奏议》卷 8，第 1089~1092 页。

124. 参见关文发《嘉庆帝》（下），吉林文史出版社，2004，第 195~206 页。《清仁宗实录》卷 87，嘉庆六年九月庚子；卷 217，十四年八月乙未、庚子；卷 347，二十三年九月乙卯。薛大烈折，嘉庆十四年八月十一日，军机处录副奏折，03-1856-046。

125. 方受畴折，道光元年三月初四日，军机处录副奏折，03-3616-003；成德折，道光二年十一月十九日，宫中档朱批奏折，04-01-01-0626-015；昇寅折，道光七年闰五月初十日，宫中档朱批奏折，04-01-36-0099-010；军机处上谕档，道光七年闰五月十四日；松筠折，道光八年十月十六日，宫中档朱批奏折，04-01-36-0099-017；成格折，道光九年三月十八日，宫中档朱批奏折，04-01-36-0099-021；《清宣宗实录》卷 154，道光九年三月丁巳。

126. 道光《承德府志》卷 23《田赋》，第 33~35 页。

127. 阿勒清阿片，道光二十一年二月二十日，宫中档朱批奏折，04-01-36-0101-001；军机处上谕档，道光二十三年正月初五日、二月十七日。

128. 谢健等讨论了 19 世纪"蒙古"地区的采矿活动，他认为清朝皇帝保护"蒙古的土地"在理论上不能受到"外族"的污染。我们已经证明过，这个概念是根本错误的。见 Jonathan Schlesinger and Mette M. High, "Rulers and Rascals: The Politics of Gold in Qing Mongolian History," *Central Asian Survey*, Vol. 29, 2010, pp. 289-304。

129. 英隆片，咸丰八年四月初五日，军机处录副奏折，03-9519-035。

130. 瑞联片，光绪元年六月初四日，军机处录副奏折，03-7124-003；瑞联片，光绪二年十月初四日，军机处录副奏折，03-7124-006；寿荫片，光绪二十四年九月十六日，《宫中档光绪朝奏折》第 12 辑，第 312~313 页。帮办有一人兼数处矿厂的情况。

131. 清代题本抄档，《矿务·直隶热河奉天黑龙江吉林》。

132. 毓书折，咸丰四年正月二十三日，宫中档朱批奏折，04-01-36-0102-007。清廷的原意是比较云、贵、川等处的铜厂章程制定矿章，但因热河与西南实际情况不同，在遵照部议之后还是核减征收。

133. 毓书折，咸丰三年十二月初八日，军机处录副奏折，03-9507-082。

134. 清代题本抄档，《矿务·直隶热河奉天黑龙江吉林》；延煦折，光绪三年三月二十八日，《光绪朝朱批奏折》第 76 辑，第 846~847 页。

135. 寿荫片，光绪二十四年九月三十日，《光绪朝朱批奏折》第 78 辑，第 155~156 页；寿荫折，光绪二十三年八月初八日，《光绪朝朱批奏折》第 102 辑，第 8~10 页。

136. 清代题本抄档，《矿务·直隶热河奉天黑龙江吉林》。

137. 《复热河都统谦》（光绪十三年四月初七日），《李鸿章全集》（34），第 199 页；贡桑诺尔布折，光绪二十八年二月二十五日，军机处录副奏折，03-9646-042。

138. 《在建平金矿寄故乡父老信》（光绪二十一年乙未春），徐润：《徐愚斋自叙年谱》，第 153~154 页。

139. 传统体制下用土法开矿的失败案例，可见福兰阁《热河纪述》，第 70~72 页。

140. 毓书片，咸丰四年三月二十七日，宫中档朱批奏折，04-01-36-0102-015；毓书片，咸丰五年六月二十九日，军机处录副奏折，03-4514-038；常清折，咸丰九年二月二十九日，军机处录副奏折，03-4514-070；《清文宗实录》卷 278，咸丰九年三月庚辰；刘锦藻：《清朝续文献通考》卷 44《征榷考十六·坑冶》；色楞额片，光绪二十五年十二月二十四日、二十七年十二月十五日，《光绪朝朱批奏折》第 78 辑，第 293~294、447~448 页。

141. 色楞额折并片，光绪二十八年七月二十七日，《光绪朝朱批奏折》第 78 辑，第 506~508、510 页。

142. 毓书折，咸丰四年五月二十八日，宫中档朱批奏折，04-01-36-0102-019；军机处上谕档，咸丰五年十一月二十二日。

143. 各旗呈报升课之时，由热河道派委候补文员一人，带领书役和巡役前往稽查民人、夫匠偷漏等事；蒙古夫匠由该旗拣派蒙古章京一员，带领蒙古兵丁管辖。厂员、书吏、巡役人等所需薪水饭食及防兵口粮，均在耗银内动用。如有不敷，再由商人贴补。如有匪徒劫矿，由旗会同地方官拿办。矿厂升科后，一切文案归厂员详办，旗员不得参与。见清代题本抄档，《矿务·山东山西河南陕西甘肃青海新疆蒙古》。

144. 瑞联折，光绪二年七月十九日，《光绪朝朱批奏折》第 101 辑，第 641~643 页。但对扎萨克旗内未经呈报的偷挖之人，实际上并一定要全部驱逐；采矿合法与否，解释权在中央。见崇礼片，光绪二十一年三月十三日，《宫中档光绪朝奏折》第 8 辑，第 926~927 页。

145. 绵愉折，咸丰五年九月十二日，军机处录副奏折，03-9514-012；军机处上谕档，咸丰五年十月初八日。

146. 英隆片，咸丰六年十二月十六日，宫中档朱批奏折，04-01-36-0103-010；英隆折，咸丰六年十二月十六日，宫中档朱批奏折，04-01-36-0103-011。

147. 毓书折，咸丰四年闰七月十五日，军机处录副奏折，03-4514-024；麒庆折，同治三年三月十五日，军机处录副奏折，03-9425-019。

148. 色楞额折，光绪二十五年十二月二十四日，《光绪朝朱批奏折》第 78 辑，第 291~293 页。

149. 《蒙古各旗矿务请饬外务部妥议办法折》（光绪二十九年正月初六日），《锡良遗稿·奏稿》第 1 册，第 288~289 页。

150.《平泉州属密云乡金矿归官开办片》（光绪二十九年四月初四日），《锡良遗稿·奏稿》第 1 册，第 315~316 页；松寿片，光绪二十九年八月十八日、三十年正月三十日，《光绪朝朱批奏折》第 102 辑，第 79~80、87 页；外务部折（附章程），光绪二十九年，颜世清辑《约章成案汇览》乙篇卷 38 上《章程》；松寿呈单，光绪二十九年七月十四日，军机处录副奏折，03-9646-062。

151. 刘锦藻：《清朝续文献通考》卷45《征榷考十七·坑冶》；王绍林案，光绪三十三年七月初七日，外务部档案，02-04-043-01-006。

152. 朱寿朋编《光绪朝东华录》（5），第5213~5214页。

153. 《清文宗实录》卷74，咸丰二年十月乙巳；奕湘、恒春折，咸丰三年四月十八日，军机处录副奏折，03-9506-043。

154. 毓书呈单，咸丰三年八月二十六日，军机处录副奏折，03-9507-026。

155. 清代题本抄档，《矿务·直隶热河奉天黑龙江吉林》。

156. 柏葰呈单，咸丰五年十月初三日，军机处录副奏折，03-9514-024；清代题本抄档，《矿务·直隶热河奉天黑龙江吉林》。

157. 英隆折，咸丰八年二月二十七日，宫中档朱批奏折，04-01-36-0103-026。

158. 麒庆折，同治五年十月十五日，宫中档朱批奏折，04-01-36-0104-017。

159. 《遍山线土槽子银矿改照现定章程征收折》（光绪二十九年三月二十二日），《锡良遗稿·奏稿》第1册，第306~307页。

160. 徐润：《徐愚斋自叙年谱》，第102~105页。

161. 英隆折，咸丰七年十一月二十九日，宫中档朱批奏折，04-01-36-0103-019。

162. 清代题本抄档，《矿务·山东山西河南陕西甘肃青海新疆蒙古》。

163. 清代题本抄档，《矿务·直隶热河奉天黑龙江吉林》。

164. 常清折，咸丰十年二月初八日，军机处录副奏折，03-4514-082。

165. 需要注意的是，在勘矿征地时，原定如占用蒙古地面，须照民地和内务府旗地地价的两倍给予补偿，但在此次开办过程中，称因该旗既有一成抽分，即不再给予地价。这说明清廷并不将扎萨克旗的土地视为旗的产业。直到光绪二十九年，政府才再次宣布地价的不可取消性。见周祖培等折，咸丰十一年六月十八日，军机处录副奏折，03-4514-096；清代题本抄档，《矿务·直隶热河奉天黑龙江吉林》。

166. 朱寿朋编《光绪朝东华录》（3），第2424~2426页。

167. 毓书折，咸丰四年六月二十四日，宫中档朱批奏折，04-01-36-0102-020；《光绪会典事例》卷216《户部·钱法·办铅锡》；英隆片，咸丰七年正月二十九日，宫中档朱批奏折，04-01-36-0103-013。

168. 麒庆折，同治七年九月十七日，宫中档朱批奏折，04-01-35-0562-007；麒庆折，同治八年正月二十四日，宫中档朱批奏折，04-01-36-0014-024。

169. 这一数据是根据如下证据推论而来的：咸丰九年时，热河最大的两处矿厂遍山线和牛圈子共征正耗银约9.4万两，加上其他各处零星的矿税，以及当时还按照窑帖征税的煤税，总数应在10万两以上。咸丰末年起，另一大矿厂土槽子银矿升科，但因为遍山线的大幅减产，仍可假定为总收入大致不变。

170. 松寿折，光绪三十年十一月初十日，《光绪朝朱批奏折》第78辑，第759~761页。

171. 廷杰折，《政治官报》第760号，宣统元年十月二十五日。

172. 岁入内结说明书，《热河清理财政局编订财政说明书》第1册，第11~13页。

173. 《请设求治总局片》（光绪二十八年十二月十四日），《锡良遗稿·奏稿》第1册，第276页。宣统二年后该局改为调查局，移入热河道署内，仍由热河道为总办。诚勋片，宣统二年二月三十日，民政部档案，21-0345-0031。

174. 清人将粮食酿酒技术称为"烧锅"，其自清初以来随着民人的出口而被带到口外。由于烧锅大量耗米，一旦其规模过大，势必导致粮价上扬；但如完全严禁，又会使得作为饮料的酒水供给不足，故而在严禁与弛禁中间，要找到一个平衡点。见郝尔泰《热河七县游记》，第

51 页。

175. 赵弘燮折，康熙五十六年八月十九日，《康熙朝汉文朱批奏折汇编》第 7 册，第 1141~1144 页；《雍正朝汉文谕旨汇编》（6），第 9-10 页。

176. 那苏图题，乾隆十年十一月二十六日，内阁吏科题本，02-01-03-04411-003。

177. 柳得恭：《滦阳录》卷 1，第 8 页。

178. 《直隶烧锅税课改归州县征解折》（同治九年十二月十一日），《李鸿章全集》（4），第 228~229 页。刘锦藻：《清朝续文献通考》卷 41 《征榷考十三·榷酤》。《清德宗实录》卷 289，光绪十六年九月庚寅；卷 302，十七年十月丙申；卷 462，二十六年四月戊子。色楞额折，光绪二十六年四月十二日，《光绪朝朱批奏折》第 110 辑，第 1021~1023 页。

179. 达哈苏折，雍正十三年正月二十八日，《雍正朝满文朱批奏折全译》下册，第 2231~2232 页；《清德宗实录》卷 295，光绪十七年三月壬午；德福折，光绪十七年八月二十六日，《光绪朝朱批奏折》第 110 辑，第 956~959 页。

180. 一位官员甚至称，热河酒捐在理想状态下可每年至少多收 40 余万两。见《财政整理法·附房屋条例（附烧锅）》，《蒙古守正武学堂崇正文学堂沿革规则》，乙 E13；《税课·烧锅侵蚀税课亟宜整顿》，陶仁荣《喀喇沁土默特奈曼科尔沁札鲁特等旗沿途调查表附说》第 3 册。

181. 值得说明的是卯规一项，在赤峰、建昌、朝阳以及清末新设的各府、厅、州、县中，政府虽不向佃种蒙地的民人收取农业税，但长久以来却存在着摊派卯规的现象。虽然对卯规的数目没有明确记载，但应当不少。参见岁入外结说明书，《热河清理财政局编订财政说明书》第 3 册；《蒙汉关系》，《蒙古守正武学堂崇正文学堂沿革规则》，乙 E13。

182. 松寿折，光绪二十九年十二月二十四日，《光绪朝朱批奏折》第 120 辑，第 809~812 页；松寿折，光绪三十年十一月初十日，《光绪朝朱批奏折》第 78 辑，第 759~761 页。

183. 廷杰片，光绪三十三年四月初八日，军机处录副奏折，03-6517-031；《热河新定税则》，光绪三十二年刻本；廷杰片，光绪三十二年六月初七日，军机处录副奏折，03-6516-065。

184. 光绪三十三年时酒捐、盐捐和各类税收的合计，亦达到了 40 万两，如外加矿税和其他杂费杂捐，那么光绪末年热河地区的税收收入应当可以超过 50 万两/年。见廷杰折，光绪三十三年七月初一日，《光绪朝朱批奏折》第 79 辑，第 111~112 页；廷杰折并单，《政治官报》第 223 号，光绪三十四年五月十三日。

185. 此后，都统衙门内三名理刑官的编制，一直维持到宣统二年底。理刑司员的派出和考核程序如下。刑部理刑官由吏部行文刑部，拣选熟悉刑名汉实缺司员二人，咨送吏部带领引见，请旨派一人前往，三年期满更换，由吏部行文刑部，于候补汉主事内拣派熟悉刑名者前往更换。再三年期满，由热河都统出具考语，送部引见，遇缺即补。刑部候补主事内亦拣派一人。道光十四年后，刑部司员三年期满，由吏部带领引见者，遇该部主事缺出，即行补用，免其试俸。理藩院所派往之理刑司员，由吏部行文理藩院，于满洲、蒙古现任司员、郎中、员外郎、主事内拣选二员，咨送吏部带领引见，请旨选派一员前往。三年期满，准都统出考保奏，送部引见，候旨升用。都统衙门内笔帖式出缺时，由热河都统于金顶领催、前锋内考选，拟定正陪，送吏部带领引见，拣用一员补授，其余一员作为记名，如有缺出，即行坐补。见《清宣宗实录》卷 133，道光八年二月丙子；诚勋折，宣统二年十一月初八日，军机处录副奏折，03-7447-082；锡珍《吏部铨选则例·汉官则例卷五·拣选·热河都统衙门办事司员》；《吏部铨选则例·满洲官员则例卷三·拣选·热河都统衙门办事司员》；《吏部铨选则例·满洲官员则例卷五·笔帖式·热河都统衙门笔帖式》；《光绪会典事例》卷 57《吏部·汉员遴选·热河都统衙门办事司员》。

186.《清宣宗实录》卷 141，道光八年八月丙申。

187. 《蒙汉关系》，《蒙古守正武学堂崇正文学堂沿革规则》，乙 E13。

188. 谦禧折，光绪十年八月二十八日，《光绪朝朱批奏折》第 4 辑，第 297~298 页。

189. 瑞联折（光绪二年二月十二日）、延煦折（光绪四年十一月初四日），《光绪朝朱批奏折》第 2 辑，第 15~16、729 页；廷杰片，光绪三十三年二月二十九日，《光绪朝朱批奏折》第 23 辑，第 431~433 页。

190. 黄宗智：《明清以来的乡村社会经济变迁：历史、理论与现实》卷 1《华北的小农经济与社会变迁》，第 79 页。

191. 方观承折，乾隆三十三年四月二十二日，《清宫热河档案》（2），第 72~73 页。

192. 麒庆折，同治七年十二月二十日，宫中档朱批奏折，04-01-12-0471-095。

193. 库克吉泰片，同治十一年八月二十九日，宫中档朱批奏折，04-01-01-0914-020。

194. 延煦折，光绪四年十月二十四日，《光绪朝朱批奏折》第 1 辑，第 164~166 页。清讼局的主要工作方式如下：第一，以光绪四年十月前具奏者为陈案，督饬局员按月清查；之后具奏者为新案，转饬各属依限完结。第二，令各属将陈案每月至少详结三起，有重大碍难之案，或由都统派员前往会讯，或由地方官札提至府，经都统督饬理刑司员审办会讯，提审之案限以每月两起。第三，府州县详结陈案，以每月三起为平，少则记过，多则记功。第四，各府州县如有记大过至三次者，立予撤任；有记大功至三次以上并未记有大过者，奏请奖叙。第五，为尽快清理积案，可以在一定程度上简化程序，并将嫌犯从宽发落。见延煦呈单，光绪四年十二月初九日，军机处录副奏折，03-7407-054。

195. 崇绮片，光绪五年十二月二十三日，军机处录副奏折，03-7408-047。

196. 自当年七月至九年五月，潋局共清结了各属交代的 21 起案件。

假如这一效率可被视作平均值，那么即便是光绪五年前旧案的清理，也需至少 12 年的时间。见恩福折，光绪九年六月十九日，《宫中档光绪朝奏折》第 2 辑，第 503~504 页。

197. 继格折，光绪九年十二月十八日，《宫中档光绪朝奏折》第 2 辑，第 586 页。

198. 廷杰折并单二件，《政治官报》第 454 号，宣统元年正月十四日。

199. 王乃斌造册，光绪朝，宪政编查馆档案，09-01-03-0050-001；王乃斌造册，宣统元年，宪政编查馆档案，09-01-03-0050-007。

200. 例见《清仁宗实录》卷 36，嘉庆三年十一月丙午。《清宣宗实录》卷 141，道光八年八月丁酉；卷 143，九月癸亥；卷 307，十八年三月庚辰。《清德宗实录》卷 528，光绪三十年三月丁酉；卷 541，三十一年正月乙未。松寿折，光绪三十一年正月十七日，《光绪朝朱批奏折》第 115 辑，第 308~311 页。诚安折，嘉庆二十四年四月二十四日，军机处录副奏折，03-2251-021。裕恩折，道光十一年六月二十八日，宫中档朱批奏折，04-01-01-0730-004。保昌折，道光十二年闰九月二十四日，宫中档朱批奏折，04-01-01-0742-022。保昌折，道光十二年十一月二十九日，宫中档朱批奏折，04-01-01-0742-054。《清文宗实录》卷 216，咸丰六年十二月庚戌。载垣等折，咸丰六年十二月二十四日，军机处录副奏折，03-4579-061。英隆折，咸丰七年二月十六日，宫中档朱批奏折，04-01-16-0168-018。

201. 在清代早期会盟时，多有以稽贼不力、出兵不足等理由将旗官员解职的例子。见《清初内国史院满文档案译编》（上），第 266 页。

202. 长龄等折，道光十五年十二月初二日，军机处录副奏折，03-3071-012；《清宣宗实录》卷 275，道光十五年十二月丙辰、丁巳、戊午。

203. 军机处上谕档，同治四年八月二十九日、三十日，十二月二十五日。

204. 军机处上谕档，同治五年十二月十五日、六年二月二十五日。

205. 军机处上谕档，同治六年五月十五日、七月初四日。

206. 朱寿朋编《光绪朝东华录》（4），第4033页；寿荫折，光绪二十四年正月初六日，《光绪朝朱批奏折》第114辑，第706~709页。

207. 昆冈折，光绪二十四年正月二十二日，军机处录副奏折，03-7266-004。

208. 军机处上谕档，光绪二十四年三月二十八日。

209. 值得注意的是，在热河都统查办敖汉郡王时，该旗一位参领也呈控热河委员、赤峰县知县并税员等带兵惊扰王府。相关材料见昆冈折，光绪二十四年闰三月初七日，军机处录副奏折，03-7266-018。《清德宗实录》卷417，光绪二十四年闰三月庚申；卷424，七月丙寅；卷430，九月己巳。寿荫片，光绪二十四年六月二十九日，《光绪朝朱批奏折》第114辑，第722~724页。军机处上谕档，光绪二十四年七月初九日。

210. 色楞额片，光绪二十四年十二月十九日，《光绪朝朱批奏折》第107辑，第264~265页。

211. 赵尔巽等：《清史稿》，第12753页。

212. 全庆题，光绪四年六月十九日，内阁刑科题本，02-01-07-12924-021。早在乾隆三十一年，清廷即议定各扎萨克应将拟徒以上人犯，一面报理藩院，一面派官兵解赴应禁地方官监禁。见乾隆《蒙古律例》卷9《捕亡》。由旗派出的护解人称为"长解"，派委"长解"的旗官员，有时是扎萨克，有时是协理台吉；当嫌疑人被递解出旗界后，州县官须派出"短解"（营兵）协同"长解"护解前进。如果不小心被人犯或人证逃脱，除直接的护解官要受到惩处外，州县和旗扎萨克也要承担签差不慎的责任。四税司员对此也有催提之责。见《清穆宗实录》卷116，同治三年九月壬戌；卷118，十月丙戌。保昌折，道光十二年五月二十日，宫中档朱批奏折，04-01-28-0016-053。惟勤折，道光三十年十一月二十八日，军机处录副奏折，03-2798-005。文祥、存诚折，同

495

治三年九月二十四日，军机处档折件，099407。

213. 道光《承德府志》卷34《名宦·熙昌》，第32页。

214.《清仁宗实录》卷321，嘉庆二十一年八月庚辰。

215. 那彦宝片，道光十年正月二十二日，宫中档朱批奏折，04-01-01-0714-083；《清宣宗实录》卷165，道光十年二月癸亥。

216. 崇绮片，光绪七年七月初五日，军机处录副奏折，03-7245-053。

217. 例如发生于道光三十年七月的一起案件，因为人证解送的拖延，直到咸丰元年二月还未进入初审程序。见柏葰等题，咸丰元年二月二十九日，内阁吏科题本，02-01-03-11006-049。其他的例子还可见军机处上谕档，咸丰五年五月十五日；瑞联折，光绪二年五月二十四日，《光绪朝朱批奏折》第113辑，第641~643页；延煦折，光绪四年五月二十六日，《光绪朝朱批奏折》第106辑，第337~338页。

218. 朱寿朋编《光绪朝东华录》（1），第684~685页；《光绪会典事例》卷605《兵部·八旗处分例·限期》。

219. 张荣铮、刘勇强等编《钦定理藩部则例》，第377~378页；谦禧片，光绪十三年六月十二日，军机处录副奏折，03-5224-064。

220. 袁世凯等片，光绪二十八年十二月十八日，《光绪朝朱批奏折》第115辑，第147页。

221.《蒙汉交涉》，陶仁荣：《喀喇沁土默特奈曼科尔沁札鲁特等旗沿途调查表附说》第4册。这类情况就如斯科特描述的弱者在面对强者压迫时，会采用拖延、磨洋工等方式进行反抗。见詹姆斯·C. 斯科特《弱者的武器》，郑广怀等译，译林出版社，2011，第293~367页。

222. 赓音等折，嘉庆十二年五月十九日，军机处录副奏折，03-2202-025。

223. 松寿折，光绪三十年七月初三日，《光绪朝朱批奏折》第115辑，第258~261页；张荣铮、刘勇强等编《钦定理藩部则例》，第66~67页。

224. 《清德宗实录》卷 526，光绪三十年八月戊申。五年后，理藩院竟然又称向来盟长和扎萨克均有审判死罪以下之权，只是要依据案件发生的两造，决定是否会审。很难说理藩院官员真的不清楚清代口外地区的法制史。该奏报提出的背景是要将各类案件统一起来，以旗和地方分作第一级和第二级审判机关。这种不再区分族群案件应否会审的制度设计，其实是要将外藩蒙古彻底纳入内地司法体系之中。见《宣统政纪》卷 53，宣统三年四月丁酉。

225. 《清德宗实录》卷 469，光绪二十六年八月己亥。

226. 嘉庆十九年，清廷首先将热河以北塔本格勒六村和伊马图沟居住种地之蒙古仿照屯居汉军例，一体编入保甲。同治三年起，清廷在喀喇沁旗内编设蒙古人保甲。其主要程序和内容是照民人之例，编设门牌，设置保正、甲长，查捕盗贼，这项工作于第二年基本完成。见《编查保甲》，光绪《热河园庭现行则例》，第 247~248 页。

227. 参见白玉双《十八至二十世纪初东部内蒙古社会变迁研究——以喀喇沁地区旗制与旗民社会为中心》，第 30~34 页；《喀喇沁左翼旗档案综录》，第 513 页。

228. 廷杰电，宣统元年闰二月十五日，宪政编查馆档案，09-01-08-0084-017。

229. 萨迎阿折，道光二十三年十二月初七日，宫中档朱批奏折，04-01-01-0807-016；惟勤折，道光三十年十月十五日，军机处录副奏折，03-2815-026。到咸丰九年时，喀喇沁中旗已有 17 个太平社，同治四年则增至 19 个，下辖 150 多个村落；此后不断增加，到光绪六年已有 24 个太平社。在清末喀喇沁右旗中，太平社的社首不是旗内实任官缺，于蒙汉杂居之处各派一人；如非蒙汉杂处，则只派蒙人，出缺后由本旗参领补授，报旗主批准。见《蒙古官制升迁道理》，《蒙古守正武学堂崇正文学堂沿革规则》，乙 E13。

230. 参见白玉双《十八至二十世纪初东部内蒙古社会变迁研究——以喀喇沁地区旗制与旗民社会为中心》，第 35~40 页。

231. 赓福折，咸丰元年五月二十八日，军机处录副奏折，03-4169-022。由此带来的政府监察财政的困难，见桂良折，道光二十七年十二月十六日，宫中档朱批奏折，04-01-01-0822-032；桂良折，道光二十七年十二月十六日，宫中档朱批奏折，04-01-01-0822-032。

232. 春佑折，同治元年二月二十七日，宫中档朱批奏折，04-01-01-0874-082；军机处上谕档，同治三年五月二十六日；周宪章修、吕葆廉纂《凌源县志初稿》卷26《人物》。朝阳县一带的乡牌、太平社，还可见《额勒和布日记》（上），第7、28页；惟勤折，咸丰元年正月二十日，宫中档朱批奏折，406000052。

233. 军机处上谕档，同治十二年五月十九日。

234. 德福片，光绪十七年五月二十九日，宫中档朱批奏折，04-01-16-0233-083。

235. 参见川岛真《中国近代外交的形成》，田建国译，北京大学出版社，2012，第149~153页。

236. 早在道光三十年，就有巴林扎萨克在翁牛特旗地方盘获并无内地游历传教权的法国旅行者，清廷令热河都统及该郡王将此二人解往直隶，派员转送广东出境。第二次鸦片战争后，外国人获得了在中国境内自由通行传教的权力，在直隶口外地区游历者，由热河和察哈尔都统发给护照。同治五年喀喇沁左旗的告示就称，允许持有护照的法国人进入该旗。见《清文宗实录》卷18，道光三十年九月丙辰；《喀喇沁左翼旗档案综录》，第93页。

237. 咨由，光绪十五年九月初二日，总理各国事务衙门档案，01-20-002-04-014；咨由，光绪十五年十月二十八日，总理各国事务衙门档案，01-20-002-04-015。

238. 咨由，光绪十七年三月初四日，总理各国事务衙门档案，01-20-002-04-016；咨由，光绪十七年三月初六日，总理各国事务衙门档案，01-20-002-04-019。

239. 咨由，光绪十七年四月初四日，总理各国事务衙门档案，01-

20-002-04-020。

240. 咨由，光绪十七年四月初六日，总理各国事务衙门档案，01-20-002-04-021。

241. 咨由，光绪十七年五月初七日，总理各国事务衙门档案，01-20-002-04-023；咨由，光绪十七年五月十六日，总理各国事务衙门档案，01-20-002-04-024。

242. 咨由，光绪十七年五月二十日，总理各国事务衙门档案，01-20-002-04-025。

243. 《蒙古各旗矿务请饬外务部妥议办法折》（光绪二十九年正月初六日），《锡良遗稿·奏稿》第1册，第288~289页。

244. 刘锦藻：《清朝续文献通考》卷45《征榷考十七·坑治》；咨由，光绪三十三年七月初七日，外务部档案，02-04-043-01-006。

245. 《理藩院公牍则例三种》（5），第279~282页。

246. 咨由，光绪三十四年九月初七日，外务部档案，02-13-004-02-019。

247. 咨由，光绪三十四年九月十四日，外务部档案，02-13-004-02-021；咨由，光绪三十四年九月二十日，外务部档案，02-13-004-02-023；外务部片，光绪三十四年九月二十二日，外务部档案，02-13-004-02-024；照复日使，光绪三十四年九月二十三日，外务部档案，02-13-004-02-025。

248. 咨由，光绪三十四年九月二十七日，外务部档案，02-13-004-02-026。

249. 咨由，宣统二年三月十八日，外务部档案，02-13-006-03-028；《宣统政纪》卷7，宣统元年正月丁未。敖汉枪价案之后，又有日本人至敖汉旗讨取三井洋行借银本利，此处不再详叙其经过。见咨由，宣统二年四月五日，外务部档案，02-13-006-03-035。

250. 外务部、理藩部和度支部会奏说，以后蒙古各处如有外债，必须先由旗报明理藩部，会同外务部、度支部奏明。洋商须先行禀报驻京

大臣问明外务部，如私自借给，无论是否订立合同，国家概不承认。见
外务部折，《东三省蒙务公牍汇编》卷3，第265～266页。这一条款实
际是光绪十七年所定外债规则的延伸，该份文件宣称，各省如有需借外
债，必须奏明请旨办理，由总理衙门照会驻京使臣。见朱寿朋编《光绪
朝东华录》（3），第3000页。

251. 参见罗运治《清代木兰围场的探讨》，第55～122页。

252. 《嘉庆会典事例》卷573《兵部·行围·木兰行围》。康熙年
间，清帝往往从喀喇河屯直进博洛河屯，由围场西门进哨；乾隆之后，
则常经热河直插张三营、唐三营等处，由围场南界进哨。

253. 各条御道路线参见王淑云《清代北巡御道和塞外行宫》，第1～
20页。关于御道的修筑情况，参见《燕行记》，成均馆《韩使燕行录》
第51册，第59页。

254. 《清高宗实录》卷295，乾隆十二年七月庚戌；卷392，十六年
六月戊申。良卿呈，乾隆二十五年七月十六日，军机处录副奏折，03-
0979-111。和瑛纂《热河志略·统制》。热河地区因多山，交通严重受
河道影响，主要的威胁是水患。滦平县架桥的成本比我们今天想象的要
高。见鸟居龙藏《蒙古旅行》，第40～45、186～187、254～255页；福兰
阁《热河纪述》，第35～36页。桥道整修的具体方法和改革设想，可见
温成惠折，嘉庆十三年十一月初四日，宫中档朱批奏折，404012370。

255. 军机大臣片，乾隆三十三年九月二十一日，《清宫热河档案》
（2），第102页；温承惠折，嘉庆十三年十一月初四日，军机处录副奏
折，03-1518-006；《清宣宗实录》卷16，道光元年四月甲午。

256. 温承惠折，嘉庆十六年九月初一日，宫中档朱批奏折，04-01-
01-0525-053。

257. 章佳容安辑《那文毅公（彦成）初任直隶总督奏议》卷43，
第4636～4665页。

258. 《乾隆会典则例》卷137《工部·屯田清吏司·薪炭》；《光绪
会典事例》卷951《工部·薪炭·巡幸供用》。

259. 《清高宗实录》卷 886，乾隆三十六年六月壬申。

260. 根据嘉庆初年的一份档案，清帝巡幸热河，由顺义、滦平、密云、承德、丰宁五府县供应马驼草、米、豆等，昌平、怀柔、宛平三州县随时亦有供应。在例价之外，多费之项，即由各承办州县自行垫给。见和珅题，嘉庆三年四月二十七日，《明清档案》第 284 册，第 160581~160584 页；章佳容安辑《那文毅公（彦成）初任直隶总督奏议》卷 52，第 5693~5697 页。

261. 乾隆帝第一次巡幸热河时，即谕令地方官严禁借端摊派；然而嘉庆七年的上谕说明情况并未有所改善。见乾隆《钦定热河志》卷 45《围场一》，第 4 页；《清仁宗实录》卷 98，嘉庆七年五月丙申。

262. 张杰：《论差徭书》，贺长龄辑《皇朝经世文编》卷 33，文海出版社，1972，第 1204~1205 页。

263. 道光《承德府志》卷 25《兵防》，第 13~16 页；《清高宗实录》卷 446，乾隆十八年九月乙卯。

264. 佛格折，雍正元年五月十六日，《雍正朝汉文朱批奏折汇编》第 1 册，第 429 页；佛格等折，雍正元年五月十六日、八月初三日，《雍正朝满文朱批奏折全译》上册，第 142、264~265 页。

265. 来保、韩光基折，乾隆六年四月二十八日，宫中档朱批奏折，04-01-01-0070-010；乾隆朝内府抄本《理藩院则例》，第 157 页。

266. 《乾隆会典则例》卷 144《理藩院·理刑清吏司》。

267. 《清高宗实录》卷 1015，乾隆四十一年九月甲戌；奉旨，乾隆四十七年七月十七日，《清宫热河档案》(5)，第 91 页。

268. 《嘉庆会典事例》卷 623《刑部·刑律盗贼·盗田野谷麦》。

269. 例如旗人不能享受换刑的特权，还要削除旗档，甚至蒙古人盗窃围场亦要刺字。见许槤《刑部比照加减成案》，第 84 页；孟樨《刺字统纂》，《中国珍稀法律典籍续编》第 7 册，第 248 页。

270. 乾隆朝内府抄本《理藩院则例》，第 157 页；《清高宗实录》卷 362，乾隆十五年四月辛巳；阿克敦题，乾隆十五年四月初七日，《明清档案》第 163 册，第 91239~91242 页。

271.《围场栅木三十里以内不准开店垦地》，伯麟：《兵部处分则例》卷 27《绿营·近卫》，道光刻本。

272. 方观承折，乾隆二十一年七月初八日，《清宫热河档案》（1），第 368 页；庆惠折，道光元年十二月十七日，军机处录副奏折，03-3912-040。

273. 允禄等题，乾隆元年十月初二日，《大连图书馆藏清代内务府档案》（9），第 29~31 页。

274. 高斌折，乾隆九年六月二十九日，《清宫热河档案》（1），第 229~232 页。

275. 三和折，乾隆二十五年十一月二十四日，内务府奏案，05-0184-077。

276.《康熙会典》卷 82《兵部二·驻防·边关禁例》；《乾隆会典则例》卷 114《兵部·职方清吏司·关禁》。

277. 内务府折，乾隆三十一年九月十四日，内务府奏案，05-0237-029；内务府折，乾隆三十一年十二月十二日，内务府奏案，05-0248-046。

278.《清高宗实录》卷 348，乾隆十四年九月壬子；海常等折，乾隆十四年十一月十七日，《清宫热河档案》（1），第 283~286 页。

279. 内务府折，乾隆四十年四月十一日，内务府奏案，05-0318-069；胡什图等折，乾隆三十三年十一月初六日，《清宫热河档案》（2），第 116~117 页；周元理折，乾隆三十八年十二月初三日、三十九年正月十二日，《清宫热河档案》（3），第 74、210~211 页；多殡等折，乾隆四十一年十一月十六日，《清宫热河档案》（4），第 69~70 页；恒善保等折，乾隆五十二年十月二十日，《清宫热河档案》（6），第 71~72 页；德勒克扎布等折，嘉庆五年四月十九日、九月初七日，《清宫热河档案》（9），第 167~168、177~182 页；庆杰、董椿折，嘉庆九年三月二十七日，宫中档朱批奏折，04-01-37-0054-009。

280. 军机处上谕档，嘉庆二十二年九月十七日、二十三年正月十八日。

281. 如乾隆三十五年，内务府在多伦大河口采买的商砍运京木植，在运输过程中被水冲失。经直隶总督与内务府裁定，热河副都统应负责看管木植堆放；木植自围场拉出时，应由热河总管及内务府委员沿路检查；所经各地，由热河道和州县照料。见内务府折，乾隆三十五年九月十六日，内务府奏案，05-0281-014；三全等折，乾隆三十五年十一月二十七日，《清宫热河档案》(2)，第 211~213 页。

282. 《清仁宗实录》卷 268，嘉庆十八年四月庚子；英廉等折，乾隆三十八年十一月二十八日，《清宫热河档案》(3)，第 69~73 页。

283. 寄谕苏广常，嘉庆十一年八月十四日，《清宫热河档案》(10)，第 492 页；毓秀等折，嘉庆十六年十二月初八日，《清宫热河档案》(12)，第 74~76 页。

284. 《清高宗实录》卷 348，乾隆十四年九月壬子；内务府折，乾隆三十五年九月十六日，内务府奏案，05-0281-014；寄谕恒秀等，乾隆四十三年五月初七日，《乾隆朝满文寄信档译编》(13)，第 557~558 页；和珅折，乾隆五十一年六月十三日，内务府奏案，05-0402-020；军机处上谕档，嘉庆七年九月初十日。

285. 内务府折，嘉庆七年四月二十六日，内务府奏案，05-0494-079；英和折，嘉庆八年五月十六日，宫中档朱批奏折，04-01-04-0021-001；军机处上谕档，嘉庆八年五月十八日。

286. 《清仁宗实录》卷 102，嘉庆七年八月壬戌；卷 118，八年八月丁丑。

287. 军机处上谕档，嘉庆十三年八月二十二日。《清仁宗实录》卷 165，嘉庆十一年八月丁丑；卷 200，十三年八月癸丑；卷 260，十七年八月己巳；卷 309，二十年八月庚辰。

288. 《清仁宗实录》卷 102，嘉庆七年八月戊辰；卷 103，九月乙亥；军机处上谕档，嘉庆七年九月初十日、八年五月二十二日。

289. 保宁折，嘉庆八年十二月初二日，军机处录副奏折，03-1688-049。

290.《清仁宗实录》卷121，嘉庆八年九月癸丑；庆杰折，嘉庆八年十月二十八日，宫中档朱批奏折，04-01-01-0488-018；军机处上谕档，嘉庆九年十月二十四日。

291. 兵部折，嘉庆九年，军机处录副奏折，03-1662-020；《清仁宗实录》卷132，嘉庆九年七月己酉。

292.《清仁宗实录》卷135，嘉庆九年十月丁卯。

293. 参见《清仁宗实录》卷118，嘉庆八年八月丁丑；卷119，八月戊寅；卷272，八月癸亥。潘世恩折，道光十七年二月十九日，军机处录副奏折，03-2654-053。

294. 军机处上谕档，嘉庆七年十一月初十日。

295. 庆杰折，嘉庆八年十月二十八日，宫中档朱批奏折，04-01-01-0488-018；颜检折，嘉庆八年十一月初九日，宫中档朱批奏折，04-01-01-0487-048；寄谕颜检，嘉庆八年十一月初二日，《清宫热河档案》（10），第207页。

296. 毓秀、温承惠折，嘉庆十六年六月初二日，军机处录副奏折，03-1602-042；毓秀、温承惠折，嘉庆十八年四月十五日，宫中档朱批奏折，04-01-02-0147-006。

297. 潘世恩折，道光十七年二月十九日，军机处录副奏折，03-2654-053。

298.《嘉庆会典事例》卷623《刑部·刑律盗贼·盗田野谷麦》。

299. 庆桂等折，嘉庆八年九月二十一日，军机处录副奏折，03-2174-043。

300. 庆桂等折，嘉庆九年五月十四日，《清宫热河档案》（10），第316~317页。

301. 庆桂等折，嘉庆十五年十月十八日，《清宫热河档案》（11），第593~595页。

302. 将计次拟罪改为计赃拟罪有一定的道理，例如乾隆二十年和二十一年的两起案件，如按照旧律审理，不过将犯人枷号三个月而已，放在嘉庆十五年的新律之中，则应发乌鲁木齐给兵丁为奴。见方观承折，乾隆二十年六月二十二日，《宫中档乾隆朝奏折》第 11 辑，第 806～807 页；方观承折，乾隆二十一年七月初八日，《宫中档乾隆朝奏折》第 14 辑，第 825～827 页；薛允升《读例存疑》，第 488 页。

303. 庆惠折，道光元年九月二十三日，军机处录副奏折，03-3684-006。

304. 庆惠折，道光元年九月二十三日，军机处录副奏折，03-3684-007；《清宣宗实录》卷 23，道光元年九月癸酉。

305. 保宁折，嘉庆八年十一月十六日，军机处录副奏折，03-1660-010；奉旨，嘉庆八年十一月十六日，《清宫热河档案》（10），第 209～210 页。

306. 相关材料见庆桂等折，嘉庆十五年十月十八日，军机处录副奏折，03-1632-049。庆惠折，道光元年十二月十七日，军机处录副奏折，03-3912-040。《嘉庆会典事例》卷 104《吏部·处分例·地方缉捕窃盗二》。伯麟《兵部处分则例》卷 30《八旗·缉捕·拿获围场贼犯议叙》；续纂卷 1《八旗·禁止行围买卖牲畜》。祝庆祺编《刑案汇览》，祝庆祺等编《刑案汇览三编》（1），第 630～631 页。《清宣宗实录》卷 124，道光七年八月壬辰；卷 130，十一月戊午；卷 131，十二月乙未；卷 132，八年正月甲子。

307. 14 世纪的思想家伊本·赫勒敦提出，一个王朝的统治力量在其中心地带比边缘地带要强得多，它越是向周边扩展就越虚弱。见 Georges Balandier, *Political Anthropology*, Allen Lane The Penguin Press, 1970, p. 137。罗素也有类似的表述，见伯特兰·罗素《权力论》，吴友三译，商务印书馆，2012，第 130～131 页。

结论与反思

1. 埃德蒙·伯克：《致布里斯托城行政司法长官书》，《美洲三书》，缪哲译，商务印书馆，2012，第226~227页。

2. 参见霍布斯《利维坦》，黎思复、黎廷弼译，商务印书馆，1985，第128~132页。

3. 洛克：《政府论》上篇，瞿菊农、叶启芳译，商务印书馆，1982，第90页。

4. 迈克尔·曼将社会权力的来源划分为四种：意识形态、经济、军事和政治权力。意识形态权力容易表现为宗教社会网络以及阶级、民族的基础构成；军事权力的根本特征是集中和强制；经济权力一般是散漫的；政治权力是集权和地域性的，有明确的边界。见迈克尔·曼《社会权力的来源》第1卷《从开端到1760年的权力史》，刘北成、李少军译，上海人民出版社，2002，第30~38页。罗素对权力也有大致类似的区分，见伯特兰·罗素《权力论》，第26~116页。在福柯之后，权力不仅意味着统治工具，更被解释为一种"关系"。参见 Wendy Brown，"Power after Foucaut," in John S. Dryzek, Bonnie Honig, and Anne Phillips, eds., *Political Theory*, Oxford University Press, 2006, pp. 65–84。

5. 尤其是可以和东北地区进行对比。据说在那里，清朝最初的管理包括几个特点：第一，在旗的组织内强化军事长官的管控权。第二，用行政手段尽量缩减军事长官的权力。第三，中央和内地行省提供对边疆地区的财政支持。第四，监察官随时对边政机构进行检查。第五，盛京六部要提交针对当地的年度报告。总的特征是用各种手段对当地的军府进行分权。随着时间的推移则是汉化的改革，由此根本改变了当地的政府管理模式。见 Robert H. G. Lee, *The Manchurian Frontiers in Ch'ing History*, Harvard University Press, 1970, pp. 74–77。

6. 刘晓原：《边缘地带的革命：中共民族政策的缘起（1921~1945）》，万芷均译，香港中文大学出版社，2018，第174~175页绪论注释15。

7. 如同格尔茨提出的"地方知识"概念，它不是指具体某一个特定"地域"的知识，而是重点强调差异性特征和反对一元化知识观，区别

"内部人"和"外来者"的视角，避免相对宏大的理论建构。参见克利福德·格尔茨《地方知识：阐释人类学论文集》。

　　8. 清朝的官方文献中有一个很重要的词——"借地养民"。我以为，长期以来人们对这个概念有极大的误解。这里的"地"通常被理解为"蒙古所有的旗地"，而"民"则是迫于压力出口谋生的内地人。事实上，所谓"地"，应是蒙古的旗地或内务府、八旗的庄地，但蒙古人、八旗人、内务府包衣没有所有权；更关键的是"民"，我认为更多的是指当地的蒙古人和八旗人、内务府包衣，因为农业和商品交换的进入显然带动了当地的经济发展，一块原本只用来放垦或者开矿的牧地的利用效率会得到明显提高，商品经济会促进财富的流通。

　　9. 参见 F. K. 莱曼、张文义《利奇克钦模式的得与失（代译序）》，杨春宇译，埃德蒙·R. 利奇《缅甸高地诸政治体系——对克钦社会结构的一项研究》，杨春宇、周歆红译，商务印书馆，2016。

参考文献

未刊史料

中国第一历史档案馆藏

宫中档朱批奏折

军机处录副奏折

军机处上谕档（馆内数字化全文检索）

军机处随手登记档（馆内数字化检索）

北大移交题本

内阁吏科题本

内阁户科题本

内阁礼科题本

内阁兵科题本

内阁刑科题本

内阁工科题本

内务府奏案

内务府呈稿

内务府来文

内务府奏销档

旧整宗人府档

刑部直隶司档案

宪政编查馆档案

民政部档案

台北"故宫博物院"藏

官中档朱批奏折

军机处档折件

数字化清代舆图

中国社会科学院近代史研究所藏

《蒙古守正武学堂崇正文学堂沿革规则》，光绪三十二年稿本，
　　乙 E13

《有关内外蒙袭爵等奏稿》，清末稿本，乙 F50

《驻扎三座塔与乌兰哈达理事司员造送日征洋药税银清册》，
　　清末稿本，总理衙门 18

中国社会科学院经济研究所藏

清代题本抄档

中研院近代史研究所档案馆藏

总理各国事务衙门档案

外务部档案

隆化县民族博物馆藏

《隆化西阿拉超钮祜禄氏家族宗册档》（步古沟镇西阿超村钟
　　氏家族征集），稿本

中国国家图书馆藏

《热河清理财政局编订财政说明书》，清末抄本

北京大学图书馆藏

《蒙古游牧图》，清稿本

陶仁荣：《喀喇沁土默特奈曼科尔沁札鲁特等旗沿途调查表附

说》，光绪三十三年稿本

数字化清代舆图

北京师范大学图书馆藏

《黄国瑄察核围场等地方事宜清册》，1912 年油印本

北京大学历史学系藏

康藏青蒙各处贡品折银片，B100

热河、湖北资料，第 74 函

光绪年间路程一批，第 131 函

民国时期察哈尔地区文件，第 158 函

清末史料，第 168 函

已刊史料（含工具书）

志书

康熙《大清一统志》，道光二十九年活字本。

康熙《畿辅通志》，康熙二十二年刻本。

康熙《龙门县志》，康熙刻本。

《康熙顺天府志》，阎崇年校注，中华书局，2009。

雍正《畿辅通志》，四库全书本。

乾隆《赤城县志》，乾隆十三年刻本。

乾隆《大清一统志》，四库全书本。

乾隆《口北三厅志》，乾隆二十三年刻本。

乾隆《钦定热河志》，四库全书本。

乾隆《万全县志》，乾隆十年刻本。

乾隆《宣化府志》，乾隆二十二年订补重刊本。

嘉庆《大清一统志》，四部丛刊本。

道光《承德府志》，道光十一年刻本。

同治《赤城县续志》，同治十一年刻本。

光绪《畿辅通志》，上海商务印书馆，1934。

民国《察哈尔通志》，1935 年铅印本。

民国《阜新县志》，1935 年铅印本。

民国《林西县志》，1930 年铅印本。

民国《隆化县志》，1919 年铅印本。

民国《张北县志》，1935 年铅印本。

《敖汉旗志》编纂委员会编《敖汉旗志》，内蒙古人民出版
　　社，1991。

鄂尔泰等修《八旗通志》，东北师范大学出版社，1985。

哈达清格：《塔子沟纪略》，辽海丛书本。

和瑛纂《热河志略》，续修四库全书本。

《钦定八旗通志》，四库全书本。

田万生修，张大滋纂《建平县志》，1931 年稿本。

宣本荣编《热河地方志》，1921 年稿本。

姚明辉：《蒙古志》，光绪三十三年刊本。

查美荫修《围场厅志》，光绪末年稿本。

张镠：《八沟厅备志》，雍正稿本。

周家楣、缪荃孙等编纂《光绪顺天府志》，北京古籍出版
　　社，2001。

周宪章修，吕葆廉纂《凌源县志初稿》，1931 年稿本。

其他史料

阿·马·波兹德涅耶夫：《蒙古及蒙古人》，刘汉明等译，内
　　蒙古人民出版社，1983~1989。

包文汉等整理《蒙古回部王公表传》，内蒙古大学出版

社，1998。

毕奥南整理《清代蒙古游记选辑三十四种》，东方出版社，2015。

斌良：《抱冲斋诗集》，光绪五年刻本。

伯麟：《兵部处分则例》，道光刻本。

陈澹然：《权制》，光绪二十六年刻本。

陈黄中：《东庄遗集》，乾隆刻本。

陈祖塽：《东蒙古纪程》，黑龙江教育出版社，2014。

大清五部会典及则例（事例）。

道光《钦定理藩院则例》，道光二十二年刻本。

道光《钦定总管内务府现行则例》，道光刻本。

道光《热河园庭现行则例》，团结出版社，2012。

杜家骥主编《清嘉庆朝刑科题本社会史料辑刊》，天津古籍出版社，2008。

《方恪敏公（观承）奏议》，文海出版社，1967。

费迪南德·冯·李希霍芬著，E. 蒂森选编《李希霍芬中国旅行日记》，李岩、王彦会译，商务印书馆，2016。

福格：《听雨丛谈》，中华书局，1984。

福兰阁：《热河纪述》，罗颖男译，社会科学文献出版社，2020。

傅恒：《平定准噶尔方略》，四库全书本。

高柯立、林荣辑《明清法制史料辑刊》第2编，国家图书馆出版社，2014。

格·尼·波塔宁著，B. B. 奥布鲁切夫编《蒙古纪行》，吴吉康、吴立珺译，兰州大学出版社，2013。

葛士濬辑《皇朝经世文续编》，文海出版社，1972。

古伯察：《鞑靼西藏旅行记》第 2 版，耿昇译，中国藏学出版社，2006。

顾廷龙、戴逸主编《李鸿章全集》，安徽教育出版社，2008。

关嘉录译，佟永功校，王钟翰审《雍乾两朝镶红旗档》，辽宁人民出版社，1987。

光绪《热河园庭现行则例》，团结出版社，2012。

国家图书馆出版社辑《明清赋役全书》第 1 编，国家图书馆出版社，2010。

韩国成均馆大学藏《韩使燕行录》，无出版信息。

郝尔泰：《热河七县游记》，远方出版社，2014。

何秋涛：《朔方备乘》，光绪刻本。

贺长龄辑《皇朝经世文编》，文海出版社，1972。

侯杨方主编《清朝地图集——同治至宣统卷》，星球地图出版社，2019。

黄掌纶：《长芦盐法志》，续修四库全书本。

《畿辅条鞭赋役全书》，光绪九年刻本。

季永海、刘景宪译编《崇德三年满文档案译编》，辽沈书社，1988。

嘉庆《畿辅条鞭赋役全书》。

嘉庆《钦定礼部则例》，嘉庆刻本。

嘉庆《钦定理藩院则例》，嘉庆二十二年刻本。

江上波夫等：《蒙古高原行纪》，赵令志译，内蒙古人民出版社，2007。

经济学会编《直隶全省财政说明书》，北京经济学会，1915。

景清：《武场条例》，光绪二十一年刻本。

喀喇沁右旗公署编纂《蒙地概况》，远方出版社，2014。

《喀喇沁左翼旗档案综录》编委会编《喀喇沁左翼旗档案综录》，辽宁民族出版社，2011。

康欣平整理《有泰日记》，凤凰出版社，2018。

《理藩院公牍则例三种》，全国图书馆文献缩微复制中心，2010。

李绂：《穆堂类稿》，道光十一年刻本。

李桓辑《国朝耆献类征初编》，光绪刻本。

廖一中、罗真容整理《袁世凯奏议》，天津古籍出版社，1987。

柳得恭：《滦阳录》，辽海丛书本。

芦婷婷整理《额勒和布日记》，凤凰出版社，2018。

罗布桑却丹：《蒙古风俗鉴》，赵景阳译，管文华校，辽宁民族出版社，1988。

马国贤：《清廷十三年：马国贤在华回忆录》，李天纲译，上海古籍出版社，2004。

尼·米·普尔热瓦尔斯基：《蒙古与唐古特地区：1870～1873年中国高原纪行》，王嘎译，中国工人出版社，2019。

鸟居龙藏：《蒙古旅行》，戴玥、郑春颖译，商务印书馆，2018。

朴趾源：《热河日记》，朱瑞平校点，上海书店出版社，1997。

祁韵士：《皇朝藩部要略》，道光刻本。

杞庐主人：《时务通考》，光绪二十三年石印本。

乾隆朝内府抄本《理藩院则例》，中国社会科学院中国边疆史地研究中心编《清代理藩院资料辑录》，全国图书馆文献缩微中心，1988。

乾隆《蒙古律例》，乾隆刻本。

钱仪吉纂《碑传集》，道光刻本。

《清代起居注册》（康熙朝），联经出版事业公司，2009。

《清内务府档案文献汇编》，全国图书馆文献缩微复制中心，2004。

《清实录》，中华书局，1985。

清"四通"。

全士潮等纂辑《驳案汇编》，法律出版社，2009。

《热河新定税则》，光绪三十二年刻本。

仁和琴川居士编《皇清奏议》，文海出版社，2006。

上海商务印书馆编译所编纂《大清新法令》，商务印书馆，2011。

邵之棠编《皇朝经世文统编》，文海出版社，1980。

深谷松涛、古川狄风：《满蒙探险记》，杨凤秋译，袁向东校译，暨南大学出版社，2018。

沈家本：《大清现行新律例》，宣统元年排印本。

盛康辑《皇朝经世文编续编》，文海出版社，1980。

斯当东：《英使谒见乾隆纪实》，叶笃义译，上海书店出版社，2005。

司法行政部编《民商事习惯调查报告录》，进学书局，1969。

《孙文定公（嘉淦）奏疏》，文海出版社，1970。

孙学雷主编《国家图书馆藏清代孤本内阁六部档案续编》，全国图书馆文献缩微复制中心，2005。

孙学雷、刘家平主编《国家图书馆藏清代孤本内阁六部档案》，全国图书馆文献缩微复制中心，2003。

台北"故宫博物院"编《官中档光绪朝奏折》，编者印行，1973~1975。

台北"故宫博物院"编《宫中档乾隆朝奏折》，编者印行，1982。

台北"故宫博物院"编《宫中档雍正朝奏折》，编者印行，1977~1980。

谭其骧主编《中国历史地图集》第8册《清时期》，中国地图出版社，1987。

忒莫勒、乌云格日勒主编《哲里木盟十旗调查报告书》，黑龙江教育出版社，2014。

汪国钧：《蒙古纪闻》，内蒙古人民出版社，2006。

王茂荫：《王侍郎奏议》，黄山书社，1991。

王先谦编《乾隆朝东华续录》，文海出版社，2006。

王先谦编《东华录》，光绪十年刻本。

魏光焘：《戡定新疆记》，光绪二十五年刻本。

卫三畏：《中国总论》，陈俱译，上海古籍出版社，2005。

温达等纂《亲征平定朔漠方略》，四库全书本。

翁同爵：《清兵制考略》，光绪刻本。

乌云毕力格等编著《蒙古游牧图——日本天理图书馆所藏手绘蒙古游牧图及研究》，北京大学出版社，2014。

吴潮、何锡俨汇纂《刑案汇览续编》，法律出版社，2007。

吴坤修等编撰《大清律例根原》，上海辞书出版社，2012。

吴振棫：《养吉斋丛录》，中华书局，2005。

希都日古编译《清内秘书院蒙古文档案汇编汉译》，社会科学文献出版社，2015。

锡珍：《吏部铨选则例》，光绪十二年刻本。

邢永福、师力武主编《清宫热河档案》，中国档案出版社，2003。

熊希龄：《热河改建行省议案》，远方出版社，2014。

徐鸿年、赵任道：《永平承德多伦兵要地理调查报告书》，1912 年铅印本。

许梿纂辑《刑部比照加减成案》，法律出版社，2009。

薛允升：《读例存疑》，中国人民公安大学出版社，1994。

颜世清辑《约章成案汇览》，光绪石印本。

杨丰陌主编《喀喇沁左翼旗乌梁海氏家谱》，辽宁民族出版社，2003。

杨士骧：《杨文敬公奏议》，宣统三年刻本。

杨一凡编《清代成案选编》甲编，社会科学文献出版社，2014。

杨一凡、田涛主编《中国珍稀法律典籍续编》，黑龙江人民出版社，2002。

杨一凡、徐立志主编《历代判例判牍》，中国社会科学出版社，2005。

一宫操子：《内蒙风物——喀喇沁王府的日本女教习》，孙绍岩、吴丽霞译，2023。

佚名：《调查察哈尔垦牧情形记》，1919 年铅印本。

佚名：《蒙古则例》，清刻本。

英汇：《科场条例》，咸丰刻本。

约瑟夫·塞比斯：《耶稣会士徐日升关于中俄尼布楚谈判的日记》，王立人译，商务印书馆，1973。

允禄辑《上谕旗务议复》，台湾学生书局，1976。

允禄辑《谕行旗务奏议》，台湾学生书局，1976。

查慎行：《敬业堂诗集（附续集）》，商务印书馆，1937。

查慎行：《人海记》，北京古籍出版社，1989。

《曾国藩全集》修订版，岳麓书社，2012。

章佳容安辑《那文毅公（彦成）初任直隶总督奏议》，文海出版社，1968。

章佳容安辑《那文毅公（彦成）二任直隶总督奏议》，文海出版社，1968。

章梫纂《康熙政要》，华文书局，1969。

张本义主编《大连图书馆藏清代内务府档案》，国家图书馆出版社，2012。

张剑、易爱华整理《祥麟日记》，中华书局，2022。

张穆：《蒙古游牧记》，同治刻本。

张佩纶：《涧于集》，1926年刻本。

张荣铮、刘勇强等编《钦定理藩部则例》，天津古籍出版社，1998。

张书才主编《雍正朝汉文谕旨汇编》，广西师范大学出版社，1999。

张伟仁主编《明清档案》，联经出版事业公司，1986。

昭梿：《啸亭杂录》，中华书局，1980。

赵尔巽等：《清史稿》中华书局，1977。

《政治官报》。

直隶按察司编《直隶现行通饬章程》，光绪十七年刻本。

中共中央统战部编《民族问题文献汇编（一九二一·七～一九四九·九）》，中共中央党校出版社，1991。

中国第一历史档案馆编《光绪朝朱批奏折》，中华书局，1995。

中国第一历史档案馆编《嘉庆帝起居注》，广西师范大学出版社，2006。

中国第一历史档案馆编《康熙朝汉文朱批奏折汇编》，档案出版社，1984～1985。

中国第一历史档案馆编《康熙朝满文朱批奏折全译》，中国社会科学出版社，1996。

中国第一历史档案馆整理《康熙朝起居注》，中华书局，1984。

中国第一历史档案馆整理《康熙六年〈蒙古律书〉》，《历史档案》2002 年第 4 期。

中国第一历史档案馆编《乾隆朝满文寄信档译编》，岳麓书社，2011。

中国第一历史档案馆编《清初内国史院满文档案译编》，光明日报出版社，1989。

中国第一历史档案馆编《清代军机处随手登记档》，国家图书馆出版社，2013。

中国第一历史档案馆编《雍正朝汉文朱批奏折汇编》，江苏古籍出版社，1989。

中国第一历史档案馆译编《雍正朝满文朱批奏折全译》，黄山书社，1998。

中国第一历史档案馆编《雍正朝内阁六科史书·户科》，广西师范大学出版社，2007。

中国第一历史档案馆编《雍正朝内阁六科史书·吏科》，广西师范大学出版社，2002。

中国第一历史档案馆编《雍正朝起居注册》，中华书局，1993。

中国第一历史档案馆、中国社会科学院历史研究所译注《满文老档》，中华书局，1990。

中国第一历史档案馆、中国社会科学院历史研究所合编《清代地租剥削形态》，中华书局，1982。

中国科学院历史研究所第三所编《锡良遗稿·奏稿》，中华书局，1959。

中国人民大学清史研究所、中国人民大学档案系中国政治制度教研室合编《清代的旗地》，中华书局，1989。

中国社会科学院经济研究所编《清代道光至宣统间粮价表》，广西师范大学出版社，2009。

朱启钤编《东三省蒙务公牍汇编》，文海出版社，1969。

祝庆祺编《刑案汇览》，道光刻本。

祝庆祺等编《刑案汇览三编》，北京古籍出版社，2004。

朱寿朋《光绪朝东华录》，中华书局，1958。

兹拉特金主编，戈利曼、斯列萨尔丘克著《俄蒙关系历史档案文献集》上册（1607~1636），马曼丽、胡尚哲译，兰州大学出版社，2014。

August, Frans. *Larson, Duke of Mongolia*, Little Brown & Company, 1930.

Lattimore, Owen. *The Desert Road to Turkestan*, Little Brown & Company, 1929.

研究论著

专著

埃德蒙·R. 利奇：《缅甸高地诸政治体系——对克钦社会结构的一项研究》，杨春宇、周歆红译，商务印书馆，2016。

埃德蒙·伯克：《美洲三书》，缪哲译，商务印书馆，2012。

安德罗·林克雷特：《世界土地所有制变迁史》，启蒙编译所译，上海社会科学院出版社，2016。

安东尼·D. 史密斯：《民族认同》，王娟译，译林出版社，2018。

安东尼·吉登斯：《现代性的后果》修订版，田禾译，黄平校，译林出版社，2022。

本尼迪克特·安德森：《想象的共同体：民族主义的起源与散布》增订版，吴叡人译，上海人民出版社，2011。

彼得·伯克：《制造路易十四》，郝名玮译，商务印书馆，2015。

毕雪梅、侯锦郎：《木兰图与乾隆秋季大猎之研究》，台北"故宫博物院"，1986。

C.B. 吉谢列夫：《古代蒙古城市》，孙危译，商务印书馆，2016。

C. 赖特·米尔斯：《社会学的想象力》，陈强、张永强译，三联书店，2016。

曹树基：《中国移民史》第5、6卷，福建人民出版社，1997。

陈桦、刘宗志：《救灾与济贫：中国封建时代的社会救助活动（1750~1911）》，中国人民大学出版社，2005。

陈振国：《清代马政研究》，吉林大学出版社，2016。

承德市文物局、中国人民大学清史研究所编《承德避暑山庄》，文物出版社，1980。

川岛真：《中国近代外交的形成》，田建国译，北京大学出版社，2012。

达力扎布：《〈喀尔喀法规〉汉译及研究》，中央民族大学出版社，2015。

达力扎布：《明代漠南蒙古历史研究》，内蒙古文化出版社，1997。

达力扎布：《明清蒙古史论稿》，民族出版社，2003。

达力扎布：《清代蒙古史论稿》，民族出版社，2015。

达力扎布、彭勇主编《中国民族史研究 70 年（1949.10～2019.10）》，中央民族大学出版社，2022。

大卫·科泽：《仪式、政治与权力》，王海洲译，江苏人民出版社，2015。

《丹尼斯·塞诺内亚研究文选》，北京大学历史学系民族史教研室译，社会科学文献出版社，2022。

邓亦兵：《清代前期关税制度研究》，北京燕山出版社，2008。

定宜庄：《清代八旗驻防研究》，辽宁民族出版社，2003。

定宜庄、邱源媛：《近畿五百里——清代畿辅地区的旗地与庄头》，中国社会科学出版社，2016。

杜家骥：《八旗与清朝政治论稿》，人民出版社，2008。

杜家骥：《清朝满蒙联姻研究》，故宫出版社，2013。

杜家骥：《清代八旗官制与行政》，中国社会科学出版社，2015。

伏尔泰：《彼得大帝在位时期的俄罗斯帝国史》，吴模信译，商务印书馆，2016。

符拉基米尔佐夫：《蒙古社会制度史》，刘荣焌译，内蒙组校，中国社会科学院民族研究所社会历史室，1978。

弗朗切斯科·德·马尔蒂诺：《罗马政制史》（第 2 卷），薛军译，北京大学出版社，2014。

尕藏加：《清代藏传佛教研究》，中国社会科学出版社，2014。

冈田英弘：《从蒙古到大清：游牧帝国的崛起与承续》，陈心慧、罗盛吉译，台湾商务印书馆股份有限公司，2016。

耿世民：《古代突厥文碑铭研究》，中央民族大学出版社，2005。

宫胁纯子：《最后的游牧帝国：准噶尔部的兴亡》，晓克译，内蒙古人民出版社，2005。

关文发：《嘉庆帝》，吉林文史出版社，2004。

郭美兰：《明清档案与史地探微》，辽宁民族出版社，2012。

哈斯巴根：《清初满蒙关系演变研究》，北京大学出版社，2016。

海西希：《蒙古的宗教》，耿昇译，中国藏学出版社，2016。

何炳棣：《中国历代土地数字考实》，中华书局，2017。

何炳棣：《黄土与中国农业的起源》，中华书局，2017。

何炳棣：《明初以降人口及其相关问题（1368～1953）》，葛
　　剑雄译，三联书店，2000。

亨利·赛瑞斯：《明蒙关系 Ⅲ——贸易关系：马市（1400～
　　1600）》，王苗苗译，中央民族大学出版社，2011。

胡恒：《边缘地带的行政治理——清代厅制再研究》，社会科
　　学文献出版社，2022。

胡日查：《清代蒙古寺庙管理体制研究》，辽宁民族出版
　　社，2013。

胡日查：《藏传佛教在蒙古地区的传播研究》，民族出版
　　社，2012。

胡祥雨：《清代法律的常规化：族群与等级》，社会科学文献
　　出版社，2016。

霍布斯：《利维坦》，黎思复、黎廷弼译，商务印书馆，1985。

黄丽君：《化家为国：清代中期内务府的官僚体制》，台大出
　　版中心，2020。

黄宗智：《明清以来的乡村社会经济变迁：历史、理论与现实》
　　卷 1《华北的小农经济与社会变迁》，法律出版社，2014。

建昌县县志编纂委员会年鉴编辑部编《建昌县年鉴
　　（1989）》，建昌县印刷厂印刷，1990。

金海等：《清代蒙古志》，内蒙古人民出版社，2009。

克利福德·格尔茨：《地方知识：阐释人类学论文集》，杨德睿译，商务印书馆，2016。

拉铁摩尔：《中国的亚洲内陆边疆》，唐晓峰译，江苏人民出版社，2010。

赖惠敏：《但问旗民：清代的法律与社会》，五南图书出版股份有限公司，2007。

赖惠敏：《满大人的荷包：清代喀尔喀蒙古的衙门与商号》，中华书局，2020。

赖惠敏：《乾隆皇帝的荷包》，中研院近代史研究所专刊，2014。

兰恩华编《中华人民共和国政区大典·内蒙古自治区卷》，中国社会出版社，2018。

李明珠：《华北的饥荒：国家、市场与环境退化（1690~1949）》，石涛等译，人民出版社，2016。

李澍田主编《清代满洲土地制度研究》，吉林文史出版社，1992。

李秀清：《日耳曼法研究》，商务印书馆，2005。

李治国：《清代藩部宾礼研究——以蒙古为中心》，内蒙古大学出版社，2014。

里赞：《晚清州县诉讼中的审断问题：侧重四川南部县的实践》，法律出版社，2010。

梁治平：《清代习惯法》，广西师范大学出版社，2015。

廖声丰：《清代常关与区域经济研究》，人民出版社，2010。

林士铉：《清代蒙古与满洲政治文化》，台北政治大学历史学系，2009。

刘克祥：《中国永佃制度研究》，社会科学文献出版社，2017。

刘利平：《从马政到财政：明代中后期太仆寺的财政功能和影响》，中华书局，2021。

刘少坤主编《蒙古国发展报告（2021）》，社会科学文献出版社，2021。

刘文鹏：《清代驿传及其与疆域形成关系之研究》，中国人民大学出版社，2004。

刘小萌：《满族从部落到国家的发展》，中国社会科学出版社，2007。

刘晓原：《边疆中国：二十世纪周边暨民族关系史述》，香港中文大学出版社，2016。

刘晓原：《边缘地带的革命：中共民族政策的缘起（1921～1945）》，万芷均译，香港中文大学出版社，2018。

刘子扬：《清代地方官制考》，紫禁城出版社，1988。

罗尔纲：《绿营兵志》，中华书局，1984。

罗运治：《清代木兰围场的探讨》，文史哲出版社，1989。

洛克：《政府论》，瞿菊农、叶启芳译，商务印书馆，1982。

迈克尔·曼：《社会权力的来源》第 1 卷《从开端到 1760 年的权力史》，刘北成、李少军译，上海人民出版社，2002。

茅海建：《历史的叙述方式》，上海三联书店，2019。

孟德斯鸠：《论法的精神》，张雁深译，商务印书馆，1961。

那顺达来：《喀尔喀历史地理研究》，线装书局，2020。

那思陆：《清代中央司法审判制度》，北京大学出版社，2004。

那思陆：《清代州县衙门审判制度》，中国政法大学出版社，2006。

倪玉平：《清朝嘉道关税研究》，北京师范大学出版社，2010。

彭勇：《明代北边防御体制研究——以边操班军的演变为线

索》，中央民族大学出版社，2009。

齐光：《16～18 世纪喀尔喀蒙古政治社会体制研究》，复旦大学出版社，2020。

祁美琴：《清代内务府》，辽宁民族出版社，2009。

祁美琴：《清代榷关制度研究》，内蒙古大学出版社，2004。

瞿同祖：《中国法律与中国社会》，商务印书馆，2015。

瞿同祖：《清代地方政府》第 2 版，范忠信等译，法律出版社，2011。

任桂淳：《清朝八旗驻防兴衰史》，三联书店，1993。

沙斯季娜：《十七世纪俄蒙通使关系》，北京师范大学外语系七三级工农兵学员、教师译，商务印书馆，1977。

尚劝余：《莫卧儿帝国：中世纪印度的最后辉煌》，中国国际广播出版社，2014。

宋瞳：《清初理藩院研究——以顺治朝理藩院满文题本为中心》，上海古籍出版社，2015。

苏德毕力格：《晚清政府对新疆、蒙古和西藏政策研究》，内蒙古人民出版社，2005。

苏联科学院、蒙古人民共和国科学委员会合编《蒙古人民共和国通史》，韩儒林等译，科学出版社，1958。

孙金铸：《内蒙古地理》，科学普及出版社，1957。

孙敬之主编《华北经济地理》，科学出版社，1957。

孙喆、张永江：《百年清史研究史·边疆民族卷》，中国人民大学出版社，2022。

腾尼·弗兰克：《罗马帝国主义》，宫秀华译，上海三联书店，2012。

田山茂：《清代蒙古社会制度》，潘世宪译，商务印书馆，1987。

通猜·威尼差恭：《图绘暹罗：一部国家地缘机体的历史》，袁剑译，译林出版社，2016。

王柯：《消失的"国民"：近代中国的"民族"话语与少数民族的国家认同》，香港中文大学出版社，2017。

王明珂：《游牧者的抉择：面对汉帝国的北亚游牧部族》，上海人民出版社，2018。

王淑云：《清代北巡御道和塞外行宫》，中国环境科学出版社，1989。

王业键：《清代田赋刍论（1750～1911）》，高风等译，人民出版社，2008。

王玉海：《发展与变革——清代内蒙古东部由牧向农的转型》，内蒙古大学出版社，2004。

王玉海、王楚：《从游牧走向定居——清代内蒙古东部农村社会研究》，黑龙江教育出版社，2014。

韦庆远：《档房论史文编》，福建人民出版社，1984。

韦庆远：《明清史辨析》，中国社会科学出版社，1989。

乌云毕力格：《喀喇沁万户研究》，内蒙古人民出版社，2005。

乌云毕力格：《五色四藩：多语文本中的内亚民族史地研究》，上海古籍出版社，2016。

乌云毕力格：《青册金鬘：蒙古部族与文化史研究》，上海古籍出版社，2017。

乌云格日勒：《十八至二十世纪初内蒙古城镇研究》，内蒙古人民出版社，2005。

吴金成：《国法与社会惯行：明清时代社会经济史研究》，崔荣根译，薛戈校，浙江大学出版社，2020。

伍跃：《中国的捐纳制度与社会》，江苏人民出版社，2013。

萧公权：《中国乡村：论 19 世纪的帝国控制》，张皓、张升译，联经出版事业股份有限公司，2014。

肖立军：《明代中后期九边兵制研究》，吉林人民出版社，2001。

《休谟政治论文选》，张若衡译，商务印书馆，2010。

许大龄：《清代捐纳制度》，北京大学出版社，1950。

闫天灵：《汉族移民与内蒙古近代社会变迁研究》，民族出版社，2004。

杨强：《蒙古族法律传统与近代转型》，中国政法大学出版社，2013。

杨强：《清代蒙古法制变迁研究》，中国政法大学出版社，2010。

杨生茂编《美国历史学家特纳及其学派》，商务印书馆，1984。

袁森坡：《康雍乾经营与开发北疆》，中国社会科学出版社，1991。

约·弗·巴德利：《俄国·蒙古·中国》，吴持哲、吴有刚译，商务印书馆，1981。

曾小萍：《州县官的银两：18 世纪中国的合理化财政改革》，董建中译，中国人民大学出版社，2005。

札奇斯钦：《蒙古史论丛》，学海出版社，1980。

札奇斯钦：《蒙古文化与社会》，台湾商务印书馆，1987。

詹姆斯·C. 斯科特：《弱者的武器》，郑广怀等译，译林出版社，2011。

张德泽：《清代国家机关考略》，学苑出版社，2001。

张晋藩：《清律研究》，法律出版社，1992。

张晋藩主编《中国法制通史》第 8 卷《清》，法律出社，1999。

张晋藩、郭成康：《清入关前国家法律制度史》，辽宁人民出版社，1988。

张双智：《清代朝觐制度研究》，学苑出版社，2010。

张永江：《清代藩部研究——以政治变迁为中心》，黑龙江教育出版社，2001。

张仲礼：《中国绅士研究》，上海人民出版社，2008。

赵令志：《清前期八旗土地制度研究》，民族出版社，2001。

赵现海：《明代的王朝国家之路》，社会科学文献出版社，2022。

赵现海：《明代九边长城军镇史：中国边疆假说视野下的长城制度史研究》，社会科学文献出版社，2012。

赵永春：《从"复数"中国到"单数"中国——中国历史疆域理论研究》，黑龙江教育出版社，2014。

赵云田：《清代蒙古政教制度》，中华书局，1989。

赵云田：《清代治理边陲的枢纽——理藩院》，新疆人民出版社，1995。

赵云田：《清末新政研究》，黑龙江教育出版社，2014。

赵珍：《资源、环境与国家权力——清代围场研究》，中国人民大学出版社，2012。

郑秦：《清代法律制度研究》，中国政法大学出版社，2000。

郑秦：《清代司法审判制度研究》，湖南教育出版社，1988。

织田万：《清国行政法》，李秀清、王沛点校，中国政法大学出版社，2003。

珠飒：《18~20 世纪初东部内蒙古农耕村落化研究》，内蒙古人民出版社，2009。

佐伯富：《清雍正朝的养廉银研究》，郑樑生译，台湾商务印书馆股份有限公司，1976。

Afinogenov, Gregory. *Spies and Scholars: Chinese Secrets and Imperial Russia's Quest for World Power*, The Belknap Press of Harvard University Press, 2020.

Allsen, Thomas T.. *The Royal Hunt in Eurasian History*, The University of Pennsylvania Press, 2006.

Anderson, Benedict. *A Life Beyond Boundaries*, Verso, 2016.

Balandier, Georges. *Political Anthropology*, Allen Lane The Penguin Press, 1970.

Beckwith, Christopher I. （白桂思）. *Empire of the Silk Road: A History of Central Eurasia from the Bronze Age to the Present*, Princeton University Press, 2009.

Bello, David A. （贝杜维）. *Across Forest, Steppe, and Mountain: Environment, Identity, and Empire in Qing China's Borderlands*, Cambridge University Press, 2015.

Bennett, Tony. Grossber, Lawrence. and Morris, Meaghan （eds.）. *New Keywords: A Revised Vocabulary of Culture and Society*, Blackwell Publishing Ltd, 2005.

Chang, Michael G. （张勉治）. *A Court on Horseback: Imperial Touring & the Construction of Qing Rule, 1680 – 1785*, Harvard University Asia Center, 2007.

Chu, Raymond W. and Saywell, William G. *Career Patterns in the Ch'ing Dynasty: The Office of Governor-general*, The University of Michigan, 1984.

Crossley, Pamela K. （柯娇燕）. *A Translucent Mirror: History*

and Identity in Qing Imperial Ideology, University of California Press, 2000.

Duindam, Jeroen (etc., eds.). *Law and Empire: Ideas, Practices, Actors*, Brill, 2013.

Durand-Guédy, David. *Turko-Mongol Rulers, Cities and City Life*, Brill, 2013.

Elverskog, Johan (艾宏展). *Our Great Qing: The Mongols, Buddhism and the State in Late Imperial China*, University of Hawai'i Press, 2006.

Elliott, Mark C. (欧立德). *The Manchu Way: The Eight Banners and Ethnic Identity in Late Imperial China*, Stanford University Press, 2001.

Etkind, Alexander. *Internal Colonization: Russia's Imperial Experience*, Polity Press, 2011.

Forêt, Philippe. *Mapping Chengde: The Qing Landscape Enterprise*, University of Hawai'i Press, 2000.

Guy, R. Kent (盖博坚). *Qing Governors and Their Provinces: The Evolution of Territorial Administration in China, 1644 – 1796*, University of Washington Press, 2010.

H. G. Lee, Robert (李甘棠). *The Manchurian Frontiers in Ch'ing History*, Harvard University Press, 1970.

Herschel, Webb. *The Japanese Imperial Institution in the Tokugawa Period*, Columbia University Press, 1968.

Hsiao Kung-chüan (萧公权), *Rural China: Imperial Control in the Nineteenth Century*, University of Washington Press, 1960.

Khazanov, Anatoly M.. *Nomads and the Outside World* (2nd

edition）, trans. by Julia Crookenden, The University of Wisconsin Press, 1994.

Lattimore, Owen. *Nomads and Commissars: Mongolia Revisited*, Oxford University Press, 1962.

Lattimore, Owen. *Pivot of Asia: Sinkiang and the Inner Asian Frontiers of China and Russia*, Little, Brown & Company, 1950.

Millward, James A.（米华健）. *Beyond the Pass: Economy, Ethnicity, and Empire in Qing Central Asia, 1759 – 1864*, Stanford University Press, 1998.

Millard, James A.; Dunnell, Ruth W.（邓如萍）; Elliott, Mark C. and Forêt, Philippe（eds.）. *New Qing Imperial History: The Making of Inner Asian Empire at Qing Chengde*, RoutledgeCurzon, 2004.

Mote, F. W.（牟复礼）. *Imperial China, 900 – 1800*, Havard University Press, 1999.

Murphey, Rhoads. *Exploring Ottoman Sovereignty: Tradition, Image and Practice in the Ottoman Imperial Household, 1400 – 1800*, Continuum, 2008.

Narangoa, Li and Cribb, Robert. *Historical Atlas of Northeast Asia（1590 – 2010）*, Columbia University Press, 2014.

Ookhnoi, Batsaikhan E. *The Bogdo Jebtsundamba Khutuktu: The Last Emperor of Mongolia, The Life and Legend*（Revised 2nd edition）, trans. By Mounkhou Ravjaa, Ulaanbaatar, 2016.

Pegg, Carole. *Mongolian Music, Dance & Oral Narrative: Performing Diverse Identities*, University of Washington Press, 2001.

Perdue, Peter C.. *China Marches West: The Qing Conquest of Central Eurasia*, The Belknap Press of Harvard University Press, 2005.

Reardon-Anderson, James. *Reluctant Pioneers: China's Expansion Northward, 1644–1937*, Standford University Press, 2005.

Robinson, David M.. *Martial Spectacles of the Ming Court*, Harvard University Asia Center, 2013.

Sainty, J. C. and Bucholz, R. O. (eds.). *Officials of the Royal Household, 1660–1837*, University of London, Institute of Hostorical Reserch, 1997–1998.

Scott, James C.. *The Art of Not Being Governed: An Anarchist History of Upland Southeast Asia*, Yale University Press, 2009.

Sneath, David. *Changing Inner Mongolia: Pastoral Mongolian Society and the Chinese State*, Oxford University Press, 2000.

Torbert, Preston M. (陶博). *The Ch'ing Imperial Household Department: A Study of Its Organization and Principal Functions, 1662–1796*, Harvard University Press, 1977.

Tuttle, Gray. *Tibetan Buddhists in the Making of Modern China*, Columbia University Press, 2005.

Wang Yi, *Transforming Inner Mongolia: Commerce, Migration, and Colonization on the Qing Frontier*, Rowman & Littlefield Publishers, 2021.

Zhao, George Qingzhi. *Marriage as Political Strategy and Cultural Expression: Mongolian Royal Marriages from World Empire to Yuan Dynasty*, Peter Lang Publishing, 2008.

島田正郎『清朝蒙古例の研究』創文社、1982。

岡洋樹『清代モンゴル盟旗制度の研究』東方書店、2007。

小長谷有紀『遊牧がモンゴル経済を変える日』出版文化
　　社、2002。

刊物论文

安忠和：《木兰围场始置时间新考》，《承德民族师专学报》
　　2003 年第 3 期。

白莹：《扎鲁特蒙古昂罕系统进入清军八旗始末研究》，《内蒙
　　古社会科学（汉文版）》2014 年第 1 期。

包国庆：《敖汉、奈曼部归清始末——从满蒙文档案史料看察
　　哈尔本部的分裂》，齐木德道尔吉主编《蒙古史研究》第
　　7 辑，内蒙古大学出版社，2003。

包姝妹、宝日吉根：《援俗定例：清朝统治蒙古地区法律制度
　　特点探究》，《清史研究》2012 年第 1 期。

鲍·雅·符拉基米尔佐夫：《“五部喀尔喀”在哪里？》，鲍·
　　雅·符拉基米尔佐夫等：《游牧社会史与蒙古史研究》，
　　陈弘法译，内蒙古人民出版社，2020。

曹永年：《关于喀喇沁的变迁》，中国蒙古史学会编《蒙古史
　　研究》第 4 辑，陈弘法译，内蒙古大学出版社，1993。

曹永年：《嘉靖初蒙古察哈尔部的牧地问题——兼评和田清、
　　达力扎布的相关的研究》，中国蒙古史学会编《蒙古史研
　　究》第 6 辑，内蒙古大学出版社，2000。

陈安丽：《康熙的北巡塞外与木兰行围》，避暑山庄研究会编
　　《避暑山庄论丛》，紫禁城出版社，1986。

陈浩：《竞争的叙事——突厥碑铭与汉文史料的比较研究》，
　　陈浩主编《欧亚草原历史研究》，商务印书馆，2022。

褚宏霞：《清代内蒙古地区人口封禁政策下内地移民的寄居方式探析》，邢广程主编《中国边疆学》第 12 辑，社会科学文献出版社，2020。

达力扎布：《清代历任三座塔理事司员略考》，达力扎布主编《中国边疆民族研究》第 6 辑，中央民族大学出版社，2012。

戴海斌：《"口外"行走记》，澎湃新闻·私家历史，2018 年 3 月。

丹丹：《简述明朝中后期的皇庄》，《黑龙江史志》2015 年第 3 期。

岛田正郎：《蒙古法中刑罚的变迁》，潘昌龙译，《蒙古学资料与情报》1991 年第 2 期。

邓建鹏：《词讼与案件：清代的诉讼分类及其实践》，《法学家》2012 年第 5 期。

定宜庄：《清代八旗驻防将军兼统绿营的问题》，《中国史研究》2003 年第 4 期。

定宜庄、邱源媛：《旗民与满汉之间：清代"随旗人"初探》，《清史研究》2011 年第 1 期。

杜家骥：《清代旗人选用绿营官制度考察》，"清代满汉国际关系史学术研讨会"论文集，2010 年 8 月。

多格泰娅·何硕特-拉格：《从个人关系到机构建设：理藩院、礼物交还和满蒙关系的规范化》，赵毅译，达力扎布主编《中国边疆民族研究》第 9 辑，中央民族大学出版社，2015。

丰若非：《清代北部边疆榷关税收分配考察——以杀虎口、张家口和归化城为中心》，《中国社会经济史研究》2013 年第 3 期。
格伦·G. 劳瑞等：《导论》，格伦·G. 劳瑞主编《族裔特性、社会流动与公共政策：英美比较》，施巍巍等译，东方出版社，2013。
关康：《理藩院题本中的蒙古发遣案例研究——兼论清前期蒙古地区司法调适的原则及其内地化问题》，《清史研究》2013 年第 4 期。
官美堞：《明代皇庄发展探源》，《社会科学研究》1990 年第 3 期。
郭润涛：《清代州县衙门的"告状"、"投词"与"批词"》，陈支平主编《相聚休休亭：傅衣凌教授诞辰 100 周年纪念文集》，厦门大学出版社，2011。
郭宇昕：《承袭与调适：清初太仆寺职权的演变》，《清史研究》2023 年第 1 期。
哈斯巴根：《清代蒙古八旗口外游牧地考》，《清史研究》2021 年第 3 期。
何平立：《略论明代马政衰败及对国防影响》，《军事历史研究》2005 年第 1 期。
何遐明：《国家权力在司法领域的角逐——17、18 世纪清朝对蒙古的法律政策》，王伏牛译，达力扎布主编《中国民族边疆研究》第 7 辑，中央民族大学出版社，2013。
黄丽生：《近代内蒙古人民的生活图像》，载黄克武主编《画中有话：近代中国的视觉表述与文化构图》，中研院近代史研究所，2003。
蒋大椿：《明代最早的皇庄》，《社会科学战线》1982 年第 2 期。

金峰：《清代蒙古台站的管理机构》，呼和浩特市蒙古语文历史协会编《蒙古史论文选集》（3），无出版处信息，1983。

金峰：《清代内蒙古五路驿站》，呼和浩特市蒙古语文历史协会编《蒙古史论文选集》（3），无出版处信息，1983。

赖惠敏：《喜啦茶：清代浙江黄茶的朝贡与商贸》，《故宫学术季刊》第40卷第2期，2022年。

李帆：《论清代畿辅皇庄》，《故宫博物院院刊》2001年第1期。

李帆：《论清代畿辅皇庄的土地所有制形式与生产关系》，《史学集刊》1989年第1期。

李光伟：《嘉庆以降钱粮缓征与积欠之衍生——基于宏观角度的分析》，《清史研究》2013年第3期。

李俊义、梁文美：《翁牛特语义及翁牛特部先祖考辨》，《赤峰学院学报（汉文哲学社会科学版）》2010年第4期。

李细珠：《试论清末新政时期政区变革的几个问题》，《近代史研究》2003年第2期。

李细珠：《试论清末新政时期政区变革的几个问题》，中国社会科学院近代史研究所编《中国社会科学院近代史研究所青年学术论坛（2002年卷）》，社会科学文献出版社，2004。

刘笃才：《律令法体系向律例法体系的转换》，《法学研究》2012年第6期。

刘克祥：《清代热河的蒙地开垦和永佃制度》，《中国经济史研究》1986年第3期。

刘增合：《"常"与"变"：光绪前期清理州县积亏及制度因

革》，中国社会科学院近代史研究所政治史研究室、苏州大学社会学院编《晚清国家与社会》，社会科学文献出版社，2007。

芦婷婷：《清廷平定布尔尼之乱研究》，《甘肃联合大学学报（社会科学版）》2011 年第 6 期。

马楚坚：《清代内蒙古台站路线之创置》，珠海文史研究所学会主编《罗香林教授纪念论文集》，新文丰出版股份有限公司，1992。

马林莹：《牧厂之靖——嘉庆时期察哈尔地方黄芪的采挖、贸易与律例调适》，《清史研究》2023 年第 1 期。

马戎：《费孝通教授对民族研究的关怀》，《费孝通与中国社会学人类学》，社会科学文献出版社，2009。

迈克尔·艾德斯：《比较视野下的帝国主义与殖民主义》，江田祥译，《新史学》第 16 辑，大象出版社，2016。

纳伊瓦：《奥斯曼法庭之内：国家与宗教交汇的地方法》，李梅译，《新史学》第 16 辑，大象出版社，2016。

牛贯杰：《清代马政初探》，《燕山大学学报（哲学社会科学版）》2006 年第 2 期。

邱仲麟：《明代的“降虏人”与长城以外的农垦区》，行龙主编《社会史研究》第 14 辑，社会科学文献出版社，2023。

苏亮：《清代太仆寺述略》，《文学界（理论版）》2011 年第 11 期。

孙江《“新清史”的源与流》，载钟焓主编《新史学》第 13 卷《历史的统一性和多元性》，社会科学文献出版社，2020。

唐克军：《略论明代的马政》，《史林》2003 年第 3 期。

特克寒：《热河驻防八旗史略》，《满族研究》2005 年第 1 期。

王广涛等：《木兰围场开围始末》，《承德文史文库》编委会编《承德文史文库》卷4，中国文史出版社、承德市政协文史资料委员会，1998。

王宏斌、高德罡：《清代前期热河兵卫制度论略》，《河北师范大学学报（哲学社会科学版）》2004年第1期。

王建革：《清代蒙地的占有权、耕种权与蒙汉关系》，《中国社会经济史研究》2002年第3期。

王晓辉：《清代热河地区的官仓》，《古今农业》2008年第4期。

乌云毕力格：《察哈尔扎萨克旗游牧地考补证》，《中央民族大学学报》2015年第1期。

乌云格日勒：《略论清代内蒙古的厅》，《清史研究》1999年第3期。

乌云格日勒：《清末内蒙古的地方建置与筹划建省"实边"》，《中国边疆史地研究》1998年第1期。

邢亦尘：《清代察哈尔马政》，《内蒙古社会科学》1992年第4期。

徐建平：《清末直隶行政区划改革研究》，《北京社会科学》2008年第2期。

徐晓光：《蒙古立法在清代法律体系中的地位》，《比较法研究》1990年第3期。

许富翔：《论嘉庆十五年热河军府制度的建立》，《清史研究》2019年第1期。

许富翔：《清代热河总管的职权及其功能》，《东吴历史学报》第37期，2017年6月。

许富翔：《清末喀喇沁右旗之新式教育与蒙汉关系——以〈蒙

古守正武学堂崇正学堂沿革规则〉为中心》，《吉林师范
大学学报（人文社会科学版）》2021年第1期。

许富翔：《清前期热河地区的汉人移民》，《中州学刊》2019
年第5期。

许檀、何勇：《清代多伦诺尔的商业》，《天津师范大学学报
（社会科学版）》2007年第6期。

颜廷真、陈喜波、韩光辉：《清代热河地区盟旗和府厅州县交
错格局的形成》，《北京大学学报（哲学社会科学版）》
2002年第6期。

袁森坡：《木兰围场》，文物编辑委员会编《文物集刊》（2），
文物出版社，1980。

张田田：《论清代秋审"签商"》，《清史研究》2013年第
1期。

张永江：《论清代漠南蒙古地区的二元管理体制》，《清史研
究》1998年第2期。

张永江：《内地化与一体化：略论清代藩部地区政治发展的一
般趋势》，载朱诚如、王天有主编《明清论丛》第6辑，
紫禁城出版社，2005。

张永江：《试论清代内蒙古蒙旗财政的类型与特点》，《清史研
究》2008年第1期。

赵静雯：《清代八旗察哈尔对维护国家统一的贡献》，达力扎
布主编《中国边疆民族研究》第9辑，中央民族大学出
版社，2015。

赵珍：《清代塞外围场的资源管理》，《中国人民大学学报》
2008年第5期。

周沙沙：《明代"烧荒"研究》，中国社会科学院古代史研究所

明史研究室编《明史研究论丛》总第 19 辑，中国社会科学出版社，2021。

珠飒：《关于清代蒙旗仓储制方面的一份蒙古文档案与相关问题》，《满蒙档案与蒙古史研究》，上海古籍出版社，2014。

Brown, Wendy. "Power after Foucaut," in Dryzek, John S. ; Honig, Bonnie; Phillips, Anne（eds.）. *Political Theory*, Oxford University Press, 2006.

Bulag, Uradyn E.（宝力格）. "Municipalization and Ethnopolitics in Inner Mongolia," in Bruun, Ole and Narangoa, Li（eds.）. *Mongols From Country to City: Floating Boundaries, Pastoralism and City Life in the Mongol Lands*, NIAS Press, 2006.

Bulag, Uradyn E.. "Clashes of Administrative Nationalisms: Banners and Leagues vs. Countries and Provinces in Inner Mongolia," in Schorkowitz, Dittmar; Ning, Chia（贾宁）（eds.）. *Managing Frontiers in Qing China: The Lifanyuan and Libu Revisited*, Brill, 2017.

Chang Te-ch'ang（张德昌）. "The Economic Role of the Imperial Household in the Ch'ing Dynasty," *Journal of Asian Study*, Vol. 41, No. 2（Feb., 1972）.

Pamela K. Crossley. "Making Mongols," in Crossley, Pamela K. ; Siu, Helen F. ; Sutton, Donald S.（eds.）. *Empire at the Margins: Culture, Ethnicity, and Frontier in Early Modern China*, University of California Press, 2006.

Di Cosmo, Nicola（狄宇宙）. "Marital Politics on the Manchu-

Mongol Frontier in the Early Seventeenth Century," in Lary, Dinana (ed.) . *The Chinese State at the Borders*, UBC Press, 2007.

Endicott, Elizabeth. "The Mongols and China: Cultural Contacts and the Changing Nature of Pastoral Nomadism (Twelfth to Early Twentieth Centuries) ," in Reuven Amitai and Michal Biran, eds. , *Mongols, Turks, and Others : Eurasian Nomads and the Sedentary World*, Brill, 2005.

Elliott, J. H. . "A Europe of Composite Monarchies," *Past & Present*, No. 137, The Cultural and Political Construction of Europe (Nov. , 1992) .

Elliott, Mark C. . "Ethnicity in the Qing Eight Banners", in Crossley, Pamela K. ; Siu, Helen F. ; Sutton, Donald S. (eds.) . *Empire at the Margins: Culture, Ethnicity, and Frontier in Early Modern China*, University of California Press, 2006.

Heuschert, Dorothea (何退明) . "Legal Pluralism in the Qing Empire: Manchu Legislation for the Mongols," *The International History Review*, Vol. 20, No. 2 (Jun. , 1998) .

Heuschert, Dorothea. " Manchu-Mongolian Controversies over Judical Competence and the Formation of Lifanyuan," in Schorkowitz, Dittmar; Ning, Chia (eds.) . *Managing Frontiers in Qing China: The Lifanyuan and Libu Revisited*, Brill, 2017.

Iftikhar, Rukhsana. " The Imperial Household if the Great Mughal," *Journal of the Research Society of Pakistan*,

Vol. 47, No. 1 (Jun. , 2010) .

Lhamsuren, Munkh-Erdene. "The Mongolian Nationality Lexicon: From the Chinggisid Lineage to Mongolian Nationality (From the Seventeenth to the Early Twentieth Century) ," *Inner Asia*, Vol. 8, No. 1 (2006) .

Schlesinger, Jonathan (谢健) and High, Mette M.. "Rulers and Rascals: The Politics of Gold in Qing Mongolian History," *Central Asian Survey*, Vol. 29 (2010) .

Woodworth, Allegra. "Purveyance for the Royal Household in the Reign of Queen Elizabeth," *Transactions od the American Philosophical Society*, Vol. 35, No. 1 (Dec. , 1945) .

学位论文

包思勤:《清朝蒙古律刑罚的变迁——以偷窃类犯罪为中心》, 中央民族大学硕士学位论文, 2016。

宝音初古拉:《察哈尔蒙古历史研究——以十七世纪察哈尔本部历史为中心》, 内蒙古大学博士学位论文, 2006。

白玉双:《十八至二十世纪初东部内蒙古社会变迁研究——以喀喇沁地区旗制与旗民社会为中心》, 内蒙古大学博士学位论文, 2007。

常彧:《得之马上:战国至北朝的内亚战争技术与中国军事文化》, 北京大学博士学位论文, 2013。

樊双:《清末察哈尔口北三厅垦务研究——1902~1908》, 河北大学硕士学位论文, 2008。

郭岩伟:《清代前期口北三厅地区政区体制研究》, 复旦大学硕士学位论文, 2011。

梁文美：《翁牛特右翼郡王旗的社会历史变迁研究》，内蒙古大学博士学位论文，2011。

孟鑫：《清末蒙旗东西路垦务公司研究（1902~1908）》，华中师范大学硕士学位论文，2009。

苏亮：《清代八旗马政研究》，中央民族大学博士学位论文，2012。

王晓辉：《清代热河地区行政管理制度研究》，南开大学博士学位论文，2006。

文晖：《清代蒙古罚牲刑研究》，中央民族大学博士学位论文，2016。

项勇：《试论清朝对热河地区的管理与开发》，中央民族大学博士学位论文，2008。

幸福：《清代察哈尔右翼四旗土地开垦研究》，内蒙古师范大学硕士学位论文，2011。

徐维焱：《〈蒙古游牧记〉引书研究》，北京大学硕士学位论文，2018。

许富翔：《从藩部到特区：热河地区的一体化研究（1723~1914）》，台北政治大学博士学位论文，2016。

Chia Ning, The Li-fan Yuan in the Early Ch'ing Dynasty, Ph. D. diss. , The Johns Hopkins University, 1992.

Levey, Benjamin S. , Jungar Refugees and the Making of Empire on Qing China's Kazakh Frontier, 1759 – 1773, Ph. D. diss. , Harvard University, 2013.

Tsai, Wei-chieh（蔡伟杰）, Mongolization of Han Chinese and Manchu Settlers in Qing Mongolia, 1700–1911, Ph. D. diss. , Indiana University, 2017.

后　记

一本书阅读量最高的部分，很可能是它的前言或者后记。

在过去的一百多年里，有关清代直隶口外地区的知识，被不同的学科以不同的形式表述着。除了历史学，去看看人类学、社会学、比较文学的研究，理论和方法更是五花八门。每个人都倾向于相信自己处于一个"客观"的环境中，通过双眼观察到各种各样的"事实"。对于历史学者来说，就是用翔实的资料做出实证的研究。

我想特别强调的一点是，实地的考察对于历史研究非常重要。想想清代西北舆地史学家吧，大部分人在经典注疏上下足了功夫，却没有机会踏入所研究的地方半步。很多问题，只有走到那个地方才能想出来；即使去的不是所研究的地区，当样本量足够大时，也会产生联想和类比。为此在最近五年中，2018 年，我去了朝鲜和马来西亚；2019 年，我去了日本、蒙古和韩国；2020 年，我去了越南和柬埔寨。即使在疫情期间的 2022 年，我也完成了在康区的考察。其中的部分考察得到了华东师范大学和澳门大学的经费资助。眼界越开阔，思维就越不僵化。如同我在书中说过的，这些考察的素材最后都融会贯通，变成一个意指体系中所指的能指。

本书的大部分内容脱胎于 2018 年 6 月我向北京大学历史

学系提交的博士学位论文，其中有些地方完全重写了，主要目的一方面是局部地修正过去残缺不全的叙述，一方面是在更高的层次上提出一些结论和假设。在修订过程中，我曾收到两种截然相反的建议。一种是将书稿规模恢复到 2017 年 3 月完成初稿时的规模——大约 80 万字，详尽地写出所有细节。我认为这是不可能的。对这类建议者，我要说抱歉了——你们过去有多期望，现在大概就会有多失望。我采取的是第二种路径，尽量减少对史料原文的征引，而用更综合、概括的叙述展示对各类读者来说可能都是"有用"和"好懂"的知识与结论。这或许将使本书在一些人的眼中，有些偏离了历史学著作的呈现方式。

这项研究始于 2012 年夏天，是由茅海建教授"命题"的。2009 年底，我刚从北京师范大学保研北京大学，还在上大四，去上海华东师范大学历史学系参加他们的第一届全国本科生论坛，回京后的某一天，突然接到一个陌生号码来电，电话那头说："我是茅海建，明天下午五点你到近代史所门口来，我们谈一下。"当时中国社会科学院近代史研究所还在东厂胡同。我忐忑不安而又强作自信地和未来的导师在三联书店二楼的咖啡厅就某个问题"辩论"了两个小时——显然谁也没说服谁，不过谢天谢地，他没有因此拒绝再见我；而我的第一想法是：他竟然没有请我吃顿饭，这真不是一个好的会面！2019 年夏天乌兰巴托一别后，受疫情影响，直到今年 3 月我才有机会面见茅师，曾经约好的孟买之行，实不知还有没有可能实现。然而每次线上开会时，不论天南地北，在视频中见到他那不怒自威的面庞，我又感觉老师似从未离开过身边。师生间的感情，每每就是在这样的谈笑风生中，点滴成聚。

我还要感谢以下两拨人。首先是在此问题上取得或大或小成就的所有先进研究者。研究的推进是逐步的，不是某一个人的创造，而是一群人不断相互批评和修正，扩充或简化彼此工作的结果。没有他们打下的基础，这项研究将完全是空中楼阁而无从谈起——尽管在本书中有些批评或许显得过分激烈了。其次，每一位档案保管者和资料编纂者都功不可没，他们收藏和整理的文献是本书写作的必要条件，没有他们妥善的保管和严谨的编辑，很可能出现史料解读中差之毫厘失之千里的后果。我仍然记得，2021 年 8 月我去中国第一历史档案馆查阅新开放的档案时，那里的管理员一下就叫出了我的名字，而我上一次在那里看档已经是 2018 年初的事了。最惭愧的是，我却至今不知道她的名字……

我的两个母校——北京师范大学和北京大学，都给了我自由宽松的学习和研究环境。前者以教给学生扎实的基础知识著称。而北大的学术风格则充满了理想主义——在我看来甚至近似浪漫主义，它培养锐意进取的、眼界开阔的、不故步自封的学生，并尽可能为有志向的学生提供一切便利条件。教师与学生之间，也有着自由讨论问题的传统。这种氛围令我感动。

2018 年 7 月，我正式入职社会科学文献出版社。在我刚到社科文献时，这里的历史学出版还主要以中国近代史的成果闻名，而我对编辑出版行业也一无所知；但事实证明，它对于打破传统历史分期的作品同样欢迎。和北师大、北大一样，社科文献也给予我自由宽松的环境，鼓励顺从个人特长发展，领导和同事耐心地包容我数不尽的缺点和不太高的情商，给予我的远远多过我所回报的。在本职工作之余，还能保持学术的坚守，我虽不很热衷于写作，却从未远离它；虽时感疲倦，却从未松懈。我向来不同意"工作和生活应当分开"的说法，也不赞成不将自己主动选择的职业当作事业，而只是作为一种进身之阶的做法。我认为，选择一种职业，其实就是选择了和这种职业相匹配的生活方式。我在社科文献不仅遇到了良师，也结识了益友，并从他们身上学到了牺牲和奉献，由此我意识到，始终把团队的利益放在首位，是我们不断进步的根源。如今我已为社科文献服务近五年，我们双方都努力将自己变成对方重要的一部分，把本书交给社科文献出版，我感到既荣幸又谦卑。

本书最后的修订，是在马勒第八交响曲撼天动地的圣咏风格尾声中完成的——这是史上最伟大，也是我最喜欢的交响曲之一。但愿本书能同这首曲子一样，不仅讲述了一个故事，也代表着一种哲学。

2023 年 4 月

图书在版编目（CIP）数据

七重奏：清朝统治直隶口外之艺术／陈肖寒著．--
北京：社会科学文献出版社，2023.5
ISBN 978-7-5228-1171-0

Ⅰ.①七… Ⅱ.①陈… Ⅲ.①地方政府-行政管理-
政治制度史-研究-中国-清代　Ⅳ.①D691.22

中国版本图书馆 CIP 数据核字（2022）第 229866 号

七重奏：清朝统治直隶口外之艺术

著　　者／陈肖寒

出 版 人／王利民
责任编辑／李丽丽
责任印制／王京美

出　　版／社会科学文献出版社·历史学分社（010）59367256
　　　　　地址：北京市北三环中路甲 29 号院华龙大厦　邮编：100029
　　　　　网址：www.ssap.com.cn
发　　行／社会科学文献出版社（010）59367028
印　　装／南京爱德印刷有限公司

规　　格／开　本：889mm×1194mm　1/32
　　　　　印　张：17.875　插　页：0.375　字　数：457 千字
版　　次／2023 年 5 月第 1 版　2023 年 5 月第 1 次印刷
书　　号／ISBN 978-7-5228-1171-0
定　　价／89.00 元

读者服务电话：4008918866